日本比較法研究所翻訳叢書
75

トーマス・ヴュルテンベルガー論文集

国家と憲法の正統化について

トーマス・ヴュルテンベルガー 著

畑尻　剛 編訳

Zur Legitimation von Staat und Verfassung

Von
Professor Dr. Thomas Würtenberger

中央大学出版部

装幀　道吉　剛

著者まえがき

　1990年代のはじめから私は日本の国法学と親密な関係を築いてきた。日本における数多くの大学の客員教授として，そして客員講演また多くの研究大会とシンポジウムにおいて，日本の研究者たち，特にドイツ憲法判例研究会と集中的かつ互いに実りの多いドイツ―日本の意見交換が行われた。それゆえ，私の学問的関心をとらえて離さなかった年来のテーマをまとめた論文集を最初に日本で公刊することは，私にとって大きな喜びであると同時に栄誉である。

　この論文集の主導理念は，憲法と行政法が常により大きな歴史的そして社会的関連において発展してきたし，これからも発展するであろうということである。たとえば，すでに Konrad Hesse により審査された，国家による支配の正統性に関する博士論文において問われたのは，いかなる正統性原理がそしていかなる正統性への信頼が数世紀にもわたって最も深いところで国家を一つにまとめていたか，そしていかなる変遷の傾向が最近まで観察できるかである（第Ⅰ部）。加えて，憲法史的研究分野は西欧の立憲国家の成立のコンテクストにおける憲法理念の展開のみならず，基本法の個々の規律の歴史的基盤にも広がっている。

　憲法裁判は立憲国家の秩序の保護者でなければならない（第Ⅱ部）。このような立憲国家の秩序の実体的前提条件の場合には，次のような問題が提起される。すなわち，憲法裁判所の判決，とりわけすべての憲法裁判所の中でも連邦憲法裁判所の判決が裁判官法によって新たな憲法を創造すること，したがって憲法制定権力の領域において活動することがどのように正統化されうるかである。憲法を具体化する憲法裁判所の判決は，Konrad Hesse がフライブルク大学における就任講演で展開した規範力，さらには適時に最適な形で憲法を現実化することを常に視野に入れなければならない。

　さらに，法秩序の妥当性と継続的発展に関する社会心理学的視点から考えると，憲法，行政法そして裁判官による法の継続的形成を受容する必要性と可能

性も問題となった（第Ⅲ部）．日本においても，ドイツやその他の国々においても，国民に受け容れる用意のない法規範と法的決定がほとんど実施できないということは明らかである．このような俯瞰において，受け容れる用意があるということ（Akzeptanzbereitschaft）が規範の社会的妥当性の一つの本質的要素である．受け容れる用意があるということが法的手続においてどのように展開されうるかは，日本の研究仲間との間でも再三再四議論し，多くの刊行物においても取り上げているテーマであった．

　このような心理学的取組み（psychologisierende Ansatz）はさらに次のような問題に至る．すなわち，法秩序の継続的発展に影響を与える時代精神というものが法において存在するか否かという問題である（第Ⅳ部）．これによって同時に次のような反問が示された．すなわち，法と政治制度が政治的エリートとともにその立場で時代精神における誤った展開に反対することができるか否か，あるいはどのような形で反対することができるかである．時代精神というコンセプトはさらに，心理学を手掛かりとする憲法史及び文化史にとって実りのあるものとなりうる．ギリシア・ローマ以来，個人の自由と集団的自由という理念はいくども可視化されてきた．従来学問的にようやく研究されはじめた自由と憲法の象徴的表現は，西欧世界の政治文化の発展をもたらし，現代の立憲国家の発展が広く受け容れられることを後押しした．

　とりわけ憲法と法秩序は再三再四新たな挑戦に対峙しなければならない（第Ⅴ部）．憲法のヨーロッパ化とグローバル化は長い目で見ると憲法制定権力の顕著な制限をもたらす．いずれにせよこのことはEUにおいて妥当する．さらに，大きな被害をもたらす出来事や現代のテロリズムによって国内の治安が脅かされることも新たな挑戦である．アングロサクソン諸国，EUそしてドイツにおいてもレジリエンス構想でこれに対応している．この構想（コンセプト）によれば，法もまた，予想も付かないものそして不可避なものに備えるという任務および国内の治安が脅かされた後，できるだけはやくノーマルな状態に戻ることを可能にするという任務に貢献する．

　本書は畑尻教授がいなければ成立していない．フライブルクにおける研究滞

在の際に彼は本書で集められた国家と憲法の正統化をテーマとする諸論稿の公刊を提案した．その提案に対してそして編集を引き受けてくださったことに私は心から感謝したい．同時に，翻訳という労多き仕事を引き受けてくださった研究者のみなさんとドイツ憲法判例研究会に感謝したい．

2015 年 12 月　フライブルク

トーマス・ヴュルテンベルガー

目　　次

著者まえがき …………………………………………………………………… i

第Ⅰ部　国家と政治の正統化に関する不可避な問題
Die unvermeidbare Frage nach der Legitimation von Staat und Politik

第1章　歴史上の支配の正統化モデル

　　　　Legitimationsmuster von Herrschaft im Laufe der Geschichte

　　　　訳・解題　工藤達朗 ………………………………………………… 3

第2章　歴史的視角における基本法の正統性について

　　　　Zur Legitimität des Grundgesetzes in historischer Perspektive

　　　　訳・解題　柴田憲司 …………………………………………………27

第Ⅱ部　憲法国家秩序の保証人としての憲法裁判
Die Verfassungsgerichtsbarkeit als Garantin verfassungsstaatlicher Ordnung

第3章　憲法の解釈─現実的な考察

　　　　Auslegung von Verfassungsrecht – realistisch betrachtet

　　　　訳・解題　古野豊秋 …………………………………………………61

第4章　憲法裁判官法の正統性

　　　　Zur Legitimität des Verfassungsrichterrechts

　　　　訳・解題　嶋崎健太郎 ………………………………………………87

目　　次　v

第 5 章　憲法の規範力と憲法の最適な現実化の枠条件

Rahmenbedingungen von normativer Kraft und

optimaler Realisierung der Verfassung

訳・解題　畑尻　剛 ……………………………………… 117

第Ⅲ部　自由な政治秩序の条件としての国家行為の受容

Akzeptanz staatlichen Handelns als Bedingung freiheitlicher politischer

Ordnung

第 6 章　行政手続と調停手続における受容マネジメント

Akzeptanzmanagement in Verwaltungs- und Mediationsverfahren

訳・解題　高橋雅人 ……………………………………… 145

第 7 章　法律の受容

Die Akzeptanz von Gesetzen

訳・解題　石村　修 ……………………………………… 169

第 8 章　裁判所の判決の受容

Die Akzeptanz von Gerichtsentscheidungen

訳・解題　山本悦夫 ……………………………………… 197

第Ⅳ部　時代精神と法

Zeitgeist und Recht

第 9 章　時代精神と法―問題提起

Zeitgeist und Recht – Fragestellungen

訳・解題　玉蟲由樹 ……………………………………… 217

第10章　国民の法意識における揺らぎと変化

Schwankungen und Wandlungen im Rechtsbewusstsein

der Bevölkerung

訳・解題　斎藤一久 ……………………………………… 227

第11章　時代精神に定位した法の継続的形成の民主的正統性について

Zur demokratischen Legitimität zeitgeistorientierter

Rechtsfortbildung

訳・解題　土屋　武 ……………………………………… 253

第Ⅴ部　あらたな挑戦

Neue Herausforderungen

第12章　ドイツ基本法における憲法改正と憲法変遷

Verfassungsänderungen und Verfassungswandel

des Grundgesetzes

訳・解題　太田航平 ……………………………………… 293

第13章　レジリエンス（復元力）

Resilienz

訳・解題　根森　健 ……………………………………… 321

第14章　自由の表現―欧米における政治文化の重要な基礎

Die Visualisierung der Freiheit: ein zentraler Baustein westlicher

politischer Kultur

訳・解題　武市周作 ……………………………………… 355

編訳者あとがき …………………………………………………… 385

著作一覧 ……………………………………………………………… 389

索　　引
　事項索引 …………………………………………………………… 408
　人名索引 …………………………………………………………… 414

第 I 部

国家と政治の正統化に関する不可避な問題

Die unvermeidbare Frage nach der Legitimation
von Staat und Politik

第1章

歴史上の支配の正統化モデル

Legitimationsmuster von Herrschaft
im Laufe der Geschichte

訳・解題　工藤達朗

「歴史上の支配の正統化モデル」

小目次

序

Ⅰ．政治思想の緊張領域における正統性問題

Ⅱ．アルトゥジウス vs ボダン——身分制国家 vs 絶対主義

Ⅲ．「積極国家」の正統性 vs「消極国家」の正統性

Ⅳ．伝統による正統性 vs 理性に方向づけられた形成の正統性

Ⅴ．政治的支配の正統化の構造
　　1．形式的正統化
　　2．価値および公共の福祉の実現による正統化
　　3．時代に条件づけられたカテゴリーとしての正統性

解　題

序

　今日われわれがそこで暮らしている政治秩序の正統性は何かという問題は，ここ十数年間，学際的に，かつきわめて積極的^{アンガージュマン}にかかわるかたちで論じられてきた[1]．このことは，重要な現象のバロメーターである．正統性の問題，すなわち政治権力の拘束力の究極的根拠〔は何かという問題〕が広範な議論の対象になっているのは，ある種の不安定化を暗示しているのである．国家組織の基本原理に鑑みても，また，国家がコンセンサスを得ることのできる政治を行おうとしても様々な困難にぶつかってしまうことに鑑みても，このような不安定化を見て取ることができる．今日の正統性問題を根本的に分析するためには，正統性のモデルと正統性の危機の歴史を回顧することがきっと有益なはずである．その理由は，とくに，正統化の現象の歴史的分析は，政治的支配と権力の正統化という基本問題を体系的に議論することを可能にするという点にある．

---

1)　以下の一連のテーマが，国法学，一般国家学および政治社会学において議論されている．(1) 基本法によって構成された政治システムの正統性については，*K. Stern*, Das StaatsR der BRep. Dtld. I, 2. Aufl. (1984), S. 593 ff., 604 ff., 737 ff.; *K. Hesse*, Grundzüge des VerfR der BRep. Dtld., 14. Aufl. (1984), Rdnrn. 35, 197; *M. Kriele*, Legitimitätsprobleme der Bundesrepublik, 1977; *M. Rodenstein*, Bürgerinitiativen und politisches System 1978; *U. Matz- G. Schmidtchen*, Gewalt und Legitimität, 1983; *Th. Würtenberger*, in: *O. Brunner- W. Conze- R. Koselleck* (Hrsg.), Geschichtliche Grundbegriffe Ⅲ, 1982, S. 735 ff. m. Nachw. (SV. 51). － (2) より高次の正統性を指摘して合法性を無価値化することについて，*J. Habermas- R. Dreier*, in: *P. Glotz* (Hrsg.), Ziviler Ungehorsam im Rechtsstaat, 1983, S. 29 ff., 54 ff.; *J. Isensee*, DÖV 1983, 565 ff.; *H. H. Klein*, in: Festschr. f. Carstens, 1985, S. 645 ff. － (3) 経済的観点の下での政治的支配の正統化の問題については，*M. Fritsch*, Ökonomische Ansätze zur Legitimation kollektiven Handelns, 1983, S. 32 ff. － (4) 正統性観念の形成については，*H. Thome*, Legitimitätstheorien und die Dynamik kollektiver Einstellungen, 1981. － (5)「質的に様々で，異質に作用し，可変的で代置可能な正統性の源泉の多元性」について，*J. Heidorn*, Legitimität und Regierbarkeit, 1982, S. 10, 262 ff.

6　第Ⅰ部　国家と政治の正統化に関する不可避な問題

Ⅰ．政治思想の緊張領域における正統性問題

　正統性問題の議論は緊張をはらむ．過去においてもそうだったし，現在でもそうである．それ故，このことは，まず第一に，国家支配を正統化するにあたって重要なのは，法と倫理の法廷（フォーラム）で政治権力の正統性を証明するという困難な問題であることにかかわるのである．したがって，正統性の問題は，権力と法の緊張状態にある．政治権力を配分するさまざまな諸原理は，その原理が共同体の良き秩序に寄与することができるのか，また，いかなる内容形成において寄与できるのか，と問われているのである．

　倫理的・法的な正統性理解と，社会学的・記述的な正統性理解との間には，それ以上に緊張をはらむ敵対関係（アンタゴニスムス）が存在する[2]．歴史的にみると，正統性の問題で議論されたのは，政治支配の倫理的・法的な正統化の要求であった．*Max Weber* 以来，それに加えて，正統性の問題は，社会学的・記述的な方法で分析されてきた．その際，人々の目には国家支配が正統なものと映っているという正統化のメカニズムが追求された[3]．したがって，正統性の問題は，国家哲学的な隠遁生活においてや，あるいは知的・政治的なエリートによってのみ論じられる倫理問題ではもはやない．正統性問題への解答は，政治的権威または国家の権力行使が人々の目に正統なものと映っているかどうかに照準を合わせる場合には，いまや「民主化されて」いる[4]．ここでは，正統性の問題はコンセンサスの問題となる．国家支配の正統性について，国家哲学的なゾレンの要請

---

2)　これについて，*R. Zippelius*, Allgemeine Staatslehre (Politikwissenschaft), 9. Aufl. (1985), § 16.

3)　*M. Weber*, Wirtschaft und Gesellschaft, 5. Aufl. (1976), S. 16 ff., 122 ff.

4)　正統性の問題への解答は，政治的服従のメカニズムに対する重大な帰結を伴う．正統な政治的支配権力が服従されるのは道徳的義務からであり，その命令は従うよう勧められることが相対的に多い．不正な政治的支配は，単なる権力と強制の機構として現れ，その命令は，恐ろしい執行強制であるがゆえに服従されるのである（*Fritsch* (Fn. 1), S. 14 m. Nachw.）．

と，社会学的なザインの観念との間には，矛盾（Diskrepanz）が繰り返し現れる．一方で国家哲学的・倫理的な省察と，他方で単なる事実上のコンセンサスへの照準との間に存在するこのような隔たりを取り除くために，内容的に正しいコンセンサスに到達する方法と手続，したがってまた，国家支配の行使を承認に値するものと映じさせる政治的指導理念，政治的意思形成のメカニズムおよび社会秩序の諸原理が一致する方法と手続が探し求められてきたのである[5]．開かれた，かつ公共的な意思形成過程により，そして「自由と尊厳を欲する理性」がそこで自己展開する合理的討論によって[6]，国家支配の正統化に関して，正しさの理念に方向づけられた社会的コンセンサスが待望されている．

正統性理論は，一方では政治的発展との対決が，他方では時代の政治理論との対決が，常に緊張をはらんで結晶化するポイントである．正統性理論の中には，政治文化の伝統的価値が入り込んでいるが，社会集団化または内乱の経験と革命の成果との対決も入り込んでいる．正統性理論の内容は，政治秩序の宗教的・世界観的基礎に強く影響されている．しかしまた，正統性理論は，その時々の政治的および経済的関係とその批判的考察によって，本質的な輪郭を与えられている．さらに，正統性理論は，時代精神と——それ自体において多様に分裂した——その時代の政治意識を映し出しているのである．

近代国家の成立以来，正統な国家支配のコンセプトを手に入れようと努力が続けられてきた．個々の時代は，まさに正反対の正統性原理の間の鋭い論争によって刻印されている．以下においては，このことを3つの例を手がかりとして述べることにしよう．

---

5) *Zippelius* (Fn. 2), § 16 I 3; *Habermas* (Fn. 1), S. 37 ff.; 代表民主制の目標としての法秩序が承認に値することについては，*Th. Würtenberger*, Politik und Kultur, 12. Jg. 1985, 51 ff., 58 f. (SV. 67).

6) *W. Naucke*, in: *H. Hattenhauer- W. Kaltefleiter* (Hrsg.), Mehrheitsprinzip, Konsens und Verfassung, 1986, S. 47 ff., 52.

8 第Ⅰ部 国家と政治の正統化に関する不可避な問題

Ⅱ．アルトゥジウス vs ボダン——身分制国家 vs 絶対主義

　主権的に統治する支配者の正統性の理論は，多くの正統性理論の発展がそう
であるように，リアルな政治的背景をもっている．国家権力の本質的構成要素
としての絶対主義と主権の樹立は，16世紀後半のフランスの社会状況の中に
根ざしている．激しい政治対立のこの時代に，フランスの法律家であり国家哲
学者であった *Jean Bodin* は，その『国家論（Les six livres de la République)』（1576
年）により，宗派を超えた君主制の理論家となった．この宗派を超えた君主制
の課題は，*Bodin* にとって，国内における平和と秩序を優先的に確保すること
であった [7]．平和と秩序の確保という課題は，*Bodin* によれば，様々な形式の絶
対的王権によって達成されうる．暴君的君主制との対比において，正統な君主
制 [8] のメルクマールが述べられている．政治的賢明さの展開と公共の福祉に向
けられた政治が，その一般的な特徴である．重要なのが自然法による拘束であ
る．君主は自然の法則に服さなければならない，すなわち，君主は法と公正に
したがって統治しなければならない．とりわけ，君主は臣下の自然の自由と財
産を尊重しなければならない．法律の発布によって，社会的および政治的生活
を秩序づけ，場合によっては，望ましくない発展を制御しなければならない．
立法にあたっては，法律を法と正義という最上級の命令に方向づける義務があ
る．それ故，*Bodin* にとって，君主の自然法則への拘束と，したがってまた法
と正義への拘束は，正統な支配の内容を形成していた．正統な君主を高次の自
然法へ拘束し，君主によって発せられた法律へ市民を拘束することによって，
Bodin は国家に法学的な基礎を与えたのである．*Bodin* が，人間の恣意から引

---

7)　*Zippelius* (Fn. 2)，§ 9 Ⅲ 1; *H. Quaritsch*, Staat und Souveränität Ⅰ, 1970, S. 300, 340
　　ff.—ホッブズ流の国家哲学も平和と秩序を樹立する国家作用に焦点を当てていた
　　が，そこで正統性の問題が深められることはなかった，と注釈されている．

8)　*J. Bodin*, Les six livres de la République, 1576, ben. Ausg. Paris 1583 (Neudr. 1961),
　　2. Buch, 2. Kap. (S. 279 ff.); *Quaritsch* (Fn. 7), S. 316 ff.

き離された諸原理の遵守を君主に義務づけ，そして権威と自由を互いに和解させようとした限りにおいては，*Bodin* の正統な君主制は法治国家的な諸要素を示している[9]．確かに，正統な君主の拘束は道徳的な性質のものにすぎない．統治，行政および立法は，大幅に君主の主権性に委ねられている．他の政治勢力の協働権やコントロール権は存在しない．しかしそれでも，*Bodin* にとって正統な支配は，支配する者とされる者の深い連帯感によって特徴づけられるのである．

　Bodin の後継者において，絶対主義の国家理論の決まり文句の一つに数えられるのが，正統な君主は正しく（gerecht und billig）統治しなければならず，臣民の幸福に配慮しなければならないというものである．このことはたとえば，神権政治的絶対主義の正統化理論にも当てはまる．この理論は，とりわけ神学者であり王子の教育係であった *Jacqes-Bénigne Bossuet* に遡る．*Ludwig* XIV がすべてを包括的に支配した時代に，*Bossuet* は，主権的に統治する支配者の正統性理論は，全政治生活を規定する宗教倫理から引き出されると考えた．*Bossuet* にとって国家の理論は宗教の一部門なのである[10]．政治神学の意味において，君主の権力が絶対であり主権的であることは聖書から基礎づけられる．君主の法律は，君主自身と同じく，神に由来するものである．国家における唯一の命令権は君主の命令権である．君主の命令は正統である．なぜなら，君主は神がその地位につけた唯一人の人であり，神が正統に命令することを許したのだから，〔人々は君主に〕従わなければならないのである．君主の正統な命令権は，宗教の原則と一致した秩序ある国家を作らなければならない．このような国家において，君主はその権力を公共の福祉を促進するために行使し，とりわけ聖書から公正な行政の原則を取り出さなければならないのである．

　絶対主義の国家理論と正反対なのが，ヘルボルン大学教授で後にエムデン市

---

9)　*G. Ritter*, Die Dämonie der Macht, 6. Aufl. (1948), S. 123; vgl. auch *J. Chanteur,* in: *P. Bastid* (Hrsg.), L'idée de la légitimité, 1967, S. 148 ff.

10)　*J. Bossuet*, politique tirée des propres paroles de l'Ecriture Sainte, 1709, Oeuvres completes, Bd. 9, 1870, S. 204 ff., 211 ff., 238 ff.

の法律顧問を務めた，*Johannes Althusius* の政治理論における正統化モデルである．1603 年に公刊された『政治学（Politica methodice digesta）』において，*Althusius* は，*Bodin* の絶対主義的国家理論に断固として反対した[11]．*Althusius* の正統化観念について特徴的な点としてあげられるのは，Jean Calvin の学説への信条告白と，身分制的秩序の擁護である．その時代の重大な政治的争点は，君主の権力の強化か，それとも身分制秩序の拡充か，というものであったが，*Althusius* は，国家共同体が連邦の理念に基づき身分制によって分散的に組織される側を支持することに決めたのである．身分制秩序の擁護は，*Althusius* にとって，カルヴィニズムの政治理論と関連しており，その政治的経験の範囲と合致するものであった．*Althusius* が生活し活動したのは，身分制国家の周縁部であって，古い身分制システムを撃退しようとした政治権力の中枢においてではなかった．

　Althusius は，主権君主による支配の正統化を基礎づけようとするあらゆる試みを断固として拒否した．*Bodin* における主権的君主権力に，*Althusius* は，人民の「普遍的支配権力（potestas imperandi universalis）」を対置した．ゲマインデとしての人民が主権的権利（Souveränitätsrecht）の保持者なのである．このテーゼは自然法によって正統化される．〔すなわち〕自然状態においてすべての人間は平等である．契約という一個の意思決定に基づいてのみ統治作用が委譲されうる．契約により，政治権力が，団体に構成された人民からオーブリヒカイト〔お上・政府〕に委譲される．ここから，*Althusius* は，政治権力を委譲する人はその時々のオーブリヒカイトよりも優位にある，という原理を展開する．このテーゼの結論はこうだ．支配の存続は共同社会のコンセンサスに依存している．政治的諸関係を法によって秩序づける主権的権力は，団体的に構成された政治的共同社会に帰属するのである[12]．身分制的な仲間内では，多数決原理によって決定が下される．重要な政治的決定の「身分制的民主化」に賛成

---

11)　以下について，*Th. Würtenberger*, in: Rechtstheorie, Beih. 7, 1988 (SV. 87).

12)　*J. Althusius*, Politica methodice digesta, 3. Aufl. 1614 (Neudruck 1961), Cap. VIII, Rn. 64; Cap. IX, Rn. 23; Cap. XVIII, Rn. 8, 18.

する *Althusius* の理由 [13] は，今日でもなお重要である．

(1) 万人にかかわることは，万人が話し合わなければならない．(2) 共同体の給付と犠牲を必要とすることは，万人の同意を得て行われなければならない．(3) 決定過程へ全体が参加することは，政治的プログラムの実現を容易にする．(4) 専門委員会は，個人よりも良い決定を下す．(5) 代表団体における公開の批判的討論は，統治の濫用を阻止しうる．(6) 代表団体によって，人民は自由の一部を保持する．

国家支配を正統化する本質的な源泉として，*Althusius* は，政治的合意，すなわち「契約(pactum)」を繰り返し強調した．彼のライトモチーフはこうだ．「支配する人々と服従する人々とが同じであれば，合意は意思であり，幸福は，この人々の幸せな生活によっても与えられる (Si imperantium et obtemperantium idem est consensus et voluntas, felix et beata vita eorum redditur)」[14]．*Althusius* によれば，コンセンサスと共通の意欲は，団体の政治的組織を，そしてまた国家を，心の奥深くから結びつけるのである．政治的合意の，連邦の制度的メルクマールは，政治的現実の観察によって展開される．政治権力の委譲だけでなく，重要な支配作用の行使も団体のコンセンサスを必要とする．さまざまなグループの間での妥協の交渉により，政治的合意が行われる．この合意が，身分制秩序の構造要素なのである．この意味において，*Althusius* は身分制会議などにおいて合意に到達できるように，詳しく記述している．*Althusius* がコンセンサス形成過程から，〔つまり〕契約類似の合意過程から政治的権威を正統化する場合，社会契約と支配契約は，そこから規制的諸原則を取り出すことのできる単なるフィクションなのではない．*Althusius* にとって，政治原理としての契約は，社会的現実から取り出され，身分制国家のシステムにおいて政治的現実

---

13) *J. Althusius*, Cap. XVII, Rn. 55 ff.; Cap. XXXIII, Rn. 2 ff.; *Hattenhauer* (Fn. 6), S. 1 ff., 9 ff. そこでは「すべての人に関係すること (quod omnes tangit)」のルールについて説明されている．

14) *J. Althusius*, Cap. I Rn. 12; Cap. IX Rn. 7.

12　第Ⅰ部　国家と政治の正統化に関する不可避な問題

性を獲得するのである[15].

　一方では *Althusius* が記述したような身分制国家におけるコンセンサス形成過程と，他方では現代民主主義国家におけるコンセンサス形成のメカニズムとの間には，一目見ただけで著しい相違がある．けれども，より詳細に考察すれば，多くの共通点[16]が明らかになる．たとえば，法律の議決にはコンセンサス形成過程が先行していることがあげられる．このことは，法律を準備する省庁の官僚制の領域で，政府の領域で，そして議会多数派の領域でみられる[17]．このコンセンサス形成過程には，さまざまなかたちで，利害団体も，そして公衆も組み入れられているのである．

Ⅲ．「積極国家」の正統性 vs「消極国家」の正統性

　「積極国家（productive state）」すなわち給付国家・福祉国家は，国民総生産の上昇によって，社会的安全の促進によって，人々の繁栄の増大によって，そして社会的調整の努力によって，正統化される．「積極国家」は，経済的・社会的領域の多様な計画と規制により，公共の福祉を実現しようと努める．それに対して，「消極国家（protective state）」は，国家任務の限定によって正統化される．消極国家は，対外的および対内的安全の保障に自己を限定するので，そこでは自律的発展の自由な領域が相当に個人に留保されて残るのである[18]．国家が義務を負うのは，社会の幸福主義に，それ故公共の福祉の促進に対してなのか，それとも自由主義的な法治国家の理念に対してなのか，どちらなのかについて

---

15)　*E. Feuerherdt*, Gesellschaftsvertrag und Naturrecht in der Staatslehre des Johannes Althusius, 1962, S. 110 ff.

16)　*M. Friedrich*, Johannes Althusius und sein Werk im Rahmen der Entwicklung der Theorie von der Politik, 1975, S. 121.

17)　「契約民主制ととりとめのない話し合い民主制」について，*K. Eichenberger,* VVD-StRL 40 (1982), 7 ff., 28 ff.

18)　このような対置について，*K. Stern*, Bitburger Gespräche. Jahrb. 1984, S. 5 ff., *Th. Würtenberger*, in: Die Fortbildung, 26. Jg. 1981, S. 42 ff., 44 ff. (SV. 49).

第1章　歴史上の支配の正統化モデル　13

激しく争われてきたし，今も争われている．

　啓蒙絶対主義の政治理論において，正統な権威に関して，すべての人の福祉が最高度に保障される社会状態を目指すことと同時に，法治国家的保障の維持が要請された．*Friedrich der Große* にとって，国王の職務（Fürstenamt）を正統化するのは，王権神授説でもなければ，人民の同意でも，王家の地位でもない．そうではなくて，具体的な政治的業績なのである．啓蒙絶対主義の政治的業績は，裁判所制度の改善，明確な法律による法的安定性のための努力，犯罪と刑罰の比例性，財産権保護の保障，宗教的寛容等々に現れている[19]．啓蒙絶対主義の社会国家的・福祉国家的業績は，官房学的に訓練された官吏制度によって実行に移された．官房学（Kameralismus）は，啓蒙絶対主義の国家理論の実務的部門であった[20]．啓蒙的絶対主義の国家哲学と全く同様に，官房学は，最大多数の最大幸福の確保という基本目標に義務づけられている．すべての人の幸福は，正統な国家支配の要請の総和を短く定式化したものであり，この定式は，その時代においては，社会的安全と社会的正義という今日のスローガンと類似した現実性を有していたのである．このような基本目標の官房学的具体化が意味したのは，対外的および対内的安全の配慮，健全な人口政策の努力，工業と農業の資源の育成，輸出入の規制による国民の裕福さの確保，福祉施設の準備，臣民の知的文化水準を向上させるための教育，税の公平の保障等々である．上からの改革によってすべての人の幸福を実現することは[21]，いわゆる警察国家の時代を特徴づけるものである．詳細な規範化と計画は，市民のさまざまな監督に至ったが，それによって，すべての人の幸福を増進する国家目標と国家任

---

19)　*Th. Würtenberger*, in: *J. Ziechmann* (Hrsg.), Panorama der fridericianischen Zeit, 1985, S. 39 ff., 43 ff. (SV. 68); *J. Regge*, ebda., S. 365 ff., *K. Luig*, ebda., S. 375 ff. 注 38 も参照.

20)　*W. Gerloff*, Staatstheorie und Staatspraxis des kameralistischen Verwaltungsstaates, 1937, S. 28 ff., 38 ff., 50 ff.; *G. Parry*, in: *K. O. v. Aretin* (Hrsg.), Der aufgeklärte Absolutismus, 1974, S. 164 ff., 166; *E. Dittrich*, Die dt. und öst. Kameralisten, 1974, S. 36; *Würtenberger* (Fn. 19), S. 455 ff. (SV. 69).

21)　*M. Stürmer*, in: *K. G. A. Jeserich- H. Pohl- G-Chr. v. Unruh* (Hrsg.), Dt. Verwaltungsgeschichte Ⅱ, 1983, S. 1 ff.

14　第Ⅰ部　国家と政治の正統化に関する不可避な問題

務を実現しようとしたのである．啓蒙絶対主義の国家がその正統性を引き出した行政システムと法システムは，すべての人の裕福度の増大という目標に，共同体の良き秩序という目標に，そして全住民の社会的確保という目標に方向づけられていたのである [22]．

　もちろん，18世紀初頭から，国家支配の正統化としての「積極国家」は，ますます疑わしいものになった．もはや国家の命令によるすべての人の幸福ではなく，いまや自律的および個人的な幸福の実現がスローガンとなった．個人の幸福を実現する人間の権利 [23] が宣言され，自己固有の労働の人間の自由 [24]，自己固有の尊厳を発展させる権利 [25] となる．たとえば，*Adam Smith* は，すべての経済主体の啓蒙された自己利害に基づく新しい市場経済秩序を要請した [26]．ドイツ語圏では，とくに *Immanuel Kant* が，社会秩序の新しい格律を述べた．各人が各人のやり方でその幸福を追求することは，隣人の利益によってのみ制限される．この格律により，その行為が一般的立法の基礎として役立たなければならないのである．*Kant* は同時に，国家を安全目的に限定した [27]．

　〔Kant の理論は〕実務的に転用された．啓蒙的統治の批判者の一人，*Justus Möser* が，官房学的福祉国家に対して異議を唱えた．商業，農業，インフラ構造等々の詳細な計画によって，「人間理性への尊大な介入，私有財産の破壊および自由の侵害」が起きている [28]．彼は，啓蒙的な行政実務家に対してその反自由主義的性格を非難した．なぜなら，あまりにも多くの物事をたった一つのルールにしたがって処理しようとするからである．19世紀のはじめには，カ

---

22)　H. *Maier*, Die ältere dt. Staats- und Verwaltungslehre, 2. Aufl. (1980), S. 292 ff.

23)　ヴァージニアの権利章典（1776年6月12日）第1条．

24)　P. *Krause*, in: Birtsch (Hrsg.), Grund- und Freiheitsrechte im Wandel von Gesellschaft und Geschichte, 1981, S. 402 ff.

25)　人間の尊厳の保障の精神的基礎については，C. *Starck*, JZ 1981, 457 ff., 459 ff.

26)　ドイツにおける *Adam Smith* の理念の継受について，および，「市民の自律に基づく経済理論と国家の経済介入との組み合わせ」について，vgl. *Maier* (Fn. 22), S. 195 ff., 199 f.

27)　C. *Ritter*, Der Rechtsgedanke Kants nach den frühen Quellen, 1968, S. 243.

28)　J. *Möser*, Sämtliche Werke, hrsg. von Abeken, Teil II, 1842, S. 23.

ント主義者の *Schmalz* が，官房主義者の「あまりにもずる賢い計画」について
軽蔑的に語った[29]．警察学においては，公共の福祉の保護が警察概念の外に置
かれた[30]．警察の任務は，1794 年のプロイセン一般ラント法第 2 部 17 章 10 条
が定義するように，危険の防御（Gefahrenabwehr）である．しかし，とりわけ
Wilhelm von Humboldt は，1792 年に，政府は国民の幸福と福祉に配慮しなけ
ればならないとの原理は誤りであることを強調した．なぜなら，この原理はま
さに専制政治（Despotismus）につながるからである．これに対して，*Humboldt*
は，自由の名において要請した．国家活動は公共の安全を保障することに限定
されるべきである[31]．この意味において，自由主義の政治理論は，福祉を増進
する行為について国家の正統化を否定したのである[32]．国家の任務に数えられ
るのは，個人を危険から防御し，その正統な権利を保護することだけである．
自律的な形成のための個人の自由領域を作り出すために，国家の権限は大幅に
制限されなければならないのである[33]．

　ここでは，政治的自由主義が展開した正統化原理について，これ以上追求し
ない[34]．現代国家の正統性にとって重要なことは次の点だと思われる．〔すなわ
ち〕福祉国家と個人の自由保護の間には，コンセンサスを得ることのできる妥

---

29) 　*T. Schmalz*, Hdb. der Rechtsphilosophie, 1807, S. 225.

30) 　*J. S. Pütter*, Institutiones Iuris Publici Germanici, 6. Aufl. (1802), § 331; *B. Drews-*
G. Wacke- K. Vogel- W. Martens, Gefahrenabwehr, 9. Aufl. (1986), S. 4 ff.

31) 　*W. v. Humboldt*, Ideen über Staatsverfassung, durch die neue französische Konsti-
tution veranlaßt, in: Werke, hrsg. von *Leitzmann*, 1. Bd., 1903, S. 77 ff., 83; *ders.*, Ideen
zu einem Versuch, die Grenzen der Wirksamkeit des Staates zu bestimmen, ebda., S.
97 ff., 105 ff., 111 ff.

32) 　*W. Leontovitsch*, in: *L. Gall* (Hrsg.), Liberalismus, 1976, S. 37 ff.; *A. Schapiro*, ebds.,
S. 20 ff.

33) 　このような「最小国家」の現代的基礎づけについて，*H. Nozick*, Anarchie, Staat,
Utopia, o.J.; *F. A. v. Hayek*, Recht, Gesetzgebung und Freiheit, 3 Bde., 1980 f.

34) 　国家の正統性の基礎としての国民主権，民主制原理，権力分立および自由権に
ついて，*Th. Würtenberger*, Die Legitimität staatlicher Herrschaft, 1973, S. 148 ff., 192
ff. (SV. 1); *E.-W. Böckenförde*, in: *ders.* (Hrsg.), Moderne dt. Verfassungsgeschichte
(1815–1914), 2. Aufl. (1981), S. 27 ff.

16　第Ⅰ部　国家と政治の正統化に関する不可避な問題

協が見出されなければならない．平等を実現する福祉国家は，全体主義的な過度の徴税になってしまう危険を常にはらんでいる．「福祉国家」の裏側には，個人と集団の発展の自由等々に対する締め付け〔束縛〕がある．それは財産と資産に対する激しい介入によるのである．その際，生存配慮，社会的安全または環境保護のような領域では，国家の多様な規制が必要であることが見落とされてはならない．現代国家の正統性は，成功した政治的業績から生じたのであり，そこでは，自由と平等の，自律的な発展の余地と国家の保護と備えの正しい尺度が見いだされるのである[35]．

Ⅳ．伝統による正統性 vs 理性に方向づけられた形成の正統性

フランスなどとは異なって，ドイツ語圏においては，18世紀の終わりになってはじめて，国家支配の正統化をめぐる議論が活発に行われるようになった．30年戦争の終わりから19世紀初めまでのドイツ人気質（メンタリティ）にふさわしいのは，裕福さの増進と秩序維持をオーブリヒカイトに期待することであった[36]．この意味において，17世紀中頃に，*Paul Gerhardt* は，ある賛美歌（コラール）の一節において，「行政官たち（Policeyen）を庇護してください，我らが領主の王位をお建てください，彼と我らが栄えるために」と神の慈悲を請うたのである．共同統治も抵抗も考えられなかったために，国家権力の正統化とは何かという批判的な問いは無害なものとなってしまった[37]．このことはまた，ドイツの啓蒙自然法論には絶対主義国家に対する革命的先鋭さが大幅に欠けていたことも重要であろう．さらに，ドイツの絶対主義国家が自然法的な改革の試みに対して開かれて

35）　この点について，*Zippelius* (Fn. 2), § 35 IV.;「給付国家 contra 法治国家」について，vgl. *H. H. v. Arnim*, in: *A. Randelzhofer- W. Süß* (Hrsg.), Konsens und Konflikt, 1986, S. 117 ff.

36）　*O. Kimminich*, Dt. Verfassungsgeschichte, 1970, S. 292.

37）　「ドイツ人は，すべての文明国民の中で，きわめて容易にかつまた終始不変にその統治に順応する国民であり，いったん樹立された秩序を改革し，またこれに反抗しようとすることなどは全く思いもよらないところである」(*I. Kant*, Anthropologie im pragmatischer Hinsicht, 2. Aufl. (1800), Zweiter Teil, C 5).

第 1 章　歴史上の支配の正統化モデル　17

いたことは，プロイセン一般ラント法の自然法的基礎や，あるいは 18 世紀末のプロイセンにおける法治国家的な努力を参照するだけで明らかである[38]．

　政治的継続性が広く認められている状況では，正統化は伝統から展開することができる．その時代の法廷に支配秩序が正統なものとして現れるのは，その秩序が歴史的に生成した法と一致する場合である．時間が支配を神聖化する．支配がその起源を「人民の意識の暗い背景に」[39] 退かせ，そうすることで議論を忘れさせるからである．支配は，それが存続しているが故に，人間から正統なものとみなされる．その他の点では，長い間続いた政治支配の場合，人民もこの支配に同意していたとの推定が働く．ドイツにおいては，伝統からの支配の正統化は，広く 19 世紀に至るまで，著しく普及していた．神の恩寵による伝統的で身分制的な君主制とそのオーブリヒカイトを，正統主義者たちはあらゆる政治改革から防衛しようとした．とりわけ，貴族階級の中に，*Theodor Fontane*[40] が書いたような「国王よりも国王的な正統主義者たち」がおり，彼らは世襲君主制と宗教によって基礎づけられた正統性を信奉したのである．

　このような伝統による正統性，昔ながらの支配形式を遵守することによる正統性には，理性に方向づけられた政治的形成による正統性が対置される．三月前期の自由主義の理論家，*Karl von Rotteck* は，ある政治秩序の法的規律が理性の法廷で存在できる場合にのみ，その政治秩序を正統とみなした[41]．王政復古の政治秩序や，政治秩序の継続性を守ろうとする試みに対して，*Rotteck* は，現代の民主的法治国家の理性的に展開された諸原理を対置した．フランスでは，

---

38)　*Maier* (Fn. 22), S. 280 ff.; *H. Conrad*, Rechtsstaatliche Bestrebungen im Absolutismus Preußens und Österreichs am Ende des 18. Jhdt. 1961; *ders.*, Die geistigen Grundlagen des Allgemeinen Landesrechts für die preuß. Staaten, 1958; *H. Conrad-G. Kleinheyer* (Hrsg.), Vorträge über Staat und Recht von C. G. Svarez, 1960; *E. Schmidt*, Beitr. zur Geschichte des preuß. Rechtsstaates, 1980.

39)　*W. T. Krug*, Dikäopolitik oder neue Restauration der Staatswissenschaften mittels des Rechtsgesetzes, 1824, S. 250 ff.

40)　*E. Petzet* (Hrsg.), Der Briefwechsel von Theodor Fontane und Paul Heyse, 1850-1897, 1929, S. 21.

41)　*Würtenberger* (Fn. 1), S. 723 f. m. Nachw. (SV. 51).

18　第Ⅰ部　国家と政治の正統化に関する不可避な問題

正理論派，*François Guizot* と *Royer-Collard* を中心とするグループが，理性的な政治秩序を形成することを人間の任務として確立したのである[42]．

　伝統による正統性と，理性に方向づけられた政治的形成による正統性との対立は，19 世紀初頭の正統性と合法性の分離（Auseinandertreten）の例においてとくに明らかとなる．民主的法治国家における合法性の新しい役割を *Duvergier de Hauranne* は明確に定式化した．「新たな秩序の基本原則は合法性，言い換えれば法律に従った統治である．その法律は，立法に関する権力を与えられ，それを集合的に行使する，王と両院によって共有された合意に由来するのである」[43]．立法手続によって成立した単なる合法的な法に対するアンチテーゼが正統な法である．正統な法は歴史的に成長したものである．実定法秩序は，それが伝統的な政治制度を廃止する限りでは，もっぱら合法性を有する．たとえば *Carl Ernst Jarcke* は，合法性という「法律のわら人形（Popanz）」に，法の理念によって刻印され，神の命令と一致した法秩序を対置させた[44]．合法性をこのように軽視することで，とりわけ自由主義的な秩序モデルが提供する合法的であるにすぎない社会秩序に対して，道徳的な拘束力を否認することができたのである．これに対して，伝統的で正統な秩序の復活を要請することができた．たとえば，*Friedrich Julius Stahl* にとって，合法的な法は事実（Ereignisse）の力によって国家に強制される．しかし，正統なのは，自然発生的で歴史的に生成した法であって，人間に対する神の摂理によって成立したものだけである．「正統であるとは，より高次で神聖な力によって制定されたものを意味する」[45]．

---

42)　*Würtenberger* (Fn. 1), S. 724 f. (SV. 51).

43)　*Duvergier de Hauranne*, De l'ordre légal en France et des abus d'autorité, 1826, S. 24.

44)　*C. E. Jarcke*, Die Legitimität und ihre Gegner, 1832, Vermischte Schriften Bd. 3, 1839, S. 115.

45)　*F. J. Stahl*, Die gegenwärtigen Parteien in Staat und Kirche, 1863, S. 307.

V. 政治的支配の正統化の構造

正統化現象の歴史的次元に取り組んで明らかになったことは，国家支配を正統化しうる正統性の源泉は一個または若干個にとどまるものではではない，ということである．むしろ，質的に異なる多数の正統性の源泉が存在する[46]．時代に応じて，さまざまな正統化のトポスが，共通の効力において，あるいは唯一の正統化モデルの強調の下で，政治権力を正統化することができる．さらに，多元主義国家においては，政治支配を正統化する究極の根拠を一つの政治的イデオロギーから導き出すことはできない．同じく，道徳的・倫理的要請の完結したシステムに還元することもできない．批判的合理主義が，いや，正統性という倫理的カテゴリーの歴史的変遷可能性についての洞察もまた，正統化理論の相対性を証明した．

1. 形式的正統化

そこから全般的に拘束力ある政治支配の正統化根拠を導き出すことのできる世界観的な方向づけの枠組みが存在しないところでは，「正統化の形式的諸条件が自己正統化の力をもつ」[47]．形式的正統化は4つのタイプに区別される．

a) コンセンサス形成手続による正統化．社会心理学と個人心理学の観点においては，国家支配はコンセンサスによって正統化される[48]．民主的立憲国家

---

46) *J. Heidorn*, Legitimität und Regierbarkeit, 1982, S. 10.

47) *J. Habermas*, in: *P. Graf Kielmansegg* (Hrsg.), Legitimationsprobleme politischer Systeme, 1976, S. 43; *N. Luhmann*, Legitimation durch Verfahren, 1969, S. 30; *G. Dux*, Strukturwandel der Legitimation, 1976, S. 337 ff.

48) コンセンサスによる国家支配の正統化の最近の分析について，*Fritsch* (Fn. 1), S. 193 ff.; *R. Zippelius*, in: *A. Achterberg- W. Krawietz* (Hrsg.), Legitimation des modernen Staates, ARSP Beih. 15, 1981, S. 84 ff., 88 ff.; *Hattenhauer- Kaltefleiter* (Fn. 6), *Randelzhofer- Süß* (Fn. 35).

20 第Ⅰ部 国家と政治の正統化に関する不可避な問題

においては，コンセンサス[49]を，選挙によって，多数決によって，職務の担い手の時代に即応した任命によって，政治決定と行政決定への参加によって，あるいは世論の自由な発展によって，形成することが試みられる．コンセンサス形成手続による正統化にとっての前提は，政治的決定のルールの正統性と，政治的決定の開放性について，基本的コンセンサスがあることである[50]．多数決を正しいものとして承認することに投票で負けた少数派が耐えられるのは，彼らが後の決定手続において多数派となるチャンスをもつ場合だけである．

b) 政治的継続性による正統化．歴史的観点においては，伝統と歴史的継続性は，政治支配を正統化する重要な源泉であった．その時代の〔政治支配を〕正統化する力は，長く続いてきた政治支配の秩序が，現存する世界において唯一可能な規律であるとみなされることに基づいている．伝統的なものはそれだけで正統性の推定を受けるのであり，新しいものは正統化を必要とするのである[51]．

c) 政治的権威による正統化．政治的継続性による正統化としばしば密接に結びついているのが，政治的権威による正統化である．このような政治的権威をもつことができるのは，たとえば神権政治的絶対主義においては神の恩寵による支配者であるが，しかしカリスマ的な支配者人格もそうである．民主主義的立憲国家においては，政治的諸制度は，特別な専門的権限を発揮することで，政治システムの正統化に寄与することができる．議会が高い政治的権威を享有

---

49) 詳細なのは，*U. Scheuner*, in: *G. Jakobs* (Hrsg.), Rechtsgeltung und Konsens, 1976, S. 33 ff.

50) 政治権力を受容するための基礎としての政治システムの公開性への信頼について，*R. Münch*, Legitimität und politische Macht, 1976, S. 105 ff.

51) *G. Jellinek*, Allg. Staatslehre, 3. Aufl. (Neudr. 1966), S. 337 ff. (「事実的なものの規範力」について); *R. Zippelius*, Rechtsphilosophie, 1982, § 7 Ⅶ. 秩序維持の心構え (Ordnungssinn)，方向づけの確実性への欲求および「同調圧力」は，長期にわたって安定した秩序の正統性に至りうることが指摘されている．

するのは，議会の行為の正しさに対する信頼が不滅である場合である．憲法裁判所は，権力の中枢から離れて行われる法律の実質的な違憲審査によって，市民の中に法秩序の正しさに対する信頼を生み出し，こうして政治的権威を展開することができるのである．

d）理性による正統化．政治支配は，理性の法廷で承認に値すると思われる場合にも，正統性を獲得する．理性的とみなされた政治的決定は，容易に従われ，正しいとみなされることになる．政治的決定は，しばしば決定の担い手の専門知識によって正統化される．それにもかかわらず，理性に方向づけられた社会的および経済的形成は，「二次的」な領域においてのみ政治的決定権力を正統化することができる．なぜなら，政治的な目標設定と妥協に関する先行決定（Vorentscheidung）は，合理性の基準によって審査されることはほとんどないからである．ここで，政治的評価と前提理解の領域に入ることになる[52]．

２．価値および公共の福祉の実現による正統化

国家支配の形式的正統化の領域と並んで，価値と公共の福祉の実現による正統化が現れる．ここでは，国家は政治的業績によって正統性を獲得する．すでに強調したように，政治支配の究極の根拠に取りかかることは，重大な困難を生じさせる．それにもかかわらず，いかなる政治的目標設定に「人間の尊厳に値する」政治秩序は従わなければならないのか，人間学的基礎に基づいて展開される．このことは，それ故，人間の共同生活はとりわけ保護と平和の秩序を必要とし，倫理的な価値設定に整えられるのである[53]．西欧の立憲国家の政治文化が補完的に付け加わる．西欧の立憲国家においては，苦難に満ちた歴史的経験から政治的格律の確定した規範が発展してきたため，支配が承認するに値すると思われるのである．

52）　*Th. Würtenberger*, in: *B. Rüthers-K. Stern* (Hrsg.), Freiheit und Verantwortung im Verfassungsstaat, 1984, S. 533 ff., 548 f. (SV. 63).

53）　*Scheuner*, in: *Achterberg- Krawietz* (Fn. 48), S. 8.

a) 平和と秩序の確保による正統化. *Bodin* と *Thomas Hobbes*[54] 以来，正統な国家権威の最も重要な任務に数えられるのが，対内的および対外的な安全に配慮することである．対外的安全の確保も，国家の正統性に本質的な寄与をなしうることは，特別の理由づけを必要としない．このような平和と秩序を確保する国家作用は，国家支配を正統化し，人間学的に深く人間に根ざした安全の欲求と一致する．

b) 価値の実現による正統化. そのほかに，政治支配は，包括的な価値実現によって正統化されなければならない．そのような価値に数えられるのが，人間の生命の保護，人間の尊厳および平等である[55]．さらに，倫理的水準の保護，あるいはまた連帯の思想があげられる．時代状況に応じて，社会的価値の実現，国民的統一，政治的 独 立 または政治的統合が役割を演じる．

c) 個人の自由な発展による正統化. 安全性と方向的確実性への欲求のような，類似の人間学的構成要素を有するのは，個人の自由な発展と将来形成に対する人間の欲求である．基本権と人権の実現によって，個人の自由な発展を尊重することは，正統な国家支配の本質的メルクマールの一つとなった．

d) 公共の福祉の実現による正統化. 昔から，正統な政治支配に対して，公共の福祉の実現が要請された．政治支配は，ある個人や階層のために行使されてはならないのであって，公共の福祉の増進に自己を捧げなければならないのである．啓蒙絶対主義においても，現代の社会国家においても，公共の福祉の実現は，生活の基礎を確保することを意味する．それ故，ここで重要なのは，

---

54) Vgl. *Zippelius* (Fn. 10), § 17 II. そこでは，平和と秩序を確保する国家の機能の人間学的次元について指摘されている．

55) *Dux* (Fn. 47), S. 355 にとっては，平等が，社会秩序の形成原理として役立ちうる唯一の格律である！

効率的で時代にかなった生存配慮，社会保障のシステム，健康保護，環境保護
等々である．これには，作用能力のある経済システム，したがって人格を発展
させる経済的な枠条件が存在することも含まれる．

3．時代に条件づけられたカテゴリーとしての正統性

政治支配の正統化の上述した構造を一瞥すれば，*Johann Wolfgang von Goethe*
の次の確認が真実であることは明らかである．すなわち，「正統な諸関係が存
在する．人はそれを傷つけ，廃止し，破壊するかもしれないが，繰り返し姿を
現し，優位を占めなければならない〔そのような正統な諸関係が存在する〕の
である」[56]．政治文化の基本価値の枠内で正統な政治的諸関係を作り出すこと
は，すべての世代に新たな課題として課せられている．なぜなら，「正統性の
原理は，その時代において誕生し，それ故，絶対的にではなく，その時代にお
いてのみ把握され，すべての人間的なものと同じく，その時代によって修正さ
れなければならないからである」[57]．

56）　*Goethe* an *Boisserée* (2. 3. 1828), Goethes Briefe, Hamburger Ausgabe Bd. 4, 1967,
　　　S. 271, Nr. 1391.
57）　*F. Gentz*, in: Briefwechsel zwischen F. Gentz und A. H. Müller, 1857, S. 202 f.

解　題

　本稿は，„Legitimationsmuster von Herrschaft im Laufe der Geschichte" とい
うタイトルで雑誌　Juristishe Schulung（JuS 1986, S. 344-49）に掲載されたもの
である．

　人はなぜ国家権力に従うべきなのか，あるいは，人はなぜ国家権力に従うの
か．前者は倫理的・法学的な問いであり，後者は社会学的な問いであるが，こ
れらは支配の正統性を問題にしている．支配の正統性の問題は，近年，学際的
かつきわめて積極的に論じられてきた．本稿は，この問題を体系的に議論する
ことを可能にするため，正統性のモデルを歴史的に分析している．

　近代国家の成立以来，支配の正統性をめぐる議論が繰り返されてきた．それ
ぞれの時代において,正反対の正統性原理の間の鋭い論争が行われている．「ア
ルトゥジウス vs ボダン」では，支配の正統性の根拠は，支配する君主の主権
にあるとする絶対主義の思想と，支配される側の同意（コンセンサス）にある
とする身分制国家の思想が対比的に描かれる．「積極国家の正統性 vs 消極国家
の正統性」では，正統な国家任務が論じられる．積極国家では，国家の任務は
公共の福祉の実現であり，国民の幸福のためにあらゆることをなすべきである
とされるのに対して，消極国家では，個人の自由な発展のために国家の活動は
制限されなければならないとされる．後者では，国家の任務は（対外的・対内
的な）安全の保障に限られる．「伝統による正統性 vs 理性に方向づけられた正
統性」では，古くから変わらずに続いていることが正統なのか，理性に基づく
新しい変化が正統なのか，という問題が論じられる．19 世紀初頭の正統性と
合法性の対立もこの問題の一例である．

　正統化の現象を歴史的に分析してみると，支配の正統性の源泉は多数存在す
ることが明らかになる．これ自体は平凡な確認である．正統化の根拠は，形式
的正統化と実質的正統化に大別することができる．前者は，正当化の形式的条
件による自己正統化である．そのような形式的条件として，コンセンサス形成
手続，政治的継続性，政治的権威，そして理性があげられる．実質的正統化と

は，価値と公共の福祉の実現による正統化である．そのようなものとして，平和と秩序の確保，価値の実現，個人の自由な発展，そして公共の福祉の実現がある．

このような政治的支配の正統化の構造をみてみれば，これらの基本価値の枠内で正統な政治的諸関係を作り出すことは，すべての世代に新たな課題として課されていることがわかる．正統性は，時代に条件づけられたカテゴリーなのである．

第 2 章

歴史的視角における
基本法の正統性について

Zur Legitimität des Grundgesetzes in historischer Perspektive

訳・解題　柴田憲司

「歴史的視角における基本法の正統性について」

小目次

序

Ⅰ．ドイツにおける正統化概念および正統性概念の発展について
　1．規範的概念規定と記述的概念規定との相互移入
　2．正統性問題の遅れた「概念化」
　3．国家的なるものの変化による概念の変遷

Ⅱ．正統性——相対的なカテゴリー？
　1．歴史的視角
　2．多元主義テーゼ
　3．立憲国家的反対論

Ⅲ．基本法の歴史的正統性
　1．連続性意識なき連続性
　2．基本法上の個別の諸制度の歴史的正統性について

Ⅳ．歴史的視角における基本法の受容

解　題

序

　基本法を歴史的視角の中で正統化する（legitimieren）こと，これが意味するのは，憲法理念（Verfassungsidee）の生成とその発展を正当化（Rechtfertigung）問題の中に加えることである．これは，特に理念史的契機・社会史的契機・制度史的契機において行われうる．第一の理念史的契機は，過去において国家および国家秩序の正統化へと展開させられるに至った，その当時の政治理念および政治理論にかかるものである（II. 1.）．同時に，——社会（心理）史的契機の意味における——「正統性の確信（Legitimitätsglauben）」の変遷も問題となり，かくして，ある政治秩序の正統性にかかる集団観念の変化に対する時代精神の影響も論点となる（I. 1.）：すなわち，エリート層や（民主的）社会共同体（Gesellschaft）の政治的・法的な意識において，社会心理的に承認され，政治秩序を安定させるに至った正統化理由は一体どれなのか，という問題である．この正統性のコンセンサスは，変遷してゆく社会共同体が必要とする一定程度の安定性と継続性を保障すべく，確固たる制度的な準拠枠組み（Bezugsrahmen）および方針枠組みを必要とする．これが，制度史的契機のテーゼにつながる（III. 2.）：すなわち，変遷の中での継続性を可能とするのは，歴史的にその機能性が実証され，かくして——たとえば裁判制度や社会保障制度，地方自治制度等々のように——政治秩序の歴史的な正統性を基礎づける（憲）法的な制度である．そのような諸制度の歴史的な分出は，正統性を伝承する政治諸世代間のつなぎの輪を形成する．

　これらの理念史的枠組み，社会（心理）史的枠組み，制度史的枠組みを結びつけることで明らかとなるのは，次の点である：すなわち，正統性問題への答えは，ある社会共同体の文化によって本質的に左右されるということである．文化的伝統は確固たる枠組みを付与し，この枠組みの中で，歴史的経験から正統化問題が設定され，そして議論されうることとなる．その限りで，正統化問題に関するあらゆる言説，すなわち，どのようなトポスが，どのような前理解

および動因をもって取り上げられるのかは，思考と価値を形成し条件づける，ある一定の文化的・歴史的な経験的地平に左右される．この準拠枠組みの中において，正統化問題の議論の歴史と「正統」な制度の変遷の歴史が，正統な秩序を追求する歴史的な言説として把握される．すなわち，その実現が，それぞれの世代に新たに課される正統な秩序，これを追求する歴史的な言説として把握される．

　この正統化の言説は，18世紀以来，その準拠点について立憲国家（Verfassungsstaat）を有している．西欧的に鋳造された立憲国家においては，政治秩序の正統性理由は成文憲法に規律されており，18世紀以来，その指導原理や制度，およびその具体的な定式を得ようとする営為が行われてきた．立憲国家の憲法の正統性は，歴史的に見れば，啓蒙主義の政治哲学の長きにわたる発展系統と，立憲国家的憲法の導入の際に行われた各々の国家の経験とに根差している．時代の変遷を受け入れる限り，憲法は，正統な秩序に向けたそれぞれの同時代の現代的要求に沿うものでなければならない．もっとも，その憲法の創設の際の核心部分の同一性は変更させられてはならない（基本法79条3項について，Ⅱ，3.）．

　基本法の原理と制度の正統性は，西欧立憲国家の発展に還元されうる．民主制や権力分立，基本権保護，権利保護といった，その正統性を創出する諸原理は，18世紀後半の自然法論・国家学において議論され，部分的には政治の実践においても実現された．19世紀の初頭以来，立憲国家の正統性の理念は，ますます集団意識の中に存するようになる．集団的な政治的意識においては，新たな開放的な時代精神が発展し，この時代精神は，基本権や民主制，法治国についての新たな，あるいは新たな地位を占めるに至った概念論をもって争った．基本法の歴史的な正統性は，ただ西欧立憲主義の発展と結びついているのみならず，ドイツの特殊性，とりわけ連邦国家ないし社会国家，裁判〔制度〕の領域におけるドイツの特殊性によっても特徴づけられている（Ⅲ，2.）．これらは集団の政治的・法的意識の深層にあって，基本法の正統性の精神的基礎を構成する（Ⅲ，1.）．この点は別として，基本法はその発効以来，多様な理由から広範に受容されるに至っており，これは，「正しい」憲法としてのその規範

的な効力および妥当の前提条件をなす（Ⅳ.）.

Ⅰ. ドイツにおける正統化概念および
正統性概念の発展について

1. 規範的概念規定と記述的概念規定との相互移入

　国家と法の正統化および正統性への問いは，政治秩序を最内奥部において一体的に結合する，それぞれの指導原理および心理的・精神的基礎にかかる.

　自然法の諸価値や諸原理にさかのぼることで，哲学的もしくは倫理的な正統化理論が展開させられうる[1]. 国家哲学および政治理論の核心問題としての正統化問題の哲学的・倫理的次元は，長きにわたり，法と国家についての考察を規定してきた. ここではただ，次のような理論を指摘するにとどめたい. すなわち，その正統化論を政治神学の中に組み込んだ神権的絶対主義の正統化の試み[2]や，啓蒙主義の自然法論における新たな民主的・法治国的正統性の発展，あるいは歴史的に承認されてきた古き良き法（歴史的理性）の支持者と，新たな法の民主的な発布を通じて社会を変革しようとする合法性に基づく正統性の擁護者との対立[3]，などである.

　18世紀末以来，国家と法の正統化は，社会心理的な要素が重要な地位を占めているということが意識されるに至った. いかなる原理がある国家秩序の基礎に正しく置かれるべきか，という点についての集団観念が変遷すれば，同時

---

1) *R. Zippelius*, Allgemeine Staatslehre (Politikwissenschaft), 12. Aufl. 1994, § 16 Ⅰ; *Th. Würtenberger*, Die Legitimät staatlicher Herrschaft, 1973, S. 13 ff. (SV. 1).

2) *Th. Würtenberger*, Artikel Legitimität, Legalität, in: *O. Brunner/W. Conze/R. Koselleck*, Hrsg., Geschichtliche Grundbegriffe, Bd. 3, 1982, S. 677, 690 f., 701 ff. (SV. 51).

3) *Würtenberger* (Fn. 2), S. 715 f. （19世紀初頭の合法性と正統性の相互移入）, S. 723（*Rotteck* と *Welcker* の国家目録（Staatslexikon）における正統性と理性法）; 歴史的理性をめぐる争い，および歴史的理性と開放的理性のいずれがより理性的なのかをめぐる問題について：*J. J. Moser*, Gedanken über das neu-erfundene vernünftige Staatsrecht des Teutschen Reichs, 1767, S. 13, 26.

32 第Ⅰ部 国家と政治の正統化に関する不可避な問題

に,国家と法の正当化についての規範的な理論も変遷する.そのような洞察は,民主国家の起こりに生じた.民主国家は,国家の正統性についての考察を「民主化」した.正統性問題は,いまや世論の中においても決定されるのである.

これは,正統性の議論における根本的な視角の入れ替わりである：正統性問題は,それぞれの支配的な社会のエトス,それぞれの支配的な社会倫理観念および正義観念において(も)決せられるのである.いかにしてこれらが確定され,そして発展させられうるのかについては,ここでさらに立ち入って論究することはできない[4].ここではただ,次の点のみを問題とする.すなわち,新興の(市民階級の)公衆が,その正統化の観念,つまり国民主権や民主制,法治国,基本権を要求する正統化の観念を時代の要求に高めた,という点である.

変遷する時代精神が同時に国家の正統化理由を変遷させる,ということは,19世紀への変わり目の時期の市民階層の転換・転機意識に適合するものであった.この新たな,そして開放を求める政治的・法的意識は,フランスのみならずドイツにおいても,政治実務と同様に政治理論を特徴づけた.

数多くの議会での演説や著作の中で,*Benjamin Constant* は当時の自由主義的な精神を志向した.この時代精神は国民の意思を支配するものであり,これに適合するよう憲法改革が達成される必要があったとされる.当時の時代精神から,*Constant* は民主的・法治国的正統性にかかる諸原則（Maximen）を発展させた[5].正反対の政治陣営から *Talleyrand* は,「時代精神（esprit de temps）」を志向する,きわめて類似の改革の要求を展開した.同氏もまた19世紀の初頭に,変遷する時代精神が国家秩序と法秩序に本質的な影響を有している旨を表明した[6].

---

4) これについては,*R. Zippelius*, Legitimation im demokratischen Verfassungsstaat, in: *ders.*, Recht und Gerechtigkeit in der offenen Gesellschaft, 1994, S. 67 ff.; *ders.*, Rechtsphilosophie, 3. Aufl. 1994, §§ 20 ff.; *Th. Würtenberger*, Zeitgeist und Recht, 2. Aufl. 1991, S. 207 ff. (SV. 3).

5) *Th. Würtenberger*, Zur Legitimation der Staatsgewalt in der politischen Theorie von Benjamin Constant, in: Annales Benjamin Constant 10 (1989), S. 65, 71 ff. m. Nw.(SV. 91).

6) 国内的な正統性概念の定式化の際の *Talleyrand* の時代精神への志向について：

第2章　歴史的視角における基本法の正統性について　33

　ドイツにおいては，とりわけプロイセンの憲法改革をめぐる取り組み[7]や南ドイツの諸憲法に関する審議が，変遷する時代精神のきわめて強い影響の下に生じ，この時代精神は，繰り返し述べたように改革勢力の強力な盟友であった[8]．解放を求める正統性の諸原理をともなう新たな時代精神の動因を，*Feuerbach* は 1821 年に，簡にして要を得たかたちで表明している：「多くの…相互複合的に作用する強力な諸勢力が，新たな時代精神を生みだしており，この時代精神が，その周囲に新たな世界を形づくっている．憲法，公衆の自由，人間と市民の権利の承認と保護，法律上の諸命令への国民（Volk）の参加…これは時代精神が求めているものである」[9]．

　フランスおよびドイツにおいて広く知られるに至ったこの時代精神の比喩は，*Hegel* によって哲学的に高められた．同氏の政治哲学によれば，憲法は国民精神および時代精神の変遷との調和の下に置かれなければならない．これはさらに，三月前期に，*Hegel* 左派の改革の要求の理論的基礎となった[10]．

　最後に，社会心理的正統化のカテゴリーには，国法上の消滅時効（Verjährung）の観念と，伝統の社会心理的な効力の観念も属する．これらは 19 世紀に，法の破壊によって生じた新たな秩序を正統化するために展開させられたものであ

　　Talleyrand, Mémoires, hrsg. von Duc de Broglie, Bd. 3, 1891, S. 317.

7)　　時代精神の名の下に *Altenstein* は 1807 年，「全国民の可能な限りの自由と平等」を要求した（*O. Dann*, Gleichheit und Gleichberechtigung, 1980, S. 166 における引用）．*Hardenberg* にとって「君主政体における民主的原則は，…現代の時代精神にとって適切な形態である」（*G. Winter* (Hrsg.), Die Reorganisation des preußischen Staates unter Stein und Hardenberg, 1931, S. 313 における引用）．

8)　　改革を求める市民層の至上命令的な概念としての時代精神について：*Würtenberger* (Fn. 4), S. 73 ff.

9)　　*P. J. A. von Feuerbach*, Berachtungen über die Öffentlichkeit und Mündlichkeit der Gerechtigkeitspflege, 1821, S. 8; これについては，*Th. Würtenberger sen.*, in: FS für G. Blau, 1985, 655 ff.

10)　*Hegel* の正統性理論における時代精神の役割について，*Würtenberger* (Fn. 4), S. 68 ff.; *Hegel* 左派の要求について，ebd., S. 76 ff.．―19 世紀において，効果的な政策は時代精神と時代の兆候を見抜くことを前提としていた，ということが意識されている．; 参照，*M. Hanisch*, Für Fürst und Vaterland. Legitimitätsstiftung in Bayern zwischen Revolution 1848 und deutscher Einheit, 1991, S. 109 ff.

34 第Ⅰ部 国家と政治の正統化に関する不可避な問題

る[11].

2. 正統性問題の遅れた「概念化」

ドイツの政治的・法的な概念論の発展の固有性に属するのは，正統性の概念がウィーン会議の初頭の時期になって初めてドイツにおいて定着したということである[12]．たしかに 17 世紀の初期ないし 18 世紀にも，種々の事情から正統化問題は提起された．だがこれについて――フランスとは異なり――固有の概念が発展させられることはなかった．その際，少なからず驚くべきことは，たとえば *Althusius* によって用いられた「正統な政府（legitima administratio）」[13]という概念や，*Christian Wolff* のいう「正統な王国（regnum legitimum）」[14]という概念について，精密かつ確固たる輪郭をもつドイツ語への翻訳が見られなかった，ということである．しかし概念を欠くところでは，事物について考察することはできない．

正統性概念，あるいはそれに対応する概念の欠如は，次の点に帰されうる．すなわち，ドイツにおいては――フランスと異なり――国家と法の正統化についての批判的な問いが，長きにわたり設定されてこなかった，という点である．これは，啓蒙絶対主義の福祉国家における安心感，もしくはドイツに典型的とされている権力国家的なメンタリティーと関連しているのかもしれない．18

---

11) 国家権力の正統化の際の期間の経過の作用について：*Würtenberger* (Fn. 2), S. 727 m. Nw.

12) フランスの正統性概念の発展とそのドイツ語圏における受容については，*Würtenberger* (Fn. 1), S. 169 ff. で示したものを参照．

13) *J. Althusius*, Politica methodice digesta, 3. Aufl. 1614, S. 286, 886;「正統な執政官（legitimus magistratus）」につき，ebd., S. 938; *Th. Würtenberger*, Zur Legitimation der Staatsgewallt in der politischen Theorie des Johannes Althusius, in: *K. W. Dahm/ W. Krawietz/D. Wyduckel* (Hrsg.), Politische Theorie des Johannes Althusius, Rechtstheorie Beiheft 7 (1988), S. 557 ff. (SV. 87).

14) *C. Wolff*, Ius naturae. Pars octava de imperio publico, 1748, S. 191 f.: 君主の権力の「基本諸法（leges fundamentales）」および「協約（capitulatio）」への拘束，ならびに権力分立的な混合国家形態を通じた君主の権力の抑制．

世紀のライヒ国家学の実証主義も，神聖ローマ帝国の国家形態の正統性についての考察の妨げとなった[15]．理性法論や自然法論においてでさえ[16]，あるいはライヒ改革をめぐる議論の際においてでさえ，正統化問題は明示的に設定されていなかった[17]．

3．国家的なるものの変化による概念の変遷

　国家支配の正統性への古典的な問題は，今日においては全くもって古めかしくなってしまったように見える[18]．古典的な問題は，ひとつの主権国家を前提とするものであり，確固たる構造をもつ国家権力と，その国家の憲法が，正統化されうるべきものとされていた．地方のレベルからEUに至るまでに見られる国家権力の連邦制的な断章化や，国家と権力的な社会的諸勢力との間の政治権力の分配，ますます進む多岐にわたる国家主権の喪失は，正統化問題の視角を根本的に変化させた．基本法の正統性および基本法によって構成された政治秩序の正統性は，——不当にも——周辺的にのみ論じられている．検討の中心は，政治形態としての連邦制の正統性[19]や個別の連邦制的な政治的諸単位の正統化[20]，法および法制定手続の縮減的受容の時点における法律の正統性[21]に移

15）　*Moser* の「実証主義」については以下を参照．*E. Schömbs*, Das Staatsrecht Johann Jakob Mosers 1701–1785. Zur Entstehung des historischen Positivismus in der deutschen Reichspublizistik des 18. Jahrhunderts, 1968, S. 217 f.; *M. Stolleis*, Geschichte des öffentlichen Rechts in Deutschland, 1. Bd. 1988, S. 265 ff.

16）　18 世紀末期のドイツ理性法および自然法には，伝統的支配的な政治秩序に対する革命的な尖鋭性が欠けていた；また，自然法の精神において追求され実現された上からの改革のために，正統性への批判的な問題設定がなされなかった．

17）　そのありうる理由について，*Würtenberger* (Fn. 1), S. 162 ff. を参照．

18）　*T. Mirbach*, Überholte Legitimität? Oder: Auf dem Weg zu einem neuen Politikbegriff, 1990.

19）　*R. Zippelius*, Die Modernität des Föderalismus, in: *ders.*, Recht und Gerechtigkeit (Fn. 4), S. 202 ff.

20）　*H. von der Groeben*, Legitimationsprobleme der Europäischen Gemeinschaft, 1987.

21）　*Th. Würtenberger*, Legitimität und Gesetz, in: Festgabe zum 10-jährigen Jubiläum der Gesellschaft für Rechtspolitik, 1984, S. 533 ff. (SV. 63).

36　第Ⅰ部　国家と政治の正統化に関する不可避な問題

っている.

　法治国家および立法国家において国家権力は，法律により，法律の根拠に基づいて展開し，そして法律を通じて制御されたかたちで市民と対峙するものであるため，法律の正統性は特別な顧慮に値する．基本法は法律の正統性の基礎を，憲法によってあらかじめ定められた法律制定手続の順守や，基本法によって保障された自由の領域の尊重と促進，そして憲法において明定された国家目標および国家任務の達成に置いている．基本法によって定められた民主的法治国家・社会国家の要求に照応する法律については，単なる形式的な合法性のみならず，正統性も付与される[22].

　法律の立憲国家的正統性は，何よりもまず，次の点によって基礎づけられる．すなわち，憲法制定権力が主権的な決定権限の行使の際，立法者に対し，立法についての手続と枠組みをあらかじめ付与している，という点である．重要なのは代表の理念，すなわち委任の担い手による公共の福祉の代行的な具体化であり，これが，立憲国家においては重要な公共の福祉の方向付けを法律に付与する[23].　同様に重要なのは，法律の立憲国家的正統性は，法律の歴史的・文化国家的正統性を保証するということである．憲法は，ある社会共同体の政治的文化の規範的な枠を形成する．憲法を通じて，ある社会共同体において承認されるに至った政治理念に法的な拘束力が付与されるのである．この意味で，ボン基本法には，過去において正統な国家支配の条件として要求され，曲折を経て実現された多くの諸規律が見られる．とりわけ基本法は，政治的リベラリズムの理念および社会国家的民主制の理念と結びついている．国民主権, 基本権, 民主制原理，法治国原理，権力分立原理は，その歴史的根源を，とりわけ啓蒙

---

22)　*K. Hesse*, Grundzüge des Verfassungsrechts der Bundesrepublik Deutschland, 19. Aufl. 1993, Rn. 197; *U. Scheuner*, Die Legitimationsgrundlage des modernen Staates, ARSP Beiheft 15: Legitimation des modernen Staates, hrsg. von *N. Achterberg/W. Krawietz*, 1981, S. 1 ff.; *W. Maihofer*, Die Legitimation des Staates aus der Funktion des Rechts, ebd., S. 15 ff., 20.

23)　代表による正統化について，*K. Hartmann*, Politische Philosophie, 1981, S. 200 ff., 219 ff.

主義の国家哲学および政治的リベラリズムの正統化理論の中に見出すものである．

　正統性の議論を法律の正統性のみに狭めたことのみならず，国家理論における変化も，正統性の概念の断章化をもたらしている．政治学，社会学，社会心理学，手続・討議理論では，それぞれにおいて独自の国家の正統化の諸契機が発展させられている．正統性は，そこにおいては，ガバナビリティーに関する議論[24]や資本主義国家の危機管理理論[25]，システム理論[26]，経験的社会調査[27]の周辺に陥っている．

　この正統性理論と正統性概念の断章化は，とりわけ一般国家学においても見出される．そこからは，部分領域として，立法学や行政学，司法学が発展した．したがって，いまや具体的な政策の正統性[28]や，基本法によって定められた行政制度およびその活動の正統性[29]，行政や裁判所の諸判断の正統性[30]が問題となっている．要するに，あらゆる平面における国家活動の正統性が扱われているのである．

---

24)　*B. Westle*, Politische Legitimität – Theorie, Konzepte, empirische Berunde, 1989, S. 40 ff. m. Nw.

25)　*Mirbach* (Fn. 18), S. 21 ff. m. Nw.

26)　政治システムの自己正統化という *Luhmann* のテーゼにつき：*Mirbach* (Fn. 18), S. 104 ff.

27)　*G. Schmidtchen*, Ist Legitimität meßbar?, Zeitschrift für Parlamentsfragen 8 (1977), S. 232 ff.

28)　*Zippelius* (Fn. 1), § 17 Ⅳ, 3.

29)　*D. Czybulka*, Die Legitimation der öffentlichen Verwaltung unter Berücksichtigung ihrer Organisation sowie der Entstehungsgeschichte des Grundgesetz, 1989.

30)　たとえば，行政手続の目的として行政裁決の受容が強調されている（vgl. *F. O. Kopp*, Verwaltungsverfahrensgesetz, 5. Aufl. 1991, Vorbem. § 1, Rn. 3; *R. Wahl*, VVD-StRL 41 (1983), S. 198; *R. Pitschas*, Verwaltungsverantwortung und Verwaltungsverharen, 1990, S. 58 f.）.

38　第 I 部　国家と政治の正統化に関する不可避な問題

Ⅱ．正統性——相対的なカテゴリー？

　長きにわたり古典的な自然法的な問題設定は，次のようなかたちで議論され
てきた：国家支配および国家の活動を正統化する究極的な理由は存在するか，
あるいは基本法はそのような究極的な理由に依拠しうるか，あるいは正統性問
題は時代や文化によって異なったかたちで答えられうるか．相対論的な見地に
ついては，これを支持する様々な諸理由が存する：

1．歴史的視角

　正統性にかかる議論の歴史は，ヨーロッパに共通するひとつの議論によって
特徴づけられる．その一部は相互に実りをもたらし，その一部は共通の精神（た
とえば啓蒙主義）からも，国家支配の多様な正統化理由を発展させた．そのよ
うな正統性の起源に含まれるのは，とりわけ秩序の安全[31]，統治者と執政の宗
教的な正当化[32]，君主政体の正当化[33]，国民主権を通じた正当化[34]，政治的意思

---

31)　この第一次的な国家任務と国家の正統性根拠について：*Zippelius* (Fn. 1), § 17 Ⅱ
　　　m. Nw.

32)　神権的絶対主義について：*J. B. Bossuet*, Politique tirée des propres paroles de
　　　l'écriture sainte, hrsg. von *J. Le Brun*, 1967, S. 94; *J. de Maistre*, Essai sur le principe
　　　générateur des constitutions politiques, in: Oeuvres, Bd. 1, 1841, S. 110, 126; *C.
　　　Malte-Brun*, Traité de la légitimité, 1825, S. 5, 24 f., 130.

33)　19 世紀中葉のフランスにおける正統化，および *Gerlach* の周辺と *Bismarck* につ
　　　いて：*Würtenberger* (Fn. 2), S. 730 f.

34)　たとえば *Justi* は，国家におけるあらゆる権力の基礎としての国民主権の支持を
　　　表明し，そして「基本憲法ないし基本法律」を通じ，いかにして国家権力が行使
　　　されるべきかを規律する国民の統一的な意思を支持することを表明した（Des
　　　Herrn *von Justi* Natur und Wesen der Staaten als die Quelle aller Regierungswissen-
　　　schaften und Gesetze, hrsg. von *H. G. Scheidemantel*, 1771, § § 46, 47）．さらに同氏
　　　は，民主的な立法を要求した（*J. H. G. Justi*, Die Grundfeste zu der Macht und
　　　Glückseligkeit der Staaten, Bd. 2, 1761, § 388）．そのような考察の線上に位置する
　　　のが，*F. C. von Moser* の，国民によって直接選出される下院の要求と，レーゲンブ
　　　ルクの帝国議会の上院への転換である（Patriotische Briefe, 1767, S. 62 ff.）．

第2章 歴史的視角における基本法の正統性について　39

形成のプロセスへの民主的参加の保障[35]，人格の発展と将来形成の十分な可能
性[36]，（国家の）伝統や[37]政治秩序の合理性[38]，ないし社会保障および社会的調
整[39]を通じた正当化，などである．これらの極めて異質な正統化のトポスは，
国家任務の優先に関わる部分もあれば，国家倫理の問題に関わる部分もあり，
さらに公共の福祉に調和する政策を得るための手続に関わる部分もある．これ
らの正当化の諸理由は，絶対的に設定されているものもあれば，国家権力の正
当化の個別の諸理由の間での妥協をすべく腐心したものもある．それぞれの個
々の時代は，対立する正統化諸理由間の，ほとんど架橋不可能な対立によって
特徴づけられる．これを代表するのが，諸侯主権（Fürstensouveränität）にもと
づく正統性と，国民主権にもとづく正統性との間の論争である[40]．妥協が根拠
づけられ，そして政治の上で遂行される限り，個別の正統化理由の優先度の間
で揺れ動く，一定の波動が時折みられる．その例として挙げられるのは，連邦
制的な身分制国家と中央集権的な絶対主義国家との優先度をめぐる *Althusius*

---

35)　「全ての正統な権力」の条件としての「社会の自由なコンセンサス」の要求につ
いて：*P.-H. Th. Baron d'Holbach*, Système social ou principes naturels de la morale et
de la politique, Bd. 2, 1773, S. 57; *ders.*, Système de la nature, Bd. 1, 1821, S. 170;
Voltaire, Les droits de l'homme et les usurpations des Papes, in: Oeuvres complètes,
Bd. 27, 1879, S. 194; *Rousseaus* の「正統な政府」と「一般意思」との関係について：
Du contrat social, 1, 1, 6 und Art. Economie, in: Diderot/d'Alembert, Hrsg., Encyclo-
pédie, Bd. 5, 1755, S. 139 f.

36)　自由と正統性との結合について：*B. Constant*, Rede vom 23. 5. 1820, zit. bei
Klimrath, Kritische Zeitschrift für Rechtswissenschaft und Gesetzgebung des Auslan-
des, Bd. 7, 1835, S. 46, Anm. 2.

37)　*Würtenberger* (Fn. 2), S. 727 f. で示したものを参照．

38)　理性と法と正統性との関係について：*F. Guizot*, Histoire générale de la civilisation
en Europe, 8. Aufl. 1864, S. 7; *ders.*, Du gouvernement de la France depuis la restaura-
tion, 3. Aufl. 1820, S. 201; *K. von Rotteck*, Artikel Legitimität, in: *ders./K. Welcker*,
Hrsg., Staatslexikon, Bd. 8, 2. Aufl. 1847, S. 480 f.

39)　福祉国家と正統性との結合について：*L. von Stein*, Geschichte der sozialen Bewe-
gung in Frankreich von 1789 bis auf unsere Tage, Bd. 3, hrsg. von G. Salomon, 1921,
S. 5 ff., 52.

40)　19 世紀前半に規定された，この国家の正統化理由の議論について：*Würtenberger*
(Fn. 2), S. 721 ff.

40　第Ⅰ部　国家と政治の正統化に関する不可避な問題

と *Bodin* との古典的論争や，給付国家・福祉国家の正統性と，危険防除と基本
権保護に限定された最小限の自由国家の正統性との間の論争，伝統による正統
性と理性志向的な構成による正統性との対立などである[41].

2．多元主義テーゼ

　正統性が相対的なカテゴリーとして生じるのは，歴史的な次元のみにとどま
らない．多元主義の倫理学も，一見したところでは，正統性問題に固定的な答
えを提供しうるものではない．このことは，批判的な合理主義をもって，規範
的な正統性論の展開を否定しているということから理解される．出発点となっ
ているのは，次のような考察である．「社会共同体の社会システムがきわめて
複雑かつ可変的である場合には…政治権力の正統化は，もはや自然的と観念さ
れるような道徳には委ねられ得ず，政治システムにおいて自ら作り上げられ」
なければならない[42]．「終局的な根拠が理論的に把握され得ない」時代において
は「正当化の形式的な諸条件が独自に正統化の力を保持しうることとなる」[43]．
ここに *Habermas* は，たとえば正統化問題の批判的な論究と，支配から自由な
コミュニケーションプロセスにおける共同体の行動システムの永続的な問題化

---

41)　詳細については，*Th. Wütenberger*, Legitimationsmuster von Herrschaft im Laufe
　　der Geschichte, JuS 1986, S. 344 ff. (SV. 74).

42)　*N. Luhmann* (Legitimation durch Verfahren, 1969, S. 30; *ders.*, Selbstlegitimation
　　des Staates, ARSP, Beiheft 15, 1981, S. 65 ff., 72 f., 79 ff.) は，支配と服従というカテ
　　ゴリーは，現代の正統化議論の準拠点として不適切であると解し，正統化問題を，
　　いわゆる自己言及的なシステムの作用の循環の中に位置づけようとする．正統性
　　問題への答えの相対化について：*W. Hennis*, Legitimität. Zu einer Kategorie der bür-
　　gerlichen Gesellschaft, in: Legitimationsprobleme politischer Systeme, hrsg. v. *P.
　　Graf Kielmansegg*, PVS Sonderheft 7 (1976), S. 22, 26; *J. Habermas*, Legitimationspro-
　　bleme im modernen Staat, ebd., S. 43 ff. u. passim; *C. Offe*, Überlegungen und Hypo-
　　thesen zum Problem politischer Legitimation, in: Bürgerlicher Staat und politische
　　Legitimation, hrsg. v. R. Ebbinghausen, 1976, S. 88 f.; *B. Guggenberger*, Wem nützt der
　　Staat? Kritik der neomarxistischen Staatstheorie, 1974, S. 9 ff., 28 ff.; *R. Münch*, Legi-
　　timität und politische Macht, 1976, S. 80 f.; *Mirbach* (Fn. 18), S. 84 ff.

43)　*Habermas* (Fn. 42), S. 43.

の可能性とを含めている[44]．一般的に妥当する命題を通じて正統性概念を規定しようとする虚しい試み[45]を一見すると，この相対主義の契機の一定の説得力が示される．かくして，正統な統治は，今日では最終段階から一歩手前の理由を引き合いに出すことができるのみであり，終局的な正統化（変遷する社会的経済的諸課題の効率的な処理[46]にもとづく正統性）と，構造を通じた正統化（権力の限界づけとコンセンサス保障を通じた正統性）[47]とを必要とする．

3．立憲国家的反対論

もっとも，正統性への問いに対する答えに関する，この種の極端な相対化は，ドイツ連邦共和国の中心的な正統性理由についての規範的・歴史的・社会心理的な確固たる位置づけを顧慮したものではない．基本法の正統化の核心としての同79条3項は，批判的な議論の外に位置してきたのであり，そして現在も位置している．もっとも，このことは，その「正しさ」を論者がくり返し確認している，ということを意味するものではないが．基本法79条3項は，西欧立憲国家の正統性の諸条件と結合した核心的内実を有している[48]．この条項をもって，啓蒙主義の政治理論の歴史的基礎が，動かし得ないかたちで固定的に成文化されている．さらなる歴史的経験を，同79条3項が規定している：ワ

---

44)　*J. Habermas/N. Luhmann*, Theorie der Gesellschaft oder Sozialtechnologie. Was leistet die Systemforschung?, 1971, S. 259.

45)　たとえば，*G. Geismann*, Ethik und Herrschaftsordnung, Ein Beitrag zum Problem der Legitimation, 1974, S. 75 では，合法性に正統性が付与されるのは，ただ「それによってあらゆる恣意的な（法律によらない）自由の制限が禁止され，かくして自由が権利としてあまねく保障されている場合」であるとされている．

46)　専門性と効率性とにもとづく正統性について：*H. H. Klein*, Verfassungsgerichtbarkeit und Verfassungsstruktur, in: *P. Kirchhof/K. Offerhaus/H. Schöberle* (Hrsg.), Steurrecht, Verfassungsrecht, Finanzpolitik, FS für Franz Klein, 1994, S. 511, 515.

47)　*Hennis* (Fn. 42), S. 22.

48)　基本法79条3項の正統化について，*P. Kirchhof*, Die Identität der Verfassung in ihren unabänderlichen Inhalten, in: *J. Isensee/ders*., Hrsg., Handbuch des Staatsrechts der Bundesrepublik Deutschland, Bd. 1, § 19, Rn. 5:「…国家政策的・文化的な努力の成果であって，憲法共同体がもはやそこから後退しようとすることはできない．」

イマール憲法の不名誉な衰退により，同79条3項は，合法的な革命に規範的に反対している．国家社会主義の時代に対抗し，不法な政体を導入しようとする憲法改正の多数決自体も不可能とされている[49].

積極的に裏返していえば，基本法79条3項は，基本法の憲法上の倫理の輪郭を描いている．これに属するのは，人間の尊厳をもって，最低限度の人格の自律と政治的自由，尊厳と自立の前提条件としての最低限度の社会保障，民主制システム，水平的・垂直的な権力分立を保障することである．ヨーロッパに関し一定していない連邦制原理は，ドイツの立憲国家の発展を長きにわたり特徴づけ，ドイツにおける政治的自由の前提条件となっている．

これらの憲法上の諸原理を，あらゆる危険から防御することを，国民主権の原理が要請している．これらの諸原理が放棄されれば，同時に自律的に行動する主体としての国民が放棄されることとなろう．そのように見れば，国民主権および憲法制定権力は，民主制的・法治国的な正統化理念と存在論的に結合している：これは，自律的な，そして自由をうたう政治形態にとって放棄できない前提である．

したがって，基本法79条3項は，多元主義的国家にとって不可欠の基礎を規律している[50]. 同条項は立憲国家の根本規範であり，かくして——鋭い語気でいえば——ある立憲国家の政治的・法的意識の監獄である．この監獄の囲壁から脱走することは，新たな正統性を求めて闘うことである．これはしかし，権威主義的ないし原理主義的な正統性でしかあり得ない．というのは，基本法79条3項が取り除かれれば，同時に自由で開かれた議論の可能性も取り除かれてしまうであろうからである[51].

---

49)　*K. Stern*, Das Staatsrecht der Bundesrepublik Deutschland, Bd. I, 2. Aufl. 1994, §
　　5 IV, 1 b; BVerfGE 30, 1, 24.

50)　憲法全体と同様に基本法79条3項も変遷しうる．さらに連邦憲法裁判所は，基本法の同一性の核心としての同79条3項がいかなる範囲に及ぶのかについて決定する：*Kirchhof* (Fn. 48), § 19 Rn. 68.

51)　基本法79条3項の根源を多元主義の理論に求める見解について：*H. H. von Arnim*, Staatslehre der Bundesrepublik Deutschland, 1984, S. 109 ff.; *W. Brugger*,

第2章　歴史的視角における基本法の正統性について　43

　基本法79条3項に規律されている基本法の正統性の核心は，社会心理的には，きわめて広範に市民に受容されている．政治・経済システムに対する少なからぬ批判や，政党国家的な民主制の現状に対する批判，あるいは中心的な憲法原理の展開に対する批判[52]にもかかわらず，基本法79条3項の指導理念を志向する憲法上のコンセンサスは，広範かつ確固たる基礎を市民の意識の中に有している．個別の問題におけるあらゆる日々の政策上の見解の相違にあっても，この憲法の指導原理と一致させ，歴史的状況の所与に適合するかたちで憲法適合的な秩序を実現しようとする基本的な心積もりが存する．この憲法上のコンセンサスは，新たな世論調査によって裏付けられうる．そこで明らかとされたのは，国家や民主制システム，政治的制度には，原則的なシステムの信頼が寄せられている，ということである[53]．

　社会心理的に基礎づけられた政治システムの正統化，およびそのようなかたちで根拠づけられた国家との同一性は，自然に生じるわけではない．ここにあっては，国家の正統性の基礎のために，そしてかくして多元主義的な政治システムの諸条件のために，宣伝することが国家の任務である．その限りで，Böckenförde の著名なテーゼ，すなわち「現代の自由国家は，その自由国家性を疑問視しないという，自身で保障し得ない前提条件によって存在している」[54]とのテーゼには，一定の補足が必要である．ある国家の自由性が疑問視されないのは，その国家が，基本法79条3項に規律されているような多元主義的国家の諸条件たる基本的価値におけるコンセンサスを，宣伝を行いながら擁護している場合である．その集団意識において，ある国家のこの正統性の基礎が崩

　　　Theorie und Verfassung des Pluralismus, Staatswissenschaften und Staatspraxis 1990, S. 529 ff. mit Hinweis auf die Arbeiten Fraenkels; 批判的なものとして，*Westle* (Fn. 24), S. 33 ff.

52)　Vgl. nur *H. Sendler*, 40 Jahre Rechtsstaat des Grundgesetzes: Mehr Schatten als Licht?, DÖV 1989, S. 482 ff.

53)　*Würtenberger* (Fn. 4), S. 143 f. m. Nw.

54)　*E. W. Böckenförde*, Staat, Gesellschaft, Freiheit, 1976, S. 60; *ders.*, Der Staat als sittlicher Staat, 1978, S. 37; これについては *Laufer*, Der Grundkonsens in der freiheitlichen Demokratie, 1988, S. 45 ff.

44　第 I 部　国家と政治の正統化に関する不可避な問題

壊の危機に瀕している場合には，この基本コンセンサスの保持を擁護すること
は，あらゆる国家機関，あるいはそれどころかメディアにとっての放棄し得な
い任務となるのである [55]．

　この集団的な正統性の生成にかかる公共の任務は，ドイツの再統一以降，と
りわけ重要である．なぜならば，とりわけ新たに連邦に加わった諸ラント（州）
の若い世代は，社会主義的な価値観の精神の中で洗脳されたからである．ここ
では時折，旧ラントと新ラントの間での政治的・法的意識における精神的な一
定の隔たりが確認されうるところであり，これは，憲法上のコンセンサスの安
定性にネガティヴな影響をもたらしうるものである．

III．基本法の歴史的正統性

1．連続性意識なき連続性

　基本法は，ドイツの政治史における伝統からの決別および瑕疵ある発展にも
かかわらず，ひとつの確固たる歴史的な正統性に依拠しうる．もっとも，国家
を支える諸原理や諸制度にかかるドイツの歴史を広範にフェードアウトしたと
いう点は，ドイツの政治理論および憲法史叙述の特殊性に属する．「政治制度
（Institutions politiques）」[56]——フランスのような——の教科書やカリキュラム，
授業は，実際上は存在しない．基本法や基本法上の諸制度の憲法史なるものは，
記述され得ないであろう．たしかに時折，18 世紀のプロイセンにおける法治
国や独立の裁判所の起源などが点在的に論究される．しかし，ドイツにおける
連邦制原理の歴史や 18 世紀後半のドイツの権力分立論の分析，18 世紀に至る
部分にまでさかのぼる比例原則の歴史の論究 [57]，18 世紀以来の司法による基本

---

55)　BVerfGE 88, 203, 261 は，生命保護の受容を宣伝することはメディアの任務であ
るとする．

56)　Vgl. *M. Duverger*, Institutions politiques et droit constitutionel, 1995; *A. Hauriou*,
Droit constitutionel et institutions politiques, 4. Aufl. 1970.

57)　古典的な定式はすでに *C. G. von Svarez* (vgl. *H. Conrad/G. Kleinheyer* (Hrsg.),
Vorträge über Recht und Staat von C. G. Svarez, 1960, S. 39 f., 48 ff., 487) あるいは 18

権保護の論究，等々は不足している．

　今日においても，国民国家的な（憲法の）歴史叙述[58]，および 20 世紀初めに流行した 1789 年の理念の拒否[59] ないしドイツの個別路線のテーゼが，18 世紀のドイツ立憲国家の発展を広範にフェードアウトしたことのつけが回ってきている．より厳密に見れば，基本法の諸原理や諸理念を，ただ 19 世紀においてのみ，とりわけ 1848 年の革命の中においてのみ探し求めようとするのは，誤った歴史の短縮である[60]．

　また，連続性の意識なくして，基本法が根差す政治的・法的な連続性が存する．この連続性は，異なった二種のものにもとづく．

　政治的・法的発展の連続性を作り出しているのは，一方では，時おり精神性（Mentalität）と称される集団的な行動素因および基本同意である．たとえば，給付国家・社会国家への典型的なドイツ的信頼はすでに 18 世紀の啓蒙主義国家の成果によって特徴づけられうるかもしれないし，裁判への信頼や，権利をめぐる典型的なドイツ的闘争は，まさにその時期の裁判の成果によって特徴づけられうるかもしれない．両者については，すぐ後に再度取り上げる．

　連続性は，他方で，政治理論の発展や現代立憲国家の発展の中で形成されている．フランスやアングロサクソンのみならず，ドイツの立憲国家理論もまた啓蒙主義理論や 18 世紀の政治討議に根差している[61]．ドイツにおいては学問的

　　世紀後半の啓蒙主義自然法の基本権論に見られる．

58)　基本法の歴史的正統性をヨーロッパの発展からも展開させたヨーロッパの憲法史の要求について：*R. Schulze*, in: *ders.* (Hrsg.), Europäische Rechts- und Verfassungsgeschichte, 1991, S. 3 ff., 17 ff.

59)　*H. Maier*, Die ältere deutsche Staats- und Verwaltungslehre, 2. Aufl. 1980, S. 278 での紹介を参照．

60)　*Th. Würtenberger*, Zu den Wurzeln des Grundgesetzes: Verfassungsdiskussionen im ausgehenden 18. Jahrhundert, Politische Studien, Sonderheft 1 (1989), S. 7 ff. (SV. 90).

61)　*Th. Würtenberger*, Staatsverfassung an der Wende vom 18. zum 19. Jahrhundert, in: Wendemarken in der deutschen Verfassungsgeschichte, Der Staat, Beiheft 10, 1993, S. 85 ff. (SV. 115).

46　第Ⅰ部　国家と政治の正統化に関する不可避な問題

な議論[62]と政治的な要求における一つの連続性がある．これは，ただ1848年のような転換期のみに目を向けたり，あるいはカントのような偉大な国家理論の論者のみに目を向けた場合には，視野から外れてしまうものである．

　この連続性を，基本法の黙示の正統性の基礎と呼ぶこともできるかもしれない．これはほとんど無意識のものであり，そして同時に，国家と立憲国家の正統性にかかるドイツと西欧の間の，極端に大きくはないものの疑いなく存する相違を理解しうるために識別しておかなければならない，政治的な空気と精神的な雰囲気を特徴づけるものである．

2．基本法上の個別の諸制度の歴史的正統性について

　連邦制と社会国家，裁判〔制度〕を例にとることで，基本法の国家構造規定や諸制度がいかなる歴史的伝統に根ざしているのかが示されうる．さらに，これらの三領域は，他の西欧立憲国家との比較における，政治的・法的意識の発展の相違を明らかにするものである[63]．

a）連邦制の歴史

　1603年に著されたその著，「政治学体系（Politica methodice digesta）」において，ヘルボルン大学の教授で後にエムデン市の法律顧問となった*Johannes Althusius*は，断固として，*Bodin*の絶対主義的国家論に反対した．当時の重要な政治的論争問題，すなわち君侯権力の強化か，あるいは身分制秩序の拡充かをめぐる問題において*Althusius*は，連邦（Bund）の理念に基づく，分権的な共同体秩序の支持に意を決した．同氏の議論の出発点は，カルバン主義の政治理論，契

---

62)　たとえば権力分立原理は，19世紀中葉以来，*Justi*や他の論者の官房学・国家学における多くの著作を占めてきたはずである（vgl. *M. Obert*, Die naturrechtliche »politische Metaphysik« des J. H. G. von Justi, 1992, S. 175 ff.）; *J. F. Pfeiffer*, Berichtigungen berühmter Staats-, Finanz-, Policey-, Cameral-Schriften dieses Jahrhunderts, 1782, S. 151 f.

63)　集団意識の把握の困難性について：*D. Willoweit*, Probleme und Aufgaben einer europäischen Verfassungsgeschichte, in: *Schulze* (Fn. 58), S. 141, 147 ff.

約理論，そして *Althusius* の政治における経験的視野であった．氏は身分制国家の周辺部で生き，活動していたのであり，身分制システムを抑圧しようとした政治権力の中心部ではなかった．*Bodin* の主権的君侯権力論に対抗して，*Althusius* は，同意を志向する身分制的連邦制を提示した．国民の「普遍的な権力と支配（potestas imperandi universalis）」は，自然法によって正統化され，そして同時に神聖ローマ帝国の状況から展開された．団体的に区分されている国民から，契約を通じ，支配機関へ政治権力が委譲される．氏の契約論的構成によれば，統治権の存続は共同体の同意に依拠する．今日の補完性原理と完全に同じ意味で，*Althusius* は政治秩序のモデルを展開した．すなわち，小規模な共同体から包括的な共同体へと段階構造をなす秩序であり，それらの共同体のそれぞれの平面において最小限度の政治自治が保障され，そして同時に政治的な諸平面の間でその最小限度の自治が協働して行使されることとなる[64]．

　フランスにおいては政治的・法的に単一国家が貫徹されたのに対し，ドイツにおいて単一国家の政治理論は，ただ広範な領域国家（Flächenstaaten）のみにおいて法的に実現が試みられた．神聖ローマ帝国は，連邦制に類似する国家制度の特別な形態のままであり続けた．これについて，*Hugo* は新たな連邦制的な理論を展開し，皇帝の大権（Majestätsrechte）は可分的であると同氏は説明した[65]．*Pufendorf* と *Leibniz* は，神聖ローマ帝国の政治形態の法的な分析の困難性を代表するものである[66]．連邦理念の発展可能性についての兆候は，18 世紀の 80 年代における君侯同盟（Fürstenbund）の構想が，少なくとも部分的に，新たな政治的・法的思想に影響されていた，という点である[67]．君侯同盟の理

---

64)　*Würtenberger* (Fn. 13), S. 557 ff. m. Nw.

65)　*L. Hugo*, Disseratio de statu regionum Germaniae, 1661.

66)　*R. Koselleck*, Art. Bund, in: *Brunner/Conze/Koselleck* (Fn. 2), Bd. 1, 1972, S. 582, 630 ff. で紹介されているものを参照；「混合共和国（res publica mixta）」の構想につき：*D. Willoweit*, Deutsche Verfassungsgechichte, 2. Aufl. 1992, § 22 Ⅱ 2.

67)　「自由の精神」におけるライヒ憲法の改革について：*Anonym*, Darstellung des Fürstenbundes, 1787, S. 383 f.

48　第Ⅰ部　国家と政治の正統化に関する不可避な問題

念は，国内の統一と自由の秩序をライヒの改革の目的としていた[68]．もっとも，君侯権力と国民の自由との妥協の時期は訪れなかった．

　フランス革命へのリアクションと旧帝国の衰亡により，連邦国家的な理論の新規定が登場した．中央集権的国家のほうを支持した[69]ドイツのジャコバン主義者を別とすれば，連邦国家的共和国の理念を志向する憲法草案も存在した[70]．ナポレオン時代は，パワーポリティクス上の理由からライン同盟が締結され，主権的なライン連邦諸国家とライン同盟の新たな国家法が，法的・政治的改革のためにも開かれることとなった．これはドイツ連合（Deutscher Bund）の時代にも継続した．とりわけ基本権や民主制原理，法治国原理を志向する「統一ドイツの国家法」が発展した[71]．*Klüber* や *Behr*，その他の論者の著作においては，連邦制理論が，19世紀初頭の自由主義的国家論に加えられた[72]．ドイツ連合は，再びドイツの連邦制の歴史と結合したが，しかしそれに加え，全ヨーロッパの平和秩序において特別な機能を保持していた．ウィーン会議とドイツ連合の成立の時期はまさに，ドイツの連邦的な構造がヨーロッパの他の政治権力によってどれだけ望まれていたのかを明らかにしている．ドイツの連邦制的な機構は，ヨーロッパの平和の保証人とみなされたのである．

　全体としてみれば，ドイツの連邦制原理の発展は，連続性によって，そして同時に非連続性によっても特徴づけられる．身分制的・地方分権的連邦制は，19世紀に発展した連邦制とは確実に異なるものである．一定の連続性があったことを示すのは，18世紀末期および19世紀初期の刊行物において，旧ライヒ憲法から新たな憲法形態への移行が，連邦制原理の漸進的な変遷とともに行

---

68)　*Koselleck* (Fn. 66), S. 644 で紹介されているものを参照．

69)　1790年代の憲法草案について：*H. Dippel* (Hrsg.), Die Anfänge des Konstitutionalismus in Deutschland, 1991, S. 7 ff., 31.

70)　「連邦共和国（Bundes-Republik）」としての「ゲルマーニア（Germanien）」について：Teutschlands neue Konstituzion, 1797, abgedr. Bei Dippel (Fn. 69), S. 147, 148, 176.

71)　詳細については，*M. Stolleis*, Geschichte des öffentlichen Rechts in Deutschland, Bd. 2, 1992, S. 96 ff.

72)　*Stolleis* (Fn. 71), S. 62 ff. m. Nw.

第2章　歴史的視角における基本法の正統性について　49

われた，ということである[73]．新たな理念を取り上げるならば，三月前期の連邦国家原理の理念は，統一ドイツへの期待をもたらしうるものであったということである[74]．

b) 社会国家の伝統

　ドイツの政治史は本質的に，強固かつ成果を上げた国家の社会的責務によって特徴づけられる．ここではただ，18世紀末の啓蒙絶対主義の社会国家的な作用や *Bismarck* の社会立法，20世紀中に行われた社会保障制度の拡充を指摘するにとどめる．これらの社会国家的な国家責務は，理論的には官房学において基礎づけられるものであり，これは同時に国家への行動指令をも発展させるものであった．19世紀において，*Lorenz von Stein* の「社会改革の王制」[75]論ないし社会的民主制[76]への要求が，少なからぬ影響を有した．20世紀の初頭について，ここではただ市場と設計との対置を指摘するにとどめる[77]．憲法上，この社会国家的な発展系統は，ワイマール憲法，および社会的法治国・社会的連邦国家という基本法[78]の定式の中に，その導入が見出される．

　このドイツに典型的な社会国家の発展路線は，ドイツの政治的・法的意識の特性をもたらした．国家に，人々は社会保障を期待する．個人主義を志向し，非経済的価値を志向する社会的グループであっても，国家に，「社会的安全網」[79]

---

73)　ライヒ国家学から現代の連邦国家論への移行について : *Koselleck* (Fn. 66), S. 634 f.

74)　連邦的に構成された一つの国民国家への希望について : *Stolleis* (Fn. 71), S. 120.

75)　*D. Blasuis*, Lorenz von Steins Lehre vom Königtum der sozialen Reform, Der Staat 10 (1971), S. 34.

76)　*W. Conze*, Artikel Demokratie, in: *Brunner/Conze/Koselleck* (Fn. 2), Bd. 1, S. 821, 886 ff.

77)　Vgl. *Th. Würtenberger*, Staasrechtliche Probleme politischer Planung, 1979, S. 417 m. Nw. (SV. 2).

78)　基本法によって要求される社会国家の正統性をめぐる議論について : *M. Spieker*, Legitimitätsprobleme des Sozialstaats, 1986, S. 102 ff.

79)　Sinus-Institut, Die verunsicherte Generation. Jugend und Wertewandel, 1983, S. 16, 32 ff.

を通じた社会保障を期待する．これとまったく異なるのは，近年は社会〔国家〕的思想への少なからぬ接近が実現されてはいるものの，アメリカの社会国家への姿勢である[80]．アメリカの政治的・法的意識においては，自由国家の思想がきわめて強固に鋳造されている．同国にあっては政治作用の集権化に人々は反対し，リベラルな政策に対して共同の福祉（allgemeine Wohlfahrt）を期待する．社会的給付を行うことは，私的なイニシアティブと地域的な自治に委ねられており，これはドイツにおいては国家の側が保障するものである．そのように見れば，ドイツにおいては，社会〔保障〕システムの縮減を強いる経済危機は，同時に国家の正統性の危機をもたらすかもしれない．社会国家的活動によって正統化される国家は，社会国家の実現を規範的にも社会心理的にも憲法の目的に掲げない国家と比較すると，経済発展の失策によってもたらされる正統性の危機に確実に陥りやすいことになる．

c）裁判（Rechtsprechung）の伝統

現代的意味における裁判権の歴史的起源は，18世紀後半にさかのぼる．ほぼ完全に独立した権力としての「通常の司法（ordentliche Justiz）」の「憲法（体制）」がもたらされた[81]．裁判官は専門職化され，裁判官のポストの配置はほぼ完全に諸侯の恣意の手から取り除かれ，そして非党派的な司法（Rechtspflege）が設置された[82]．

この司法の開放に対応しているのは，立法国家の発展に従って法律を厳格に志向し，そして同時に新たな政治的・法的諸原理をも考慮している司法である．

---

80) *K. Doberschütz*, Die soziale Sicherheit des amerikanischen Bürgers, 1966, S. 12 ff.; *G. Raeithe*, Soziale Stratifizierung in den USA, Politische Bildung 1980, S. 68 ff.; *H. Wasser*, Die Vereinigten Staaten, 1980, S. 478 ff.

81) *Th. Würtenberger*, Verfassungsrechtliche Streitigkeiten in der zweiten Hälfte des 18. Jahrhunderts, in: *E. Klein/K. E. Gebauer* (Hrsg.), Grundrechte, soziale Ordnung und Verfassungsgerichtsbarkeit, FS für Ernst Benda, 1995, S. 443 ff. (SV. 128).

82) *B. Wunder*, Privilegierung und Disziplinierung, 1978, S. 60 f. und passim; *R. Ogorek*, Richterkönig oder Subsumtionsautomat?, 1985, S. 28 f.

第2章　歴史的視角における基本法の正統性について　51

たとえばベルリンの帝室裁判所（Reichskammergericht）の裁判には，「君主大権を及ぼすべからざる…不可侵の人間の権利」[83]が受容され得た．帝室裁判所と帝国宮廷顧問会議（Reichshofrat）の司法は，長らく小領邦や帝国都市の憲法に影響を与えてきた．とりわけ帝室裁判所は，旧帝国の末期，その改正不可能性にかんがみ憲法改革（Verfassungsreformen）に裁判を通じて着手しようと試みた[84]．

　18世紀末期の司法の位置価値は，フランスとドイツにおける裁判の信頼を比較したとき，明確となる．フランスにおいては，1789年のフランス革命前には，無法状態の神話，とりわけバスティーユの神話が生じており，これはアンシャン・レジームを社会心理的に不安定化させていた[85]．ドイツにおいてはこれに対し，裁判権の活動へのきわめて積極的な評価が見出される．若干大げさに，ドイツにおいては裁判を通じた憲法改革が可能である限り，憲法上の革命を誰も必要としていなかった[86]，といわれていた．少なくともしかし，帝室裁判所の司法における市民の自由の保護を通じて育まれていた裁判への基本的な信頼が大勢を占めていた．

　19世紀においても，裁判は大幅な信頼を享受していた．ここではただ，数多くの，そして活発な公議とともに行われた司法改革や，市民的法治国の戴冠

---

83)　*H. P. Henke*, Beurteilung aller Schriften, welche durch das Königlich Preußische Religionsedikt…veranlaßt sind, 1793, S. 99.

84)　アーヘンの事件について，Abdruck des beym Reichskammergericht am 17ten Hornung 1792 in Sachen Aachen contra Aachen publizierten Urteils oder verbesserter Constitution der Reichs-Stadt Aachen, o. J., S. 4, 13（政治的団体へのツンフトの転換）参照；ヴィート・ノイヴィートの事件について，*W. Troßbach*, Der Schatten der Aufklärung. Bauern, Bürger und Illuminaten in der Grafschaft Wied-Neuwied, 1991, S. 296 f. 参照.

85)　*R, Reichardt*, Artikel Bastille, in: *ders./E. Schmitt* (Hrsg.), Handbuch politisch-sozialer Begriffe in Frankreich 1680–1820, Heft 9, 1988, S. 2 ff., 17 ff.

86)　*G. H. von Berg*, Über Teutschland, 1795, S. 61; *C. F. Häberlin*, Über die Güte der deutschen Staatsverfassung, Deutsche Monatsschrift, Jg. 4 (Januar 1793), S. 3 ff.; *B. Heusinger*, Vom Reichskammergericht, seien Nachwirkungen und seinem Verhältnis zu den heutigen Zentralgerichten, 1972, S. 10 f.

52　第Ⅰ部　国家と政治の正統化に関する不可避な問題

としての司法の独立の重要性にかかる市民階級の意識を反映した裁判所の構造[87]を指摘するにとどめたい．この一般的な発展系統は，司法の著しい成果とともに，現代の集団的な政治的・法的意識において裁判権に特別高い信頼が寄せられていることのさらなる理由をなしているのかもしれない[88]．もっとも，ドイツに典型的なこの裁判官国家において，誤った発展も存するということは見逃せない．高い裁判官の密度と，高い紛争仲裁要求[89]をともなう国家としてのドイツには，他の産業国家との比較において，裁判制度の正統化の力を危うくする危険が進行している．

Ⅳ．歴史的視角における基本法の受容

　多くの論者により，基本法における民主的正統性の欠如だと解されているのは，基本法は国民によって選出された憲法制定会議や国民投票によって発布されたものではない，という点である[90]．基本法についての国民投票が，1949年において度外視されていたのは，わずかな賛成しか得られないこと，かくして新憲法の非正統化が懸念されたからでもある．この「出生時」の民主制の欠損は，基本法が過去数十年で獲得することができた広範な憲法へのコンセンサスによって埋め合わされている[91]．この憲法へのコンセンサスは，民主制システ

---

87)　Vgl. *K. Schall*, Gerichtsbauwesen 1803-1913 im Spiegel von Gerichtsverfassung und Prozeßordnungen – dargestellt am Beispiel Badens, Freiburger iur. Dissertation 1995.

88)　*Würtenberger* (Fn. 4), S. 144 f. m. Nw.

89)　*E. Blankenburg*, Droht die Überforderung der Rechtpflege, ZRP 1992, 96; *C. Wollschläger*, Die Arbeit der europäischen Zivilgerichte im historischen und internationalen Vergleich, in: *E. Blankenburg* (Hrsg.), Prozeßflut?, 1989, S. 21 ff.

90)　*U. Storost*, Das Ende der Übergangszeit. Erinnerung an die verfassunggebende Gewalt, Der Staat 29 (1990), S. 321 ff.

91)　*R. Mußgnug*, Zustandekommen des Grundgesetzes und Entstehen der Bundesrepublik Deutschland, in: *Isensee/Kirchhof* (Fn. 48), Bd. Ⅰ, 1987, § 6, Rn. 96 ff., 100 ff.; *Th. Würtenberger*, Wiedervereinigung und Verfassungskonsens, JZ 1993, S. 745 ff. (SV. 118); *H. Huba*, Das Grundgesetz als dauerhafte gesamtdeutsche Verfassung,

ムや裁判制度，その他の政治的諸制度に寄せられている信頼から読み取ることができる．基本法の下で数十年にわたり，同時に経済成長と社会国家的制度網の拡充や民主的諸制度の拡充が可能となったことは，基本法が構想した政治システムへの同意の基礎をなしている．さらに，連邦憲法裁判所の裁判は，基本法への信頼に本質的に寄与している．連邦憲法裁判所は常に――近年はこれに批判的な傾向も見られるが――その指導的な諸判決への各方面からの同意を得るべく，成果の上がったかたちで尽力している．

　基本法は決して静態的な，戦後期の政治的・法的状況にかんがみ固定的に作成された，したがってもはや古くなり，あるいは時代遅れとなった憲法ではなく，未来に開かれた憲法である[92]．過去数十年の間，立法や憲法実務，および憲法裁判所の司法を通じた――時おり変遷する――憲法の具体化は，1949年の基本法は今日の憲法と同一ではない，ということをもたらした[93]．とりわけ，約90巻にわたって発展してきた連邦憲法裁判所の憲法裁判官法は，常に基本法を，変遷する政治的諸世代間の価値観念・正義観念，および変遷する社会的経済的諸関係に適合させ，そして同時にこれらを形成してきた．基本法の解釈は，自由主義的な指導理念も社会国家的な指導理念も志向しており，物質的主義的な価値も脱物質主義的な価値も志向してきた――ここ数十年のただ二つの

　　Der Staat 30 (1991), S. 367 ff.; *G. Roellecke*, Brauchen wir ein neues Grundgesetz?, NJW 1991, S. 2441 ff.; *M. Kloepfer*, Zur historischen Legitimation des Grundgesetzes, ZRP 1991, S. 57 ff.; 基本法の黙示の承認に対する批判として：*D. Heckmann*, Das »unvollkommen-plebiszitäre Element« des Art. 146 GG, in: *K. Borgmann/M. E. Geis* u.a., Verfassungsreform und Grundgesetz, 1992, S. 9, 17 ff.

92）　憲法解釈と歴史の変遷との関係について：*K. Hesse*, Verfassung und Verfassungs-recht, in: *E. Benda/W. Maihofer/H. J. Vogel* (Hrsg.), Handbuch des Verfassungs-rechts, 2. Aufl. 1994, § 1, Rn. 22 ff.; *ders.*, Verfassungsrechtsprechung im geschichtli-chen Wandel, JZ 1995, S. 265.

93）　憲法の発展について：*D. Grimm*, Das Grundgesetz nach vierzig Jahren, NJW 1989, 1305, 1306 ff.; *H. Hofmann*, Die Entwicklung des Grundgesetzes nach 1949, in: *Isensee/Kirchhof* (Fn. 48), § 7; *H. Vorländer*, Identität des Grundgesetzes nach 30 Jahren?, JuS 1979, S. 313; *B.-O. Bryde*, Verfassungsentwicklung, 1982.

54 第Ⅰ部 国家と政治の正統化に関する不可避な問題

パラダイムシフトについて述べるならば[94]．たとえば，とりわけ，ここ 20 年間
での，より社会的拘束を求める要請，あるいはより自律を求める要請も，憲法
解釈の中にも十分に導入され得た[95]．

　ドイツ再統一がもたらした基本法の受容への影響は，アンビバレントである．
東ドイツでの革命プロセスを推進したのは，経済的な衰退や重大な環境危機，
社会主義システムの不安定化だけでなく，基本法に著されていた自由の秩序の
魅力でもあった[96]．それにもかかわらず，基本法は，1990 年 10 月 3 日，根本
的なアイデンティティーの変遷[97]を被った．政治的・法的意識の相違や市場経
済秩序における生活状況および発展の機会の相違は，新旧の連邦の諸ラント間
で真に同一の憲法が妥当しているのかどうかという疑念を生ぜしめた．新たな
連邦の諸ラントの市民は，「社会的市場経済や，現代の開かれた民主的・多元
的な社会共同体に順応していなかった」[98]．第二次世界大戦後の異なる道は，新
旧の連邦諸ラントにおいて，二つの異なった政治的文化を生ぜしめていた[99]．
語気を強めていえば：新ラントへの基本法の単純な拡張は，基本法の同一性も
実効性も担保しない[100]．

　新ラントにおいては，社会主義的な歴史観の伝達や，共産主義的な人格教育
の試みが，旧来の立憲国家的伝統を埋没させていた[101]．政治的・法的な思考は，

---

94)　*Wütenberger* (Fn. 4), S. 129 ff., 174 ff., 213 ff.

95)　BVerfGE 49, 286, 298; 65, 1, 41.

96)　*C. Starck*, Deutschland auf dem Weg zur staatlichen Einheit, JZ 1990, S. 349.

97)　*R. Wahl*, Die deutsche Einigung im Spiegel historischer Parallelen, Der Staat 30 (1991), S. 181, 201 f.; さらに参照．*R. Wassermann*, Ein epochaler Umbruch. Probleme der Wiedervereinigung, 1991.

98)　*T. Koch*, Deutsch-deutsche Einigung als Kulturproblem, Deutschland-Archiv 24 (1991), S. 16, 18.

99)　*T. Gensicke*, Mentalitätsentwicklungen im Osten Deutschlands seit den 70er Jahren, 3. Aufl. 1992, S. 41, 46; *ders.*, Vom Pessimismus zum Optimismus und vom »konservativen« Protest zur Selbständigkeit?, BISS public 4 (1991), S. 98, 110 m. Fn. 10.

100)　新ラントにおける「基本法の前提条件」の欠如について：*J. Isensee*, in: *ders./ Kirchhof* (Fn. 48), Bd. Ⅴ, 1992, § 115, Rn. 20 ff.

101)　新旧ラントにおける歴史的意識の相違について：*H. von Mangoldt*, Die Verfassun-

長い時間をかけて，社会主義的な「巨匠」と社会主義的な歴史解釈によって鋳造されてきた．これがとりわけ明らかとなるのは，若い法律家世代が，突然，西欧立憲主義的な伝統にかかる高名と精神への接近を努めることを余儀なくされる時である．新たな政治的・法的意識と，新たな憲法への同意は，漸進的にのみ生じうる．ドイツ連邦共和国が始まった当初においても，憲法への同意は薄弱であった．それゆえこの点に関する懸念は，歴史的な経験を通じた安定的な憲法への同意が，新ラントにおいて漸進的にのみ貫徹される以上，高く見積もられるべきではないであろう．

---

gen der neuen Bundesländer, 1993, S. 10 f.; *C. Bender*, Jugend mit DDR-Ballast, Die politische Meinung. 38 (1993), S. 15.

解　題

　憲法は国家の基本法であり，最高法規であるとされる．憲法は，国民生活を
とりまく様々な法制度の淵源となる．立法活動を含めたあらゆる国家行為の正
統（正当）性は，さしあたりは憲法にもとづくこととなる．それでは，憲法そ
れ自体はいかにして正統とされるのか．この問題は，一面においては実定法学
の考察の外にある．しかし他面，その憲法の正統化根拠についての前理解が，
たとえば個別の憲法条項の解釈の際に一定の（あるいは決定的な）方向性を与え
うる．かくして憲法学にあっては，いわゆる法と正義の問題が不可避的につき
まとい，そしてその議論のためには他の学問領域との協働が不可欠となる．

　この観点から憲法学では，長らく啓蒙主義的な人権思想による正統化論が，
法思想史的・法哲学的知見の援用のもと影響を持ち続けてきた．また近年では，
いわゆる討議倫理・熟慮理論による正統化のほか，国際化と地域化の影響など
から，「国家」の基本法としての憲法の正統化論自体を見直す動きも盛んにな
りつつある．そうした様々な正統化論にかかる論者の論考を集めた論文集の一
つが，1996 年に『憲法の正統化．法哲学および社会理論の観点から』と題し
て刊行された（*W. Brugger* (Hrsg.), Legitimation des Grundgesetzes aus Sicht von Rechts-
philosophie und Gesellschaftstheorie, 1996）．本稿は，この論文集に *Th. Würtenberger*
が寄せたものである．

　同氏の基本的視座は，憲法の正統性は，それぞれの社会共同体の文化的・歴
史的な視座を形作る「時代精神」によって決定的に左右される，というもので
ある．こうしたいわば歴史主義的なアプローチは，いうまでもなく，国ごとの
相違を強調する相対主義的な立論に親和的となる．実際，本稿では，①現行の
ドイツ基本法が採用する連邦国家原理は，長らく小国分立が続いてきたドイツ
の歴史的脈絡において説明される．また，②社会国家原理は，これを成文憲法
レベルで言及していないアメリカ合衆国との比較におけるドイツ国民の伝統的
メンタリティーの証左として，③司法制度については，バスチーユ監獄を経験
したフランスとの比較におけるドイツ国民の司法への高い信頼のあらわれとし

て，いずれもドイツに典型的な憲法制度の例として言及されている．

　他方で，基本法に規定されている民主制・権力分立・人権保障等々の自由主義的・立憲主義的な法治国思想に根差す諸原理は，一定の普遍的な価値を体現したものだとされている．憲法が，その時々の時代精神に即したものになって初めて法制度が安定的に妥当するという基本発想を押し進めれば，時代精神が変われば憲法も変わるべきだということになり得る．だが，少なくとも自由で民主的な議論を行いうることが，時代精神の国政への反映のために不可欠の前提であり，これらの諸原理を改正不可能としている基本法79条も，この点を志向したものだとされる．

　もっとも，こうしたいわば普遍主義的な諸原理も，西欧啓蒙主義の伝統の所産として，あくまでも西欧の歴史の脈絡の中に位置づけられうること，かくして，普遍性と特殊性の両面に，そして歴史的な連続性と断続性の双方に，絶えず目配りすべきことを強調していることも，本稿の特徴をなす．

　本稿が公刊されたのは，東西ドイツ統一後，5年余という時期である．新旧ラントの市民の間に厳然と存した時代精神・政治意識の相違という当時の時代状況のもと，（西）ドイツ連邦共和国基本法の妥当性・連続性・正統性をいかにして語りうるかという問題意識も視野に含めつつ，本稿は執筆されている．

第 II 部

憲法国家秩序の保証人としての憲法裁判

Die Verfassungsgerichtsbarkeit als Garantin
verfassungsstaatlicher Ordnung

第 3 章

憲法の解釈—現実的な考察

Auslegung von Verfassungsrecht – realistisch betrachtet

訳・解題　古野豊秋

「憲法の解釈─現実的な考察」

小目次

序

Ⅰ．憲法解釈の伝統的な方法
　1．歴史的解釈
　2．比較的な憲法解釈と立憲国家の一般的発展を志向する憲法解釈
　3．憲法解釈の伝統的な方法の限定的な認識価値

Ⅱ．憲法解釈および憲法の継続形成のメルクマールとしての熟議的な価値判断
　　と衡量
　1．憲法の開放性
　2．憲法解釈の要素としての衡量
　3．価値判断および衡量における困難な点
　4．熟議的な衡量の手続

解　題

序

憲法の解釈をとおして憲法の不分明な内容が明らかにされ，そして憲法が継続形成される．憲法のこのような具体化と継続形成は，*Carl Schmitt* にしたがい[1]，憲法改正権力に責任を負わせることができる．なぜなら，この場合，解釈をとおして憲法の内容が自由に処理されるが，このことは，それ自体，国民の憲法制定権力ないし憲法改正手続の仕事だからである[2]．

解釈をとおして憲法を自由に処理する者は，かなりの程度において，政治を支配することができる．憲法が広範囲に解釈されればされるほど，それだけ強く，政治的な形成の余地は限定されるし，また，それだけより一層，民主主義的な正統性を有する立法者の政治的な形成の自由との衝突が生じる．したがって，憲法解釈は，立法と司法との限界づけの問題であり，民主主義原理の妥当要求と憲法の最高の法原則から導き出された法の妥当要求との間の限界づけの問題である．したがって，憲法解釈の学説の出発点は憲法理論(Theorie)にある．すなわち，自由主義的法治国家の意味での憲法は，政治的形成の手続と限界だけを定めるのであろうか？それとも，将来に開かれた法的な基本秩序としての

---

1) *C. Schmitt,* Das Reichsgericht als Hüter der Verfassung(1929), in: *ders.,* Verfassungsrechtliche Aufsätze, 3. Aufl., 1985, S. 81; *K. Stern,* Verfassungsgerichtsbarkeit und Grundgesetz, 1997, S. 24: Verfasungsgericht als „Ersatzverfassungsänderungsgesetzgeber"; *E-W. Böckenförde,* Verfasungsgerichtsbarkeit: Strukturfragen, Organisation, Legitimation, NJW 2000, S. 9, 12; 批判的なものとして，*M. Jestaedt,* Grundrechtsentfaltung im Gesetz, 1999, S. 374 ff. そこでは次のような言及がなされている．すなわち，すべての憲法解釈はそのつどの憲法規範に関してなされるが，その場合，当然ながら，憲法のテキストから離れた憲法裁判官法の役割は，適切なものとして捉えられるべきではない．

2) *Th. Würtenberger,* Zur Legitimität des Verfasungsrichterrechts, in: *B. Guggenberger/Th. Würtenberger* (Hrsg.), Hüter der Verfassung oder Lenker der Politik? Das Bundesverfassungsgericht im Widerstreit, 1998, S. 57 (SV. 160); 同様のものであるが，別の結論のものとして，*J. Rege*, Verfassungsänderung oder Verfassungsinterpretation?, DÖV, 2000, S. 283 ff.

64 第Ⅱ部 憲法国家秩序の保証人としての憲法裁判

憲法から，進展する社会や経済のその時々の変化に合わせて，政治的形成の新たな基準が導き出されるのであろうか？

このような問題の答えは，憲法解釈の理論と同様に，国法上の学派でも分れる[3]．*Alexander Hollerbach* は，1960 年 2 月 17 日の *Konrad Hesse* のゼミナールにおける報告でこの理論的な争いについて，原則的で指針となる立場を採った[4]．ほぼ 50 年間の憲法裁判の現実的な分析は，彼が支持している理解・評価的な解釈の理論的な考え方を追認するものである[5]．連邦憲法裁判所によって評価的にそして衡量的に生み出された憲法裁判官法は，将来に開かれた法的な基本秩序としての基本法を継続形成して，実質的な憲法が，重要な部分において，条文よりも裁判所の判例集の中にあるとするものである．

憲法裁判権，したがって裁判権の憲法解釈へのこのような重要な関与は，尋常ではない展望を開く．すなわち，憲法解釈は，今日では，憲法の条文の解釈というよりも憲法裁判権によってすでになされた憲法解釈の一種の受け継ぎである．基本法はそうこうするうちに憲法裁判所の 100 巻を越える判例集の中で確定されているごとくに通用するという点に現実的に立脚するならば，基本法の解釈は，憲法裁判所の先例によるこのような具体化を考慮しなければ不可能である．

それにもかかわらず，憲法解釈は憲法の条文に拘束される必要があるため，憲法解釈の方法や憲法裁判官法の展開の方法に関する重要な問題が存在する．何故なら，憲法は法学の方法論の原則に即して解釈される場合にだけ，それは，政治的な志向をもった解釈から免れるからである．憲法は，確かに政治的な法であるが，しかし，それは，法的に解釈されなければならない．

憲法解釈の方法は，一般的には，*Savigny* に立ち戻る方法論に由来するし，

---

3)　*C. Starck,* Die Verfassungsauslegung, in: *J. Isensee/P. Kirchhof* (Hrsg.), Handbuch des Staatsrechts, Bd. VII, § 164 Rn. 6 ff.; *H. A. Wolff,* Ungeschriebenes Verfassungsrecht unter dem Grundgesetz, 2000, S. 162 ff.; *K. Stern,* Das Staatsrecht der Bundesrepublik Deutschland, Bd. Ⅲ/2, 1994, § 95.

4)　*A. Hollerbach,* Auflösung der rechtsstaatlichenVerfassung?, AöR 85 (1960), S. 241 ff.

5)　*Hollerbach* (Fn. 4), S. 265 und pasimm.

今後もその方法論に負っている．それにもかかわらず，憲法解釈の方法は，時々
は，自己の合理性に従っている[6]（第1節）．憲法解釈の現実的な学説の知ると
ころによれば，伝統的な解釈方法は，憲法裁判の実務や憲法解釈学においては，
しばしば見捨てられている．憲法は諸原理を定めることに限定されているとい
う分野では，憲法の継続的展開は，衡量の形式で行われ，そして，それはさら
に熟議的な手続において行われる（第2節）．

I．憲法解釈の伝統的な方法

憲法解釈の伝統的な方法を改めてテーマにすることは[7]，ここでは行わない．
単に，国内の憲法の伝統に根ざす憲法の解釈とヨーロッパ全体の立憲国家の発
展を志向する憲法の解釈とが異なる分野を述べるだけであるが，それは，解釈
方法の整理によってどのような解釈の相違があるのかということを例示するに
過ぎない．

1．歴史的解釈

解釈は，理解を前提とする．過去を知っている者だけが現在を理解する．こ
のことは，とりわけ，法について当てはまる．というのも，法は，大変革の状
況であってすら，常に伝統によって特色づけられているからである．この意味
において，憲法は，歴史的に実証された制度，政治的な意思形成のルールある
いは自由権を担っている．広義において理解された歴史的解釈は[8]，正しい憲
法の発展にあって歴史的な成果をもたらす．それは，その知識がなければ憲法
が理解されえず，したがって解釈されえないような歴史的な地平を開拓する．

---

6)　*E. Forsthoff* に対し断固として反対するものとして，*Hollerbach* (Fn. 4), S. 241 ff.

7)　最後に，*H. Maurer*, Staatsrecht, 1999, § 1 Ⅲ; *F. Schoch,* Übungen im Öffentlichen
　　Recht Ⅰ, 2000, S. 56 ff. m. w. N.

8)　*H. Coing*, Grundzüge der Rechtsphilosophie, 2. Aufl., 1969, S. 320（歴史的解釈にお
　　ける政治史および社会史，理念史を含めて）；詳細なものとして，*H.-P. Schneider*,
　　Der Wille des Verfassungsgebers, in: FS für Stern, 1997, S. 903 ff. m. w. N.

66　第Ⅱ部　憲法国家秩序の保証人としての憲法裁判

憲法の継続的な発展および一国の政治的・法的な文化は，相互の持ちつ持たれつによって特色づけられる[9]．基本法の概念を法治国家，連邦国家あるいは民主主義として解釈する場合，意識的にあるいは無意識的に，200年以上にわたるドイツの立憲国家への発展と結びつけている．たとえば，ドイツにおける法治国家の概念は，フランスにおけるのと異なり，伝統的に裁判官国家を信奉し，したがって民主主義原理よりも法治国家原理を優先するような政治文化に根差しているのである[10]．このような憲法史的および制度史的に方向づけられた解釈は，18世紀以来の憲法の発展があらゆる革命的な新秩序にもかかわらず，そしてナチス国家の不法体制による中断にもかかわらず，継続的なプロセスであったという前提に従ったものである．法治国家，その要としての民主主義および基本権の保障は，あらゆる国民が独自の仕方で自分のものとしたところの歴史的な成果である．苦難に満ちた歴史的な経験を伴った立憲国家へのその時々の特別な行程が憲法解釈の領域であり，その領域は歴史的に自由に扱えず，集団の同一性を特色づけ，そして政治的・法的な思考を決定しているものである[11]．

　固有の憲法の発展の特殊性は，歴史的な憲法の比較によって明らかにされる．たとえば，ドイツとフランスとを比較すると，ライン川の右岸では特殊，法治国家の伝統[12]，ライン川左岸では特殊，民主主義の伝統が指摘される．これらの伝統がそれぞれの憲法やその解釈を様々な仕方で特色づけるのである．法治国家的な信頼保護は，ライン川の片側では争いのない憲法上の準則であるが，

---

9)　*P. Häberle*, Verfassungslehre als Kulturwissenschaft, 1982, S. 27 ff.

10)　この点については，*Th. Würtenberger*, Zu den Wurzeln des Rechtsstaats in Deutshland, in: *B. Rill* (Hrsg.), Fünfzig Jahre freiheitlich-demokratischer Rechtsstaat, 1999, S. 155 ff. (SV. 180).

11)　憲法の解釈および憲法の継続形成における憲法史のバックアップについては，*Th. Würtenberger*, Ansätze und Zielsetzungen einer Verfassungsgeschite des Grundgesetzes, in: FS für Stern, 1997, S. 127 ff., 138 f. (SV. 150).

12)　ドイツおよびフランスの法治国家の構想の比較については，*C. Grewe/H. R.-Fabri*, Droits constitutionels européens, 1995, S. 25 ff.

ライン川の反対側では，憲法上の誤りである[13]．そのような歴史的な憲法の比較は，固有の憲法の発展と距離をおくものであり，そのことがヨーロッパ共通の憲法を視野に置いた批判的な憲法の継続形成の前提である．しかし，それは，異質な憲法の伝統を継受する可能性の前提でもある．たとえば，後者の意味において，憲法裁判権の規律の解釈の場合にアメリカの憲法の伝統が利用される．

歴史的解釈が民主的な方向でなされるのは，それが憲法制定に参画した者の議論に立脚する場合である．その場合，諸概念は憲法制定者の意思に基づいて求められる．その限りでは，歴史的解釈は，憲法制定における主権者としての国民の意思と結びつく．しかしながら，歴史的な憲法制定者の意思について，確実なものを手にすることは困難である．しばしば，資料の利用がなされることもあれば，憲法制定に参画した者たちの議論によって調べられることもある．しかし，この場合でも結局は，歴史的解釈の確固たる基礎はほとんど見出されない[14]．なぜなら，憲法制定の参画者たち，すなわち憲法委員会や憲法制定議会のメンバーたちは，その議論において常に自分たちの個人的な見解を主張しているに過ぎないからである．それに加えて，憲法規範は，時として輪郭があまり明確ではない妥協の形で定められるが，その目的は，憲法制定の参画者たちのコンセンサスを得るためである．このことは，憲法規範の明確さにとっては全く役立たない．憲法制定の参画者たちが憲法の規定の根拠や解釈について明確に同意している場合は，別である．

さらに言うと，憲法制定者の歴史的な意思は，憲法制定時点での歴史的な情況によっている．そこで，その時代の憲法政策上の議論や目的設定に鑑みて，憲法制定者の歴史的な意思を再構成することが試みられる．（しかし）その時代の憲法政策上の議論は，ほとんどが完結した形を取っていないため，このよう

---

13) *Th. Würtenberger/D. Jeannerod*, La protection de la confiance légitime en France et en Allemange (Vgl. SV. 208).

14) 主意主義的な解釈理論を支持する見解（たとえば，*Jestaedt* (Fn. 1), S. 332f.）は現実を看過している．

な解釈の仕方はほとんど明確な結果に至ることはない[15].

　歴史的解釈の重要性は，連邦憲法裁判所の判例[16]でも，そして学説でも様々に評価されている[17]．通常，歴史的解釈が選択されるのは，すでに別の解釈方法で得られた解釈の結論が実証されうる場合である[18]．確かに，歴史的解釈は，憲法の伝統および憲法上の論証の基礎を目指すものである．しかし，伝統の論証は時代にそぐわないものを承認するのではないし，開かれた憲法に影響を与えることは許されない．歴史に全面的に依拠する場合でも，今日通用している憲法規範は現在の時代状況から解釈されなければならない．憲法制定者の歴史的意思は，現在生存している者に対する無条件の支配を正統化するものではない[19]．憲法を世代間契約として捉えるならば，その契約の諸条件およびそれと共に憲法は，過去の世代によってではなくて，現在の世代によって定められる[20]．

２．比較的な憲法解釈と立憲国家の一般的発展を志向する憲法解釈

　この十数年において，比較憲法は二重の意味で憲法解釈や憲法政策の特別の手段となっている．立憲国家的な比較憲法は，中欧や東欧の最近の民主主義の

---

15)　*H.-P. Schneider*, Prinzipien der Verfassungsinterpretation, VVDStRL 20 (1963), S. 1, 7 f.; *H.-P. Schneider*, in: FS für Stern, S. 916 m. w. N.

16)　「しかし，規範の文言は，その成立史を考慮せずに評価することはできない」（BVerfGE 88, 40, 56; 79, 127, 143 f.）というような表現は，どちらかといえば稀である．ちなみに，重要なケースでは，成立史について更に進んだ言及はなされていない．権限規範の場合だけは，歴史的な解釈は重要な意義がある（BVerfGE 68, 319, 328, 331;72, 330, 398, 401 f.）．

17)　*H.-P. Schneider*, in: FS für Stern, S. 902 ff., 907 ff. m. w. N.; *A. Blankenagel,* Tradition und Verfassung, 1987, S. 36 ff., 125 ff., 158 ff.

18)　BVerfGE 1, 299, 312; 79, 106, 121（通常の法律の解釈について）．

19)　*T. Maunz/R. Zippelius*, Deutsches Staatsrecht, 30. Aufl., 1998, §7 I, Ia; *G. Radbruch*, Rechtsphilosophie, 8. Aufl., S. 207.

20)　*E. Zweige*, Die Lehre vom pouvoir constituant, 1909, S. 103, *O. Bühler*, Verfassungsrevision und Generationenproblem, 1949, S. 28 ff.（全ての世代はその憲法秩序を新しく創らなければならない，というジェファソンとコンドルセの提言について）．

発展の基礎である．それらの新しい憲法は，西欧の立憲国家の諸原則を志向する解釈が必要である．これらの原則が新しい憲法において規範力を有する場合にだけ，立法政策上の革新のプロセスが成功する．さらに，比較憲法的な憲法解釈は，ヨーロッパ共通の憲法の発展の基礎を生みだす．比較可能な憲法規範が比較的な方法で解釈されるのであれば，ヨーロッパ全体の憲法の発展への第1歩が踏み出される．この意味において，ヨーロッパ連合の発展は，構成国[21]の憲法の比較を必要とする．

立憲国家的な諸憲法の比較は，国民によって形成された憲法の伝統を相対化し，改革的な論証の可能性をもたらす[22]．外国の憲法における異なった規律の構想は，基本法の解釈に役立つ．その際の出発点は，西洋の立憲国家のモデルは，原理的に同質のモデルであるということである．このモデルは，それぞれの憲法秩序においては特別の相違があるが，その相違は国境を越えて比較し合う憲法上の討論に基づいて調和される．

通常の法と同じく，憲法もまたヨーロッパ法に適合するように解釈される．ヨーロッパ法に適合するように憲法を解釈することは，比較的解釈と同様に，ヨーロッパ共通の憲法という重要な情況に至る[23]．たとえば，ヨーロッパ連合法の基本的自由は，直接ドイツ連邦共和国に妥当する．それとともに，基本法12条1項で定められている職業の自由は，ドイツ人だけではなくて，EUの国民にも適用される[24]．

ドイツ連邦共和国が基本権の保障に関する国際条約，たとえばヨーロッパ人権条約に加入している限り，この条約は法律によって国内法に変換される．し

---

21) この点について，基本的には，*Grewe/Fabri* (Fn. 12).

22) 第5番目の解釈方法としての比較憲法について，*P. Häberle*, Rechtsvergleichung im Kraftfeld des Verfassungsstaates, 1992, S. 36 ff. m. w. N.

23) ヨーロッパ人権条約については，*H. Dreier*, in: *ders.* (Hrsg.), GG, Bd. I , 1996, Vorb. vor Art. I GG, Rn. 22 m. w. N. zur Rspr.

24) *H. D. Jarass*, in: *H. D. Jarass/B. Pieroth*, Grundgesetz, 4.Aufl., 1997, Art. 12 GG Rn. 9; 抑制的なものとして，*P. J. Tettinger*, in: *M. Sachs*(Hrsg.), Grundgesetz, 2. Aufl., 1999, Art. 12 GG Rn. 19 f.

70 第Ⅱ部 憲法国家秩序の保証人としての憲法裁判

たがって，ヨーロッパ人権条約は，通常の法律のランクであって，決して憲法のランクではない．しかし，この条約に反する国内法またはこの条約の無視は，連邦共和国の国際法上の義務に反する．それ故，基本権はできる限りヨーロッパ人権条約およびヨーロッパ人権裁判所の判例に一致して解釈されなければならないという原則が存在する[25]．

　比較的憲法解釈およびヨーロッパ憲法を志向する憲法解釈は，もはや *Savigny* の解釈方法論の準則には属しない．しかし，それは，伝統的な解釈論に二つの観点で組み入れられる．すなわち，比較憲法は，客観的，ないし目的論的な憲法解釈に対して経験的に検証可能な解釈のヴァリエーションを与える．そのようなヴァリエーションの検証は，すでにヨーロッパの憲法の一体化への重要なステップである．このヨーロッパの憲法の一体化は，ヨーロッパ法に適合的な解釈をする場合に全面に出るものである．解釈に関連する論点は，もはや一国の憲法の統一ではなくて，ヨーロッパに共通の憲法の統一である．

3．憲法解釈の伝統的な方法の限定的な認識価値

　憲法解釈の方法についてここでは深く立ち入ることはしないが，その方法は二つの理由から単に限定的な認識価値しか持たない．すなわち，一方では，方法論において一般に承認されているように[26]，個々の解釈方法が相異なる結果にいたる場合には，明確な解釈の結果が欠如するということである．他方では，個々の解釈方法では，たとえば基本権の保護義務のように，新しい解釈学的な傾向が説明されない．この傾向は，憲法を重要な点で継続発展させたものであり，個別的な規定の解釈にあたって考慮されなければならないものである．現実的に考察するならば，伝統的な解釈方法は，単に次のような機能を持つに過ぎない．すなわち，それは，伝統または比較憲法からどのようにして憲法上の

---

25)　*M. Schweitzer,* Staatsrecht Ⅲ, 6. Aufl., 1997, Rn. 707 ff.; *E. Schmidt-Aßmann,* in: *T. Maunz/G. Dürig*, Art 103 Ⅰ GG, Rn. 24 f.; BVerfGE 83, 119, 128 　(国際法上保障された人権を基準として，基本権をヨーロッパ人権条約に適合させた解釈).

26)　*K. Larenz*, Methodenlehre der Rechtswissenschaft, 6. Aufl., 1999, S. 343 ff.

争点の決定にとって重要な観点（トポイ）に達しうるかを示すものである．その論証のうち，どれが優位とされるかについては，相異なる解釈方法からは導き出されない．伝統的な方法論のこのような不十分さに鑑みて，*Konrad Hesse* は，「憲法解釈は，具体化である」と結論づけている[27]．憲法規範の内容は，規律されるべき現実との関係でその時々において決定される．現実の変遷とともに，憲法の側の準則が変化する．そのような憲法の具体化は，法創造的な性格を有する[28]．

　以下に述べるように，衡量的・価値判断的な憲法の具体化の手続が憲法の原理の領域において展開する限り，一般的な解釈方法論は間接的には役立つものである．たとえば，論証の評価の際，歴史的経験や固有の憲法の伝統に頼ったり，あるいは，それとは反対に，比較憲法またはヨーロッパ連合の憲法の発展に基づく論証が引き合いに出される．さらには，従来，客観的・目的論的な解釈の際に衡量がなされ，法の原理思考的な継続形成が行われている[29]．そこでの争いは，単に，憲法の解釈と具体化の段階的な相違に過ぎない．

II．憲法解釈および憲法の継続形成の メルクマールとしての熟議的な価値判断と衡量

　開かれた憲法（第1款）の分野では，衡量（第2款および第3款）がなされるが，そこでは，規範を具体化する諸原理のもとで展開され，その重要さの程度が判定される．

---

27)　*K. Hesse*, Grundzüge des Verfassungsrechts der Bundesrepublik Deutschland, Neudr. der 20. Aufl., 1999, Rn. 60; 同様のものとして，*P. Lerche*, Stil, Methode, Ansicht, DVBl, 1961, S. 690, 700; *Maunz/Zippelius* (Fn. 19), §7 I 1 C; *Stern* (Fn. 1), S. 17; *ders.* (Fn. 3), §95 IV 4; 批判的なものとして，*Starck* (Fn. 3), §164, Rn. 18 f. m. w. N.; *E.-W. Böckenförde,* Die Methoden der Verfassungsinterpretation, NJW 1976, S. 2089, 2096; *Jestaedt* (Fn. 1), S. 148 ff, m. w. N.

28)　創造的な精神活動としての解釈については，*Larenz* (Fn. 26), S. 331 ff.

29)　*R. Zippelius*, Juritische Methodenlehre, 7. Aufl., 1999, §10 III c.

72　第Ⅱ部　憲法国家秩序の保証人としての憲法裁判

このことは，社会から隔絶した中での一面的な決定としてなされるのではなくて，熟議的なプロセスの中に組み込まれてなされるのである（第4款）[30].

1．憲法の開放性

基本法は，組織の分野を別とすれば，1949年の制定により連邦共和国の政治的・法的秩序を確固として不変的に定めたような固定的な憲法では決してない．むしろ，基本法は，この50年間に展開してきたように，基本権の分野および国家目的や国家構造の定めにおいては開かれた，柔軟な憲法である[31].基本法の開放性は，憲法の解釈および憲法の継続形成において，生活関係の変遷や変化に応ずることを課題にする．その限りにおいて，憲法は社会の現実の変遷に影響される．このような憲法の現実に対する開放性は，しばしば危惧されるような[32]憲法の解体に至るわけではない．憲法は，政治的・法的な安定性を保障すべきものであり，それが達成されるのは，あらゆる開放性にあっても同時に確固たる憲法の規律がなされている場合だけである[33].

---

30)　憲法解釈の熟議的な性格については，BVerfGE 82, 30, 28以下，参照．それによると，「とくに憲法の解釈は，熟議の性格をもっており，そこでは，たとえ方法論的には異議のないようなものであっても，絶対に正しくて，専門家の間でも疑いのないような言明がなされるのではない．そうではなくて，ある理由が主張され，そしてそれに対して別の理由が提示され，最終的には，比較的優れた理由が決着をつけるのである」とされる．この点については，*R. Alexy,* Grundgesetz und Diskurstheorie, in: *W. Brugger* (Hrsg.), Legitimation des Grundgesetz aus Sicht von Rechtphilosophie und Gesellschaftstheorie, 1996, S. 343, 358 ff.

31)　この点については，*Hesse* (Fn. 27), R. 36 ff.; *B.-O. Bryde,* Verfassungsentwicklung, 1982, S. 80 ff.; *Stern* (Fn. 3), §95 Ⅳ 2a; *H. Schulze-Fielitz,* Die deutscheWiedervereinung und das Grundgesetz, in: *K. Hesse/G. F. Schuppert/P. K. Harms* (Hrsg.), Verfassungsrecht und Verfasungspolitik in Umbruchsituationnen, 1999, S. 65, 90 ff.

32)　*Hollerbach* (Fn. 4).

33)　憲法に予め定められたものと憲法に課せられたものとの区別については，*E.-W. Böckenförde*, NJW 1976, S. 2089, 2098.

2．憲法解釈の要素としての衡量

　現実的に考察するならば，憲法の解釈と憲法の具体化は，衡量によってなされる[34]．憲法上の決定がなされるのは，対立する憲法規範の間の考量か，あるいは憲法規範の具体化の場合は，憲法によって保障された公的および私的な様々な利益の衡量によってである[35]．もちろん，争いはなくはないこのような原理的・法的および（あるいは）利益的な衡量が目指すのは，憲法の原理および憲法の規範をその意義と価値に応じて実現することである[36]．相互に衡量されるべき憲法の諸原理の価値や意義は，たとえば，憲法の制定や規範に関する歴史的な経験などに立ち戻ったりするような古典的な解釈によって決定される．それにもかかわらず，このような衡量は法創造的な行いである．この場合，しばしば議論されるのは，憲法の解釈が自由の最適な配分，すなわち，最適化されるべき他者の自由との競合における当人の自由の最適化という指導理念，ならびに国家の作用の最適な配分，たとえば，連邦とラントあるいは連邦議会とラント議会との作用の最適な配分という指導理念に基づいた衡量によってなされるのかという問題である[37]．衡量によって決定されるべき自由や国家の作用の最適な配分という指導理念は，おそらく，政治において意義を持ちうるで

34）　このことを，*B. Rüthers* は見落としており，彼の著書である Rechts-Begriff, Geltung und Anwendung des Rechts, 1999, において，衡量の問題についての章はなんら設けていない．

35）　たとえば，労働組合からの除名の合憲性を審査する場合（基本法 9 条 3 項）．

36）　*R. Alexy,* Theorie der Grundrechte, 1985, S. 75, 146; *ders.,* Idee und Struktur eines Vernünftigen Rechtssystems, in: *ders/H. Dreier/U. Neumann*(Hrsg.), Beiheft 44 zum ARSP (1991), S. 30, 42; *Zippelius* (Fn. 29), §10 Ⅴ; *J. Vogel*, Juristische Methodik, 1998, §9 Ⅲ; *W. Enderlein*, Abwägung im Recht und Moral, 1992, S. 87 f.; この論文に対する批判として，さしあたり，*A. Scherzberg*, Grundrechtsschutz und „Eingriffsintensität der Grundrechte", 1989, S. 169 ff., 181 ff.; *J. Isensee*, Vom Stil der Verfassung, 1999, S. 69 f.; *Jestaedt* (Fn. 1), S. 49 ff.

37）　行政法を手掛かりとしてこれに対応した問題提起をしたものとして，*Th. Würtenberger*, Rechtliche Optimierungsgebote oder Rahmensetzungen für das Verwaltungshandeln ?, VVDStRL 58 (1999), S. 139 (SV. 171), m. w. N.

74 第Ⅱ部 憲法国家秩序の保証人としての憲法裁判

あろう．「憲法の第一の解釈者としての立法者」[38]という問題を含んだテーゼを
援用すれば，その決定は政治的な最適化の解決に向けられる．その場合，憲法
上問題となるのは，次の点である．たとえば，ある法律の定めは，憲法で要請
された信頼保護の実現と近い関係にあるものなのか，それとも，それは依然と
して憲法上許された範囲内で作用するものなのか，という点である．結局，民
主的に正統化された政治の作業を憲法上評価する場合に重要なのは，もっぱら，
「政治的目的（ratio politica）」の最適な実現である．このような見方からすれば，
最適化は政治的賢明さの定めにすぎない．

基本権の衝突の解決は，憲法における衡量の古典的な領域であり，しばしば，
憲法による最適化の要請の下でなされる．基本法によって無制限に保障される
基本権であっても，なんら無制限の自由な領域が開かれているものではない．
このような基本権の衝突の解決について，*Peter Lerche* は，憲法上の利益が直
接に衝突した場合には「両者を可能な限り尊重した調整」が必要だとした[39]．
Konrad Hesse は，「実践的調和」という比較可能な論証のトポスを主張した[40]．
対立しながらも「憲法によって保障されたそれぞれの法益は，両者が最適の実
効性を持つことができるように相互に調整されなければならない」[41]．

連邦憲法裁判所の判例は，*Lerche* および *Hesse* によって主張された論証のモ
デルを採用した．たとえば，次のとおりである．「相反する保護利益の正しい
調整あるいは相対立する利益の比例的な調整により，それらの最適化の目的で
もってなされる」[42]．もし衡量的で最適化の指導理念の下で衝突を解決すること
が唯一の正しい憲法上の問題解決にいたるとすれば，このことは，立法者の裁

---

38) BVerfG EuGRZ 1999, 617; 批判的なものとして，*B. Pieroth,* Die Missachtung ge-
setzter Maßstäbe durch Maßstäbegesetz, NJW 2000, S. 1086 f.

39) *P. Lerche,* Übermaß und Verfassungsrecht, 1961, S. 152 f.; *ders,* Grundrechtsschran-
ken, in: *J. Isensee/P. Kirchhof* (Hrsg.), Handbuch des Staatsrechts, Bd. V 1992, §122
Rn. 5.

40) *Hesse*, Grundzüge des Verfassungsrechts der Bundesrepublik Deutschland, 1
Aufl., 1967, S. 28 f.; *ders.* (Fn. 27), Rn. 72, 317 ff.

41) *Hesse* (Fn. 27), Rn. 72.

42) BVerfGE 81, 278, 292 f.

量余地，したがって民主的に正統化された形成をかなり限定することを意味するであろう．憲法は，もっぱら，民主的に正統化された政治の枠や限界であって，それ自体は政治の規範的なプログラムではないとすれば，立法者には衝突の解決における形成の余地が残っている[43]．さらに，唯一の正しい，最適の決定の結果というテーゼに対しては，決定理論における重要な異論がある．それによれば，決定が論証の価値判断に左右される場合には，常に，極めてもっともな理由づけでもって様々な結論に達しうるとされる．このことは，とりわけ，憲法の具体化の場合に当てはまる[44]．

3．価値判断および衡量における困難な点

衡量による憲法の解釈および継続形成には価値判断が不可欠である．如何なる原理が優先するのであろうか？諸原理はどのような重要さでもって衡量されるのであろうか？このような価値判断には一般的な優先ルールが存在する[45]．比較的重要な原理はそうではない原理よりも十分に実現されなければならない．たとえ比較的重要な原理であっても周辺領域に係わるような原理は，核心に係わるような原理より重要ではない（意義と関係の間柄）．一般的な定式として役立つのは，たとえば，〜すればするほど，それだけ〜するという定式である．この定式によれば，たとえば，基本権の保護領域への介入が深ければ深いほど，それだけ基本権への介入を要求する憲法上の法益はより重要でなければならない．このような衡量の問題の例としては，人質の生命の保護のために，人質や犯人の死を犠牲にするような最終的な救助の発砲に関する警察法上の定

---

43)　Vgl. *Hesse* (Fn. 27), Rn. 320 a.E.

44)　*K.-E. Hain,* Die Grundsätze des Grundgesetzes, 1999, S. 158 ff.; *R. Uerpmann,* Das öffentliche Interesse, 1999, S. 283 f.

45)　*H. Hubmann*, Wertung und Abwägung im Recht, 1977, S. 20 ff.; *H. Dreier*, Die normative Steuerung der Abwägung 1995, S. 76 ff.; *J.-R. Sieckmann*, Zur Begründung von Abwägungsurteilen, Rechtstheorie 26 (1995), S. 45, 66 ff.; *R. Alexy,* Recht, Vernunft, Diskurs, 1997, S. 258 ff.; *W. Leisner,* Der Abwägungsstaat. Verhältnismäßigkeit als Gerechtigkeit ?, 1997, S. 135 f., 167 ff.

76　第Ⅱ部　憲法国家秩序の保証人としての憲法裁判

めが挙げられる[46].　衡量の対象にならない特別に重要なものとして考慮しなければならないのは，基本権への介入が基本法79条3項との関係で不可侵とされる人間の尊厳の核心に触れる場合である．したがって，論証の原則および解釈の原則としての実践的調和や比例的な配分は，明確な結論に通じるものではなくて，跡づけが可能で，その際に検証が可能な問題解決だけに役立つものである．基本法は，衡量のための大まかな手掛かりを与えるにすぎない．基本権の対立の解決を目的とした価値判断は，憲法上，単に極めて限定された意味で，唯一正しいとして根拠づけられるにすぎない[47].　なお，過度な憲法上の最適化の要請に対しては，重要な異論が存在する[48].

4．熟議的な衡量の手続

　衡量によっては唯一の合理的で正しい決定が見出されない以上，衡量における手続は，最高の根拠を有する結論に向わなければならない．したがって，憲法の解釈および継続形成は，あらゆる面において説得力を持った根拠が探求されねばならないという前提の下でなされる．たとえば，レトリックの分野としての法律学に対応するようになされる．

a）出発点

　重要なのは，どのような複数の観点が採用されるのか，それらの観点にどのような重要性が評価的に配分されるのか，そして，それぞれの異なった価値を持った相対立する観点の衝突がどのようにして解決されるのか，という問題で

---

46)　*Th. Würtenberger/D. Heckmann/R. Riggert*, Polizeirecht in Baden-Württemberg, 4. Aufl. 1999, Rn. 500 (SV. 8).

47)　*K. Hesse*, Die verfassungsrechtliche Kontrolle der Wahrnehmung grundrechtlicher Schutzpflichten des Gesetzgebers, in: FS für Mahrenholz, 1994, S. 541, 557; *F. Ossenbühl,* Abwägung im Verfassungsrecht, in: *W. Erbguth* u.a. (Hrsg.), Abwägung im Rrecht, 1996, S. 25, 29 ff.; *Leisner* (Fn. 45), S. 135 f, 167 ff.

48)　非常に詳細なものとして，*P. Lerche*, Die Verfassung als Quelle von Optimierungsgeboten ?, in: FS für Stern, 1997, S. 197 ff. m. w. N.

ある．どのような観点が採用されるのかは，古典的な解釈方法論が示す所であるが，しかし，それは立法者の仕事の結果でもある．メディア体制法の分野では，これらの観点は，国家からの乖離（staatsferne），基本的サービスの供給（grundversorgung）あるいは多元性などである．重要な指導的な観点の評価においては，歴史的な経験や，比較憲法的な分析，たとえば，全体主義的な制度における放送の自由の危険性についての考慮などが参考になる．基本的サービスの供給または多元性などの観点が，基本法5条1項または民主主義的国家の基本権上の自由の保障として理解される場合には，それは，どちらかといえば，憲法内在的に評価されているものである．このような評価においては，判決ないし規範の解釈によって期待される結果（いわゆる結果志向の解釈）は，予測の形で顧慮される[49]．したがって，憲法の解釈は，現実的な方法としては，次の点に存在する．すなわち，たとえば基本権または国家の構造原理に関する規範テキストをちょうど衛星のように規範テキストの効力の範囲を巡る不文の諸原理で補完するということである．このような諸原理が説得力や重要性をどのように獲得するのかは，第一に，法的な議論の問題であり[50]，その次に，最終的な拘束力を有する連邦憲法裁判所の判決の説得力の問題である[51]．

　価値判断および衡量は，常に，決定されるべき事案を鑑みてなされる．整序されるべき生活領域は，価値判断および衡量の目的で構成される．たとえば，

---

49)　*Zippelius* (Fn. 29), § 10 V, VI; *J. Isensee*, Verfassungsrecht als „politisches Recht",
in: *ders./P. Kirchhof* (Hrsg.), Handbuch des Staatsrechts, Bd. VII, 1992, § 162, Rn. 82
f.

50)　この議論は，実験的な思考に左右される．この点については，*R. Zippelius*, Recht
und Gerechtigkeit in der offenen Gesellschaft, 2.Aufl., 1996, S. 21 ff. m. w. N.

51)　説得力が生ずるのは，次の場合においてである．たとえば，正しい事例の判断
に努めることによって，規範状況の明白な変遷によって（Vgl. *Larenz* (Fn. 26), S.
332 ff.），公共の福祉を志向することによって（*W. Brugger*, Konkretisierung des
Rechts und Auslegung der Gesetze, AöR 119 (1994), S. 1ff.），歴史的に実証された規
準を堅持することによって，具体的な情況を考慮することによって，あるいはそ
の他の理由によってである．このような根拠論は，ここでは更に立ち入ることは
しない．

78　第Ⅱ部　憲法国家秩序の保証人としての憲法裁判

警察上の情報収集の合憲性は，次のような問題提起の下に説明される．すなわ
ち，情報収集がなされるのは公開においてか（その場合には，基本権への介入の
程度は少ない），それとも秘密裏においてか（その場合には，基本権への介入の程度
はかなり高い）．その情報収集を妨害する者がいるのか，そうではないのか．価
値の低い法益に対する危険を防止する目的なのか，それとも価値の高い法益の
危険を防止する目的なのか．現在の直接の危険の防止のためなのか，それとも
将来の危険の防止のためなのか．このような問題の答えは，価値判断や評価に
関する議論の結果においてなされる．そして，そこでの議論は，一方では，基
本権の保護義務および基本権の制約としての国内の安寧の役割が対象となる
が，他方では，開かれた社会における基本権の自由の程度が対象となる[52]．

　そのような議論の範囲については，以下の節で扱う．

b）憲法解釈の伝統を伴った熟議としての衡量の熟議

　正しい衡量の議論[53]および憲法解釈や憲法の継続形成の議論は，さしあたり，
伝統という堅固な建物の中で行われる．連邦憲法裁判所の 50 年間の判例は，
目に見えるように分りやすくいうならば，憲法解釈のドグマーティクというゴ
ッチク・バロック建築を構築してきた．そして，その堅固な型の中に憲法の継
続形成がはめ込まれ，その構成部分は，その分野特有の仕方で，比喩的にいえ
ば，断片的に革新され，あるいは，確固とした基礎をもったその構造の上で作
業が続けられている．そのように見れば，衡量の議論は，常に，これまでの憲
法解釈の伝統に関してなされ，そして連邦憲法裁判所のこれまでの解釈におけ
る憲法のテキストに関してのものである．

　このような憲法の解釈に関する議論は，「憲法解釈者の開かれた社会」に至

---

52)　この点については，たとえば，das dritte G 10-Urteil des BVerfG in: EuGRZ 1999,
　　389 ff.; *M. Möstl*, Verfassungsrechtliche Vorgaben für die strategische Fernmeldeauf-
　　klärung und die informationellle Vorfeldarbeit im allgemeinen, DVBl 1999, 1394.

53)　熟議のルールの体系の発展については，ここでは割愛する．Vgl. *Alexy*, Idee und
　　Struktur (Fn. 36), S. 30 ff. m. w. N.

るものではではなく，そして「法解釈の相対化」に通じるものではない．この点は，*Peter Häberle*[54)]が70年代の民主主義化の高揚状態の中で述べた通りである．このような議論は，むしろ第一に，憲法解釈の到達した状態と結びついている．憲法は，現代の不変の，しかしそれにもかかわらず将来に開かれた秩序として，憲法の継続形成的な解釈における継続性と確実性を第一に要求するものである．憲法は，政治的権力の配分，倫理の最小限度のコンセンサスおよび国家の任務の処理に関する基盤を定めるものである．このような憲法の継続性が保障されるためには，憲法の解釈および継続形成において厳格な規律と明確な継続性が要請される．

　したがって，憲法の解釈においては，第一に，継続性が述べられる．憲法においても憲法の先例の働き[55)]には特別の意義が存在する．先に述べたように，憲法の解釈は，常に，先例の解釈でもある．連邦憲法裁判所や立法者の先例から離れる限り，その観点の採用やその評価における変遷が明らかにされなければならない．憲法の解釈における変遷は，常に特別の根拠づけが必要である．従来の判例と対立する場合において，そして社会的・経済的な変遷を分析する場合において衡量的な決定がなされるとき，とくに憲法の具体化を新たに志向するときには，その新たな重要性の判定について根拠づけがなされなければならない．憲法裁判所は，政治的に志向した判決を下すという批判が時々なされるが，憲法の解釈における継続性を出発点にすれば，その批判に対応することになる．

c）憲法の解釈における協働

　憲法の解釈は，単に，解釈の伝統的な立場での議論においてばかりでなく，

54）　*P. Häberle*, Die offene Gesellschaft der Verfassungsinterpreten, JZ 1975, 297, 302.

55）　*M. Kriele,* Theorie der Rechtsgewinnung, 2.Aufl., 1976, S. 164 ff.; *ders.,* Grundrechte und demokratischer Gestaltungsspielraum, in: *J. Isensee/P. Kirchhof* (Hrsg.), Handbuch des Staatsrecht, Bd.V 1992, §110 Rn. 29 ff. m. w. N.; 誤解しているものとして，BVerfGE 77, 84, 104 .

80　第Ⅱ部　憲法国家秩序の保証人としての憲法裁判

解釈の議論での相手との協働においても行われる．議論に向けられた解釈の要素は，憲法解釈における複数の裁判権との協働である．このような協働の関係は，ヨーロッパ裁判所との関係では，連邦憲法裁判所によって誤った仕方で強調されている[56]．連邦憲法裁判所の見解によれば，基本権保護の協働の意味は，次の点にあるとされる．すなわち，ヨーロッパ裁判所は，ヨーロッパ共同体の全領域でのヨーロッパ連合の活動ついて基本権を保障するのに対して，連邦憲法裁判所は，絶対必要な基本権の水準を保障することにあるとされる．限定された任務領域でのそのような協働を越えて実際の協働がなされる場合，その前提は，基本権に関する裁判についての相互の議論である．しかし，その議論が行われても，多分，過激になされることであろう．そのような協働は，非公式には，連邦憲法裁判所およびヨーロッパ裁判所ならびにその他の憲法裁判所の裁判官たちの会合でなされている．

別の事情ではあるが，比較が可能な協働関係は，憲法異議の補充性の原則と基本法100条による裁判官の移送の根拠づけ義務の原則である．憲法異議の提起の前に，訴訟手段を尽くすことが必要性とされるのは，通常の法問題および憲法問題が訴訟当事者によって，そして専門裁判所の裁判において包括的に議論されることを意味する．

基本法100条1項による裁判官の移送に対しては，とりわけ，ある規定がなぜ基本法と一致しないかということの理由が詳細に述べられることが必要である（連邦憲法裁判所法80条2項，参照）．とくに，移送裁判所は，文献や判例において展開されている法的見解に立ち入って検討し，場合によっては規範の成立史にも考慮しなければならない[57]．たとえ連邦憲法裁判所には最終的な決定

---

56)　BVerfGE 89, 155, 175, 178; *H. Gersdorf,* Kooperationsverhältnis zwischen deutscher Gerichtsbarkeit und EuGH, DVBl. 1994, 674 ff.; *R. Streinz*, Das Kooperationsverhältnis zwischen Bundesverfassungsgericht und Europäischem Gerichthof nach dem Maastricht-Urteil, in: FS für Heymanns-Verlag, 1995, S. 663 ff.; *R. Zuck*, Kooperation zwischen dem Bundesverfassungsgericht und dem Europäischen Gerichthof, in: *Guggenberger/Würtenberger* (Fn. 2), S. 121 ff.

57)　BVerfGE 78, 1, 5; 88, 70, 74 f.

が帰属するとしても，しかし，憲法の解釈および憲法の具体化における協働的な議論の手続が問題とされるのである．

d）距離を置いた熟議の手続による憲法の具体化

とくに，財政法制の分野において近時観察されるのは，憲法からは財政（Finanzmassen）の配分についての明確な準則が導きだされないことである．これは専ら政策的な多数決だけに委ねられるのではなくて，財政法制の具体化が手続法上の準則に委ねられているのである．それによって，あたらしい「手続法制」が政治的意思形成の規則と同列に置かれている．この法制が目的にしているのは，決定の担当者を中立化し，距離を保たせて，政治的な議論を合理化することにある．たとえば，諸ラントの財政の調整に対する連邦憲法裁判所の判決では，具体的な財政資料の知識に基づく規準の形成に至る配分の議論とその後の財源の配分とが分離されている[58]．バーデン・ヴュルテンベルクの国事裁判所は，ラント・地方自治体間の財源の配分のために，財政調整立法に関与する財政調整委員会を要請している．その委員会は，財政の調整の合理性と透明性に寄与しなければならないものである[59]．先ほど挙げた憲法解釈に対する決定の結果は明瞭である．すなわち，ラント・地方自治体間の財源は，憲法上根拠づけられた割合，あるいは任務の重責と費用の負担との間での比例性によって配分されるのではない．このことは，地方自治体の財政の自主性を保護するために，従って地方自治体の自治の保護のために再三要請されていたことである[60]．財源の調整は，憲法解釈に基づいて財源を配分するのではなく，憲法にはあらかじめ定められておらず，憲法裁判所が展開してきた特別の手続方式ないし議論方式に委ねられているのである．

58）　BVerfG, EuGRZ 1999, 61, 640 ff.

59）　BWStGH VBLBW 1999, 294, 302 ff.

60）　この点については，*Th. Würtenberger,* Der kommunale Finanzausgleich–politisch entschieden oder verfassungsrechtlich determiniert ?, in: FS für Leisner, 1999, S. 973 ff. (SV. 177), m. w. N.

82　第Ⅱ部　憲法国家秩序の保証人としての憲法裁判

e）民主主義的な憲法の継続形成の枠としてのコンセンサスと受容

　民主主義国家における全ての法および全ての法の継続形成と同様に，憲法，その解釈そして憲法裁判官法によるその具体化もまた社会の原則的なコンセンサスによって支持されていなければならないし，少なくとも受容の心構えによって支持されていなければならない[61]．しかし，憲法が社会の共同生活の基本的な規律および全ての法秩序の基礎にある指導原理を実効的な仕方で規律するのは，憲法の規律やその憲法上の具体化が受容されうる場合に限られる[62]．したがって，憲法の解釈に対する原則的な批判は憲法の正統性を認めない（Delegitimierung）ことに通じる．憲法は，そのコンセンサスや受容がなくなると，効力が弱くなり，原則的な改革を引き起こし，そして，極端な場合には革命的な情況に至る．

　このことは，コンセンサスや受容が憲法の民主主義的な継続的発展の唯一の，あるいは優先的な目的とされているというように誤解されてはならない．基本権，政治的な反対の権利あるいは国家の構造原理は，議会の立法者の主権に対してばかりでなく，コンセンサスや受容の心構えの変遷に対しても明確な限界を設けているのである．しかし，たとえば第一次堕胎判決で憲法裁判官法的に展開された生命の保護のモデルに対して，受容やそれに従う心構えが欠けている場合，そこで示されていることは何であろうか？この点の反動として，第二次堕胎判決は，側面的には生命の保護を行うという方法を取りながら，妊娠中絶の要件として期限つきの規制を設けて，刑法上の生命の保護を断念した．憲法で示されている生命の保護が実現されうるのは，人々との間で受容やそれに従う心構えがある場合に限られるという事実を考慮するとしても，それは，専門教育の制度をもった国家や高度のランクにある生命の保護を仲介するメデイ

61）　Vgl. *Th. Würtenberger*, Die Akzeptanz von Gesetz, in: *J. Friedlichs/W. Jagodzinski* (Hrsg.), Soziale Integration, 1999, S. 380 ff. (SV. 181); *Zippelius* (Fn. 50), S. 388 ff.; *ders.* (Fn. 29), § 13 lll; BVerfGE 34, 287.

62）　*Böckenförde* (Fn. 1), 9, 12.

アが要請されてのことである[63]．したがって，十分な責任を伴った憲法の継続的な発展にとって必要なコンセンサスや受容の心構えについて配慮することは，重要な課題である[64]．

憲法の解釈の場合および憲法の具体化の場合，基本法79条3項を越えた領域において，検討すべき問題が生ずる．すなわち，判決は，コンセンサスおよび受容の心構えに出会えるであろうか？判決は，いずれにしろ長い目で見れば，コンセンサスや受容の心構えに出会うことが期待されるのであろうか？比較的賢明な見解からすれば，少なくとも当面はコンセンサスや受容の心構えのない憲法の解釈または憲法の具体化は必要なのであろうか[65]？このような問題について，憲法裁判所の主要な判決を基にして答えることは，簡単なことではない．指摘してみるならば，「政治および世論における一般的な意見の状況」，「政治的，社会的な勢力によって担われている一般的，政治的な傾向」[66]，人々との間での希望や期待ならびに不安に基づく「反応（responsiveness）」，あるいは，継続形成する集団的な法観念や正義観念などが存在しうる[67]．このような社会的，政治的な要素は憲法の解釈や憲法の継続的発展の際に過小評価されるべきではない．長い間，受容やコンセンサスが欠けている憲法裁判官法は，裁判所の権威ばかりでなく，憲法の妥当要求をも危険に晒すのである．

開かれた社会の憲法においては，憲法および憲法裁判所の衡量は社会における議論とも結びついているのであり，その議論は，現実的な解釈理論によっては無視されることが許されないものである．全ての解釈は，それにかかわっている人々またはそれと徹底的に取り組んでいる人々が期待する領域にも向けら

63）　BVerfGE 88, 203, 261.

64）　*Th. Würtenberger*, Zu den Voraussetzungen des freiheitlichen, säkularen Staates, in: *W. Brugger/S. Huster* (Hrsg.), Der Streit um das Kreuz in der Schule, 1998, S. 277, 282 ff. (SV. 158); *Isensee* (Fn. 49), § 162 Rn.105 .

65）　立法手続におけるこのような審査問題については，*H. Hill*, Jura 1986, 57 ff., 67; *Th. Würtenberger*, Zeitgeist und Recht, 2Aufl., 1991, S. 149 f. (SV. 95).

66）　*U. Everling*, Richterliche Rehtsfortbildung in der Europäischen Gemeinschaft, JZ 2000, 217, 224.

67）　*Würtenberger* (Fn. 2), S. 75 m. w. N.

84 第Ⅱ部 憲法国家秩序の保証人としての憲法裁判

れている．憲法の解釈におけるこのような開かれた議論の相手は，メディアで
あり，そして世論において自分の主張を聴いてもらう全ての人々である．たと
えば，「政治的目的」の構想をその都度達成しようとする立法者や政府，野党
などであり，さらには，専門裁判権，そして言わずもがなであるが，憲法の解
釈学的な体系化と継続的発展に努力する憲法学などである[68]．このような開か
れた議論において，それぞれの者が論拠を示し，評価し，反対し，そして衡量
の決定を提案するのである．この議論をコントロールするのは，憲法の特定の
解釈や継続的発展に対する賛否の論拠の自由競争であり，それは民主主義的に
正統化された国家の不可欠の前提である[69]．

---

68) 国法学における通説の役割について，*Würtenberger* in: *Guggenberger/
Würtenberger* (Fn. 2), S. 77 m. w. N.; *H. Ehmke,* VVDStRL 20, 1963, S. 53, 71 f.; 専門的
な批判に対するヨーロッパ裁判所の反応について，*U. Everling,* JZ 2000, 217, 224 m.
w. N.

69) *Zippelius*, Legitimation des Grundgesetzes aus der Verfassungskultur einer offenen
Gesellschaft, in: *Brugger* (Fn. 30), S. 435 ff., 437.

解　題

　本論文は，*Alexander Hollerbach* の 70 歳祝賀記念論文集（Festschrift für Alexander Hollerbach, 2001, S. 223-241）に所収されたものである．

　（1）本論文の序の部分では，（ⅰ）自由主義的法治国家としての憲法は，政治的形成における手続と限界だけを定めるものか，（ⅱ）それとも，将来に開かれた基本秩序としての憲法は，立法者の政治的形成の自由を許すものかという問題点が述べられている．

　この点の解明については，とくに憲法裁判所の先例に焦点を絞って論及されている．なお，憲法解釈の学説については，伝統的な憲法解釈方法に加えて，比較憲法的解釈の重要性が指摘されている．

　（2）この論文の特徴は，憲法裁判所による「憲法の継続形成・発展」（憲法裁判官法）ということをキータームとしている点である．そのメルクマールとしては，「開かれた憲法」という憲法理解の下に，（ⅰ）価値判断と（ⅱ）衡量が挙げられており，この場合の困難な問題についても言及されている．そしてその解決策として，「論証的な衡量」が重要であるとしている．

　（3）最後に，民主主義的な憲法の継続形成の限界・枠としては，それに対する社会のコンセンサスと受容が挙げられている．

　疑問点としては，本論文の冒頭の主張，すなわち，「憲法の内容の変更は，解釈によるのではなく，憲法の改正権者の仕事である」ということと，本論文の主旨である憲法裁判所の「解釈による憲法の継続形成」ということとの整合性が不分明なところが挙げられる．

第4章

憲法裁判官法の正統性
Zur Legitimität des Verfassungsrichterrechts

訳・解題　嶋崎健太郎

「憲法裁判官法の正統性」

小目次

Ⅰ．憲法裁判権の憲法制定および憲法改正への関与について

Ⅱ．憲法裁判官法の正統化問題の諸原因
　1．方法論上の問題
　2．判決理由の説得力不足
　3．政治的多数派による裁判
　4．静かな革命および時代精神の変遷との対峙
　5．立法権および専門裁判権への干渉

Ⅲ．憲法裁判官法の正統化の可能性
　1．制度的な正統性
　2．「応答性（responsiveness）」による民主的正統性
　3．手続的正統性について
　4．連続性と信頼性

Ⅳ．結　語

解　題

Ⅰ．憲法裁判権の憲法制定および憲法改正への関与について

　主権者とは，憲法を定める者である．立憲国家においては，主権者は憲法制定権力を有する国民である．憲法改正権力を有する者はこの主権に関与している．さらに，憲法の内容の疑義を憲法としての効力を持って取り除く者も，憲法制定権力ないし憲法改正権力の一部である[1]．連邦憲法裁判所はこうして，基本法79条3項に関する裁判に際しては憲法制定権力，他の基本法規定に関する裁判に際しては憲法改正権力の領域で活動する．

　憲法制定および憲法改正立法者による憲法改正は，民主的正統性を指向する手続により実現する．民主的に発布された憲法の実行は，憲法裁判権が憲法の手続規定および憲法の国家の行為に関する準則の遵守を監視する権限を有する限りで，憲法裁判権によって確保される．このような統制機能以外に，憲法が拘束力を持って解釈され，継続発展され，改正されるならば，法の継続形成機能が生ずる．「開かれた」憲法テキストの拘束力ある解釈，かかる解釈の継続発展および憲法テキストの変更，さらにそのテキスト解釈を厳密に区別しなくとも，憲法裁判権を採用したことの含意は，憲法が変化する社会的および経済的諸関係や社会の意識変化に直面して（また，ときとして政治的多数派の変化にも基づいて），そのときどきの新しいやり方で具体化され継続発展される点にあることは疑問の余地がない[2]．憲法裁判官法（Verfassungsrichterrecht）による基本法の継続発展（Fortentwicklung des Grundgesetzes）[3]は，古くから議論されてきた

---

1)　*C. Schmitt*, Das Reichsgericht als Hüter der Verfassung (1929), in: *ders.*, Verfassungsrechtliche Aufsätze, 3. Aufl. 1985, S. 81 参照.

2)　規範内容の変遷をもたらしうる，社会諸関係および社会政策の諸観念の変遷による憲法や法律の老化過程については，BVerfGE 34, 269 (288); 82, 6 (12); さらに *Th. Würtenberger*, Zeitgeist und Recht, 2. Aufl. 1991, S. 174 ff. (SV. 3); *K. Hesse*, Verfassungsrechtsprechung im geschichtlichen Wandel, JZ 1995, S. 265 f. 参照.

3)　「裁判官法」という概念によりつつ，憲法裁判官法という概念は，憲法裁判所に

専門裁判所の裁判官法（Richterrecht）の問題とはほとんど共通性がない[4]．とい
うのは，憲法裁判官法は，法秩序全体に関係する憲法上の基準を決定すること
ができ，国家指導の領域に介入することができるからである[5]．この点を措く
としても，憲法裁判官法は，憲法制定者との特別な競合関係にある．裁判官法
は立法者の手で一気に修正することができるのに対して，憲法裁判官法の修正
は，基本法79条3項の範囲で憲法改正が不可能でない限りで[6]，憲法改正立法
者にとって3分の2の多数を必要とする．このため憲法改正の達成は，しばし
ば議会多数派と反対派との間の妥協によってのみ可能となる．議会や政党の政
策的な動機での憲法改正を防止するこのような議会の特別多数は，政治的紛争
が，憲法を具体化し，または憲法を改正する憲法裁判官法により決定される場
合には，不必要である．このことは，連邦憲法裁判所が基本法の解釈をめぐる
議会多数派と少数派との間の対立の際に，常に仲裁裁判官の機能を果たしてき
たことからもうなずけるところである．この点については再論する[7]．

　憲法裁判所の裁判により憲法が時流に乗り，変遷する諸関係とともに新たな
規範的準則が憲法から発展するならば，古くからの正統性問題が新たな装いを
まとうことになる．すなわち，誰がまたは何が，憲法改正権力[8]への事実上の

　　　よる憲法の継続形成と理解される（同様に，*G. Hoffmann*, Verfassungsbezogenes
　　　Richterrecht und Verfassungsrichterrecht, in: FS für Ernst Wolf, 1985, S. 183 f.）．こ
　　　れに対して，以下では扱わないが，裁判官憲法は，専門裁判所による憲法の継続
　　　形成を指す．

　4)　これについては最近，*C. Hillgruber*, Richterliche Rechtsfortbildung als Verfas-
　　　sungsproblem, JZ 1996, S. 118 がある．

　5)　これについてすでに，*M. Drath*, Die Grenzen der Verfassungsgerichtsbarkeit,
　　　VVDStRL 9 (1952), S. 96.

　6)　連邦憲法裁判所が基本法79条3項の拡大解釈により政治的形成の基本問題を憲
　　　法改正立法者の介入から，またこれにより国民主権に基づく民主的プロセスから
　　　奪い取る場合の権限問題について，*B.-O. Bryde*, in: *I. von Münch/P. Kunig* (Hrsg.),
　　　Grundgesetz, Bd. 3, 3. Aufl. 1996, Art. 79 GG, Rn. 25, 28.

　7)　Fn. 79 の箇所参照．

　8)　*K. Schlaich*, Die Verfassungsgerichtsbarkeit im Gefüge der Staatsfunktionen, VVD-

および不可避の関与に基づいて憲法や同時に社会的共同生活の基本原則について自由に決定しうる憲法裁判権を正統化するのか，という問題である．誰がまたは何が，憲法制定ないし憲法改正と比肩しうる法源となる憲法裁判官法を正統化するのか．この正統化問題に答える前に，近年憲法裁判官法の正統化問題を引き起こした原因を解明すべきである．

II．憲法裁判官法の正統化問題の諸原因

　連邦憲法裁判所の判決をめぐる論争は，近年新たな次元[9]に入っており，次々と下された，広汎な受容を得られない社会政策上の重要な諸判決がその原因となっている．連邦憲法裁判所に対する冷やかな批判に力を得て，専門裁判所が憲法裁判所の判例に従うことを拒絶し始めている[10]．民主的な法治国家が危機

　　StRL 39 (1981), S. 99, 127 m. Nw.（しかし，批判的に，S. 132 ff.）；（「（裁判官による）裁判」としての憲法裁判につき）*K. Hesse*, Wandlungen der Bedeutung der Verfassungsgerichtsbarkeit für die bundesstaatliche Ordnung, in: FS für Dietrich Schindler, 1989, S. 723, 731；（憲法制定権力への関与としての憲法解釈につき）*E. Benda*, Verfassungskontrolle durch Verfassungsgerichtsbarkeit, in: 30 Jahre Grundgesetz, 1980, S. 114 f.；（憲法制定としての憲法解釈につき）*E.-W. Böckenförde*, Zur Lage der Grundrechtsdogmatik nach 40 Jahren Grundgesetz, 1990, S. 57；*G. Roellecke*, Bewaffnete Auslandseinsätze—Krieg, Außenpolitik oder Innenpolitik? Ein verfassungsänderndes Urteil des BVerfG, Der Staat 34 (1995), S. 415, 427 zu BVerfGE 90, 286；放送の分野での「憲法制定」について，*H. Bethge*, Gebührenfinanzierung im Lichte der Rundfunkfreiheit, in: *M. Piazolo* (Hrsg.), Das Bundesverfassungsgericht. Ein Gericht im Schnittpunkt von Recht und Politik, 1995, S. 141, 143 f. m. Nw. 参照.

　9)　*J. Limbach*, Das Bundesverfassungsgericht als politischer Machtfaktor, 1995, S. 11; *B. Großfeld*, Götterdämmerung?, NJW 1995, S. 1719; *R. Zuck*, Bundesverfassungsgericht: Unkontrollierter Kontrolleur?, Universitas 1996, S. 1; *H. Sendler*, Blüten richterlicher Unabhängigkeit und Verfassungsgerichtsschelte, NJW 1996, S. 825；アメリカ合衆国における類似の議論につき：*R. Hodder-Williams*, Constitutional Legitimacy and the Supreme Court, in: *G. Peele* (Hrsg.), Developments in American Politics, 1992, S. 138 ff. 参照.

　10)　BGH NJW 1995, S. 2643; *V. Krey*, Das Bundesverfassungsgericht in Karlsruhe – Ein Gericht läuft aus dem Ruder, JR 1995, S. 221 (265).

に陥るのは，民主的法治国家の法と憲法秩序の継続形成がもはや原則的に受容されなくなり，広汎かつ継続的に社会的批判にさらされる場合である．その際，連邦憲法裁判所の危機が憲法裁判所により継続形成された憲法の受容の危機も伴う場合には，憲法の脱正統化が始まる可能性がある．

　連邦憲法裁判所の判例をめぐる論争の中にカールスルーエの〔連邦憲法〕裁判所の危機の前兆を見いだすことができるとしても，それは決して制度的な危機ではない．連邦憲法裁判所の世論における受容の高さ，ドイツの民主的で自由な秩序の最初の基盤固めのための連邦憲法裁判所の貢献，そして連邦憲法裁判所の国際的な好評価により，連邦憲法裁判所は異論のない制度となっている．結局のところカールスルーエの裁判は通常は異論がなく，広汎な支持を受けてきたし，受けている．過去何十年にもわたり示されてきた連邦憲法裁判所のこの統合能力と正統化能力ゆえにこそ，受容の危機の兆候でさえも国家にとって危険なものに見えることになる．

　裁判官法による憲法の継続形成についての世論の敏感さにより，かつてもくり返し議論された憲法裁判権の限界という問題が新たな性質を帯びるようになった．以下では，多くの議論がある憲法裁判権と民主的自己形成との関係，および司法の自己抑制[11]の要請については直接には論じない．むしろ，これらの一般的な原則問題を超えて，最近議論される正統化問題をもたらした具体的な理由を問題とする．

---

11)　憲法裁判権の限界については，*A. Rinken*, in: AK-GG, 2. Aufl. 1989, Vor Art. 93 GG, Rn. 83 ff.; *P. Badura*, Erneute Überlegungen zur Justiziabilität politischer Entscheidungen, in: FS für Ernst Gottfried Mahrenholz, 1994, S. 869; *H. Simon*, Verfassungsgerichtsbarkeit, in: *E. Benda/W. Maihofer/H.-J. Vogel* (Hrsg.), Handbuch des Verfassungsrechts, 2. Aufl. 1994, § 34 Rn. 42 ff.

1．方法論上の問題

　憲法は，たしかに基本法の中に規定されている．しかし憲法の本質的内容は連邦憲法裁判所の 93 巻にも及ぼうとする判例集の中に見いだされる．誇張して言うならば，憲法の規定と基準はほとんど基本法から引き出すことはできず，むしろ連邦憲法裁判所の判例から引き出される．憲法理論上も，憲法解釈論上も，諸々の原理や基準が発展してきたが，そもそも憲法テキストの中には，そのための手がかりは，きわめて漠然としたものしか存在しない．このことはたとえば連邦憲法裁判所の基本権理論[12]に当てはまる．連邦憲法裁判所の基本権理論は，基本権のテーゼにより客観法秩序の要素としての基本権のテーゼや，基本権の保護義務[13]のテーゼを用いて，連邦憲法裁判所がくり返して定式化してきた基本権の準則を，通常法の秩序の隅々まで行きわたらせている．同様のことは，たびたび一般的な正義による統制および立法者が行う評価の再評価のために用いられる比例性[14]という不文の憲法原理や，保護義務の充足の際に立法者に対して場合によっては新たな憲法上の拘束を課す過小保護の禁止[15]や，

---

12) （連邦憲法裁判所の判例の展開について）*E.-W. Böckenförde*, Grundrechte als Grundsatznormen, Der Staat 29 (1990), S. 1, 4 ff., （その強度と範囲を連邦憲法裁判所が決定しているすべての法分野に対する基本権の放射効について）S. 8 ff. （課題規範としての基本権について）S. 23 ff.; （基本権の新たな意味階層について）*K. Hesse*, JZ 1995, S. 265, 266.

13) 基本法 1 条 1 項 2 文および 6 条を超えて，基本権から導かれる保護義務の解釈的根拠に対する批判として，*C. Starck*, Praxis der Verfassungsauslegung, 1994, S. 70 ff.

14) それは，1965 年の BVerfGE 19, 342 (348 f.) 以来のことである．比例性の憲法裁判所による展開については，*E. Grabitz*, Der Grundsatz der Verhältnismäßigkeit in der Rechtsprechung des Bundesverfassungsgerichts, AöR 98 (1973), S. 568 ff. *Böckenförde* は，相当性（Angemessenheit）―比例性審査 は立法者の政治的形成領域への連邦憲法裁判所の介入を許すことを，明示的に示唆している(Fn. 12, S. 20 f.). さらに，*F.-C. Schroeder*, Die Strafbarkeit der Ausforschung der Bundesrepublik durch die DDR, JR 1995, S. 441 (443 ff.) 参照．

15) BVerfGE 88, 203 (254 ff.). これは，*C.-W. Canaris*, Grundrechte und Privatrecht, AcP 184 (1984) S. 228; *V. Götz*, Innere Sicherheit, in: *J. Isensee/P. Kirchhof* (Hrsg.),

94　第Ⅱ部　憲法国家秩序の保証人としての憲法裁判

広汎な「大学憲法（Hochschulverfassungsrecht）」を帰結した基本法5条3項から引き出される大学制度[16]の秩序，さらには，数次にわたる放送判決において「メディア憲法（Medienverfassungsrecht）」を創造した[17]放送裁判にもあてはまる．

　ドイツの民主的な法治国家の秩序にとって，この種の憲法裁判官法による憲法の継続形成が大きな成果を上げたことは，決して見落としてはならない．しかし，なお意識すべきことは，諸外国の憲法[18]および州憲法[19]においては，憲法裁判所により創造されたこの種の準則が，憲法上の原理として憲法に明文化されて規定されていることである[20]．

　法の解釈により，規範化されたものに裁判所の推論を媒介にして効力が与えられるならば，上述の例が示すように，*Savigny* が展開した古典的な法学的方法（論）によって広汎な分野における憲法裁判官法を正統化することはできない[21]．その際，客観化された意思に従った基本法の解釈は，連邦憲法裁判所が依拠する「憲法の意思」に最終的に帰着することについては意見の一致が存在

Handbuch des Staatsrechts, Bd. III, 1988, § 79 Rn. 2; *J. Isensee*, Das Grundrecht als Abwehrrecht und als staatliche Schutzpflicht, ebd., Bd. V, 1992, § 111 Rn. 165 にまでさかのぼる．基本権教義学上はほとんど顧みられなかったこの新たに創造された憲法原理に対する批判について，*K.-E. Hain*, Der Gesetzgeber in der Klemme zwischen Übermaß- und Untermaßverbot?, DVBl. 1993, S. 982.

16)　（一定の組織的な形成と手段の調達により達成することができる自由な学問のための国家の責任について）BVerfGE 35, 79 (112, 115 ff.).

17)　これについて Bethge (Fn. 8), S. 141 ff. 参照.

18)　（比例原則について）ポルトガル憲法18条2項，（大学憲法について）ギリシャ憲法16条,（未出生の生命に対する保護義務について）アイルランド憲法40条4項,（保護義務について）オランダ憲法22条.

19)　たとえば，比例原則は，ブランデンブルク州憲法5条2項1文，ザクセン＝アンハルト州憲法20条2項1文，テューリンゲン州憲法42条2項，に規定がある．

20)　BVerfGE 85, 191(207) および基本法3条2項2文のように，時として，憲法改正立法者により，連邦憲法裁判所の裁判のみが示されることもある。

21)　*M.-H. Wiegand*, Methodische Bedenken zur Entscheidungsfindung des BVerfG im Bereich der Außenpolitik, NJ 1996, S. 113 参照.

する[22]．それゆえに，至るところで要求されている「法の基準への憲法裁判所の拘束」[23]は，ほとんど実行不可能な定式である．なぜならば，基本法から多くの放棄し得ない準則と原理が発展させられてきたが，それらは，そもそも憲法テキストの方向指示作用を使ってやっとのことで引き出されるものだからである．*Konrad Hesse* は，法学の方法論の未熟さから，「憲法解釈は具体化である」[24]と結論づけた．憲法規範の内容は，整序すべき「現実」を考慮して，その場そのときに（hic et nunc）確定される．現実の変遷に伴い，規範的準則の側もまた変遷する．このようにして（継続）発展する憲法裁判官法は，一定の法創造的な性格を帯びる．

　憲法裁判官法のこの法創造的要素は，第一に，憲法が下した構造決定により，第二に，細部の憲法規定により限界づけられる．さらに，憲法裁判官法の法創造的要素は，憲法解釈の特別な諸原理，たとえば，とりわけ実践的調和（praktische Konkordanz）または機能的な正統性を尊重しなければならない．このような方法により，合理的で統制可能なやり方での憲法の法創造的な具体化を根拠づけることが試みられてきた．たしかに，高度に合理性がある判決理由[25]は受容されうる．しかし，誰の理性がより理性的なのかについての争いも生じうるのであり，この争いは決定すべき問題が根本的であればあるほど，激しさを増すのであるから，正統化問題はあらゆる規律をもってしても方法論上の操作で避けることはできない．

---

22)　*M. Brenner*, Die neuartige Technizität des Verfassungsrechts und die Aufgabe der Verfassungsgerichtsrechtsprechung, AöR 120 (1995), S. 248 (256 f.).

23)　*J. Isensee*, Die Verfassungsgerichtsbarkeit zwischen Recht und Politik, in: *Piazolo* (Fn. 8), S. 49, 56 f.

24)　*K. Hesse*, Grundzüge des Verfassungsrechts der Bundesrepublik Deutschland, 20. Aufl. 1995, Rn. 60; 同様に，*P. Lerche*, Stil, Methode, Ansicht, DVBl. 1961, S. 690 (700); 一部批判的なものとして，*C. Starck*, Die Verfassungsauslegung, in: *J. Isensee/P. Kirchhof* (Hrsg.), Handbuch des Staatsrechts, Bd. VII, 1992, § 164 Rn. 18 ff.

25)　基本法の具体化に際して尊重すべき原則とトポスについて，*Hesse* (Fn. 24), Rn. 66 ff.

96 第Ⅱ部 憲法国家秩序の保証人としての憲法裁判

2. 判決理由の説得力不足

前もって重大な意見対立が支配したにもかかわらず，数十年にわたり，連邦憲法裁判所の判例の権威は，憲法裁判所判決の主文および判決理由がくり返し社会の中に受容されてきたことにも支えられている．この受容の保証人は，高度の妥協形成が優勢で，その結果，従来はすべての対立政党が判決に立ち戻ることができたことである．このことは，明らかに，連邦憲法裁判所の部（Senat）の中での重要な妥協傾向によっても促進された．

〔しかし〕最近では，判決の要旨に対する批判が増大しているのみならず，とりわけ社会政策的に議論を呼んだ判決の理由づけが説得力を失っている．〔連邦憲法裁判所〕第1部の社会政策上重要な判決および第2部の判決の一部も，その判決理由について，憲法学説および広汎な世論から批判されることが増えている．たとえば，スパイ決定において，正当にも，比例性原則を適用して旧ドイツ民主共和国のスパイを無罪とした比例性審査の失敗が批判された[26]．第二次座り込みデモ判決において新たに定義された暴力概念を，刑法学説は一致して拒絶した．*Schroeder* は，尖鋭的議論の中で，「連邦憲法裁判所が，かかる愚行を望んだことは決して受け入れられない」[27]と発言した．十字架像決定に対して，*Hollerbach* は，その「宗教からの国家の否定的な隔離」および歴史的な展開と憲法に反する国家と教会の強引な分離ゆえに，連邦憲法裁判所の判例の中の「失態」と呼び[28]，*Benda* は，「ほとんど理解不能な十字架像決定」[29]と

---

26) BVerfGE 92, 277 につき，*C.-D. Classen*, Straffreiheit für DDR-Spione: Verschlungene Pfade zu einem vernünftigen Ergebnis, NStZ 1995, S. 371 (373).

27) BVerfGE 92, 1 につき，*F.-C. Schroeder*, Sitzblockade keine Gewalt, JuS 1995, S. 875 (878); 同様に，*V. Krey*, JR 1995, S. 265; （政治的判決の質の低下についての憲法上の根拠について）*K. Amelung*, Sitzblockaden, Gewalt und Kraftentfaltung, NJW 1995, S. 2584 (2589).

28) BVerfGE 93, 1 につき，*A. Hollerbach*, Der Staat ist kein Neutrum, Herder-Korrespondenz 1995, S. 536 (537); 同様に，*D. Pirson*, BayVBl. 1995, S. 755 ff.

29) *E. Benda*, Wirklich Götterdämmerung in Karlsruhe?, NJW 1995, S. 2470; 十字架像

発言した．*Isensee* は，十字架像決定の中の「裁判官の水準」[30]という準則の喪
失を嘆いた．過度の名誉毀損を許し，公的生活の文化の崩壊に寄与する論争を
優先させる名誉保護の切り下げは，「放らつ」と呼ばれ，その際，同時に名誉
保護の判例が首尾一貫しないことが示された[31]．これらすべては，従来の通例
であった批判よりもずっと辛らつな論調である．

ときおり少数意見も異例に明確に示される．スパイ決定の少数意見は，多数
意見を「形成された立法と〔それを〕統制する裁判との間の限界」を「見誤っ
た」と非難した[32]．これほど辛らつな批判が同僚制の機関の中で表明されるこ
とは異例である．これを別論としても，少数意見は，根本的な判例批判をしば
しば先取りしているが，これは判決の説得力に何ら貢献していない．多数意見
と少数意見がしばしばその都度同じ政治的陣営から支持されることは，憲法裁
判権の政治化を示す多くの証左である．

憲法裁判所の判決の説得力不足の原因は，たびたび個別事件が判断されるの
ではなく，不用意に個別事件が一般化されていることにある．たとえば，法廷
の十字架に関する判決においては裁判官の意識的な自制により，個別事件のみ
が判断されたが，他方で，学校での十字架像に関する判決では，その一般化に
よって公論の批判の嵐が巻き起こった[33]．同様の批判は，通常法の憲法適合的

　決定の理由の不十分さについて，*H.-J. Vogel*, Gewaltenvermischung statt Gewalten-
teilung?, NJW 1996, S. 1505 (1508).

30）　*J. Isensee*, Bildersturm durch Grundrechtsinterpretation, ZRP 1996, S. 10 (15); *Th.*
Würtenberger, „Unter dem Kreuz" lernen, in: FS für Franz Knöpfle, 1996, S. 397.

31）　*H. Sendler*, Liberalität oder Libertinage?, NJW 1993, S. 2157; *H. Forkel*, Das Bun-
desverfassungsgericht, das Zitieren und die Meinungsfreiheit, JZ 1994, S. 637 (642 m.
Nw.); *M. Kiesel*, Die Liqudierung des Ehrenschutzes durch das BVerfG, NVwZ 1992,
S. 1129.

32）　BVerfGE 92, 277 (341).

33）　*K. Redeker*, „Der moderne Fluch der Versuchung zur Totalität", NJW 1995, S. 3369 f.;
さらに連帯保証判決 BVerfGE 89, 214 における不必要な一般化について，*K. Adomeit*,

な適用によりいずれにせよ妥当な結論が導かれるもかかわらず，基本法から直接に通常法の「諸規定」を引き出す傾向に対して向けられる[34]．

判決理由の説得力不足は，重要な社会的な論争問題を生じさせ，長期的に見て，憲法と連邦憲法裁判所の正統化問題を生じさせる．というのは，憲法の権威も連邦憲法裁判所の権威も本質的に論理の説得力に依存しているからである．

3．政治的多数派による裁判

以前から，〔連邦憲法裁判所の〕部の政治的構成ないし，憲法裁判官の政治的または世界観的先行理解が憲法裁判所の裁判に影響を与えていないとはいえないということが憲法裁判権の問題とされてきた．それゆえに憲法裁判官の任命は，部分的に長期の政治的な交渉過程に基づいて行われてきた．

数十年にわたり，連邦憲法裁判所の裁判官は通常，委任された政党との距離を保つ術を心得ていた．このことは，最近ではとりわけ〔連邦憲法裁判所〕第1部の裁判に関しては変わってしまったように見える[35]．第1部の政治的議論を呼ぶ判決は，しばしば，5対3の多数で下され，その際，裁判官の派閥関係は裁判官を推薦した政党の関係によってほぼ形づけられている[36]．とりわけ，

Die gestörte Vertragsparität— ein Trugbild, NJW 1994, S. 2467. 参照.

[34] 直接に比例原則から導かれる刑事訴追の制限について（BVerfGE 92, 277 (325 f.)．*C.-D. Classen*, NStZ 1995, S. 371 (374); 同様に（連邦憲法裁判所により創造された「教義学的怪獣」としての手続の制限について）*K. Volk*, Übermaß und Verfahrensrecht, NStZ 1995, S. 367 (369 ff.).

[35] *Y. Jäger*, Entscheidungsverhalten und Hintergrundfaktoren der Bundesverfassungsrichter, ZRP 1987, S. 360 ff.; *B.-O. Bryde*, Verfassungsentwicklung, 1982, S. 177 ff. 参照.

[36] *Von Danwitz*, Qualifizierte Mehrheiten für normverwerfende Entscheidungen des BVerfG?, JZ 1996, S. 481 (486); *R. Scholz*, Sitzblockade und Verfassung, NStZ 1995, S. 417 (423); *G. Altvater*, NStZ 1995, S. 278; 確かな根拠はないが，他の見解として，*H.*

新任の裁判官が，きわめて問題のある判決理由により，二つの裁判において，それ以前の，意見の対立した判例を放棄した．第二次座り込みデモ判決，または，—もちろん理由中においてまったく隠蔽されているが—，校内祈祷を合憲であると尊重した校内祈祷判決[37]およびキリスト教宗派混合学校に関する判例から逸脱した十字架像決定に関して，裁判官職の新たな任命は，将来も，憲法裁判所の判例の新傾向をもたらすのかどうか，という問題が提起される．このような恐れが現実になれば，それは同時に憲法解釈の終焉となろう．

4．静かな革命および時代精神の変遷との対峙

最近数十年の間の静かな革命として，価値の変遷[38]，「女性解放」[39]，参加を強く要求する世論[40]，新たな形態の情報処理および情報伝達，政治ブロックの解体，そしてとりわけドイツ再統一[41]が挙げられる．民主的社会の法の柔軟性は，長期的に見て革命的なこれらの社会プロセスに対する法的な追従および操作も可能にする．そのようにみれば，一部は同時的な，一部は先行的な，一部は対抗的な法の大変革によって，静かな社会革命が，整然と成就される．

特に強い衝撃力があるのが，憲法の継続発展により静かな社会革命に追従し，

Schulze-Fielitz, AöR 122 (1997), S. 1 (5).

37) BVerfGE 52, 223.

38) *R. Inglehart*, The Silent Revolution, 1977; *ders.*, Kultureller Umbruch. Wertewandel in der westlichen Welt, 1989; *H. Klages*, Wertedynamik, 1988;「時代精神の危機の中の連邦憲法裁判所」について，*Schulze-Fielitz*, AöR 122 (1997), S. 1 (16 ff.).

39) 静かな革命としての「女性の変化」について，*E. Noelle-Neumann*, in: *E. Noelle-Neumann/E. Piel* (Hrsg.), Eine Generation später, 1983, S. 16 ff.

40) これにより生じた行政文化の変化について，*Th. Würtenberger*, Die Akzeptanz von Verwaltungsentscheidungen, 1996, S. 21 ff, 24 ff. (SV. 4).

41) （新たに加わった諸州における連邦憲法裁判所の判決の受容について）*R. Herzog*, Das Bundesverfassungsgericht im Prozeß der deutschen Einigung, in: *J. Burmeister* (Hrsg.), Germania Restituta, 1993, S. 161, 163 ff.; *A. Söliner*, Das Bundesverfassungsgericht und die deutsche Einigung, in: FS für Wolfgang Gitter, 1995, S. 925.

100　第Ⅱ部　憲法国家秩序の保証人としての憲法裁判

それを操作することである[42]．社会において実行される新たな価値と正義の観念または行動様式に対抗措置を講ずる場合であっても，それを受容する場合であっても激しい議論が待ち受けている．社会的に意見が対立する領域において裁判する限り，憲法裁判所による憲法の継続形成の正統化問題は避けて通ることはできない．そのようにみれば，連邦憲法裁判所の裁判に対する批判の増大は，社会的合意が浸食されていることの，および憲法裁判官法により発展せられる行動期待が市民たちにより常に満たされるわけではないことの徴候かもしれない．

　２つの堕胎判決は，変遷する法意識と時代精神の，連邦憲法裁判所の判例への影響を示す特別な例である．1975年の第一次堕胎判決においては，基本法の解釈に際して，刑法上の生命保護が高度に堅持され，「国民の中で支配的な観念の一般的な変遷も，その変遷が確認可能な場合でも，この点何も変更できない」[43]とされた．「主権者」の意味変遷であっても，それにより，憲法解釈を変更することはできない．その後の20年間に，未出生の生命の保護は，集団意識において倫理的に義務付ける力を失った．該当年齢の国民の多数は，期限による解決を，倫理的に妥当であるとみなした．新たに制定された刑法218a条3項3号の文言もその適用実務も，第一次堕胎判決の準則に従っていない[44]．とりわけ，堕胎の自由化の支持者たちは，メディア[45]においてのみならず，政党内においても圧倒的な同意を得た．第二次堕胎判決は，未出生の生命の保護との葛藤状況における女性の自律により高い存在価値を認める社会意識の変化の波に乗った．第二次堕胎判決の際には，連邦憲法裁判所は，一方では時代

---

42)　裁判官法による法の継続形成が社会の諸関係と世界観の変化を的確に把握してきたかどうか，連邦憲法裁判所による統制について，BVerfGE 82, 6 (13 ff.).

43)　BVerfGE 39, 1 (67).

44)　Nw. bei *Würtenberger* (Fn. 2), S. 226 f.

45)　*R. Hofmann*, Memmingen – ein Medienprodukt, in: FS für Wilhelm Volkert, 1993, S. 333; *U. Steiner*, Das zweite Grundsatzurteil zum Schwangerschaftsabbruch, in: *Piazolo* (Fn. 8), S. 107 (113 ff.).

精神の変化を考慮し，他方では依然として未出生の生命の国家による保護義務を強調している．それにもかかわらず，生命保護の領域での時代精神または静かな革命は，憲法裁判官法の変遷に貢献した．国家が憲法裁判官法の受容を強制することは不可能であるから，その受容が不十分な場合には，憲法裁判官法の効力は弱いままである[46]．

連邦憲法裁判所は生命保護または婚姻と家族の領域において，あまりに急速な変化に抗ったとすれば，他の諸判決は解放を目指す時代精神に寄り添っている．このことを示すのが，基本権の基礎にある人間像の一定の変遷である．人間の共同体関連性および共同体拘束性は，長い間，基本権的自由に対する制限の正統化を可能とする常とう句であった[47]．これらの判例においては，共同体のかつての伝統的価値との統合と同一化をもたらす価値のみが考慮可能であった．まさにこの観点が，キリスト教の精神の中での教育を「ヨーロッパの歴史の中で形成されてきたような文化と教育の特徴的構成要素」として肯定したキリスト教宗派混合学校に関する諸判決[48]を正統化した．ヨーロッパ文化圏への同一化と統合は十字架像決定においてはもはや判決を指導するものではなくなった結果として，十字架像決定は，国家の厳格な世界観的・宗教的中立性を支持する意思表示として多くの批判を受けている[49]．このより強い個人主義的人間像への転換は，無意識に生じた．この人間像によれば，人間は自律的に自己形成すべきであり，国家による伝統的な文化的および世界観的価値の媒介に対して激しい公的批判を表明することの基本権的保護を請求しうる[50]．

---

46) 同旨，*Steiner* (Fn. 45), S. 121 ff.; 批判的なものとして，*Isensee* (Fn. 23), S. 57 ff.

47) BVerfGE 4, 7 (15 f.); 8, 274 (329); 45, 187 (227 f.).

48) BVerfGE 41, 29 (50 ff.); 65, 78.

49) *G. Czermak*, Der Kruzifix-Beschluß des Bundesverfassungsgerichts, seine Ursachen und seine Bedeutung, NJW 1995, S. 3348 (3350). 彼は，十字架像決定の支持者として，キリスト教宗派混合学校に関する判例の変更を目指している．

50) *K. Redeker*, NJW 1995, S. 3369.

102　第Ⅱ部　憲法国家秩序の保証人としての憲法裁判

　過去において，憲法裁判官法による法の継続形成は，世論または時代精神のそのときどきの傾向への依存を常に避けえたわけではない．国勢調査決定[51]では1983年に国民の推定上広汎な社会参加に対する反応として，いわゆる情報自己決定権を発展させた．「国民の一部の……不安」という言葉や，「一般的な意識が自動的なデータ処理の発展により」1962年以来大きく変化したといわれた．もっとも，それは経験的に裏付けられたわけではなく，おそらく正確な裏付けは全く不可能なものであった．連邦憲法裁判所は，この判決の時点ではなお少数派であった集団精神を，時代の一般的な精神傾向であると誇張し，それによりその集団精神の集団的法意識の中への固定化を加速させた．

5．立法権および専門裁判権への干渉

　連邦憲法裁判所はその40年以上にわたる裁判において，まずは基本法の枠秩序の空白を，極めて具体的な憲法準則によって充填した[52]．当時の憲法裁判所の憲法解釈の立場は，ほとんどすべての重要な法問題を憲法問題にすることを可能にした．この立場は連邦憲法裁判所の権限領域を，民主的に正統化された議会を差しおいて拡大させることになる．憲法から導かれる基準が具体的であればあるほど，立法者は憲法裁判所の判例のより強固な執行機関となる．しかし，それは法律の民主的正統性の価値を引き下げることになる．このことが特にあてはまるのは，民主的な政治過程では合意形成に至らなかった問題について，憲法裁判所が裁判する場合である[53]．

---

51)　BVerfGE 65, 1 (3 f.); その他の例について，*Würtenberger* (Fn. 2), S. 213 ff.

52)　この発展の理由については，*J. Isensee*, Verfassungsrecht als „politisches Recht", in: *J. Isensee/P. Kirchhof* (Hrsg.), Handbuch des Staatsrechts, Bd. VII, 1992, § 162 Rn. 46 f.

53)　スパイ判決（BVerfGE 92, 277）により「形成された立法」について，*T. Hillenkamp*, Offene oder verdeckte Amnestie —über Wege strafrechtlicher Vergangenheits bewältigung, JZ 1996, S. 179 (180); *K. Hesse*, JZ 1995, S. 265 (267); *H.-J. Vogel*, NJW 1996, S. 1505 (1510); (財産税立法における憲法上の準則について) *E.-W. Böckenförde*, Sondervotum zu BVerfGE 93, 121 (146).

第4章 憲法裁判官法の正統性　103

同様のことは，専門裁判所の裁判に対する憲法裁判所による統制にもあてはまる．ここでも，次第に，通常法の問題が，憲法を基準として裁判され，専門裁判権の法継続形成権限のかなりの領域が介入を受けることが増えている[54]．

Ⅲ．憲法裁判官法の正統化の可能性

Montesquieu によれば，権力は，限界まで肥大化する傾向がある．民主的法治国家の権力分立は，権力を限界づける機能のみならず，合意を形成する社会的な妥協の妥結メカニズムの制度化も目的とする[55]．連邦憲法裁判所は，権力分立の古典的なひな型の外側にいる．なぜならば，連邦憲法裁判所は権力抑制的な統制に服さず，基本法の解釈やさらには政治的法的秩序の継続発展を左右する権限を有するからである．権力分立のシステムにおいても限界づけられず，民主的な代表によっても正統化されない憲法裁判所の潜在的な国家指導的機能を見れば，*Höffe* と同様に次の不吉な問題が提起される．「拡大行使される憲法裁判権は，―たとえ法治国家的であれ―『お上意識』の一形態ではないのか」[56]．かかる，最終的には権威に基づく憲法裁判所の正統化は，民主的立憲国家にふさわしくない．憲法裁判権という制度を正統化する機能を有する可能性があるのは，（1）憲法裁判権という制度それ自体のみ，（2）しばしば長い伝統に根ざし，時代の変化の中で常に更新されざるをえない政治的合意，（3）裁判の「政治的理由」ではなく「法的理由」，（4）憲法の継続形成の際の継続的な規律（Disziplin），である．

---

54) 　*K. Schlaich*, Das Bundesverfassungsgericht, 3. Aufl. 1994, Rn. 288 ff; *M. Bender*, Die Befugnis des Bundesverfassungsgerichts zur Prüfung richterlicher Entscheidungen, 1989, S. 65 ff.; *E. Benda/E. Klein*, Lehrbuch des Verfassungsprozeßrechts, 1991, Rn. 600 ff.;（連邦憲法裁判所を「超上告審（Superrechtsmittelinstanz）」とする）*H. Tröndle*, Das Bundesverfassungsgericht und sein Umgang mit dem „einfachen Recht", in: FS für Walter Odersky, 1996, S. 261 (270 ff.); *K. Hesse*, JZ 1995, S. 265 (268).

55) 　これについて，*R. Zippelius*, Allgemeine Staatslehre, 12. Aufl. 1994, § 31 II, 2.

56) 　*O. Höffe*, Das Grundgesetz nur auslegen － Wieviel Politik ist dem Verfassungsgericht erlaubt?, JZ 1996, S. 83 (84).

1. 制度的な正統性

憲法裁判権という制度はまず歴史的な正統性を有する．歴史的観点から見て，ドイツにおいては，憲法テキストは裁判官法によって継続形成されうることが古くから認められていた．18世紀後半には，慎重に啓蒙的国家思想の精神による憲法改革を主張するライヒ帝室裁判所（Reichskammergericht）の裁判が始まり，その判例は広汎な合意を形成した[57]．それ以来，ドイツにおいては裁判による法と憲法改革（も）信頼する独特な気風が優勢となったように見える．これを背景に，19世紀[58]およびワイマール期[59]の憲法裁判をめぐる議論を見るべきである．

憲法の規範的な準則が憲法裁判権により変遷する諸関係と諸見解に適合させられるとすれば，古い世代理論がその助けとなる．*Condorcet* と *Jefferson* によれば，各世代は，その世代の憲法秩序を新たに創造しなければならない[60]．憲法が老朽化せず，その社会形成力を発揮するためには，憲法は，憲法改正や憲法裁判官法により時代の先端にあり続けなければならない．

連邦憲法裁判所は裁判所であると同時に憲法機関（Verfassungsorgan）である（基本法92条，連邦憲法裁判所法1条）．「裁判所的憲法機関（richterliches Verfassungsorgan）」としての連邦憲法裁判所は，「拘束力ある憲法解釈権を有する憲

---

57) *Th. Würtenberger*, Verfassungsrechtliche Streitigkeiten in der zweiten Hälfte des 18. Jahrhunderts, in: FS für Ernst Benda, 1995, S. 443 (452 ff.) (SV. 128).

58) 憲法典（Verfassungsurkunde）の解釈に関して疑念がある場合の国事裁判所（Staatsgerichtshof）の判決について定める，1831年ザクセン憲法153条参照．自由主義的法治国家論について，*A. Rinken* (Fn. 11), Vor Art. 93 GG, Rn. 27 参照.

59) *H. Triepel* und *H. Kelsen*, Wesen und Entwicklung der Staatsgerichtsbarkeit, VVD-StRL 5 (1929), S. 2, 20 ff.; 30; *W. Jellinek*, 同 S. 96 f. 参照.

60) *E. Zweig*, Die Lehre vorn pouvoir constituant, 1909, S. 103; *F. Bühler*, Verfassungsrevision und Generationenproblem, 1949, S. 28 ff.

法機関[61]」である．このことから，「最高の国家指導への（限定的）参与[62]」および ドイツの立憲秩序の維持のための一定の政治的責任[63]が導かれる．連邦憲法裁判所がその裁判機能を果たす際に，裁判官法による憲法の継続形成の権限が与えられることには，疑問の余地がない．このことは，基本法（基本法 93 条以下）の憲法構造における連邦憲法裁判所の制度的立場の帰結である[64]．

憲法の継続形成の正統化は，憲法裁判官法がどのように判決されるとしても，憲法裁判官法は正統化されるか否かという別の問題とは厳格に区別されるべきである．ここでは，制度的な正統性それ自体ではなく，具体的な裁判の正統性が問題となる．この問題は，裁判官の自制か裁判官の積極主義の強調かにより形づけられる．この正統化問題は，連邦憲法裁判所が「民主的な社会がどの程度の多元性と同質性を目指すのか，および，多数派がどの点において共同体形成的なシンボルまたはメカニズム（たとえば，教育制度）を拘束的に伝える権利を失うのか」について決定する場合に，鋭く問われることになる[65]．

連邦憲法裁判所裁判官の選任過程は，政治的に操作された裁判所の構成と社会内の政治的な勢力関係との間の一定の一致を目標とするにもかかわらず，この憲法裁判官法の制度的・民主的正統性は，連邦憲法裁判所裁判官の選任過程

---

61) *M. Kriele*, § 218 StGB nach dem Urteil des Bundesverfassungsgerichts, ZRP 1975, S. 73 (74); BVerfGE 68, 1 (78).

62) *Hesse* (Fn. 24), Rn. 669.

63) *P. Badura*, Die Bedeutung von Präjudizien im öffentlichen Recht, in: *U. Blaurock* (Hrsg.), Die Bedeutung von Präjudizien im deutschen und französischen Recht, 1985, S. 49, 68.

64) ヨーロッパ裁判所の法の継続形成のための同様の正統化について，*U. Everling*, Die Stellung der Judikative im Verfassungssystem der Europäischen Gemeinschaft, Zeitschrift für Schweizerisches Recht, 1993, S. 337 (340); *K.-D. Borchardt*, Richterrecht durch den Gerichtshof der Europäischen Gemeinschaften, in: GS für Eberhard Grabitz, 1995, S. 29 ff.

65) *K.-L. Shell*, Der Oberste Gerichtshof, in: *W. Jäger/W. Welz* (Hrsg.), Regierungssystem der USA, 1995, S. 170, 175.

106 第Ⅱ部 憲法国家秩序の保証人としての憲法裁判

によって根拠づけられるのではない．連邦憲法裁判所は国家機関ではあるが，その判決は，代表民主主義という基本法のメカニズムまたは憲法裁判所の多元的構成により正統化されうるのではない．

ときとして，憲法裁判官法は，連邦憲法裁判所が憲法の有権解釈権を持つことにより正統化が試みられる[66]．しかし，従来の解釈準則によれば，ある規範を自由に処理できる機関のみが有権解釈権を有する．これによれば，憲法制定権力または憲法改正立法者のみが有権解釈の正統性を有することになろう．それらは有権解釈の際に政治的裁量権を有するが，憲法裁判権はその権限を有しない．

2．「応答性（responsiveness）」による民主的正統性

憲法裁判権自体は民主的には十分に正統化されえないが，憲法裁判権は，立憲国家において民主的に正統化されるべき憲法制定および憲法改正に関与している[67]．社会的受容と合意によって，制度化された民主的正統性の不足を埋め合わせることができるか，それをすべきかどうかという問題が生ずる．かかる正統化の試みは，一般国家学または政治学において発展してきたような，民主主義原理および自由主義国家の政治的理性の一般原則から導かれる憲法準則の外縁領域を歩むことになる．このような外縁領域を歩まねばならないことは必然的である．なぜならば，憲法裁判官法は最終的な拘束力をもって憲法を具体化するものであり，それゆえに通常は憲法を基準として審査できない結果，「自己創造者的な領域」は前憲法的な正統化方法を必要とするからである．

民主的法治国家においては，法は広汎な合意に基づかねばならず，自発的に

---

66) *Carl Schmitt* から示唆を受けた，*E.-W. Böckenförde*, Die Methoden der Verfassungsinterpretation, NJW 1976, S. 2089 (2099) 参照．批判的に，*U. Scheuner*, DÖV 1980, S. 473 (477).

67) 憲法裁判権をめぐる民主主義理論上の議論について，*Shell* (Fn. 65), S. 175.

遵守されねばならない．民主的な合意と実効的な法的効力が一般的な前提である．市民と国家との間の関係は，法の指導原理とその形成が原則として受け入れられている場合にのみ，現実に法により規律される[68]．法規範は個別的な場合において一定の時点についてのみ，過料または刑罰秩序ないし強制措置によって実行されうる．受容と正統化の危機ゆえに，次第に，国家による法の実行の強制が必要となるならば，警察国家的傾向との批判は不当とは思われない．旧来の認識によれば，法が相応の合意ないし十分な受容を失えば，少なくとも社会学的意味では効力をもたない[69]．民主的法治国家は，社会との距離を置く国家ではなく，社会との「婚姻（connubium）」と共生に自己の正統化と政治力を見い出す国家である．

　これらの考え方は，特に，連邦憲法裁判所の裁判にあてはまる．憲法裁判所による法の継続形成が広汎な受容を受ける場合にのみ，憲法は十分な合意を獲得し，その統合機能を果たす．しかし，憲法裁判所のすべての裁判が，世論において受容される必要はない．さらに，多元的国家において，裁判権との深刻な対立は当然のことである．憲法裁判官法の永続的な批判に基づく根本的受容喪失は，同時に憲法の受容喪失ももたらすとの，不安定化の批判はこれとは別問題である[70]．

---

68)　*W. Hinsch*, Einleitung zu John Rawls, Die Idee des politischen Liberalismus, 1994, S. 9, 21.

69)　その際問題になるのは，承認は規範と裁判官法の効力根拠なのかどうかである（これについて最近のものとして，*W. Krawietz*, Anerkennung als Geltungsgrund des Rechts in modernen Rechtssystemen, in: FS für Hermann Klenner, 1996, S. 104 ff）．承認されていない規範も強制により実行されねばならず，民主的法治国家においては，民主的に正統化された法の承認と受容が期待されていることは，疑問の余地がない．それは別論としても，このような受容と服従の準備は民主的法治国家における政治的安定のための資源である．民主的な自己決定は，国家の法が法制定の民主的手続を経たがゆえに受け入れられるのみならず，社会の大きく全体的な受容があり，そのことから自発的に遵守されることにおいて実現する．

70)　まったく一方的だが，*J. Isensee*, Verfassungsrecht als „politisches Recht", in: *J. Isensee/P. Kirchhof* (Hrsg.), Handbuch des Staatsrechts, Bd. VII, 1993, § 162 Rn. 105 ff.

108 第Ⅱ部 憲法国家秩序の保証人としての憲法裁判

　ここで，裁判の課題，とりわけ憲法裁判権の課題として，広報活動（öffent-
lichkeitsarbeit）が挙げられる．憲法裁判官法の受容は，重要な判決の信頼しう
る広報と判例の根拠づけを必要とする[71]．より広汎な広報のための裁判の信頼
に足る説明とメディアの客観的報道のために必要なサービス提供は，─連邦憲
法裁判所が最近設置した─プレスとの緊密に連絡をとるプレス担当の課題であ
る．それ以外に，いかなる範囲で連邦憲法裁判所の審理も放送中継を許すべき
かについては立ち入った検討がされるべきであろう[72]．

　合意と受容はある意味で憲法裁判所による法の継続形成の大きな指針であ
る．それでも世論調査によるアンケートは憲法裁判所の法の継続形成の参考と
はならない．世論の支配的意見それ自体が，それが確実に確定できる限りで，
裁判所による法の継続形成の基礎とされるならば，心理学的な積極主義ないし
盲目的なポピュリズムが生じるかもしれない．裁判官による法の継続形成は，
世論または世論の混迷を反映するのではなく，─具体的な状況から─法的な正
しさを発展させることを試みるものである．その際には，世論の中の否定的な
傾向の方向が修正され，または，新たな解決モデルと法原理が創造されうる．
このような裁判官法においては，当初の「不人気な」判決ないし議論のある法
原理が長期的に見て受容と合意を得ることができるという基本理念が存在す
る[73]．

---

71)　ドイツにおいては付随的にしか扱われていない連邦憲法裁判所とその裁判のプ
　　レスによる正統化の問題について，*L. Greenhouse*, Telling the Court's Story: Justice
　　and Journalism at the Supreme Court, in: The Yale Law Journal 105 (1996), S. 1537.

72)　受容の獲得について，*C.-U. Eberle*, Gesetzwidrige Medienöffentlichkeit beim
　　BVerfG?, NJW 1994, S. 1637 ff; *R. Zuck*, Court TV: Das will ich sehen!, NJW 1995, S.
　　2082 f.; さらに，BVerfG NJW 1996, S. 581 ff. 参照，否定的なものとして，*G. Wolf*,
　　Die Gesetzeswidrigkeit von Fernsehübertragungen aus Gerichtsverhandlungen,
　　NJW 1994, S. 681.

73)　同様に，*W. Dänzer-Vanotti*, Der Europäische Gerichtshof zwischen Rechtsprechung
　　und Rechtsetzung, in: FS für Ulrich Everling, 1995, S. 205 (209 ff.).

この点で，憲法裁判官法による憲法の継続形成も「応答性（responsiveness）[74]」の原理に依拠する．憲法裁判官法は，長期的に見て，憲法とその現実化に抱く国民の希望や期待に対応するものでなければならない．憲法裁判所の法の継続形成の領域での「応答性」は，立法と行政による法執行をめぐる日々の政治的対立を超越した場所にある[75]．その結節点は，長期的な歴史的伝統のなかで成立し，基本法のなかに受容された価値と正義の諸観念である[76]．*Michel Fromont* によれば，社会のなかで発展してきた法と正義の諸観念の連続性と結節したときに，憲法裁判権は，民主主義原理のより古く，より深い層によって正統化される[77]．社会の政治文化および精神風土のなかに，憲法と法秩序に先行する道徳的・倫理的な基盤が存在する．

　その際に，歴史的な展望において誤解してはならないことは，法と憲法の「正しさ」に関する集団的観念は常に変遷し，多元的国家において法と憲法の世界観的・倫理的基礎は常に多様に評価されることである．社会秩序の個々の基本原理の緩やかな歴史的変遷またはそれに対する多元的な問題提起の過程で，憲法裁判権は重要な機能を営む．憲法の継続形成は，一方では，社会の意識の変遷と無縁に進行することはありえない．他方では，長期間の変遷過程を認識することのみならず，可能な限り歴史的な経験からみて，または憲法の諸原理と矛盾する場合には社会の意識の変遷の方向を修正することも必要である[78]．

---

74)　この言葉は，アメリカの国法学の周知の常套句である．*L. Fisher*, Constitutional Dialogues, 1988, S. 12 その他の箇所．さらに，*E.-W. Böckenförde*, in: FS für Kurt Eichenberger zum 60. Geburtstag, 1982, S. 301 (319)；*ders.*, Demokratische Willensbildung und Repräsentation, in: *J. Isensee/P. Kirchhof* (Fn. 2), S. 202 ff. 参照．

75)　行政の領域での「応答性」について，*Würtenberger* (Fn. 40), S. 58 ff.

76)　そのときどきの法文化に根ざし，歴史経験により形成されてきた価値秩序としての憲法について，*P. Kirchhof*, Die Aufgaben des Bundesverfassungsgerichts in Zeiten des Umbruchs, NJW 1996, S. 1497 (1498).

77)　*M. Fromont*, La justice constitutionnelle dans le monde, 1996, S. 132；同様に，*Fisher* (Fn. 74), S. 14:「憲法は，それが幅広い道徳と政治的理念の永続する価値と合意とを表現するがゆえに尊重される」．

78)　「法の最上位の基本原理」の遵守の任務につき *Würtenberger* (Fn. 2), S. 236 ff.

110　第Ⅱ部　憲法国家秩序の保証人としての憲法裁判

憲法裁判官法の発展は，憲法制定権力ないしは憲法改正権力に分類されうるのであるから，*Herbert Krüger* が，連邦憲法裁判所は「憲法制定権力の担い手の立場になる」べきだと要求することには十分な理由がある．すなわち「代表者として自己理解し，正規の手続を踏んだ国民の憲法制定者が選択するであろう視点と同様の」視点が選択されなければならないというのである[79]．これは憲法制定権力に対する「応答性」への特別な要求である．

3．手続的正統性について

憲法裁判官法の手続的な正統性は，連邦憲法裁判権があらかじめ行われた公的討議 (öffentlicher Diskurs)[80]との対峙のなかで拘束力ももって裁判することを重視する．この公的討議の「相手 (Partner)」[81]は，メディアおよび，公論のなかで主張に耳を傾けてもらえる者すべて，立法者および政府，また，その都度自己の構想を「政治的理由 (ratio politica)」により実現しようとする野党，日常の司法においておよび当事者とともに正しい法の実行と法の継続形成を目ざす専門裁判所，そして，とりわけ法の解釈的体系化と継続形成に努めている法律学である．この公的討議において，その参加者はそれぞれ論理を提供し，評価し，否定することなどを行ってきた．憲法裁判官法の手続的な正統化が成功するのは，論理の対立が，法的方法を用いたり，法的な原則の定式化を通じて解消し，市民が仮に判決に賛成ではなくとも，それを主張可能であり受容可能であるとみなすことができる場合である[82]．憲法裁判官法のこの対議を通じた根拠づけのフォーラムは，同時に，憲法の討議に参加する意思をもつ上記の市

---

79)　*H. Krüger*, Allgemeine Staatslehre, 2. Aufl. 1966, S. 709.

80)　*R. Alexy*, Idee und Struktur eines vernünftigen Rechtssystems, in: *R. Alexy/R. Dreier/U. Neumann* (Hrsg.), Rechts- und Sozialphilosophie in Deutschland heute, 1991, S. 30 ff. 参照.

81)　憲法裁判権の討議的性格について，BVerfGE 82, 30 (38 f.); *R. Alexy*, Grundgesetz und Diskurstheorie, in: *W. Brugger* (Hrsg.), Legitimation des Grundgesetzes aus Sicht von Rechtsphilosophie und Gesellschaftstheorie, 1996, S. 343, 358 ff.

82)　これにつき，*Würtenberger* (Fn. 40), S. 61 f.; *Alexy* (Fn. 81), S. 360.

民たちの理性である.

　古くから,「学者の共通意見（communis opinio doctorum）」[83],すなわち法学学説における支配的見解[84]は,裁判官法による法の継続形成の過程の重要な要素とみなされてきた.その背景には,批判的な法学の,合意を発見する法的問題解決策が,正しさの推定を受けるという暗黙の思慮がある.たしかに,法曹階級の法意識は,裁判官法のための特別な正統化のフォーラムである.というのは,多数決原理,専門知識および社会政策上の公平性は,少なくとも理想的な場合には,最大限の適正さを保証するからである.もちろん法学学説においては意見対立が支配する限りで,論文発表により学説対立の前線が形成されているか否かについての吟味が必要である.また,常に心がけるべきことは,支配的見解の根拠づけに際しては意見の数を数えるのではなく,その重要性を量ることである.

　連邦憲法裁判所の裁判は,ときとして（憲法）教義学（Dogmatik）の支配的見解ないしは有力な見解と結びついている[85].たとえ判決が引用した学説から常に判例が導かれうるわけではないとしても,判決に先だって解釈学の状況についての広汎な調査が行われている.さらに,憲法裁判官の多くは,具体的な手続を離れて,憲法学説の批判的立場との論争において,さらにテレビでのインタビューにおいてさえ,自らの憲法裁判官としての立場を詳細に根拠づけよ

---

83)　この法定式の歴史については,*P. Koschaker*, Europa und das Römische Recht, 1966, S. 92 ff.

84)　*U. Wesel*, Aufklärung über Recht, 1981, S. 14 ff; *T. Drosdeck*, Die herrschende Meinung － Autorität als Rechtsquelle, 1989, S. 131 ff. 参照.

85)　BVerfGE 89, 214 (233) 参照：憲法上の契約の自由（基本法2条1項）は,契約当事者がほぼ対等な力関係にある場合にのみ有効であるが,このことについては,学説においては広汎な一致があり,その結果,構造的に不平等な交渉力の結果である連帯保証契約（Bürgschaftsverträge）は憲法上無効である.連邦憲法裁判所が採用した学説の一致についてはもちろん批判がない（*K. Adomeit*, NJW 1994, S. 2647 f.; *K.-G. Loritz*, DNotZ 1994, S. 543 ff. 参照）.

112 第Ⅱ部 憲法国家秩序の保証人としての憲法裁判

うと試みている[86]．しかし，このような新スタイルの憲法論争には疑問がある．ときおり行なわれる憲法裁判官による再検討は，憲法裁判所の判決のなかで行われるべきだからである．

それにもかかわらず，「学者の共通意見」は，連邦憲法裁判所により裁判された大規模な憲法上の論争において，通例は，信頼できる助けにはならなかった．その理由は，第一に，最新の憲法上の論争問題にとって説得力のある憲法学説はしばしば未発展であったことにある．第二に，憲法解釈学が憲法解釈の個別問題について説得力ある根拠を提供する支配的ないし有力な見解を導くかつての体系化能力を失ないつつあることを見落とすべきでない．

4．連続性と信頼性

すべての裁判官法と同様に，憲法裁判官法もまた，連続性と信頼性という法治国家の要請に服する[87]．憲法とまったく同様に，憲法裁判官法もまた，計画と形成，政治力の配分，倫理的な最低限の合意，または国家の任務の配分というその時点の安定した基盤に基づかなければならない[88]．

憲法の未来に対する開放性ゆえに，憲法裁判官法は，社会の枠条件が変化す

86）　（意見表明の自由の判例に対する学説や国民からの批判の増大に反論する）*D. Grimm*, Die Meinungsfreiheit in der Rechtsprechung des Bundesverfassungsgerichts, NJW 1995, S. 1697; *R. Zuck*, Gerechtigkeit für Richter Grimm, NJW 1996, S. 361; *W. Flume*, NJW 1995, S. 2905. 参照．

87）　（先例を放棄する際の立証責任について）*K. Larenz/C.-W. Canaris*, Methodenlehre der Rechtswissenschaft, 3. Aufl. 1995, S. 256 ff.;（先例を放棄する際の信頼保護について）*Th. Würtenberger*, Art. Rechtssicherheit, in: Ergänzbares Lexikon des Rechts 2/480 (1991), S. 3 f. (SV. 100). 参照．

88）　先例の類似事例 に導かれた継続性について，*Starck*, Verfassungsauslegung (Fn. 24), Rn. 22 他．裁判官法による法の継続形成の際の調和と整合性の要請について，*Hoffmann* (Fn. 3), S. 198, 217 他；（憲法の継続性について）*Bryde* (Fn. 35), S. 425 ff., 428.

る際には，いずれにせよ変遷せざるを得ないことは，議論の余地がない．しかし，かかる憲法裁判官法の変遷は特別に正統化される必要がある．旧来の判例との慎重な折り合いにおいて，および社会の変化の分析の下で，憲法裁判所による憲法の具体化の新たな方向が根拠づけられるべきである[89]．その際には，新たな憲法問題については未だ裁判されていないことを示唆するだけでは不十分であり，以前の憲法裁判所の判例をとりまく状況全体までも常に視野に入れなければならない．このようにして，政治的に導かれて裁判しているとのときおり投げかけられる批判に対抗することができる．なぜならば，憲法裁判官法の連続性が出発点において選択されているからである．

もっとも，自己の先例への拘束の問題については，連邦憲法裁判所はこれとは異なる見解をとっている．連邦憲法裁判所によれば，立法権は「憲法それ自体にのみ照らし合わされ，憲法裁判所の先例に照らし合わされることはない」とされる[90]．その場合にのみ，一旦違憲と宣言された法律を再び制定し，それを改めて憲法裁判所の審査の試験台に立たせることができる立法者の権限を根拠づけることが可能となると考えられている．憲法裁判所の先例は，法の発展の硬直化を防止するためには無意味であると説明されている．

このような先例の意義の過小評価[91]には説得力がない．先例への拘束は，無

89）　理由づけ義務については争いがないが，これについて，*K. Larenz*, Methodenlehre der Rechtswissenschaft, 6. Aufl. 1991, S. 433 f.; *R. Zippelius*, Juristische Methodenlehre, 6. Aufl. 1994, § 13 II.

90）　BVerfGE 77, 84 (104); これに同意するものとして，*Limbach* (Fn. 9), S. 22 f.; *G. Roellecke*, Aufgabe und Stellung des Bundesverfassungsgerichts in der Gerichtsbarkeit, in: *J. Isensee/P. Kirchhof* (Hrsg.), Handbuch des Staatsrechts, Bd. II, 1987, § 54 Rn. 26; しかし，アメリカ連邦最高裁判所の慣習はこれと異なることについて，*Shell* (Fn. 65), S. 178 f.

91）　さらに，BVerfGE 84, 212 (227) 参照．しかしこれと異なるものとして，（裁判所の事前の示唆を欠いた長期にわたる手続実務の変更について）BVerfGE 78, 123 (126 f.).

114　第Ⅱ部　憲法国家秩序の保証人としての憲法裁判

条件の「先例拘束性（stare decisis）」を意味するのではなく，先行する判決の諸原則からいつ脱する場合の論証責任を意味する．さらに，基本法は，従来から連邦憲法裁判所の解釈により展開されてきた内容をもって妥当している．その限りでも，憲法テキストと憲法裁判所の先例との間の厳格な区別には説得力がない．

Ⅳ．結　語

　まず最初に憲法と憲法裁判官法との比較可能性に注目すれば，成就した憲法制定にも，成就した憲法裁判官法にも，同一の識別基準があてはまる．すなわち，憲法は，確固たる政治形態を与え，民主的自己決定の中での，将来を示す政治の目標と方向を定め，歴史的な状況にふさわしい将来の形成を可能とする政治的なプログラムを規律しなければならない[92]．干渉と解体傾向に対抗して確固たる政治形態を保護し，民主的に正統化された政治の将来への開放性を守ることは，連邦憲法裁判所の重要かつ常に果たすべき任務である．たとえば，ヨーロッパ統合に向けたマーストリヒト判決や，学校および教育政策の領域での十字架像決定において，または，基本法14条から租税法の立法者のために引き出されたように，憲法から政治の将来的目標と方向を引き出す限りで，未来が，はじめて，これらの諸判決が良き政治的秩序の継続発展のために貢献したか，それとも，長い政治的観点からみて失敗に終わったのか，を明らかにする．アメリカの憲法裁判権という偉大な見本は，憲法裁判官法が時代の兆候を正しく認識できなかった場合には，憲法裁判官法が誤りを犯しうること[93]，し

---

92)　「歴史により作られた憲法のみが理性的な憲法」という *Hegel* の常套句について，および，「時に従うこと，……時代全体の正義に忠実であり続けること」という *Constant* の言葉について，*Würtenberger* (Fn. 2), S. 70; *ders.*, Zur Legitimation der Staatsgewalt in der politischen Theorie von Benjamin Constant, in: Annales Benjamin Constant 10 (1989), S. 65, 74 (SV. 91). 参照.

93)　たとえば，1857年にアメリカ連邦最高裁判所は，Dred Scott 対 Sandfort 事件において，一定地域の奴隷を禁止する連邦法律を違憲と宣言した.

かし，憲法裁判官法は未来に向けた政治的形成を可能にもすること[94]を教えている．

94）　アメリカ連邦最高裁判所による市民権法の実行について，Brown 対 Board of Education (347 U.S. 483 (1954)).

116 第Ⅱ部 憲法国家秩序の保証人としての憲法裁判

解 題

本稿は，原著者の *Th. Würtenberger* 教授が，政治学者である *Bernd Guggenberger* 教授とともに共同編集者を務めた論文集，Hüter der Verfassung oder Lenker der Politik?：Das Bundesverfassungsgericht im Widerstreit〔『憲法の番人か政治の指導者か？：対立の中の連邦憲法裁判所』〕（Nomos, 1998）に収録された論文の翻訳である．論文集のタイトルが示すように，本校の執筆された背景には，1990 年代半ばの連邦憲法裁判所の「第二の危機」がある．この危機の直接の原因は，当時下された連邦憲法裁判所の一連の判決にある．とりわけ，1995 年に下された，旧東独スパイ判決，第二次座り込みデモ判決，十字架像判決，財産税判決，「兵士は殺人者だ」判決である．いずれも，政治部門のみならず，憲法学説，世論から激しい批判の対象となった（この時期の憲法裁判所の危機については，畑尻剛「批判にさらされるドイツの連邦憲法裁判所（上）（下）」ジュリスト 1106 号 74 頁・1107 号 79 頁，服部高宏「法と政治の力学と憲法裁判——ドイツ連邦憲法裁判所批判を手がかりに」井上達夫他編『法の臨界 [1]——法的思考の再定位』〔東京大学出版会, 1999 年〕103 頁）．

この危機の時期の直後に発表された本稿においても，これらの判決に対する批判が含まれるが，本稿のテーマは判決自体の批判ではなく，かかる判決の正統化の可能性である．本稿タイトルにある「憲法裁判官法（Verfassungsrichterge-setz）」とは，伝統的な「裁判官法（Richtergesetz）」の概念を憲法裁判所に応用したものであり，連邦憲法裁判所による憲法の継続形成ないし継続形成された憲法という意味である．本稿は，連邦憲法裁判所を単なる憲法の適用者とする立場は取らない．連邦憲法裁判所を憲法裁判官法を通じた憲法の継続形成の担い手として認めたうえで，連邦憲法裁判所の憲法の継続形成への関与は正統化されるか，いかなる要件の下で正統化されるかを論じている．そして，連邦裁判官法の正統化のために，憲法解釈の伝統に適応すること，さらに社会のなかに開かれた政治的・法的討議，時代精神への順応などが提案されている．

第5章

憲法の規範力と憲法の最適な現実化の枠条件

Rahmenbedingungen von normativer Kraft und
optimaler Realisierung der Verfassung

訳・解題　畑尻　剛

「憲法の規範力と憲法の最適な現実化の枠条件」＊

小目次

序

Ⅰ．規範力について
　1．*Georg Jellinek* の事実的なるものの規範力の理論
　2．憲法の規範力

Ⅱ．憲法現実
　1．憲法現実という現象
　2．憲法現実の変遷について

Ⅲ．憲法の最適な現実化の保証人としての具体化する憲法発展
　1．受容を手に入れる戦術としての憲法改正
　2．社会的変遷と憲法変遷の間の相互関係
　3．開かれた憲法としての基本法
　4．指揮する憲法としての基本法
　5．憲法を発展させる力としての連邦憲法裁判所
　6．小　括

Ⅳ．憲法の規範力の限界について

解　題

　＊ S. Tanneberger 氏には，原稿に目を通していただいた上に，有益なご指摘をいただ
　　いた．記して感謝する．

序

大部の教科書[1]を編んだ *Michael Kloepfer* は，その記念碑的な 2 巻の憲法[2]において，憲法を「一つの共同体を最も深いところで結びつける」力とよんだ[3]．では憲法，特に基本法はどのような形でそのような力を展開することができるか．ここで，*Kloepfer* は，国家にとっても社会にとっても「憲法の最適な現実化」[4]を要請するが，それは二つの前提条件に依拠する．一方では，適切な精神的，社会的，経済的そして政治的な枠条件であり，他方では憲法の最適な法学的作用力である[5]．このような最適化命令は次のように理解される．すなわち，憲法上の準則の意味が変転する諸状況の下で共同体の固い結束のために最適な方法において現実化されうる[6]．このような現実化のために前提とされるのは，憲法の規範力，すなわち，単に政治的綱領に終わることなく生活関係を形成する憲法の力である．単に憲法の規範力にのみ焦点をあてたものではなく，憲法の規範力を最適化命令の下に置くこのようなコンセプトがどのように現実化されうるか．これが以下の考察のテーマである．

Ⅰでは，「規範力」というコンセプトを追究する．これについては，すでに *Konrad Hesse* がこのようなコンセプトによって憲法解釈の任務を最適な憲法実現であるとした．Ⅱでは，「憲法の規範力」に，憲法現実と憲法のテクストの関係に関する対案が対置される．この対案は，憲法現実の多様な形式に目を向けさせるが，その形式の少なくとも一部は，基本法の規範力から遠ざかってい

---

1) *M. Kloepfer*, Umweltrecht, 3. Aufl., 2004; *ders.*, Informationsrecht, 2002.

2) *M. Kloepfer*, Verfassungsrecht, Band I und II, 2011.

3) *Kloepfer* (Fn. 2), Band I, S. V.

4) *Kloepfer* (Fn. 3), § 1 Rn. 180.

5) *Kloepfer* (Fn. 3), § 1 Rn. 170, 180.

6) ここで言及されている最適化命令は，たとえば，基本権衝突の解消の際の，多くの人々によって議論されている最適化の法的命令から区別される（これについては，*Th. Würtenberger/R. Zippelius*, Deutsches Staatsrecht, 32. Aufl. 2008, § 5 Rn. 41 f. (SV. 12)）．

120　第Ⅱ部　憲法国家秩序の保証人としての憲法裁判

る．本論の中心となるⅢでは，基本法の規範的準則を最適な形で現実化するための枠条件が検討される．ここでは特に，基本法の規範的準則を具体化し，これによって法的現実とするために大変重要な貢献をした連邦憲法裁判所の判決を立ち入って考察する．にもかかわらず基本法の規範力は順風満帆というわけではない．そのため最後のⅣでは，その規範力の体系内在的な限界を，一連の憲法の最適な現実化において問われることになる．

Ⅰ．規範力について

　規範力を問うことは20世紀の国家論の中心的な問題提起である．そして，この問題がしかしながら，規範が誰からも順守される法として社会的現実を規定するためには何が規範の実定法上の妥当性に付け加えられなければならないかを対象とするとしても，このことは偶然ではない．

1．*Georg Jellinek* の事実的なるものの規範力の理論

　Georg Jellinek は，彼の一般国家学において，革命がおきた場合に旧政治・法秩序に新しい法秩序がどのようにとって代わるのか，という問いを投げかけた．新法は旧秩序の法源に立ち返らせることはできないので，現行法として認められるためには別の基準を必要とする．この基準を，*Jellinek* は，事実的なるものの規範力のなかに見ている．それは，法をもたない力が力をもたない法と戦うという，国家の大変革を例にして展開される[7]．ここでは，事実的なるものの規範力が新法の妥当性を導くことになる．このことは，事実的なるものの規範力が人間の本性に還元されるという心理学的な手がかりによって根拠づけられている．人間にとって，慣れたものは，新しいものよりも，生理学的かつ心理学的にたやすく再現することができるという．事実的なるものの規範力が「正統化」作用をもつための本質的な機能条件は，事実的な支配関係を法と

---

7)　*G. Jellinek*, Allgemeine Staatslehre, 3. Aufl. 1914 (Neud:1966), S. 285; *ders.*, Die Kampf des alten mit dem neuen Recht, 1907, S. 6.

して承認できる[8]，という確信が規範力から生じるということである．確信のないところでは，この事実的な秩序は権力によってのみ維持されるが，それは長続きはしない．単に，実際に妥当していることだけが，慣習に基づく承認を通じて規範になるのであれば，第三者にはどんなに不当だと思われる状態も，その法共同体にとっては適法と感じられることになる．国家の最初の純粋に事実的な力を法的に正統化された力へと変換することはいつも，事実的なるものがまた，そのままでそうあるべきものであるという心理学的な推論を通じて行われている．したがって，*Jellinek* の考えによれば，「法は結局は，事実関係の長い時間にわたって行われる承認から導き出されている」[9]のであれば，歴史的に生成された法を正統化する承認というテーゼに真の核心がある．

最初にあげた問題提起に答えるために事実的なるものの規範力という *Jellinek* のテーゼはこれを以下のように拡張することができる．すなわち，憲法は，それが長い憲法の歴史と政治的な世代に支配的な政治的 - 法的伝統に根を張ることによって，規範力を獲得する．たしかに，*Jellinek* が規範力と国民における正義の確信を結び付けたことは，複雑な相互作用のあまりに一面的な視点ということもできよう．しかし，心理学的な論証によって *Jellinek* は今日の俯瞰から法の規範力の根拠をその受容に求めた．規範力と国民の確信を結びつける，この考え方（eine Verbindungslinie）は今なお立ち戻るべきものである．

2．憲法の規範力

Konrad Hesse は *Georg Jellinek* の「事実的なるものの規範力」を「憲法の規範力」と対置した．彼の本質的なテーゼを，*Hesse* は次のような（レトリカルな）問いの形でそのアウトラインを示している．「事実関係の規定する力と所与の政治的な力および社会的な力と並んで，憲法の規定する力というものも存在するのだろうか．この力は何に基づいていてどの範囲にまで及ぶのだろうか．」

この問いに対して *Hesse* は，対立するものを調停するという彼独自のやり方

---

8)　*G. Jellinek*, Allgemeine Staatslehre, S. 342.

9)　*Jellinek* (Fn. 8), S. 344.

122 第Ⅱ部 憲法国家秩序の保証人としての憲法裁判

で，「一方で法的な憲法から，他方で政治的・社会的な現実からの相互制約」
がある旨，答えている．リアルな政治的秩序である「現実の憲法」と法的な憲
法は「相互に関連しながら秩序づけ合う (in einem Verhältnis korrelativer Zuord-
nung) 関係」にある．「それらは相互に関連するが，相互依存にあるわけでは
まったくない．むしろ，法的な憲法には，たとえ相対的にせよ，独立した意義
がある．法的な憲法の妥当要求は，その作用から国家の現実が導かれる力場に
おける一ファクターなのである」[10]．

　このように，*Hesse* は，憲法の規範的な独自の地位を承認し弁護する．もち
ろん，憲法の規範的な独自の地位から経済的，技術的，社会的，精神的な相互
制約をふたたび剥ぎ取ろうとする意図はない．「憲法の現実制約性と規範性は
区別することだけはできるが，互いを分離したり，互いを同一視することはで
きない」[11]．

　さらに *Hesse* は憲法の規範力の可能性と限界を問う．可能性と限界もその現
実との関連に目を向けることによってのみ決めることができる[12]．たとえば，
憲法が効力をもつことができるのは，憲法が「現在の個々の性状」と結びつき，
それを「未来に向かって作り上げようとする」場合だけである．したがって，
憲法は，それが事実上，事実関係に憲法として影響を及ぼしたり形成しようと
したり場合，「歴史的所与性と諸力を…顧慮することなく抽象的−理論的に国
家を構成しようとしてはならない」．結局，*Hesse* は，「憲法が規範力のための
最適な基準を展開できる条件」を挙げている．ここには，すでに言及した，そ
のときどきの個々の状況に憲法を結びつけることと並んで，「変転する政治的・
社会的現実のなかで生き続ける」能力も含まれるのである．

　ここで憲法の規範力は「所与のものへの巧みな適合」に依拠するだけではな

---

10)　前述の引用は，*K. Hesse*, Die normative Kraft der Verfassung, 1959, S. 6, 9 から．〔コ
　　ンラート・ヘッセ／古野豊秋訳「憲法の規範力」ドイツ憲法判例研究会編（古野
　　豊秋・三宅雄彦編集代表）『講座 憲法の規範力　第1巻 規範力の観念と条件』（信
　　山社，2013年）15頁以下参照〕．

11)　*Hesse* (Fn. 10), S. 8.

12)　*Hesse* (Fn. 10), S. 9.

い.「憲法への意思」は，憲法生活に対して責任をもっている者の意識においてのみならず，国民の一般的な意識においても非常に決定的なものとしてあらわれなければならない．こうして政治的なるものの優位を制限するという憲法思想が要請されるのである．

　ここから，憲法解釈の重大な新しい評価が生まれる．*Hesse* は憲法解釈を，これまでの通例とは違って，最適に憲法を実現するためのものであるとする．つまりそれは，具体的な条件下で規範的な規律の意味を最適に実現することという，かの解釈を常に要請することである[13]．*Hesse* は，「憲法の規範性」という彼の包括的なテーゼを以下のようにまとめている．「法的な憲法は，歴史的現実を通じて条件づけられる．法的な憲法は，時間という具体的な所与性から引き剥がされるものではない．法的な憲法がこの所与性を考慮する場合にのみ，所与性に対する妥当要求が実現される．しかし法的な憲法は，単に，そのときどきの現実を表するものというだけではない．規範的要素があるゆえに，法的な憲法は政治的・社会的現実を法的な憲法の立場から整序し，形づくる．しかし，こうした相関的な存在と当為の配分から生じるのは，憲法の規範力の可能性でもあり限界でもある」[14]．

　1961年にハンブルクで行われた「小さな国法学者大会」とも呼ばれる公法の助手の最初の大会で，*Ernst-Wolfgang Böckenförde* は，後のフライブルク大学の同僚である *Hesse* のこのテーゼを取り上げた．「憲法の規範力？　憲法理論の方法論的な基礎問題」と題する彼の報告は，たしかにそれ自体は公刊されてはいないが[15]，*Hesse* の就任記念講義に対する広汎にわたる彼の論評に，その基本的な考えが表わされている[16]．哲学的な有力な見方によれば，厳格に互いに

---

13)　*Hesse* (Fn. 10), S. 15.

14)　*Hesse* (Fn. 10), S. 16.

15)　Vgl. *A. Hollerbach*, Vermischte Reminiszenzen: Rückblicke auf die ersten vier Tagungen, in: *M. Dalibor* u.a. (Hrsg.), Perspektiven des Öffentlichen Rechts, 2011, S. 33, 37.

16)　*E. -W. Böckenförde*, Zeitschrift für die gesamte Staatswissenschaft 118 (1962), S. 172 ff.〔なお，エルンスト＝ヴォルフガング・ベッケンフェルデ／宮地基訳「書評：コ

分けられなければならない存在と当為の溝を，*Hesse* が架橋しようとしたことが評価されている．もっとも *Böckenförde* は，*Hesse* が要請した，最終的に憲法の規範力を担わねばならない「憲法への意思」という形で，事実と規範を相関的に配分することに対しては批判をしている．ではいったい，憲法への意思とは具体的に何なのか．憲法からの思想というのは，どんな内容をもつのか．このような未解決の問に対する回答が，現実との関連性を強調することによって与えられる．すなわち，「規範的なるものは…，現実的なるもののなかで規範的にありうるものと考えられ，実現される[17]」ということである．

結局 *Hesse* は，そのコンセプトによって，「規範的な憲法（憲法の規範力）の原理を国民主権の原理よりも上位」に置いた[18]．この評価は彼のすべての結論とともに 20 世紀の後半までフランスで支配的だった憲法理論および憲法実務と対比することで明確となる．フランスの「法律の遮蔽（loi-ecran）」理論によれば，主権者としての議会によって議決され，民主的に正統化された法律は，ベールのように憲法を覆い隠し憲法の規範力を遮る[19]．これに対して，*Hesse* の憲法の規範力というコンセプトは全く異なる．憲法は単純法を貫徹し規定するものとされる．したがって単純法は，民主的に正統化された立法者からよりもむしろ憲法から判断され，また最終的には，このように憲法が単純法を規定することがドイツの憲法裁判権の特別な役割を説明する理由の一つとなりうる．ドイツの領域では，フランスのモデルをパラフレーズして，「憲法の逍蔽」，つまり，ベールのように法律を取り囲む憲法，ということもできるかもしれない．

50 年代半ばの *Hesse* のこの考察から，規範と現実とのすなわち基本法と生の現実との具体的な関係に変化が生じた．憲法の規範力，すなわち，憲法の意味において現実に影響を与えるという能力に対する要請が実行された．50 年

ンラート・ヘッセ著『憲法の規範力』」ドイツ憲法判例研究会編前掲（注 10）219頁以下参照〕．

17)　*Böckenförde* (Fn. 16), S. 174.

18)　*Hesse* (Fn. 10), S. 20.

19)　Vgl. *Th. Würtenberger*, Rechtliche Optimierungsgebote oder Rahmensetzungen für das Verwaltungshandeln?, VVDStRL 58 (1999), S. 139, 151 (SV. 171), m. w. N.

代半ば，基本法はまだ「先取りした」憲法としてしばしば時代遅れの現実と対立し，本質的な分野において，基本法の規範的準則を具体化することでその矛盾を解消した．憲法の規範力は，憲法自身を現実にするという理論的なコンセプトである．

　憲法の規範力という *Hesse* のコンセプトは，基本法の次第に広く承認されるようになった新たな憲法理論を決定的に先取りするものであった[20]．未来に開かれた憲法としての基本法と，憲法テクストの具体化という絶え間ない課題は，──ともにもう一度立ち戻ることになる──理論的なコンセプトとして，つまりは，彼のフライブルク大学の就任記念講義に端を発する．こうした理論的な評価をあとづける者だけが，基本法の規範力の根源を把捉することになる．

　Hesse のこの評価が，時代に応じた，しかも時代精神にもかなった憲法の継続的発展を問題としているかぎり，その評価は，ヘーゲル哲学に負っている．ここで，憲法の規範力は，前世紀の 90 年代初頭以来議論されたように，受容の問題とつながっている[21]．なぜなら，基本法が規範力を展開するのは，基本法を具体化する継続的発展が個人の法意識にも集団の法意識にも支持され，特に政治階級から圧倒的に「正しい」か，少なくとも受け容れ可能なものとして認められる場合だけだからである．

Ⅱ．憲法現実

　われわれは，従来のどちらかといえば規範に導かれていた見方に替えてフライブルク大学の政治学者 *Wilhelm Hennis* によって展開された憲法現実という

---

20)　*Zippelius/Würtenberger* (Fn. 6), §5 Rn. 21 ff., §7 Rn. 32 ff. zum Grundgesetz als „Grundordnung".

21)　*Th. Würtenberger* のフライブルク大学就任記念講演参照 , Akzeptanz durch Verwaltungsverfahren, NJW 1991, 257 ff. (SV. 94) ならびに *ders*., Die Akzeptanz von Verwaltungsentscheidungen, 1996 (SV. 4); *ders*., Die Akzeptanz von Gesetzen, in: Soziale Integration. Sonderheft 39 der Kölner Zeitschrift für Soziologie und Sozialpsychologie, 1999, S. 380 ff. (SV. 181).

126　第Ⅱ部　憲法国家秩序の保証人としての憲法裁判

対抗コンセプトに取り組むことにする[22]．*Hennis* は，憲法から「ある種の一般的な使命」を取り出して，一般的諸概念を「具体化」しようとした憲法理論の取組みに，強い調子で反論する[23]．これに替わって *Hennis* は，憲法現実がもっぱら基本法の規範力によって規定されるだけではなく，このような規範的要求から時おりまぬがれることを指摘する．

1．憲法現実という現象

「憲法現実」とは，国家共同体の現実の共同生活の一部であり，それは憲法の諸規範と諸原則の規律領域に属する．ここで考えられているのは，国家機関と一つの国家に生活する人間の実際上の行態であって，しかも，憲法にかなっていると信じられている行態，すなわち，そうした国家機関と人間が理解するところの憲法にかなっていると信じられている行態である．もっとも，それら国家機関と人間の行態が，客観的に正しい解釈に適合していることもあれば，適合していないこともある．したがって，経験的に把握でき，主観的に憲法を志向した国家のなかで生活する人間の実際の行態方法が，この意味での「生きた憲法現実」である．市民や国家機関が憲法規範から逸脱する程度もまた──「否定的な場所」としての──憲法現実の一部である[24]．

ドイツにおける憲法現実は，本質的な部分について国法学によって刻印されている．立法過程において国法学はその鑑定によって法律案が憲法に適合することを目指している．連邦憲法裁判所の訴訟では，国法学者は当事者の代理人として現れ，しばしば，「大学教授出身の」連邦憲法裁判所裁判官と対等に渡り合うが，それだけではない．立法手続における政策助言という形であれ，連邦憲法裁判所における訴訟においてであれ，国法学のこの種の広範にわたる貢献は，世界的に比類ないことといえるであろう．連邦憲法裁判所における国法学の決定的な影響力もまた世界的に比類ないことといえる．裁判官が国法学者

---

22)　*W. Hennis*, Verfassung und Verfassungswirklichkeit, 1968.

23)　*Hennis* (Fn. 22), S. 20.

24)　Vgl. *T. Geiger*, Vorstudien zu einer Soziologie des Rechts, 4. Aufl. 1987, S. 27 ff.

のなかから採用されている．これによって憲法現実はいわば憲法の規範力のための戦士を体内に取り込み，その結果，すでに *Hesse* が認識したように，人的なレヴェルで，規範と現実の相互関連性を確証するのである．

　上で述べた包括的な意味での憲法現実から，より狭い法的概念の憲法現実を区別することができる．この狭い概念は，制度上，憲法法規が具体化されたものを表わす．これは，憲法が国家機関によって解釈，適用され，そして特に，自覚的な憲法裁判によって，憲法が組織的に意思を貫徹させる機会を得るという形で行われる[25]．この具体化の成果として現れるものを，法的に保障された憲法現実と呼ぶことができるのである．

2．憲法現実の変遷について

　行政と司法における情実人事から，財政法上のスタビリティの基準の順守まで，多くの分野で[26]，憲法現実は，ずっと以前から憲法の規範力から遠ざかっている．加えて，憲法現実は，常に変遷する．ここでは，憲法典の改正ではなく，憲法実務の変化が問題となる．憲法実務におけるそのような変化は，それが基本法の規範的な指導モデルから離れると，特別大きな利益と衝突する．最近では，議会主義の領域から以下の実例を挙げることができる．

　（1）連邦議会は公開の議論と実質的な議決の場所であり制度的な枠組みであった．議会主義の実務はこの二つの機能を，少なくとも当初予定していたやり方では，果たしていない．本質的な決定は前もって連邦議会の委員会で行われる．本会議の討論も，多くが内容のないままであり，議員全員の前ではなく，空席の議席の前で行われている．議決された法律テクストを，国会議員の大多数は理解できていない．たとえその議員が議決のさいに居合わせたとしても．

　（2）公開の討論は連邦議会ではもはやほとんど行われていない．公開の政治対話は，関係するメディア，特にテレビに移動した．議会の公開性機能をこのような形で隅に追いやった明白な結果でありそしてみずからその結果を露呈し

25）　*Würtenberger/Zippelius* (Fn. 6), § 7 Rn. 71.

26）　すでに *Hennis* (Fn. 22), S. 7 ff. 参照．

128 第Ⅱ部 憲法国家秩序の保証人としての憲法裁判

たのが，議事録に演説原稿を提出するという最近では公式にも認められた実務
である．文書手続におけるそのような議会の公開性は，議会システムのあらゆ
る要請と矛盾している[27]．

（3）本来の政治的意思形成が，たとえばハルツⅣ委員会のような特別委員会
で行われることによって，さらなる脱議会主義化が生じる．連邦議会に残され
たのは，議会の外で行われた妥協を跡づけすることだけである[28]．

当然，憲法裁判の統制にほとんど服さない議会実務の領域では，目下の議会
主義の現実は，立憲国家と基本法の理想像からは完全にかけ離れている．基本
法はこのような重要な領域で規範力を失った．

Ⅲ．憲法の最適な現実化の保証人としての
具体化する憲法発展

　憲法の規範力にとってと同様に憲法の最適な現実化にとっての指標となるの
が，その受容，すなわち，憲法は正しい秩序として，または少なくとも受け容
れられる秩序と感じられるがゆえに，憲法を本質において強制なしに遵守する
という法に服従する者の姿勢である[29]．したがって，——最初に述べたように
——社会を最も深いところにおいて一つに結びつけることを目指す最適化の戦
術は，受容を保持する戦術であり，受容を手に入れる戦術である．この受容を
獲得して保持することは，憲法実務と憲法典の継続的発展に対して常に求めら
れている．このとき，あらゆるアクターに中心的な問題設定がなされる．すな
わち，基本法が，社会的，文化的あるいは技術的な所与性の変遷に対して，同

---

27)　*C. Kornmeier*, Rede zu Protokoll - der Bundestag formalisiert ein lange praktizier-
tes Verfahren, DOV 2010, 676 ff.

28)　*Würtenberger/Zippelius* (Fn. 6), § 11 Rn. 53 参照.

29)　基本法の受容について以下参照. *A. Voßkuhle*, Stabilität, Zukunftsoffenheit und
Vielfaltsicherung – Die Pflege des verfassungsreehtlichen „Quellcodes" durch das
BVerfG, JZ 2009, S. 917 mit Fn. 1; *R. Zippelius*, Allgemeine Staatslehre, 16. Aufl. 2010,
§ 16 I 2.

じく国際関係の価値変遷と変化する要求に対して，その指揮する力を保持し，これによってこの変遷プロセスを規範的に制御するという状況はどのように達成できるのだろうか？　──広汎に発展する可能性のある──規範的準則が，社会的領域でも政治的領域でもその広汎な受容によって担われるという状況はどのように達成できるのだろうか？

1．受容を手に入れる戦術としての憲法改正

　集団の価値観と正義感における，つまり時代精神[30]における変化は，繰り返し基本法に影響を与えてきた．新たに挿入された国家目標は，基本法の価値の書字板（Wertetafel）を拡大し，時代の要請に適合することによって基本法の規範力に役立っている．特に新しい国家目標である環境保護を挙げることができる．基本法 20a 条は，環境保護が集団の意識においても特別な意義をもつようになったあと，ほぼ 20 年継続した議論を経て基本法に受け入れられた．とりわけ，男性と女性の事実上の平等取扱いを促進することを要求し，それによって，集団の意識のなかで起きた社会における女性[31]の役割の静かな革命を受け入れた新たな基本法 3 条 2 項 2 文は特別な意義をもつ[32]．

---

30)　これについて，*Th. Würtenberger*, Zeitgeist und Recht, 2. Aufl. 1991. S. 105 ff.(SV. 3).

31)　*J. Isensee*, Vom Stil der Verfassung, 1999, S. 34 によれば，ここでは「フェミニズムの時代精神」に対する一つの説明書が問題となっている．彼は新しい基本法 3 条 2 項 2 文と 20a 条を，政治的−法的発展にとっての意義がほとんど正当に評価されない「象徴的な憲法制定」とよんだ.

32)　しかし，基本法 3 条の新しい国家目標規定は，基本法の旧 3 条 2 項に関する連邦憲法裁判所の古い判例を確証し強化するだけではない．連邦憲法裁判所が平等の要請を社会的現実に拡張し（BVerfGE 85, 191[207]），法律上の不平等な扱いをそれが男性あるいは女性に典型的にあらわれる不利益を調整するために役立つ場合には正当なものであると宣言した（BVerfGE 74, 163[179 f]）．このことは，憲法テクストの規範力の変更が憲法裁判官法によっても憲法改正立法者によっても同様な方法で行われうることを示している．これについては後述する.

2. 社会的変遷と憲法変遷の間の相互関係

憲法のなかでは，ありとあらゆる発展が予見できるわけでも規律されているわけでもない．憲法公布の時点から歴史的な隔たりが大きければ大きいほど，憲法を継続形成する任務は切迫してくる．憲法規範は，国家共同体の現実，特に政治的，経済的，社会的利益および権力関係，同様に政党制度の現実，そして最後には世論およびマスメディアで表明される意見との多様な相互関係にある．こうした諸要素は，どのように憲法が内容的に形作られて継続的に発展させられるかについて決定することにも影響力をもつ[33]．

憲法規範の解釈に際しては，現実が考慮されねばならない．すなわち，規範の具体化は，生の現実に関連づけて行われる．特に，いかなる解釈が規範に最大の有効性を与えるかは，生の現実にかかっている．憲法が公布されたあとで，社会的・技術的あるいは経済的な変動が生じたり，または，集団の価値観と行動様式が変遷すれば，このような変動および変遷が個々の憲法の規範の意味の変遷を，すなわち「静かな憲法変遷」をもたらすかもしれない．「規範は常に，規範が作用すべきところの社会関係や社会観・政治観のコンテクストのなかにある．規範の内容は場合によっては，社会関係および社会観・政治観とともに変遷する可能性もあるし，変遷しなければならない[34]」．たとえば，経済的な生活保障の新たな形式は基本法14条の具体化に，そして新しいコミュニケーション技術は基本法5条1項の具体化に影響を与えている[35]．まったく一般的に定式化すると，議論による評価や衡量が問題になるのは，憲法典の規範が，変遷する社会の現実に目を向けることで具体化され，継続的に発展させられる場合である[36]．基本権部分の継続的発展における中心目標は，たいていは保護

---

33) *R. Zippelius*, Grundbegriffe der Rechts- und Staatssoziologie, 2. Aufl. 1991, § § 5 II; 12.

34) BVerfGE 34, 269 (288).

35) BVerfGE 53, 257 (290 f.); 57, 295 (322 f.).

36) *Th. Würtenberger*, Auslegung von Verfassungsrecht—realistisch betrachtet, in: *J. Bohnert* (Hrsg.), Festschrift für Hollerbach, 2001, S. 223, 230 ff. (SV. 188).

領域を広げる解釈やさらには新しい基本権の確立によってであれ，制限の制限（Schranken-Schranken），特に比例原則を強調することによるのであれ，個人の自由と集団の自由の実効的な保護でありそして保護であった．

憲法規範は，しばしばかなりの意味の幅をもっていて，そのなかで，概念や原理の規範的内容は，変わりゆく社会的現実を含めることで詳細に具体化されうる[37]．ここでは，古典的な解釈ルールによって，すでに憲法規定に定められた規範内容を確かめるのではなく，憲法規定を法創造的に継続的に発展させるのである．要するに，法認識ではなく，法創造，つまり法創造的憲法発展が重要である．

3．開かれた憲法としての基本法

変遷する現実において憲法の規範的準則を実効化することを目指すこうした憲法解釈の方法の根底には，憲法とはどうあるべきかそして何をなすべきかについての一定の理解がある．基本法はとりわけ基本権部分，また国家目標規定，国家構造規定においても固定的ではなく開かれた動的な憲法である．こうして基本法は連邦憲法裁判所による解釈において，変遷する社会的及び経済的状況に適切に対応することができるし，できたのである．

基本法は，（ほぼ）あらゆる領域において規範的拘束力をもって政治と法に方向性と基準を与える基本秩序として理解される．このコンセプトによると，基本権は単なる防禦権ではなく，国家に基本権の保護も義務付ける——国家任務としての基本権の自由の保護．たとえば，基本法5条1項2文のプレス，放送，テレビ，映画の制度的保障や，基本法14条1項1文の所有における制度的保障は，技術的，社会的または経済的な変化があれば変動しうる．同じことは，民主主義や法治国家といった憲法原理にも当てはまる．変遷する技術的，社会的または経済的状況に直面して，憲法の規律と原理は繰り返し新しく具体

37）　具体化としての憲法解釈について，*K. Hesse*, Grundzüge des Verfassungsrechts, 20. Aufl. 1995, Rn. 60 ff.; 批判的に *M. Jestaedt*, Verfassungsgerichtspositivismus, in: FS für Isensee, 2002, S. 183, 197 ff.

化され，それによって実現されねばならない．このような基本法の具体化は，
基本法の連邦憲法裁判所による伝統的な解釈によって基本法のテクストを受け
つぎ，さらに場合によってはカールスルーエの連邦憲法裁判所の判決と批判的
に対峙しながら，変化する社会・経済的現実に対してあるいは変遷する価値お
よび正義観念に対して，一般的憲法原理から新しい憲法上の準則を発展させる
ことになる．

4．指揮する憲法としての基本法

　基本法は，国家行為を整序し限界づけるだけでなく，それ以上に，指揮をす
る憲法である．それは，基本法に社会・経済の変遷を考慮して反作用の機能の
みが認められるということをいうのではない．むしろ，事実の変遷は常に，憲
法の規範力の枠において，また憲法の規範力に光を当てながら考慮されなけれ
ばならないのである．重要なのは憲法を変化した諸条件に適合させることだけ
ではなく，同時に事実の変遷を憲法上受け止めて指導することである．その際，
まさに憲法の継続的発展において，最初に述べた事実的なるものの規範力と憲
法の規範力の相互作用が目に見える形となる．すなわち，憲法の継続的発展に
対する刺激が外部の状況によってもたらされうるとしても，その憲法の継続的
発展は憲法の規範的本質において位置づけられなければならない．したがって，
憲法は，それがその本質から固有の継続的発展を指導し指揮することができる
ことによって，ある程度自らを超えるものを指示する．

　このことは基本権機能のドグマーティクにおける継続的発展をみれば理解で
きる．国家の介入からの保護を志向する古典的な基本権論は，重要な側面を新
たに得た．すなわち，基本権は，国家に保護を義務付ける（基本権保護義務）法
と政治を指揮する客観的秩序の要素である．そのほかの例は，とりわけそのな
かで，基本法5条1項と民主主義原理から，憲法の放送秩序が技術的な変化と
結びついて発展した連邦憲法裁判所の放送判例，またそのなかで連邦憲法裁判
所が——経済的状況の変化を考慮して——所有権概念を継続的に発展させた基
本法14条に関する判例がある．

基本法から政治と法の方向性と基準を取り出すというコンセプトは，状況・時間そして領域に特有の憲法実現にいたる．そのようなプロセスをもつ憲法実現は[38]，裁判官法による非常に広汎な基本法の継続的発展において明らかになる（いわゆる憲法裁判官法ないし裁判官憲法）．極言すれば，憲法は，手掛かりは基本法にあるが，大半は，今やほぼ130巻以上の連邦憲法裁判所の判決集のなかにある．

基本法を状況・時間そして領域に特有の形で具体化すべき基本秩序として理解することは，いろいろと議論された「法秩序の憲法化」というよく聞く言葉を導く．基本法の継続的発展は中心的分野における単純法の発展と解釈にたいして，繰り返し現実化されている「指針」[39]を与える．単純法に対する基本法のこのような規定力（Determinationskraft）は，部分的には次のことに至る．すなわち，*Fritz Werner*が[40]かなり前から行政法について確言したように，単純法はただ具体化された憲法としてのみ把握されうるのである．このように憲法が単純法秩序に大きく手をのばすことによって，基本法は指揮する憲法となる．この発展にたいする批判[41]はまたあとで触れる．

5．憲法を発展させる力としての連邦憲法裁判所

憲法発展のプロセスは，本質的に連邦憲法裁判所に完全に支配されている．連邦憲法裁判所の革新力と形成力の方法論的前提は，客観的憲法解釈への忠誠である．正当にも連邦憲法裁判所は方法論的にいわゆる主観的な解釈に限定するのではなく，基本法の規範的準則を単に歴史的に，そして憲法制定の状況か

---

38)　*G. F. Schuppert*, Staatswissenschaft, 2003, S. 817 ff.

39)　BVerfGE 96, 375 (398).

40)　*F. Werner*, Verwaltungsrecht als konkretisiertes Verfassungsrecht, DVBl. 1959, S. 527; *M. Jestaedt*, Phanomen Bundesverfassungsgericht. Was das Gericht zu dem macht, was es ist, in: *ders.* u.a., Das entgrenzte Gericht, 2011, S. 77, 86.

41)　Vgl. *C. Starck*, HdStR, 1. Aufl. § 164 Rn. 5 ff.; *E. -W. Böckenförde*, NJW 1976, S. 2091; *H. L. Batt*, Verfassungsrecht und Verfassungswirklichkeit, 2003, S. 377: 憲法を空洞化する憲法裁判の支配によって民主的に正統化された立法者を過小評価する危険．

134　第Ⅱ部　憲法国家秩序の保証人としての憲法裁判

ら把握することに限定しなかった[42]．憲法裁判所を方法論的に憲法制定の歴史的状況から解き放ってはじめて，連邦憲法裁判所が今日の地位を獲得することができたのである．すなわち，連邦憲法裁判所は憲法を発展させる力の決定的な担い手[43]なのである．

a）憲法変遷による「社会契約」の補正

憲法変遷——そしてそれゆえ単に憲法の具体化に限らない——について語ることができるのは，憲法解釈の新しい理論的評価が基礎となる場合や[44]，あるいはまったく一般的に，連邦憲法裁判所によるある憲法の具体化が断念され，別の憲法の具体化に取って代わる場合である[45]．連邦憲法裁判所は，多くの判決でそのような憲法変遷のための諸前提を明確にした．社会的または経済的諸関係の変化によって，しかも人々の行動様式や価値観の変化によっても，憲法解釈の変更が必要となる可能性がある[46]．

憲法裁判官による法は，少なくとも原則的に新たな方向づけをする際に，憲

42）　これについて，*M. Jestaedt*, Grundrechtsentfaltung im Gesetz, 1999, S. 332 ff.

43）　この用語について，*A. Peters*, Elemente einer Theorie der Verfassung Europas, 2001, S. 395 ff.

44）　基本権が客観的秩序の要素としてそして単なる防御権としてはもはや理解できない場合，基準を下回る形での充足が禁じられ，そしてそれゆえ立法者の形成領域を制限する基本権の保護義務が導き出される場合，基本権の解釈における変遷と言えるのである（BVerfGE 7, 198, 225; 39, 1, 41）．*R. Wahl*, Die objektiv-rechtliche Dimension der Grundrechte in internationalem Vergleich, in: *D. Merten/H.-J. Papier* (Hrsg.), Handbuch der Grundrechte, Bd. I, 2004, § 19 Rn. 1 は，このことを第二次世界大戦後のドイツ国家法のセンセーショナルな発見とよんだ．

45）　これについて，外国の観点から比較法的に：*M. Fromont*, Les revire-ments de jurisprudence de la Cour constitutionnelle fédérate d'Allemagne, in: Les Cahiers du Conseil Constitutionnel, N 20 (2006), S. 110 ff.; *T. Di Manno*, Les revirements de jurisprudence du Conseil constitutionnel français, ebd., S. 135 ff.; *E. Zoller*, Les revirements de jurisprudence de la Cour supreme des Etats-Unis, ebd., S. 104 ff.

46）　BVerfGE 96, 260 (263); BVerfG K, DVBl. 2004, 1108 ff.; 新たな開かれた基本権の発見やフレキシブルなドグマーティクの形象によって将来に対して開かれていることについて．vgl. *Voskuhle* (Fn. 29), S. 919 ff.

法裁判官が憲法を世代を超えて時代の所与性と適合させることによって——フランスの国家論が定式化したように——「社会契約」を更新する[47].

　憲法の具体化や憲法変遷によって,「社会契約」がともに形成されるべきであるなら, 連邦憲法裁判所は, かなりの程度で, 政治領域と社会領域での受容に頼ることになる[48]. これについてはよい兆しがある. 連邦憲法裁判所は, 世論調査においてかなり高い受容を享受している. 連邦憲法裁判所は一種の社会(の) 裁判所であり, 裁判所の判決において社会のなかの希望や不安を拾い上げ, それを広く受け容れられるやり方で処理することができる[49]. 連邦憲法裁判所の判決は, 政治領域の態度決定と広範な事実の尊重に基づいている. まるで教科書に従ったように, 憲法の基準や準則が, 事例に応じて展開されている. 連邦憲法裁判所は, その判決と判決理由をメディアで発表することに尽力している. たとえば, 憲法裁判官はマスメディアにおいて専門家に対するのと同様に, 裁判所の判決の理解を得ようとしているのであり, このようなやり方でも憲法裁判所が受容されそして名声を得ることに貢献しているのである.

　このような背景のもとで憲法の規範力や基本法の受容を語ることはあまり的確ではないと思われる. より正確には, 制度的な俯瞰をえて連邦憲法裁判所の判決の規範力に焦点を当てることであろう. しかしまさに憲法裁判所は, 憲法という抽象的なものを国民にとって手に取ることができ理解することができるようにする制度的な伝動ベルトである. このようにみると基本法は, 憲法テクストとしてではなく連邦憲法裁判所による基本法の具体化において, 独自の規範力を発揮するのである.

---

47)　*Di Manno* (Fn. 45), S. 102.

48)　*Würtenberger* (Fn. 36), S. 239 ff.; *C. Schönberger*, Anmerkungen zu Karlsruhe, in: *Jestaedt* u.a., Das entgrenzte Gericht, 2011 S. 9, 54 f. 58 (「新しい社会的発展についてのある種のトレンドスカウト」としての連邦憲法裁判所). 〔マティアス・イェシュテット他 / 鈴木秀美他訳『越境する司法——ドイツ連邦憲法裁判所の光と影』(風行社, 2014 年) 3 頁以下参照〕.

49)　*Würtenberger* (Fn. 36), S. 240.

136 第Ⅱ部 憲法国家秩序の保証人としての憲法裁判

b）憲法改正立法者と連邦憲法裁判所の対話

　この社会契約との結びつきのほかにも，多く熟考されたのは，憲法裁判が広範に行われる憲法の継続的形成を通じて，結局，憲法改正立法者の機能を引き受けることを正統化するのは何かについてである[50]．なぜなら，たとえば新たな基本権の創造によって，変化する時勢に憲法テクストを適合させることは，もともと憲法改正立法者の任務のはずだからである．すべての裁判官法と同様に，憲法裁判所による継続形成の問題においても最終的な正統化の源泉となるのは，憲法改正立法者の側で，憲法の改正を通じて憲法裁判官法とそしてそれゆえ憲法変遷に立ち向かい，憲法改正立法者自身で「社会契約」の継続的発展のイニシアティブをとる可能性がある，ということである．

　ドイツ連邦共和国の歴史において，憲法改正立法者はさまざまな形で，連邦憲法裁判所の判例に，修正の意味においても影響を及ぼしてきた[51]．このことは，たとえ基本法 72 条 2 項の連邦法律による規律についての必要性条項を追加したことにあてはまる．1994 年の改正は，これまで認められてこなかった，必要性条項の遵守を連邦憲法裁判所によって審査させることを狙いとした[52]．連邦憲法裁判所が一連のセンセーショナルな判決のなかで，連邦の立法権限を削減した後[53]，2006 年の連邦制の改革が，基本法 72 条 2 項の適用領域を再び明確に限定した[54]．基本法 16a 条における庇護権や基本法 13 条 3 ～ 6 項の盗聴工作の新ルールも憲法改正立法者が連邦憲法裁判所の判例に応えたものであ

50）　Vgl. *Th. Würtenberger*, Zur Legitimität des Verfassungsrichterrechts, in: *B. Gegenberger/Th. Würtenberger* (Hrsg.), Hüter der Verfassung oder Lenker der Politik?, 1998, S. 57 ff. (SV. 160).

51）　EU 法のレベルでも，欧州司法裁判所による条約の限定的な解釈に応じた条約の改正がみられる．（1994 年 11 月 15 日の欧州司法裁判所による GATS（サービスの貿易に関する協定）鑑定意見 Slg.1-5399 ff. は，EGV 133 条の補充によって 2001 年，Nizza の条約に反映された．

52）　基本法 93 条 1 項 2a 号参照．

53）　これについての詳細は *Th. D. Würtenberger*, Art. 72 II GG - eine berechenbare Kompetenzausübungsregel？2005, S. 61 ff., 74 ff.

54）　BT-Drs. S. 16/813, S. 2.

る[55].

6. 小　括

以上，基本法の規範力と作用可能性に対する枠条件のアウトラインを示した．すなわち，開かれたそして指揮する憲法としての基本法は，社会と政治の領域におけるそして生活形式と価値観におけるすべての変遷について意味を付与し，そして基準を形成するものでなければならない．連邦憲法裁判所の判決にはこのような意味の付与と基準の形成が義務づけられる．基本法を具体化しそして基本法が変遷する際に，連邦憲法裁判所は社会契約を更新する．このような判決が広汎に受け容れられることが，基本法がその継続的発展によって社会を最も深いところにおいて一つに結びつけるともに維持するための基準である．

Ⅳ. 憲法の規範力の限界について

憲法裁判の圧倒的な優越性によって次のことが導かれるだろう．すなわち，憲法の規範力は，憲法裁判による憲法発展を通じて，民主主義原理の「有力な敵対者」になるのである．一般的には法秩序の憲法化に際して，また最近ではその安全憲法に関する憲法判例[56]において，民主的に正統化された立法者の政治的形成にたいする特権が連邦憲法裁判所の憲法発展によってあまりにも強く制約されるという非難が連邦憲法裁判所に対して向けられている．立法者の最終的決定権が権限踰越として責められることはほとんどありえないが[57]その最

---

55)　*J. Isensee*, Vom Stil der Verfassung, S. 75; *M. Jestaedt*, Phänomen Verfassungsgericht, S. 91〔イェシュテット他 / 鈴木他訳注（48）76 頁参照〕．憲法改正立法者が連邦憲法裁判所の判決を是正する場合には連邦憲法裁判所の権威が失われることに関する連邦憲法裁判所の批判について．

56)　これについて *Th. Würtenberger*, Entwicklungslinien des Sicherheitsverfassungsrechts, in: *M. Ruffert* (Hrsg.), Festschrift für Meinhard Schroder, 2012, S. 285 ff. (SV. 284).

57)　これについて *F. C. Mayer*, Kompetenzüberschreitung und Letztentscheidungskom-

138　第Ⅱ部　憲法国家秩序の保証人としての憲法裁判

終決定権限は，次のようなアンビバレンスにいたる．すなわち，だれにも受け容れられる憲法裁判の判例によってのみ，憲法は規範力を獲得する．これとは逆に，結果的に過度に指揮をする憲法の規範力は，憲法が前提とする憲法の拘束と民主的な政治的形成との間の座標軸を問題のあるやり方でずらしてしまう可能性がある．したがって，憲法判例は常にまた実質的な憲法上の準則と機能的な権限分配でバランスをとる一種の綱渡りである．憲法は是が非でも内容的に「正しい」結論を望んでいるわけではない．むしろ実践的調和のために実質的な是正の必要性と機能的権限分配への介入がもたらされるべきである．

　憲法の規範力は国際化した立憲主義によって[58]，どの程度新たな政治的・法的緊張状態に達するのかというまったく別の問題がある．憲法の国際化とグローバル化によって[59]，国内憲法の規範力はますます境界を狭める．特に，ヨーロッパ人権裁判所の基本権判例は，ますます連邦憲法裁判所による基本権発展の上に重なってくる．類似のことは，EU の領域についても妥当する．現在成立したデータ保護命令はデータ保護の領域において連邦憲法裁判所の権限を排除し，それによって国勢調査判決以来樹立された憲法裁判所による私的領域の保護とデータ保護のシステムを実際上無効とする潜在的な力をもつのである[60]．憲法の規範力は将来，もはや国内の主権や，主権によって作られた憲法裁判に還元できない憲法上の準則も考慮して規定されなければならない．

　ヨーロッパ化され国際化された憲法への意思は，その受容可能性と同様，自

---

　　petenz, 2000.

58)　Vgl. *C. Grewe/M. Riegner*, International Constitutionalism in Ethnical Divided Societies, in: *A. von Bogdandy/R. Wolfrum* (Hrsg.), Max Planck Yearbook of United Nations, Vol. 15, 2011, S. 1 ff.

59)　このような発展について *Th. Würtenberger*, Verfassungsänderungen und Verfassungswandel des Grundgesetzes, in: Verfassungsänderungen. Beiheft 20 zu Der Staat, 2012, S. 287, 299 ff. (SV. 281)（EU 法上の準則による，国際法適合解釈によるそして全ヨーロッパ憲法による基本法の憲法変遷について）．

60)　*J. Masing*, Ein Abschied von den Grundrechten. Die Europäische Kommission plant per Verordnung eine ausnehmend problematische Neuordnung des Datenschutzes, Süddeutsche Zeitung vom 9.1.2012, S. 10; *Schönberger* (Fn. 48), S. 60.

明なものではない．ここに「ヨーロッパの憲法裁判所連合」[61]のようなヨーロッパの統合プロセスが新たな課題に直面するのである．

---

61)　*A. Voßkuhle*, Der europäische Verfassungsgerichtsverbund, NVwZ 2010, 1 ff.

解　題

　本稿は，その冒頭の記述からも推測されるように，ベルリン・フンボルト大学の *Kloepfer* 教授の 70 歳祝賀記念論文集（Festschrift für Michael Kloepfer, 2013, S. 277-293）に掲載されたものである．本稿の基になったのが，2012 年 3 月に来日した際の講演（*Thomas Würtenberger* ／高橋雅人訳「憲法の規範力」ドイツ憲法判例研究会（古野豊秋・三宅雄彦編集代表）『講座 憲法の規範力　第 2 巻 憲法の規範力と憲法裁判』（信山社，2013 年）226 頁以下）である．

　本稿では，憲法の規範力それ自体というよりも，その条件について検討されている．すなわち，「憲法の規範力」は，その意味内容を多様に変化させ，また，その意味内容の変化に応じてさまざまな概念と結びついている．したがって，規範力を展開する条件もさまざまに考えられるが，本稿ではその基本的な条件として憲法裁判とコンセンサスの形成が挙げられている．

　憲法の規範力にとって憲法裁判は大きく二つの意味がある．一つは，政治過程が憲法の規範的な枠組みから逸脱することのないように憲法裁判が監視するという意味である．ここでは憲法裁判の統制に服さないことによって，政治過程が憲法の価値や内容から離れ，その結果，憲法が規範力を失うことが考えられる．

　もう一つはより広く，憲法の規範力にとって憲法を最適な形で現実化すること（憲法価値の実現）が不可欠で，憲法裁判がその重要な任務を担っていることを意味する．憲法の現実化（憲法価値の実現）にとって憲法解釈はその手段であり，憲法解釈を担う憲法裁判が重要であると考えられるのである．

　しかし，他方，憲法価値の実現の主たる場は議会・政府という政治過程であって（憲法）裁判ではない．したがって，憲法裁判の目的が憲法価値の実現であり，これにより憲法秩序が形成されていくとしても，憲法裁判が政治部門との相互作用のもとに憲法秩序を形成していくことが重要である．そこで，憲法の規範力における政治部門（憲法改正立法者）と裁判部門の適切な役割分担が問題となる．

また，憲法裁判は憲法の規範力のもう一つの基本的な条件である憲法コンセンサスの形成とも密接な関係にある．憲法裁判の規範力は，憲法裁判（判決）に対する国民のコンセンサスに依拠し，憲法裁判（判決）に対する国民のコンセンサスは，憲法裁判で基準となる憲法に対する国民のコンセンサスに依拠するからである．すなわち，憲法裁判が国民によって受容されることと憲法自身が国民によって受容されることは密接に関連する．

第 Ⅲ 部

自由な政治秩序の条件としての
国家行為の受容

Akzeptanz staatlichen Handelns als Bedingung
freiheitlicher politischer Ordnung

第6章

行政手続と調停手続における
受容マネジメント

Akzeptanzmanagement in Verwaltungs- und Mediationsverfahren

訳・解題　高橋雅人

「行政手続と調停手続における受容マネジメント」

小目次

序

Ⅰ．受容の概念と機能について

Ⅱ．行政文化におけるパラダイム転換としての受容マネジメント強制

Ⅲ．対立仲裁人による調停——受容マネジメントの礎

Ⅳ．官庁の手続と調停手続における受容マネジメントの戦略
　　1．行政手続の新方向について
　　2．受容マネジメントによる対立仲裁の諸原理
　　3．並行鑑定を含む計画手続および許可手続

Ⅴ．受容マネジメントの成果を変換するための結語

解　題

序

　20世紀の70年代から，「行政」制度の領域で変動が生じ，行政手続法に結実した．市民と距離をおいて決定する伝統的な行政の姿は変わった．この変動のキーワードは，たとえば，協働国家における行政の新しい役割（協働の行政手続），市民のためのサービス提供としての行政，ニュー・パブリック・マネジメント，または参加を迫る公共性への行政の開放性である．最後に挙げた領域では，行政決定の受容という目標設定が，どの程度，行政手続の中で追求されうるのか，あるいは追求されなければならないのか，ということが問題となる．

　ここに，最初の2節を費やす：民主主義原理から，行政手続の主たる目的の1つとしての受容が導かれる．そのような行政の受容マネジメントというのは，調停手続のなかで，事前または並行して，官庁行為の判断余地が測定されうる場合に，しばしばうまくいくだけである．この種の調停手続が，すなわち行政手続法の部分的民間化（Privatisierung）が，行政手続にどのようにはめ込まれるのかは，第3節の対象となる．第4節は，行政手続と調停手続における受容マネジメントの戦略に費やす．

I．受容の概念と機能について

　受容と法の妥当性は密接に結びつく．国家の支配は，長いこと，「自発的服従」によって担われた場合にのみ永続すると考えられてきた．法律と法は，長期的観点からすると，それらが規範の多数の名宛人の受容を確信する場合にのみ妥当性を手に入れ，持ち続けることになる[1]．このことは少なくとも，通常時の

---

1)　法の妥当性の前提としての受容については：*R. Zippelius*, Allgemeine Staatslehre, 16. Aufl. 2010, § 3 II 2, § 9 I 2; 法律の受容については：*Th. Würtenberger*, in: Soziale Integration, Sonderheft 39 der Kölner Zeitschrift für Soziologie und Sozialpsycholo-

148　第Ⅲ部　自由な政治秩序の条件としての国家行為の受容

警察国家的な監視や法秩序の警察国家的な徹底を断念する民主的法治国家にお
いて言える．受容は民主的法治国家の法心理学的な前提条件である．

　民主的法治国家がその規範的限界に達するのは，巨大プロジェクトにおいて
その受容が配慮されないときである．このことは，シュトゥットガルト21の
事案[2]で明らかになった．シュトゥットガルト中央駅の新設計画，それは数
十億ユーロのコストがかかるプロジェクトであったが，その計画の適法性が，
あらゆる行政官庁と裁判所によって確認されていた．もっとも，これに付随す
る受容マネジメントは，調停手続ですら行われなかった．そこで，建設着手の
際に，暴力的なまでの烈しい市民抵抗をもたらし，それに警察の投入が行われ
ることとなった．デモ参加者と警察官吏は，一部，重傷を負った．シュトゥッ
トガルト21のプロジェクトそのものが，大量の警察による保護の下でも実現
できないことが明らかになったとき，仲介手続（Schlichtungverfahren）で和解
が行われた．その法的な許容性は疑わしいものだった．仲介を経ると，適法と
なった計画決定を問題にすることができなくなるからである．この手続は，計
画の基礎となっている，議論中の予測と仮定が部分的に修正されることで，一
定の和平に辿り着いた．実際，計画の若干の変更がもたらされた．もっとも，
この交渉による妥協では，シュトゥットガルトの「中流階級の急進派」を満足
させることはできなかった．政府内部のシュトゥットガルト21に関する争い
もあって，バーデン・ヴュルテンベルク州政府はラント全体で住民投票を行う
ことにした．住民投票の肯定的な結果によって，シュトゥットガルト中央駅新
設の計画は，直接，民主的に正統化された．

　この事象による教訓は，はっきりしている：ドイツでは，そして，たとえば

---

gie, 1999, S. 380 ff. (SV. 181).

2)　*T. Groß*, Stuttgart 21: Folgerungen für Demokratie und Verwaltungsverfahren, in:
DÖV 2011, S. 510 ff.; *R. Wulfhorst*, Konsequenzen aus Stuttgart 21: Vorschläge zur Ver-
besserung der Bürgerbeteiligung, in: DÖV 2011, S. 581 ff.; *M. Böhm*, Bürgerbeteiligung
nach Stuttgart 21: Änderungsbedarf und –perspektiven, in: NuR 2011, S. 614 ff.; *B.
Stüer/D. Buchsteiner*, Stuttgart 21: eine Lehre für die Planfeststellung?, in: UPR 2011, S.
335 ff.; *C. Franzius*, Stuttgart 21: eine Epochenwende?, in: GewArch 2012, S. 225 ff.

フランスのような他の国々でも，民主的法治国家の諸原理に一致していても，烈しい，暴力をも厭わぬ市民抵抗に対して，同様に警察を投入してもなお，貫徹できない決定が繰り返し行われている．この他にも，かつて，受容に至らない行政決定が，長期的な裁判手続をもたらし，著しい社会的コストを伴って行われてきた．

ここから，市民参加と受容の招来は，政治改革の流行のテーマとなっている．2012年に連邦交通建設都市開発省は，広範囲にわたる『よき市民参加ハンドブック（Handbuch für eine gute Bürgerbeteiligung）』を出版した[3]．バーデン・ヴュルテンベルク州首相府は，2013年11月に『新計画文化の手引書（Leitfaden für eine neue Planungskultur）[4]』を，2014年1月には『計画手続及び許可手続における公衆参加の強化のための行政規則[5]』を公布した．このハンドブックも手引書も，市民参加と受容マネジメントの提唱を，20年以上前のものをさらに前進させた[6]．これは歓迎すべきことである．にもかかわらず，連邦とラントによって展開された諸提案は，部分的には不十分だった．それらは参加民主主義の基礎を稀釈化するものだったからである．このことについてはまた立ち戻ることにしよう．

受容の問題を問うことは，すなわち市民の観点を選びとることであり[7]，市民の目という「下から」行政決定を見るということである．受容は衡量，査定，評価の個人の心理的な過程に基づいている．心理学的に考察すると，受容問題

3）　インターネットでダウンロードできる．（2016年9月21日最終閲覧）
4）　バーデン・ヴュルテンベルク州首相府のインターネットサイトでダウンロードできる．（2016年9月21日最終閲覧）
5）　GABl. BW 2014, S. 22.
6）　これについては *Th. Würtenberger*, Entwurf einer Empfehlung zur Verbesserung der Akzeptanz von Verwaltungsentscheidungen, in: Verwaltungsreform in Baden-Württemberg, Anlagenband zum Ersten Bericht der Regierungskommission Verwaltungsreform, hrsg. vom Staatsministerium Baden-Württemberg, 1993, Anlage 8, S. 1 ff. (SV. 114).
7）　*Th. Würtenberger*, Die Akzeptanz von Verwaltungsentscheidungen, 1996, S. 61 ff. (SV. 4).

は，個人の，政治的な，または倫理的な目的イメージと，すなわち，コミュニケーションの準備と寛容の素質と密接に結びつく．

　行政決定は，市民の目には，（法的，事項的，経済的，生態学的に）正しいものか，是認できるものか，不適切なものか，（なお）承認する価値があるものか，あるいは誤っていて甘受できないものと映ることになる．受容は，行政決定の評価の幅を，正しいものからなお承認の価値あるものまで含む．これによって受容は [8]，同意の分野や行政決定と同一視される分野でさえも，しかも不同意の分野をも含む．行政決定というのは，たしかに「正しい」ものでなくとも，（なお）承認する価値があって（なお）是認できる規律とみなされる場合には，すでに受容を見つけている．さもなければ，原則的に，人は他の決定に賛同する投票を行っているだろう．

　したがって，行政決定の受容の問題は，法的な「正しさ」や「是認可能性」の問題とは区別されなければならない．行政決定の受容の問題は，狭い意味での教義上の問題ではなく，行政任務の「承認された」処理による公行政の正統化の問題である [9]．

II．行政文化におけるパラダイム転換としての 受容マネジメント強制

　議会制民主主義の法治国家的な行政文化はよく知られている．行政は，専門知識をもち，社会的権力から中立的な距離をとって，議会で可決された法律を執行する．行政の活動は，法律執行によって民主的に正統化され，法治国家に

---

8)　詳しくは *J. W. Pichler/K. J. Giese*, Rechtsakzeptanz, 1993, S. 46; *D. Lucke*, Akzeptanz: Legitimität in der „Abstimmungsgesellschaft", 1995, S. 50 ff.; *D. Czybulka*, Akzeptanz als staatsrechtliche Kategorie, in: Die Verwaltung 1993, S. 27 ff.

9)　ここではこれ以上立ち入らない受容（Akzeptanz）と受容可能性（Akzeptabilität）の区別について vgl. *R. Pitschas*, Maßstäbe des Verwaltungshandelns, in: *W. Hoffmann-Riem/E. Schmidt-Aßmann/A. Voßkuhle* (Hrsg.), Grundlagen des Verwaltungsrechts, Bd. II, 2. Aufl. 2012, § 42 Rn. 212 ff.

よって限定される．市民が，行政手続において聴聞権や参加権をもつのであれば，そのことが，決定の根拠を改善することと，それによる行政決定の最適化に役立つ．

20世紀の70年代以来，参加型民主主義や応答的民主主義への変容によって，しだいに行政文化での変容が生じた．受容問題の議論には，行政手続法における根本的なパラダイム転換が表れている．代表制民主主義を参加によって補完するようになってからというもの[10]，もはや国家と国家行政だけが公共善に責を負うわけではない．今や，多くの決定関係人ならびに地方および地域の公衆が，行政手続に取り入れられることを要求しているからである．

参加型行政手続法へのこのパラダイム転換は，たんに政治的賢慮に負っているだけでなく，民主主義原理によって要請されている．大半の学者に今なお共有される古い一元的民主主義理解によれば，民主的正統化はただ国民のみによって得られるのであり，それは代表制によって伝えられる．民主主義原理をこのように限定する主唱者たちは，基本法における代表制民主主義の内容を非常に強調し，参加型民主主義の危険を示唆する[11]．この民主主義理解は，外国[12]とEUにおける民主主義原理の発展から隔絶する．しかし，EU諸機関が「代

---

10)　*Th. Würtenberger*, Zeitgeist und Recht, 2. Aufl. 1991, S. 110 ff. (SV. 3). 参加による政治的形成への増大する意思と，距離をとった代表制民主主義から同意による代表制民主主義への変容について．

11)　*E.-W. Böckenförde*, Demokratische Willensbildung und der Repräsentation, in: *J. Isensee/P. Kirchhof* (Hrsg.), Handbuch des Staatsrechts der Bundesrepublik Deutschland, Bd. III, 3. Aufl. 2005, § 34 Rn. 7 は，活動する政治的少数派による利益の一面的な主張について；*M. Schulte*, Schlichtes Verwaltungshandeln, 1995, S. 169 ff.; *M. Kaltenborn*, Streitvermeidung und Streitbeilegung im Verwaltungsrecht. Verfassungsrechtlicher Rahmen und verfahrensrechtliche Ausgestaltung der außergerichtlichen Konfliktschlichtung im Verhältnis zwischen Verwaltung und Privaten, 2007, S. 130 ff.; *H.-G. Dederer*, Korporative Staatsgewalt, 2004, S. 200 ff.: は外見的正統化としての関係人の正統化について．

12)　フランスについては vgl. etwa *G. J. Guglielmi/J. Martin* (Hrsg.), La Démocratie de proximité, 2013; *P. Rosanvallon*, La Légitimité démocratique: impartialité, reflexivité, proximité, 2008; *M.-H. Bacqué/H. Rey/Y. Sintomer*, Gestion de proximité et démocratie participative, 2005.

152 第Ⅲ部 自由な政治秩序の条件としての国家行為の受容

表による団体および市民社会をもつ開放,透明,法令順守の対話[13]」へと開いた.
さらに市民に「適切な方法で EU の行為の全領域における自己の見解を公開し,
意見交換する可能性[14]」を与えた.この市民社会への組み込みは,たしかにヨ
ーロッパレベルだけに関わるが,同様に,民主主義の現代的理解に参加の形式
を組み込むきっかけとなった.

民主的正統化を下から招来する手続は[15],個人的に関係するか,少なくとも
地方と地域の生活領域で関係する行政決定の作業に市民を加える.上からの代
表制民主主義を補完するように,下からの市民参加に合わせた民主主義が登場
する.したがって,基本法によって構成された代表制民主主義は,参加型民主
主義と応答的民主主義という2つの柱によって補完される[16].民主主義原理を
目指す法秩序は,地方と地域の範囲でも,まさに応答的民主主義の意味で,住
民の政治的願望や価値イメージと結びつけられなければならない.行政が法秩
序を具体化するための判断余地を持つかぎりで,政治的行政は,受容される方
法で紛争を解決するために,住民の政治的願望に対応しなければならない.

上で挙げた『よき市民参加ハンドブック』も『新計画文化の手引書[17]』も参
加型民主主義の原理と応答的民主主義の原理を各提案の出発点としている.実
際,それらは,「恒常的な対話を通じたコミュニケーション的政治仲介」すな

---

13) Art. 11 Abs. 2 EUV.

14) Art. 11 Abs. 1 EUV.

15) *R. Zippelius/Th. Würtenberger*, Deutsches Staatsrecht, 32. Aufl. 2008, § 10 Rn. 6
(SV. 12)（応答的民主主義について）, Rn. 20（参加型民主主義について）; *U. Schliesky*,
Souveränität und Legitimität von Herrschaftsgewalt, 2004, S. 173 ff.（代表制の要請と
しての受容）, 603 ff.; *Pitschas* (Fn. 9), § 42 Rn. 211 f.

16) これについては *Böckenförde* (Fn. 11), § 34 Rn. 33 は代表制民主主義における「応
答性」について,この「応答性」が,ここで展開しているように,行政の政治の
主たる目的になりうるという. Vgl. weiter *H. Eulau/P. D. Karps*, The Puzzle of Re-
presentation: Specifying Components of Reponsiveness, in: Legislative Studies Quar-
terly 2 (1979), S. 233 ff.; *Uppendahl*, Repräsentation und Responsivität, in: Zeitschrift
für Parlamentsfragen 1981, S. 123 ff.; *Würtenberger* (Fn. 10), S. 200 ff.

17) ここでは, S. 3 f. でたんに新しい民主主義理解を指摘しているが,それは根拠づ
けられてもいないし,詳しく考察が行われるわけでもない.

わち，行政，申請人，関係人そして利害ある公衆とのコミュニケーションと協働[18]を得ようと努めている．これにより，受容に至る決定が行われるとき，民主主義の自己形成か共同形成となる．これは，プロセス的で同意に基づいた法理解や手続理解につながる．すなわち，行政は「自律的」に行う決定ではなく[19]，合意の上で紛争解決に至る決定過程を組織しなければならない．

　行政手続に市民を統合する際，公共善に対する国家と行政の責任という国家主義的な手がかりは，計画決定と許可決定の社会との共同形成という多元的・民主的な手がかりと合わせなければならない．このことが要求されるのは，行政が，計画法や裁量の分野のように，行政決定を目的によって制御する分野にある場合や，また，政治的形成（いわゆる行政の政治）やそのときの「市民の抵抗」の「処理」に携わるような場合である．

　行政手続の文化の変化が見られるのは，行政が独自の大々的な実態調査に従って公共善の実現を決定するのではなく，むしろ，立場の争いや個別的利益と公益の争いといった実態調査を行う場合に生ずる．最終的に，このパラダイム転換において[20]，アングロサクソンの行政文化の諸要素が行政実務にもたらされたことが示される．

Ⅲ．対立仲裁人による調停——受容マネジメントの礎

　行政決定の受容は，たんに行政手続の目標というだけでなく，調停手続の目標でもある．前世紀の90年代以来，行政手続の民間化の可能性が議論されている[21]．紛争解決と，それに伴う受容マネジメントは，行政の外部に設置され

---

18)　*A. Benz*, Kooperative Verwaltung, 1994, S. 307 ff.

19)　行政手続の新傾向については：*Th. Würtenberger*, Rechtliche Optimierungsgebote oder Rahmensetzungen für das Verwaltungshandeln?, VVDStRL 58 (1999), S. 139, 166 ff. (SV. 171).

20)　これについては *Würtenberger* (Fn. 7), S. 24 ff.

21)　手続の私化については：*I. Appel*, Privatverfahren, in: *W. Hoffmann-Riem/E. Schmidt-Aßmann/A. Vosskuhle* (Hrsg.), Grundlagen des Verwaltungsrechts, Bd. II, 2.

る調停人に委譲されなければならないのか，その委譲は許容されるのか．あるいは，紛争解決は，かつてのように，行政によってのみ行われるべきなのか．そうこうするうちに，ドイツの法秩序は，その行政手続法もまた，調停手続[22]のために門戸を開放した．2012年に発効した調停促進法[23]の第1条は，調停人を「決定権のない独立した中立的な人」と定義した．調停（Mediation）について，この法律は，「当事者において，単独または複数の調停人を使って任意かつ自己責任で紛争の合意した仲裁（Beilegung）を得ようと務める，機密[24]の構造化された手続」と理解している．調停人は紛争当事者の信頼を受け，対立する利益間に公正な妥協をもたらす任務をもつ独立した人物である．調停人には決定権は与えられていない[25]．行政は，法律の留保に従って自己責任で必要な行政手続を行った後，法律の基準に応じた決定を行う任務をもつからだ[26]．

Aufl. 2012, § 32, Rn. 1 ff., 102 ff. は調停について．

22)　調停に結びつくあらゆる問題の傑出した叙述がグラーツの教授資格請求論文 *S. Ferz*, Mediation im öffentlichen Bereich. Eine rechtstatsächliche und rechtsdogmatische Studie für Österreich und Deutschland, 2013 に見られる；vgl. ほかには *J. H. Seok/J. Ziekow* (Hrsg.), Mediation als Methode und Instrument der Konfliktmittlung im öffentlichen Sektor, 2010; *H. Pünder*, Mediation in Verwaltungsverfahren, in: *H.-U. Erichsen/D. Ehlers* (Hrsg.), Allgemeines Verwaltungsrecht, 13. Aufl. 2006, § 15 jew. mit weit. Nachw.

23)　Vom 21. 7. 2012, BGBl. I, S. 1577; 成立過程については vgl. *J. M. von Bargen*, in: *U. Gläßer/K. Schroeter* (Hrsg.), Gerichtliche Mediation, 2011, S. 29 f.; この法律については *ders.*, Mediation im Verwaltungsverfahren nach Inkrafttreten des Mediationsförderungsgesetzes, in: ZUR 2012, S. 468 ff.

24)　通常，調停手続ではこの機密性が保持されなければならない．事前ないし同時に行政手続が行われる調停手続の場合，この機密性の原理が無制限に妥当しうるわけではない．というのも，市民による地方または地域的な抵抗が行われ，和解へと持ち込まなければならない調停手続では，透明性の理由から，ある情報が公衆に許容されなければならない．

25)　個別の手続態様に応じて分類される：*B. Holznagel/M. Ramsauer*, Mediation im Verwaltungsrecht, in: *F. Haft/K. Gräfin von Schlieffen* (Hrsg.), Handbuch Mediation, 2002, S. 1124 ff.

26)　*V. Wagner/M. Engelhardt*, Mediation im Umwelt- und Planungsrecht als Alternative zur behördlichen oder gerichtlichen Streitentscheidung, in: NVwZ 2001, S. 370 f.

第6章　行政手続と調停手続における受容マネジメント　155

決定の際は，調停手続の結果によって官庁が排除されないように，調停手続は，行政手続，たとえば計画策定手続から明確に区別されなければならない[27]．

調停人によって関係人の間にもたらされた妥協を，法的拘束力ある決定に変換するのは，原則的に，相変わらず決定権をもつ官庁の任務である[28]．実際，成果の得られた調停手続の結果を無視することは，所管官庁には難しい．もっとも，これは調停手続の趣旨への関係人の信頼を掘り崩すことになるだろう[29]．さらに，官庁が調停手続の結果を十分に考慮しない場合は，官庁はその決定への市民の抵抗を避けられないだろう．したがって，たとえば計画の前段階を託された調停人は，行政手続の対象となり，関係人と合意の上で，行政の変更した妥協案を提案することになる[30]．

調停については，ドイツの一般行政手続法にまだ規定がないが，それでも調停を行うことのできる一連の個別規定はある．若干のものだけを挙げよう[31]

（1）行政手続法第25条第3項によると，早期の市民参加や公衆参加は，調停の可能性を開くことについて，計画の担当者に委ねている．これについてはまた立ち戻ることにする．

（2）行政手続法第71e条[訳注]によると，対立仲裁（Konfliktmittlung）と調停

---

27)　BVerwGE 139, 150.

28)　ここについては *Würtenberger* (Fn. 7), S. 136 ff.

29)　*J. M. von Bargen*, in: ZUR 2012, S. 469, 472 は，フランクフルト空港のさらなる拡張に関する調停に言及するが，そこでは調停で一致した厳格な夜間飛行の禁止が官庁の決定に組み込まれなかった．

30)　Vgl. den Praxisbericht bei *H. Bruns/A. Schoberth*, Konflikte bei Großvorhaben – Reformansätze für die Verwaltung unter besonderer Berücksichtigung des Mediationskonzepts, Arbeitspapier der Deutschen Hochschule für Verwaltungswissenschaften Speyer, Projektarbeitsgemeinschaft A 501 vom 30. 1. 2003, S. 29 ff.; フランクフルト空港の拡張計画の際の調停について：*C. von Knebel*, in: ZUR 2011, S. 351；ベルリンのラントヴェーア運河の新設の際の調停について：www.landwehrkanal-berlin.de；方法上の評価を含むオーストリアの事例研究については vgl. Ferz (Fn. 20), S. 61 ff.

31)　調停可能性に目を向けて，批判的に議論されたこの他の規定については：*Ferz* (Fn. 22), S. 371 ff. (許可手続における促進手段としての調停)，375 ff. (イミシオン保護法における調停)，391 ff. (環境影響評価法における調停)，397 ff. (建設指導計画における調停 (Bauleitplanung))．

156 第Ⅲ部 自由な政治秩序の条件としての国家行為の受容

が利用される場合に申請会議を開催できる[32].

（3）行政手続法第 10 条第 2 文で規定された手続効率性の原則によると，手続を主導する官庁は，合意による紛争仲介（Schlichtung）の手続を提案することができる[33].

行政手続における受容マネジメントと調停手続における平和的な合意は，対立を仲介するための同等の戦略となっている．すべての行政手続が調停に適しているわけでもないし，すべての調停が行政手続のなかで，あるいはその際に，合意した解決に至るわけでもない．この領域では，たんに合意を目指すだけでなく，行政決定の甘受も目指す受容マネジメントが要請される．その限りで，行政の受容マネジメントは，調停手続の目標設定ほど要求は多くない．

中間結果として次のことが確認される．行政手続前または並行して行われる調停によって，平和的な合意と，その合意を行政決定の受容に変換する重要な一歩が踏み出される[34].行政の計画の判断余地，形成の判断余地，裁量の判断余地ゆえに，受容マネジメントが許されるようなところではいつも，調停の可能性が補助的に開かれている[35].

Ⅳ．官庁の手続と調停手続における受容マネジメントの戦略

1．行政手続の新方向について

計画手続と許可手続で利益衡量の留保をもつ行政は，法的に少なからぬ形成

---

32) *H. J. Bonk*, in: *P. Stelkens/H. J. Bonk/M. Sachs*, Verwaltungsverfahrensgesetz, 7. Aufl. 2008, § 71e VwVfG Rn. 3 f.

33) *J. M. von Bargen*, in: ZUR 2012, S. 468, 471.

34) 行政決定の受容に資する調停手続の目的について：*Appel* (Fn. 21), § 32 Rn. 103, 107.

35) その点で，バーデン・ヴュルテンベルク州首相府の『新計画文化の手引き』と連邦交通建設都市開発省の『よき市民参加ハンドブック』は不十分である．市民参加が調停手続で行われ，そこで行政決定の受容がもたらされうるということが，この行政のための 2 つの手引書では見過ごされている．

第6章　行政手続と調停手続における受容マネジメント　157

裁量をもつ[36]．法律執行が減って，多様な法的目標設定を顧慮した多極的な対立状況が法を形成するようにして解決されるようになればなるほど，受容マネジメントは一層相応しいものとなる．行政手続の，市民を統合する機能と，対立を解消する機能とが衝突する．つまり，法秩序が行政に明確な決定基準をあらかじめ与えないかぎり，参加型民主主義と応答的民主主義は，市民と公衆を行政の政治的な形成に組み込むよう求めることになる．このとき，受容は行政手続の主要な目標となる．このことは行政手続にとって，2通りの結果になる．

　行政手続には，利益対立はまず，官庁からも，申請者と手続参加の市民からも持ち込まれる（いわゆる行政手続の対立の開放性）[37]．次に，対立利益間の，受容に至る利益衡量が探られる．求められるのは，手続適正を保障する手続である．行政は，具体的な法的協議と実体に関する協議ができるようにしておかねばならず，外的な技術的ないし自然科学的な実体を手続に組み込まねばならず，手続の関係人である専門家の議論を管理しなければならず，不適切な圧迫に対処しなければならず，そして討論の期日に，開かれた議論の機会を与えなければならない[38]．これらすべてのことは，手続マネジメントを前提としており，それは，法的な形成の判断余地の範囲で受容可能な決定を目指すものである．

　これらすべてが達成されるかどうかは，官庁の手続設定に大きく左右される．プロジェクトの主宰者もしくは手続の主宰者または調停人に求められるのは，法的基準以上に，関与人から客観性を信頼され，透明で後づけ可能な決定を見つけようとすることである．

---

36)　とくに環境法におけるこの形成裁量の増大について：*Th. Würtenberger*, in: VVD-StRL 58 (1999), S. 139, 160 ff.

37)　行政手続における市民参加の作用について：*I. Appel*, Frühe Bürgerbeteiligung und Vorhabenakzeptanz, in: Verfassungsstaatlichkeit im Wandel. Festschrift für Thomas Würtenberger, 2013, S. 341, 343 ff.

38)　これについて詳細には *Würtenberger* (Fn. 7), S. 124 ff.

158 第Ⅲ部 自由な政治秩序の条件としての国家行為の受容

2. 受容マネジメントによる対立仲裁の諸原理

a）早朝の公衆参加と市民参加

ドイツでは，学説で 20 年以上も前から説き勧められていた早期の公衆参加と市民参加が，行政手続法にたどり着くまでに長い時間を要した[39]．シュトゥットガルト 21 プロジェクトをめぐって，一部で非常に烈しく議論されてからようやく，新たに改正された行政手続法 25 条 3 項 2 文および 3 文で，行政は，計画担当者に早期の市民参加をさせるよう義務づけられた．そこでは，「大多数の第三者の利益に，わずかでも影響を与える計画担当者は，早期に，計画の目的，それを実現する手段，および計画の予想される影響を関係する公衆に伝える」ことが求められた．この早期の公衆参加は，申請前に可能なかぎり行われなければならない．関係する公衆は，意見表明と討論の機会が与えられなければならない．これらすべてがどのように具体的に行われるべきかは，法律では規律されない．

この非常に中途半端な法律の規律に反して，行政の任務はまだ，早期の公衆参加を行う途上にある．行政には，行政手続の主宰者として，申請者と共に，計画が与える影響という観点を公衆に伝える義務がある．行政手続法 25 条 3 項に従って，計画担当者が早期の公衆参加と市民参加を依頼することは，あまり実体に即していないと思われる[40]．バランスのとれた公衆の情報は，まさに行政からしか期待できない．行政は，情報手続の主宰者として，積極的な情報政策を通じて行動しなければならない．実際，利害関係のある側からの一面的で，偏って情報化された公衆の意見は避けられねばならない．なぜなら，そのような意見は，行政の側と「反対の情報」を経由することで，非常に修正しづらいものになるからである．

公衆の早期で包括的な情報は[41]，行政決定の受容に影響を与える．公衆の情

39）　たとえば *Würtenberger* (Fn. 7), S. 82 ff.

40）　*Appel* (Fn. 37), S. 352.

41）　公衆参加が不十分である理由を挙げると，*Appel* (Fn. 37), S. 347 ff. の場合 ―早期

報によって，決定発見における透明性が創出され，市民の知の欠損と理解の欠損が減少させられる[42]．そのかぎりで，判断の補助が行われるのであり，それによって市民が情報を評価し，行政決定をあとづけることができる[43]．計画に関して，客観的，開放的な情報だけは，そして緊急の場合はネガティブな情報でさえ信憑性が高まり，公衆とのコミュニケーションが用意されて公行政を信頼するに至る．行政決定の長所と短所は，バズワードのような言葉で概観できる．複雑な行政決定でさえ，社会的証明（ソーシャルプルーフ）や世間のもっともらしさという理解できそうな言葉を与えることができる．このことは，たとえば費用便益分析，比較可能なリスク評価または比較可能な立場の評価が世間に知られていることからもわかる．実際に数多くの事例が示すように，最低基準からの逸脱，補償の提供，またはコントロールの確約も，受容に至りうる．

　早期の公衆参加と市民参加は，行政に，利益対立の意味を伝える手助けをする．このようにして，手続の進んだ段階では，場合によっては時間と費用のかかるような新たな計画やその他の計画が回避されうる．このことは，たとえば，計画を選択できる時点や，観察時点（Scoping-Termin）[44]，あるいは申請会議の前などに可能となる[45]．

　の包括的な市民参加と公衆参加の形成にとって非常に貴重な指摘が『新計画文化の手引き』(Fn. 4), S. 14 ff. と『よき市民参加ハンドブック』(Fn. 3), S. 14 ff. に見られる．

42)　以下 *Würtenberger* (Fn. 7), S. 89 ff.

43)　このことは，提議に関する積極的決定を支持する理由を伝えるだけではなく，提議と対立しそれに対応する疑義や反論についても伝えることができる．一方的な情報は，信頼の空気を作らない．

44)　公衆参加と市民参加のための観察時点の公開について：*Würtenberger* (Fn. 7), S. 116 f. – Das „Handbuch für eine gute Bürgerbeteiligung" (Fn. 3, S. 60) が提案するのは，計画担当者によって，観察を補助する市民が主導されるということである（これについては詳しくは *Ferz* (Fn. 22), S. 391 ff.）．

45)　*V. Wagner/M. Engelhardt*, in: NVwZ 2001, S. 370, 372.

160　第Ⅲ部　自由な政治秩序の条件としての国家行為の受容

b）（潜在的）反対者と利害ある第三者の早期の行政手続参加

　反対者とその他の利害関係者が，本質的な問題の事前決定される行政手続に，ある時点になってはじめて参加させられるということは避けなければならない[46]．参加手続が茶番と思われる場合は，行政決定の受容は有害である．このことは，早期の手続参加の可能性を促す[47]．いかなる形式や手続状態においても，参加者は，参加の観察（Beteiligung-Scoping）[48]の対象となりうる．行政や企画担当者によって，非常に早い段階で明らかにされるのは，どのような潜在的な対立をもつ対立軸がありうるのかであり，関連するアクターの利害が何であり，どのような進行計画に従って早期の市民参加が行われるべきなのか，である．市民参加と公衆参加のための形式として考えられるのは，プロジェクト審議会，ラウンドテーブル，または調停手続による随伴（Begleitung）である．

c）討論の期日の設定による行政決定の受容

　ほぼすべての計画手続の法律上の規律は，討論の期日を予定している．これは，官庁と反対者のできる限り包括的な情報，問題に含まれる公私のあらゆる利益の調整，合意に基づく異議の処理，行政決定を受容するための枠組みの設定，後続の権利保護手続の回避，それとともに最終的に，行政手続全体の時間の短縮にも役立つ[49]．

46）　もっとも，確実な事前決定は段階づけられた計画手続では不可避である；vgl. *Appel* (Fn. 37), S. 348; この問題の取組みについては vgl. Handbuch für eine gute Bürgerbeteiligung (Fn. 3), S. 28 ff.

47）　早期の市民参加と受容の関係について vgl. die These von *J. W. Pichler* (Rechtsakzeptanz und Handlungsorientierung, in: *ders.* (Hrsg.), Rechtsakzeptanz und Handlungsorientierung, 1998, S. 23, 44):「拡大された法産出への関与には法の受容改善のモデルの先駆けがみられる」．同様に強調するのは *D. Lucke* (Normenerosion als Akzeptanzproblem, in: *J. W. Pichler*, aaO, S. 47, 59)「参加による受容を確保する戦略の必要性について」．

48）　関与の観察というこの新形式について：Leitfaden für eine neue Planungskultur (Fn. 4), S. 26 ff.

49）　討論の期日が受容を促進する内容を持つことについて：*Würtenberger* (Fn. 7), S. 120 ff.

手続裁量が審理の主宰者（Verhandlungsleiter）に認めているのは，討論の期日と対立の仲介期日を決定することである[50]．審理の主宰者は，手続参加者とともに——法的対話を行う裁判官のように——行政対話（Verwaltungsgespräch）を遂行しなければならない．この「権利獲得の対話」は，法的に重要なすべての事実問題と法問題を対象としており，手続参加者を通じて，事実と法規範の異なる解釈に対応する[51]．

3．並行鑑定を含む計画手続および許可手続

手続参加者による許可申請や計画の討論の後も，技術的手順や科学技術の判断の予測，適切性ないし優越性の疑義が残る．実際，この争いはたいてい，人間の健康や環境の危殆化に該当するリスク評価にかかわる．まさにこのリスク評価が，行政決定の受容にとって決定的な意義をもつ．したがって，それは，最大級の注意と，あらゆる科学技術の専門知識を汲み尽くして行われる．

この疑義の残る分野では，手続を主宰する官庁は，場合によっては，委託した専門家の鑑定に基づいて，固有の専門的権限から科学技術の判断を行う．その結果，事後に訴訟になり，そこでは，手続参加者が自己の見解を（反対）意見書の提出によって根拠づける．この状況で裁判所は，自身に専門知識が欠けているため，しばしば「上級鑑定人」を選任する．裁判手続で「専門家たちの闘い」が行われることは重大な疑義に当たる．裁判手続は作用上，専門家たち

---

50)　討論の期日がときとして困難であるという実務について：*G. Gaentzsch*, Der Erörterungstermin im Planfeststellungsverfahren – Instrument zur Sachverhaltsaufklärung oder Einladung zur Verfahrensverzögerung?, in: Festschrift für Sellner, 2010, S. 219, 233 f.; *A. Schink*, Bürgerakzeptanz durch Öffentlichkeitsbeteiligung in der Planfeststellung, in: ZG 2011, S. 226 ff., 239 ff.

51)　あらゆる手続関係人間の「武器対等」の創出と公正な手続の保障のためには，対等な発言権と参加権が保障されねばならない．手続関係人間での情報落差は，可能な限り減らさなければならない．手続適正な機会の平等のためには，反対論を許容し，裏づけを確かなものとし，専門家と鑑定人を選任しなければならない．このことはここでも，反対者がすでに初期の手続段階でこの種の可能性を利用する場合には，行政手続を促進することになる．

162 第Ⅲ部 自由な政治秩序の条件としての国家行為の受容

の多様な意見の議論を行う場所ではないのだ.

これに対して, リスク評価と予測に関する疑義の解決は, 作用上はただ行政手続だけで行われなければならない. 行政の形成余地, 予測余地および判断余地は, 1つまたは複数の専門家意見書に基づく, 是認できるやり方で補填される. 中立性, 客観性および専門家意見書の科学的等級に関する争いは, 行政手続において決着をつけなければならない[52].

すでに行政手続において (つねに疑わしい) 予測と科学技術の判断に関する合意が, 可能な限り高い程度になるためには, できれば手続を主宰する官庁から中立的な鑑定人が選任されなければならない. この鑑定人, あるいはその他の鑑定人が, 関係人, 市民のイニシアティブ, または申請者の提案に基づいて選任される[53]. 呈示された意見書は, すべての鑑定人が見ることができるようにしておかねばならず, それゆえ鑑定人たちは自身の意見書を, いったんブレインストーミングして改訂し, その際, 相異なる結果に反対する立場を表明することができる. 最後の会議では, 手続を主宰する官庁ないし調停人の座長のもとで, 鑑定人間で一致と不一致が確認される[54].

この手続には, 科学の専門知識が「党派的立場」に基づいて一面的に行政手続に持ち込まれるわけではない, という利点がある. 鑑定人の間での議論では, 内容に関する最高度の議論が行われる. 実際, この手続提案に従うかぎり, 意

---

52) そのような行政手続における「裁判の形をした紛争」について: *Würtenberger* (Fn. 7), S. 124 ff.―実務では, 行政手続における鑑定人のこの種の争いが十分に良い経験となる.

53) あらゆる関係人が鑑定人の選任に合意することは, 新計画文化の手引き書 (Fn. 4), S. 35 で書かれているように, 実務ではなじみがない. まさしく高度な対立の可能性がある場合には, 異なる利益代表者間のそのような合意は期待されていない. これを除けば, このことは, 並行した鑑定によって広範に決定の根拠が保護されるのであれば, 計画決定の合理性に寄与しうる.

54) こうした手続は, 決定論ではデルフィ技術と呼ばれている (*O. Helmer*, Analysis of the Future: The Delphi Method, RAND Paper 3558, Santa Monica 1967; *J. Pill*, The Delphi Method: Substance, Context, a Critique and an Annotated Bibliographie, in: Socio-Economic Planning Science, Bd. 5 (1971), S. 57 ff.).

見書の結果の広範な同調化（Angleichung）が行われている．そこで行われた行政決定は，その受容が根本的に促される．この同調化が行われない場合は，しばしば科学的査定や評価の異なる見積もりが行われ，重要な決定の手助けとなる．この決定の際に，官庁は，いかなる理由から，どの意見書に賛同したのかを説明しなければならない．

これらすべては，もちろん，すべての手続参加者が，信頼ある鑑定人の選任機会をもつことが前提となる．これには，手続参加者が，意見書のもつできる限り高いコストから解放される必要がある．この種の意見書のコストは，予定された計画担当者か，事実の調査義務を負う官庁が担わなければならない[55]．少なくとも，このことが該当するのは，意見書が計画策定の官庁または許可官庁の予期された決定の根拠となり，この意見書の部分を決定の根拠にするときである．すると結局は，反対者によって呈示された反対意見書は，官庁による職権探知義務（行政手続法24条）の履行を目指すことになる．このように考えると，官庁は履行のためのコストを負わなければならない．

V．受容マネジメントの成果を変換するための結語

行政決定の受容は，行政裁量の指針であり，行政の計画決定の指針である[56]．シュトゥットガルト21の例で明らかになったように，受容マネジメントを伴う場合にのみ実現される巨大手続がある．民主的法治国家では，受容マネジメントは，まさしく憲法上の義務である．しかし，受容マネジメントと調停によって，すべての手続参加者が，法的に是認できたとしても，決定官庁が公共の福祉を理由として全く異なる決定を下すような，一定の決定に合意した場

---

55)　*Würtenberger* (Fn. 7), S. 134 ff.; *H. Gleim-Egg*, Kommunikative Problembewältigung in Staat und Privatwirtschaft, 1995, S. 223 は，このことが市民と官庁の間でのコミュニケーションにおいて対等性を要請するのだと指摘している．

56)　*Th. Würtenberger*, Akzeptanz als Leitlinie des Verwaltungsermessens, in: *J. W. Pichler* (Hrsg.), Rechtsakzeptanz und Handlungsorientierung, 1998, S. 287 ff. (SV. 163).

164　第Ⅲ部　自由な政治秩序の条件としての国家行為の受容

合は，どのように手続が行われるべきなのだろうか．これについて，新しい計画文化の手引き[57]が強調している．たしかに市民参加が決定に影響を与えうるが，最終決定は，官庁のもとに残されるべきだ，と．

　これに一面的に従うことはできない．しかし，かの受容は，ひょっとすると市民参加によって達せられる同意でさえ，下からの民主主義の一構成要素であり，それとともに民主主義原理の一構成要素でもある．受容マネジメントが成果を収めた巨大計画について，重大で広範囲にわたる利益が十分に考慮されない場合だけは，その成果は国家の決定で無視されたままになってもよい．このテーゼは，代表制民主主義と参加民主主義ならびに法治国家的行政文化と参加型行政文化のバランスのよい配分と表現できる．別のやり方をすれば，受容マネジメントがかえって余計なサービスとなることがわかるだろう：参加が，成果もなく，きわめて政治的に画策される場合は，参加による共同形成への住民たちの意欲が弱まってしまう．すなわち，参加型民主主義の社会的条件からその土台が取り去られることになるだろう．

　このことは，地区開発計画や計画策定に関する決定の場合に，官庁に要請される公私間の利益衡量が，受容マネジメントや調停手続における事前の話合いによって危険に晒されてはならない，ということと矛盾しない．決定官庁がこの種の事前話合いや事前確約に結びついていると感じられる場合は，利益衡量は失敗におわる．しかし，その一方で，事前確約が必ずしもいつも，官庁の自由な衡量決定を頓挫させるわけではない．事前確約は，実体的に根拠づけられ，衡量要請さえ満たし，そして計画法上の権限を保持し続ける場合は，手続法上許容される[58]．

　受容マネジメントの結果として，行政決定が，全面的には法に則していない

---

57)　Fn. 4, S. 2

58)　BVerwGE 45, 309, 316 ff., 320 f.; *M. Wickel*, in: *M. Fehling/B. Kastner* (Hrsg.), Verwaltungsrecht, 2. Aufl. 2010, § 74 VwVfG Rn. 120 f.; *Th. Siegel*, Mediation in Planungsverfahren, in: *Seok/Ziekow* (Fn. 20), S. 283, 296 f.; *R. Pitschas*, Die Rechtswirkungen der Mediation im Bewirkungsspektrum kollaborativer Governance, in: *Seok/Ziekow* (Fn. 22), S. 199, 209 ff.

受容に到ることもありうる．たとえば，ある施設の稼動者に，法律の予定しない一定範囲のエミシオンの縮減が課される場合がある．そのような違法な決定は，施設稼動者の了解を得られるだろうか．これに同意する稼働者に不公正が生じない場合は肯定される．要するに，稼働者は，法秩序から与えられた権利をあきらめることになる[59]．

これを別にして，たとえば法的な衡量の基準[60]や地域的な自然保護法の規定からの離反といった法的基準からの離反を通じて受容を手に入れることは，参加型民主主義の原理が禁じている．なぜなら，民主的法治国家は，決定の受容を得ようと努める場合は，行政の法治国家的拘束を骨抜きにすることを禁止しているからである[61]．

---

59)　このような断念の条件について：*Zippelius/Würtenberger* (Fn. 15)，§ 19 Rn. 99 ff.; BGHZ 79, 131, 135.

60)　これについては *Th. Würtenberger*, in: VVDStRL 58 (1999), S. 139, 145 f.

61)　法治国家的拘束と地方または地域的な自治との対立を展開しようと試みることは，しかし，合意を得た決定へと，法律によっては解消しえない．: *Th. Würtenberger*, Akzeptanzmanagement von Entscheidungen mittels Mediation, in: *S. Ferz/J. W. Pichler* (Hrsg.), Mediation im öffentlichen Bereich, 2003, S. 31, 46 ff. (SV. 223); これについては *Ferz* (Fn. 22), S. 429 ff.

〔訳注〕行政手続法第71e条は許可手続の促進のために削除された．旧来の71e条は次のとおりである．「申請人の要求があれば，官庁はすべての関係箇所及び申請人との協議を招集しなければならない．」

166　第Ⅲ部　自由な政治秩序の条件としての国家行為の受容

解　題

　本稿は，Akzeptanzmanagement in Verwaltungs- und Mediationsverfahren（未公刊）の全訳である．

　行政決定が市民に受け容れられるにはどうすればよいか．これを，ドイツ公法学では「受容マネジメント」として議論しているが，著者はこの「受容」概念の先駆的な研究でも有名である．廃棄物処理場や原子力発電所の設置の問題や遠距離道路設置の問題について，デモなどの反対運動が活発だった当時のドイツ社会において，著者は行政決定の受容を行政の最重要課題と位置づけた．近年，「シュトゥットガルト 21」と呼ばれる駅の新設計画にかんする烈しい反対運動が起きた後，著者は改めて行政決定の受容を今日の法制度の下で考察したのである．

　受容とは，市民の観点から，「正しい」とみなされるものから「承認の価値あるもの」と考えられるものまでを含むとされる．70 年代以降，参加型民主主義と応答型民主主義によって代表制民主主義が補完される，根本的なパラダイム転換が行政手続法において起き，多くの関係人や公衆が行政手続に取り込まれるようになった．ここにおいて行政は，自律的に決定を行うのではなく，合意の上で紛争解決にたどり着く必要が生じた．

　そこで，紛争解決を行政外部の調停人が行う可能性が議論された．2012 年に調停法が成立すると，調停人が中立的立場として決定権をもたずに仲介を行い，行政が行政手続の後，決定を行うこととなった．もっとも，一般行政手続法のなかには調停に関する規定がまだなく，また，すべての行政手続が調停に適しているわけでもない．調停は，合意だけでなく，行政決定の甘受も目指す受容マネジメントである．それは，早期の公衆・市民の参加，潜在的反対者と利害関係者の行政手続参加，討論の期日の設定，といった諸原理を通じて目指される．

　受容マネジメントの成果がいかに行政決定の結果につながるのか．著者は，市民参加が決定に影響を与えうるとしても，最終決定は行政のもとに委ねられ

るべきなのか，という問題につき否定的な姿勢を示している．

第7章

法律の受容
Die Akzeptanz von Gesetzen

訳・解題　石村　修

「法律の受容」

小目次

序

Ⅰ．それぞれのカテゴリーをもつ，受容と民主的正統性
　1．受容という概念について
　2．法律および法の民主的な正統化
　3．法が妥当する前提としての受容

Ⅱ．「応答」（responsiveness）による受容
　1．理論の出発点
　2．時代の精神的流れに沿った受容

Ⅲ．法律を受容するための個人的・社会心理的根拠
　1．自律的決定を根拠とする受容
　2．伝統を理由とした受容
　3．コンセンサスを作り出す手続による受容
　4．合理性を理由とした受容
　5．平等を理由とする受容
　6．法の流動性による受容
　7．憲法の具体化を理由とする受容
　8．国家の財源の範囲を超える法の受容

Ⅳ．国家の課題としての受容の確保

解　題

序

　国家行為を受容する場合の問題には，ここ数年の法律学において，広範な関心がもたらされてきた．国家機能が関わる法規に応じて，法律，行政処分，司法判断の受容がそれぞれ区別されてきた．この点は，ある国家の民主的な正統性を分析するとしても，グローバルな部分が表面に残り，そこで，国家制度のなかからとその制度によって，民主的な正統化が前面に示されなければならないという考え方に至るのである．この問題が最も進んでいるのは，行政処分の受容に関する議論である．行政処分の受容は行政手続の目標たりうることであり，紛争を終結する手続である行政手続は，すべての関与者への関与を託されており，その手続が公益を代表するかぎりで，受容可能な決定を託されているのである，と広範に認識されてきている[1]．司法の判断を受容する要請は，多大な困難に遭遇する．司法判断は法基準を求めることになるので，たとえば，聴取義務や釈明強制という司法手続を作ることで，単に司法判断の受容が機能するにすぎないのである．もちろん司法判断は，同時に裁判官による法の形成と関係することになるので，裁判官による法の形成作用や法創造作用も受容の場合に議論されることになる[2]．法律や法を受容する場合に生ずる問題を扱う

---

1)　*Th. Würtenberger*, Die Akzeptanz von Verwaltungsentscheidungen, 1996, 24 ff., S. 61 ff., Baden-Baden (SV. 4); *W. Hofmann-Riem*, Reform des Allgemeinen Verwaltungsrechts: Vorüberlegungen, Deutsches Verwaltungsblatt, 1994, S. 1387; *R. Schmidt*, Flexibilität und Innovationsoffenheit im Bereich der Verwaltungsmaßstäbe, in: *W. Hoffmann-Riem* und *E. Schmidt-Aßmann* (Hrsg.): Innovation und Flexibilität des Verwaltungshandelns (1994), S. 82, Baden-Baden.

2)　*J. Limbach*, Die Akzeptanz verfassungsgerichtlicher Entscheidungen, 1997, S. 9 ff., Münster, Regensburg; *E. Benda*, Zur gesellschaftlichen Akzeptanz verwaltungs- und verfassungsrechtlicher Entscheidungen, Die öffentlichen Verwaltung, 1983, S. 305–310; *Th. Würtenberger*, Verwaltungsprozeßrecht, 1998, Rn. 9, München (SV. 9); *P. Stelkens*, Verwaltungsgerichtsbarkeit in der Krise, Deutsches Verwaltungsblatt, 1995, S. 1110.

172　第Ⅲ部　自由な政治秩序の条件としての国家行為の受容

に当たって，選挙や議会の多数の決定のような正統化の構造が，すでに法秩序による規範の拘束を受けているから，まず民主的国家に言及する必要はないであろう．

　憲法法的視点にたつ必要はないが，基本法での民主政理論を考慮して，国民による一定の受容を経て，法律は民主的に定められるという視点が必要である．Ⅰ節では，法律の受容と代表民主制に関わる法律の民主的正統性との違いが指摘される．これを受けて，Ⅱ節では法律と法の受容における民主政理論が問題にされる．最後のⅢ節では，受容を形成し，受容を限界づけ，受容を阻む根拠と文化環境（kulturellen Ambiance）に言及する．

Ⅰ．それぞれのカテゴリーをもつ，受容と民主的正統性

1．受容という概念について

　法律と法の受容を問題にすることは，法秩序を国民の観点「を基準にして」観察することを意味している．受容とは，個々人が法と向き合うことにある．それは比較し，評価し，査定する個々人の心理過程に見られる．心理学的に見れば，受容とは，個人の目的観念，コミュニケートへの配慮，そして認識・寛容力と深く関わっている[3]．（さらに）受容されうるものとは，個々人にとってその個人の法認識にあることになる[4]．

　国民は法規範を，憲法から，客観的・財政的・生態学的に正しいものとして，支持できるものとして，あるいは評価できないものとして，（さらに）認めるに

---

3)　*R. Herzog*, Von der Akzeptanz des Rechts, in: *B. Rüthers* und *K. Stern* (Hrsg.), Freiheit und Verantwortung im Verfassungsstaat (1984), S. 127–138, München; *D. Czybulka*, Akzeptanz als staatsrechtliche Kategorie, Die Verwaltung, 1993, S. 27–38.; *Th. Würtenberger*, Die Akzeptanz von Verwaltungsentscheidungen, 1996, S. 61 f., Baden-Baden (SV. 4); *J. Limbach*, Die Akzeptanz verfassungsgerichtlicher Entscheidungen, 1997, S. 5 f., Münster; *J. W. Pichler* und *K. J. Giese*, Rechtsakzeptanz, 1993, S. 46, Wien; *D. Lucke*, Akzeptanz: Legitimität in der „Abstimmungsgesellschaft", 1995, S. 50 ff., Opladen.

4)　*Th. Würtenberger*, Zeitgeist und Recht, 2. Aufl. 1991, S. 94 ff., Tübingen (SV. 3).

値するものとして受容するのであり，法規範は国民に対して間違ったものとして，受容できないものとして現れることもある．法律と法の価値評価をする幅の広さは，正しいものから受け取れないものまである．したがって，受容とは，法規範に同意し，同一化する幅や不同意の幅を測ることになる．ある法規範が受容されるのは，その法規範が「正しくない」と見做されても，（まだ）承認に値し，（まだ）評価しうる規定であると見做されるからであり，原理的には他の法規範に票を投ずることも可能であるからである．

　すべての法規範への同意や完全な受容は必要でもないし不可能であるので，こうした受容概念を広範に理解するのは重要である．多元的民主政がもつ本質的な基準には，国民や個々の国民グループがある法に異論を唱えることが含まれている．多元的民主政において法律や法を受容することとは，おそらくよりすぐれた見解からある法規範を拒否する者がいたとしても，この法規範は（さらに）支持可能な問題解決があり，進んでしたがう気がある，ということが含まれている．法や法律が受容されるかぎり，その受容は社会統合をもたらすことになる．法と法律が受容されることによって，そこではシステムの安定が重要となっている，法および社会システムにあって一つの統合が始まるのである．

　法律や法を受容する問題は，憲法法のもつ「正しさ」ないし正義のもつ問題とまず区別しなければならない．狭義の意味で，この問題は学説上の問題ではなく，同意や「定評のある」（anerkannte）紛争解決によって生み出された法活用による正統化の問題なのである．

2．法律および法の民主的な正統化

　法律と法を民主的に正統化する問題は，民主的手続のなかで制定される法律を遵守することと解される．民主的法治国家において，法律は「有用性」（Sachqualität）および「民主的遂行」によって正統化される[5]．法律が憲法法としての正統性をもつことで，国民は法律を法律であるがゆえに遵守するのであ

---

5) *K. Eichenberger*, Gesetzgebung im Rechtsstaat, Veröffentlichungen der Vereingung der Deutschen Staatsrechtslehrer 40, 1982, S. 7, 12 f.

る．法治国家からの立法の限界が考慮され，憲法に規定された立法手続が遵守されている場合は，法律が発せられる根拠を，法律の対象者は問う必要がないのである[6]．

3．法が妥当する前提としての受容

民主的な正統性をもつ法律と国民が法を遵守することの関係を，単に規範的観点から考えたとすれば，具体的な行動を誤解し，法秩序と社会の現実との相互作用を見誤ることになるであろう[7]．

すでに民主的法治国家の観念には，法が広範なコンセンサスを見つけ，自由に遂行されていることが含まれていた[8]．国民によるコンセンサスと受容を必要とする法だけは，少なくとも原理的には，自己の行動を示唆する基準（Richtschnur）となっている．広汎にわたって拒絶される法律および他の規範であっても，それらが国家の監視や強制手段でもって遂行される場合にかぎって遵守されることになる．民主的に正統化されている法の妥当性が，法秩序へのコンセンサスや受容に依存しているのは，民主的な国家においても法律は国民の広範な反対のなかでも遂行されなければならないことを意味しているからである．こうしたことは，必要とされている監視方法や強制手段が民主的国家に相応しいのかどうか，あるいは，すでに権威をもつ強制国家の流れに入ってしまったのかどうかの，気がかりな問題を思い出させることになろう[9]．

法が国家と国民の関係を有効に定めることができるのは，法の指導原理とそのアウトライン（Ausformung）が基本的に受容された場合に限定化されるので

---

6)　*W. Krawietz*, Anerkennung als Geltungsgrund des Rechts, in: Festschrift für H. Klenner (1996), S. 118, Freiburg/Berlin.

7)　*R. Zippelius*, Rechtsphilosophie, 3. Aufl. 1994, § 4 Ⅲ, München; *R. Zippelius*, Allgemeine Staatslehre, 13. Aufl. 1999, § 3 Ⅱ 2, § 9 Ⅰ 2, München; *Th. Würtenberger*, Akzeptanz von Recht und Rechtsfortbildung, in: *P. Eisenmann* und *B. Rill* (Hrsg.), Jurist und Staatsbewußtsein, Heidelberg (1987), S. 79 ff. (SV. 78).

8)　*R. Zippelius*, Rechtsphilosophie, 3. Aufl. 1994, § 21 Ⅰ 3, München.

9)　*Th. Würtenberger, D. Heckmann, R. Riggert*, Polizeirecht in Baden-Württemberg, 4. Aufl. 1999, Rn. 27, Heidelberg (SV. 8).

ある．受容や正統化が困難である場合に，法を実行するためには，広範な国家による強制が必要であり，法は少なくとも社会学的な意味で妥当性を失うことになる．民主的法治国家では国家が社会との距離をもってはならず，国家は社会と「結婚し」（connubium），連帯（Symbiose）して国家の正統化と政治力を見出すのである．

　規範的妥当性ではなく，社会学的な事実による妥当性によって法が受容されるという考え方が，立法と関係する受容研究の必要性を強調することになる[10]．受容の研究は，これまで体系的に行われてこなかった立法学への基礎を提供するものである．その研究によって一つの基準値が示され，高い受容の機会と実行の機会を保証する規範を，各種の規範が妥当する変種のなかから選択できるようになる．受容の準備とは無関係に，法律が誕生することは，たとえば，与論操作によるような機能をもつ手段によって，法律の受容が改善されていることを意味している．

II．「応答」（responsiveness）による受容

1．理論の出発点

民主制に関するこの20年間の理論において，法と継続的な法教育をもって，応答の原理を十分なものにしていかなければならないとの要請が求められてきた．応答が意味するものは[11]，一方では法秩序，他方では法に設定された国民

---

10) 　*H. Hill*, Einführung in die Gesetzgebungslehre, 1982, S. 43, Heidelberg; *E. Bülow*, Typische Mängel von Rechtsnormen, in: Bundesakademie für öffentliche Verwaltung (Hrsg.), Praxis der Gesetzgebung (1984), S. 15, Bonn; *E. Novak*, Praxis der Gesetzgebung, 1984, S. 134 f., Bonn: 受容問題への理解が欠けているけれども，*H. Schneider*, Gesetzgebung, 2. Aufl. 1991, Heidelberg.

11) 　*L. Fisher*, Constitutional Dialogues, Princeton, N. J. 1988, S. 12: さらに；*E.-W. Böckenförde*, Demokratische Willensbildung und Repräsentation, in: *J. Isensee* und *P. Kirchhof* (Hrsg.), Handbuch des Staatsrechts der Bundesrepublik Deutschland, Band II (1987), § 30 Rn. 19 ff., Heidelberg; *ders*, Gesetz und gesetzgebende Gewalt, 2. Aufl. 1982, S. 319, Berlin; *Th. Würtenberger*, Zeitgeist und Recht, 2. Aufl. 1991, S. 174 ff.,

176 第Ⅲ部 自由な政治秩序の条件としての国家行為の受容

の願望や希望の間に，フィードバックする相互関連性があることを意味してい
る．そのかぎりで，法律と法を受容することとは，国民における価値観や正義
観と結びつき，すべての者によってではないが，やがて多数によって承認され
るようにして社会・財政・文化紛争が解決されることを意味している[12]．

　国民に見られる価値観や正義観を，民主政の理論で求められた「応答」と法
律と法の受容に関連付けた場合には，多元的な社会においても共通の価値観や
正義観が存在しているのかという批判的な問いかけがなされることになる．こ
の点の詳細を述べることは，ここでは必要ないであろう．比較法的な視点をも
って，西側の立憲国家での法秩序を，たとえば，全く別のものであるアジアの
諸国家[13]のそれと比較して，それが伝統的な価値・正義観に依拠していること
を示すことで，その点は十分であろう．このことが言えるのは，たとえば，個
人の自律の概念とか，西側の法秩序の伝統に依拠し，他の法秩序では根底に置
かれてはいない，基本権保障にも当てはまる．

　長きにわたってドイツ法に固有のものとなっている価値観や正義観は，他の
ＥＵ諸国の法秩序の根底をなす価値観や正義観との比較のなかで，格別はっき
りと意識されてきた．ドイツでの集団（kollektive）の法認識は，フランス[14]な
いしイギリスでの集団の法認識[15]とは区別されて，法と国家給付への要求とし
て機能しなければならない．この観念は社会の安全のシステムを実現するため
に繰り返し確保されてきた．国家によってなされる包括的な社会の安全は，18
世紀以来のドイツにおいて集団の法認識と一致していた．まず，啓蒙絶対主義
による社会国家の給付によって，次いで，*Bismark* の社会立法によって，この

　　Tübingen (SV. 3).

12)　*R. Zippelius*, Rechtsphilosophie, 3. Aufl. 1994, §32, München.

13)　*D. Leipold*, Selbstbestimmung in der modernen Gesellschaft aus deutscher und ja-
　　panischer Sicht, 1997, Heiderberg.

14)　*J. Jurt, G. Krumeich* und *Th. Würtenberger* (Hrsg.), Der Wandel von Recht und
　　Rechtsbewußtsein und Recht in Frankreich und Deutchland, 1999, Berlin (SV. 20).

15)　Sinus-Institut, Die verunsicherte Generation.Opladen, 1983, S. 32 ff.; *D. Fuchs, E.
　　Roller* und *B. Weßels*, Die Akzeptanz der Demokratie des vereingten Deutschlands,
　　Aus Politik und Zeitgeschichte B 51/97, 1983, S. 6 ff.

第 7 章　法律の受容　177

観念は守られ，要求されてきた[16]．近年では，法治国家をもってドイツにおけ
る集団の法認識がはっきりと見出される．すでに過ぎ去った18世紀以来，法
治国家の完成は，法・司法改革，独立した行政裁判，国家の名による司法権の
拡張，そして法治国家という徐々に洗練されてきた理論によって，ドイツ法秩
序を偉大な発展段階にまで押しやってきた．他方で，ドイツでの民主国家の貫
徹は困難な状況にあった[17]．

　法律と法は，政治文化と伝承されてきた精神風土による特定の影響を受けて，
これまで保持されてきたものよりも強力なものになっている．この数年でたび
たび繰り返されてきた議論のように，改革しようとする分野に残存している伝
統から離れようとする法改革は，強力な反対に遭遇してきた[18]．国家は個々人
の社会的安全に配慮すべきとの期待観こそが，──自由な国家に自己が帰属し
て，個人の自律への配慮を国家に委ねている場合には──社会における安全の
システム改革を確実に高めることになるのである．法治国家の場合でも，比較
は可能である．法治国家制度の財政分析をすることで，国家の立脚点は確実な
ものになっている．たとえば，国民の法的保障を制限することになる法保障シ
ステムの改革は，国民からとかく受容されることはなく，さらに，学説の今日
での位置とも相いれないことになろう．同じことが，フランスやイギリスとの
法の比較や法伝統の比較による考え方に見られる．これらの国では，国民の権
利に国家が僅かでもに関与するような法体系が，その受容を完全に妨げられて
いる．ドイツでの訴訟方法や司法国家こそが，まさにドイツにおいて国民によ

---

16)　*K. Doberschütz*, Die soziale Sicherung des Amerikanischen Bürgers, 1966, S. 12 ff.
　　　Berlin; *C. Watrin*, „Wirtschaftliche Gerechtigkeit für alle", in: *M. Borchert, U. Fehl*
　　　und *P. Oberender* (Hrsg.), Markt und Wettbewerb. Festschrift für E. Heuß (1987), S.
　　　465–478, Bern/Stuttgart.

17)　*Th. Würtenberger*, Rechtliche Optimierungsgebote oder rechtliche Rahmensetzun-
　　　gen für das Verwaltungshandeln?, Veröffentlichungen der Vereinigung der Deutschen
　　　Staatsrechtslehrer 58, 1999, S. 147 ff. (SV. 171).

18)　*Th. Würtenberger*, Gemeinschaftsrecht als Akzeptanz-Neuland, in: *J. W. Pichler*
　　　(Hrsg.), Rechtsakzeptanz und Handlunlungsorientierung (1998), S. 307–312, Wien
　　　(SV. 164).

る広範な受容がなされてきた，政治・法的発展のなかに見られた特別の道を実証してくれているのである[19]．

2．時代の精神的流れに沿った受容

こうした非常に基本的な段階から離れるとすれば，法律と法は時代の精神的な流れにどこまで進み，進みうるのかという更なる問いが生じてくる．

法政策に関わる主要なモチーフは，国民の法認識に早い時点で描かれてきた，社会や経済での変化にある．たとえば，労働市場が構造的に危機を迎えたり，生活様式が変化したり，過去の法認識が変遷したことが判明された場合，その事例と時代に見合った規範によって問題状況が対抗的に描かれたり，誤った攻撃が展開されるかもしれない．とりわけ，価値観，正義観そして正しさの観念に起こる変遷とは，何なのであろうか．法政策はしばしば社会の意識にある変化の背後で作用し，安定的な作用を試み，精神的な変遷過程に対して構造上の拠り所を与えようとする．これがうまくいかないと，「時代の精神を知らず，誤解すること，つまり，何もしないことこそが，古くから人間と国家に大きな災いをもたらしてきた」という，フォイエルバッハ流の戒めが当てはまることになる[20]．積極的な言い回しをするならば，法律はそれが「その時の子であり，時代が生み出した精神による構築物（Geistverfassung）である」[21]場合に，初めてその受容を見出すのである．

したがって，立法学からは法律の制定や改正における十分な根拠を求められることになる．つまり，該当する規範が国民の法理念に合致しているのかどうかが，正されなければならない．「連邦法を審査」するための，1984年12月

19）　*Th. Würtenberger*, Rechtliche Optimierungsgebote oder rechtliche Rahmensetzungen für das Verwaltungshandeln?, Veröffentlichungen der Vereinigung der Deutschen Staatsrechtslehrer 58, 1999, S. 147 ff. (SV. 171).

20）　*P. J. A. von. Feuerbach*, Über die Unterdrückung und Wiederbefreiung Europas, in: *ders.*, Kleine Schriften vermischten Inhalts (1833), S. 4 f., Nürnberg.

21）　*J. Kohler*, Technik der Gesetzgebung, Archiv für civilistische Praxis 96, 1904, S. 345–375.

第 7 章　法律の受容　179

11 日の連邦政府決定には，「新たな規定には，国民による理解と受け入れ準備
が備わっているのか」との問掛けがあった[22]．あらゆる法規範は，通常は，国
民の法認識に反しない形で矛盾なく改正される．国民の集団の法認識のなかで
変遷が完成したことに応じて，法規範が廃棄され，法形成がなされた無数の事
例が提示されよう．民法 1579 条 2 項 7 号の新規定は，離婚に関する完全な破
綻主義を不十分に受容したものとなり，また，性道徳での寛容の限界をスライ
ドしたことは，無数の刑法の構成要件の廃棄を促し，さらに，警察法の一般条
項にある公の秩序の概念を再構成するに至ったのであり[23]，職業，家計そして
子どもの教育をパートナーに分担させる願望が，無数の新たな法規定として表
わされ，70 年代のはじめ以来強く主張されてきた集団の環境認識は，環境権
を高度な密度をもって規定する契機となり，刑法 218 条の改正は，これまでの
妊娠中絶が社会領域において一貫性を失うことになる事実と相成ってしまっ
た．

　こうした時代の精神に沿った法の定立と法の形成は，変遷する観念が正しく
理解されることをもって，直接，民主的正統性をえることになる．時代のなか
で変遷する価値・正義・正しさの観念が特定の法秩序のなかで表されることで，
法は共通のコンセンサスをもって現れるのである．つまり，そのコンセンサス
は，保持され，評価された価値，さらには，社会的に受容され，正統なものと
見なされたものである必要がある．時代の精神的な流れと一致する法秩序は，
時代のなかで自ら変遷する国民の価値・行動気質を考慮しているのである．そ
の法秩序は，国民の法認識と一致し，そうすることで市民の意思に直接一致す
ることになる．法秩序およびまとまった法認識へのこうした一致は，法を異質
な当為秩序として扱うのではなく，自律した秩序（autonome Ordnung），自律し
た立法の対象として扱うことになる．

　こうした民主的再拘束とは違って，法律と法を自ら変遷する価値・正義観に
結び付けるような別の意見が知られている．その意見によれば，法秩序の継続

22)　*H. Hill*, Einführung in die Gesetzgebungslehre, Jura 1986, S. 67.

23)　*Th. Würtenberger*, Zeitgeist und Recht. 2. Aufl. 1991, S. 178 ff., Tübingen (SV. 3).

180 第Ⅲ部 自由な政治秩序の条件としての国家行為の受容

的な形成は，できるだけ平均的な国民の多数に備わっている見方よりも，より賢明な見方を根底に置かなければならない．ここには完全に計算されたポピュリズムへの異議が見られる．継続的に法律と法を作り上げるために必要なことは，世論調査が描く熱狂的な曲線にしたがうのではなく，法認識への否定的傾向に譲歩することなのである．法の継続的な作成を正しくかつ正統化された法の観念に向け，そこで，〔国民に〕不人気で，さらに，受容されることのない法律が公布される場合には，こうした反対意見は重要性を失ってしまうであろう．民主的かつ多元的な国家において，法の制定と法の継続的な形成は，完全に法認識を形成する作用をも有し[24]，したがって，安易になされた法と法律の受容は，法秩序の唯一の基準となるわけではない．この点については，Ⅳ節で触れることになる．「不適切」ないし異論のある法制定も，時間がたてば国民に受け入れられる場合があるという，テーゼは残っている．

Ⅲ．法律を受容するための個人的・社会心理的根拠

法律が受容されるためには，その一部は自律原理に，その一部は法伝統ないし原理に，さらにその一部は立法手続に見られる，一連の個人的・社会心理的根拠が必要である．

1．自律的決定を根拠とする受容

法律が自律的決定によって，自分が制定した行為として解される場合に，その法律は受容される．法律が自己責任によって自分で制定されることによって，自分の行動の基準となりうる場合，法律は自己の意思に基づく行為に還元されることになるであろう．法律の対象者が，立法の根拠を理解し，同時に自分の行為の根拠になる状態になるかぎりで，その基準に法制定は配慮したことにな

---

24) *S. Gagnér*, Studien zur Ideengeschichte der Gesetzgebung, 1960, S. 27, Stockholm; *E. Huber*, Recht und Rechtsverwirklichung, 1921, S. 250 ff. Basel; *H. H. Jescheck* und *T. Weigend*, Lehrbuch des Strafrechts AT, 1996, S. 3 f., Berlin.

る[25]. 法律を規律することになる原理は，すべての者に納得され，社会の進展に沿うものでなければならない．「法律の文言」と立法する技術はこうした原理を充たすものでなければならない．詳細に規定するに当たって，法律で書き表わされなければならない基本原理が，認識され続けられなければならない．この原理は公表されることで，まとまった認識として表されるか，関わりのある範囲に伝達されなければならない．

　法規範が最大限に受容されるのは，法規範が一般にある類似の価値として直感的に正しい規範と受け止められる場合である．このことは，とくに市民法の領域で顕著である．日々の活動において法律行為を行う場合，市民法の規定を詳細に知らなくとも，通常は法に適う行動をとっている．たとえば，商品契約の領域あるいは妨害排除の要請を定める市民法は，いずれは法による社会が法的に正しいと判断している規定なのである．

　法規定の受容が，最も明確になるのは，たとえば，相続法における遺言あるいは家族法における婚姻契約において，立法者により基準とされた法制度は変えられることはなく，したがって，自分だけの法制定は，一般的であるけれども条件付けられた法規定に変わることができないのである．法規定を受容するにあたって，経験的に捉えられた基準からして，契約を行ったり，固有の意思行為をすることによって，法律規定を修正したり条件づけたりする必要はないのである．

　法の受容は，各個人の評価付けに関わっているように見える．法秩序は一般規定を用意しており，その規定は道徳的，倫理的ないし法感覚に基づく評価をもって正しいものと認識されている．こうした評価づけが何と関連するのか，また，他人の評価づけと一致（いわゆる，集約された評価付け）するように，各個人がどのように評価づけを見いだすのかを，さらに，説明するのは困難であろう．こうした価値の評価づけの具体化として，とくに，平等の観念，所与の法状態への信頼，他者への尊厳と信頼観，自律の承認または社会の安全保障が

---

25)　*L. Nelson*, System der philosophiscen Rechtslehre und Politik, Gesammelte Schriften, 6. Bd. 1964, S. 59 ff., 199 ff., Hamburg.

ある．こうした価値評価の具体的刻印は，大部分は文化が媒介したものであり，平等ないし安全に向かう努力もまた，人間学的な部分をできるだけ残そうとしてきたのである．

こうした価値評価の関連づけや存在が，これまで推定されうるとすれば，こうした価値評価が存在していたことは確実である．さらに，一致した価値評価がえられるのは，普通人に法問題が提示され，特定の法的解決に賛成・反対が語られるような根拠にまで発展する場合である．普通人が平行になった評価を行っていても，完全に一致する結果が明らかになる場合がある．この有名な例は，たとえば，平等原則を充たすために特定のグループに社会保障を与え，あるいは，遡及的租税立法を禁止したことにある．もしもこの場合に立法者が平等原則や不遡及の禁止に気づかなければ，その立法は法感情に反することになり，否定される世論を形成することになったであろう．

2．伝統を理由とした受容

法における伝統や歴史の継続性は，むしろ，法規範および法制度の受容を導く．こうした法の受容は，時代を正統化する力に依拠している．長期に存立する法規範は，唯一可能な規範と見做される．この規範は古くからある規範として，正しいものと考えられ，別の諸規定を十分に正統化する．長期におよぶ法規範の受容は，とくに，社会変革がなされる時にも現れる．そこではむしろ時間をかけて実行され，社会における広範な受容を見いだすために，新たな社会秩序の基礎を定める新たな法が好まれることになる．

法伝統に基づく受容は，経済学的に見れば，法秩序に「投資する価値」（Investitionswert）に基づいている．一定の法状態を経済的に評価し，あるいは社会的安全の基礎として，その法状態に投資する者は，こうした法状態を将来においても維持したいと考えるであろう．なぜならば法秩序の変更は，経済的な投資を価値のないものとしたり，場合によっては無駄なものにしたりすることになるからである．たとえば，富の配分に関わる規定の継続を信じて経済的構成を行い，官吏規定の継続を信じて公勤務における経歴を選択したことで，こ

うしたグループや階層には，これまでの規範との一体感があった．規定を変えることには，当事者からの強い反作用が生ずることになる．法秩序への信頼と関心から，これまでの投資を理由としたこうした受容は，国民のあらゆる階層によってなされている．つまり，富裕層はその財産を保有し，自由な生産を可能とする経済秩序を受容し，労働者やサラリーマンは労働条件と社会の安全等々を受容してきている．

　法の伝統を理由としての受容は，最終的には，法が有する保守的な構造を証明している．法は，安全の方位を形成し，さらにこれと関係して，むしろ構想された安全（Dispositionssicherheit）をも形成する．ある法秩序に沿った評価や希望に失望するとなれば，新たな法の受容を妨げることになろう．

3．コンセンサスを作り出す手続による受容

　新しい法規定は，それが一定のコンセンサスを生み出す手続[26]に現れることによって受容される．議会での立法手続は，したがって，コンセンサスを作り出すための手続と結び付く核心（Bezugspunkt）となる．法規命令や条例も，むしろこのコンセンサス手続を経て発せられる．たとえば，条例として表される建築計画を発する前の聴聞手続，あるいは法規命令を発する際の「関係者」（beteilungter Kreise）との同意に，これは当てはまる．「規範定立手続」の早い段階で，一定の法規定への同意または反対が生じているかぎりで，規範の受容は法規定に関する開かれた議論（Diskurs）を根拠にして生まれる．「理性，自由そして尊厳のため」に具体化された世論形成手続や議論に，正しい法の理念に沿った社会のコンセンサスが望まれている[27]．ここでは政策が上手に議論され，世論に反するようにして法が設定されるのではなく，法規範の対象者（Be-

---

26)　*R. Zippelius*, Legitimation im demokratischen Verfassungsstaat in: *N. Achterberg* und *W. Krawietz* (Hrsg.), Legitimation des modernen Staates (1981), S. 84 ff., Wiesbaden; *A. Randelzhofer* und *W. Süß*, Kosens und Konflikt, 1986, Berlin; *H. Hattenhauser*, *W. Kaltefleiter* (Hrsg.), Mehrheitsprinzip, Konsens und Verfassung, 1986, Heidelberg.

27)　*W. Naucke*, in: *H. Hattenhauser, W. Kaltefleiter* (Hrsg.), Mehrheitsprinzip, Konsens und Verfassung (1986), S. 47, 52, Heidelberg.

troffenen) の断固たる拒否に対抗したりしてまで, 法が設定されるものでもない.

公の利益の担い手である国家と関係者との間のコンセンサスをえる手続, あるいは交渉の場に法律を向ける場合には, 以下のような古くからの国家論上の問題があった. つまり, 公に議論され, フェアーに形成されたもの, あるいは離れて発せられた法規定のそのどちらがより正しいのであるか, の問題がそれである. 民主主義の多元的なモデルあるいは協働国家の現代的命題によれば, 国家だけでなく社会も法規定によって貫徹されなければならないのである. 社会の諸力が法制定の手続の中で統合されなければならないような, 多元的で, かつ参加を求める課題が, 上記の命題に含まれている. 立法手続において, とにかく知られた公聴会と同じく, 協働した諸活動があり, さらには, 「地域の利害が地域の財政比較を法的に確かなものにすると」判断した, 近年のバーデン・ヴュルテンベルク憲法裁判所の判決 (BWStGH 1999 年 5 月 10 日判決, VBlBW1999:294) がある. *Pichler* の適切なテーゼにもあるように, 拡大化された法制定の準備には, 法受容を改良するためのモデル命題が存在している[28]. 関係者の参加を欠き, 社会の討議によって発せられていないような規範は, 受容を欠いて妥当しない状態に留まっているのである.

法規制定への参加手続は最小限度での受容を保障するだけでなく, 法的な正しさをも保障するものである. 民主制原理という新たな討議倫理および真理理論 (Wahrheitstheorie) の新たな流れは, こうした点を争うことになる[29]. 法規範の (相対的に) 正しさは——供述のもつ真理と同じように——討議手続に最終的に根拠づけられ, 法定の内容に関するコンセンサスに置き換えられること

---

28)　*J. W. Pichler*, Rechtsakzeptanz und Handlungsorientierung, in: *Ders.* (Hrsg.): Rechtsakzeptanz und Handlungsorientierung (1998), S. 45, Wien.

29)　*J. P. Müller*, Versuch einer diskursethischen Begründung der Demokratie, in Festschrift für D. Schindler (1989), S. 617–638, Basel; *R. Alexy*, Theorie der juristischen Argumentation. 3. Aufl. 1996, S. 17 ff., 134 ff., Frankfurt a. M.; *P. Watzlawick*, Die Erfundene Wirklichkeit, 1999, München; *D. Dürr*, Diskursives Recht, 1994, Zürich; *M. E. Geis*, Das revidierte Konzept der „Gerechtigkeit als Fairneß" bei *J. Rawls* –materielle oder prozeduriele Gerechtigkeitstheorie?, 1995, S. 324–331, Juristenzeitung.

第7章　法律の受容　185

になる[30]．正しい法のこうして討議による根拠づけは，統一化された基準を欠いてた場合，自ら受容に働きかけようとする，手続に見合った根拠を提供しようと努力する，*Habermas* が提唱した法理論により把握された討議理論の延長上に見られる[31]．こうした討議のやり方は受容可能性の方向を目指すものの，法規定の受容に必ず至るわけではない．しかし，正しい法規定の周辺において，受容に必要とされている説明がなされ，そして利害の変化が現れることが期待されるのである．

　議会での立法手続を諸法律の受容にとって唯一のものとするのは，今も昔も危険である点を，見すごしてはならない．とくに，一般的な民主制・議会主義への批判[32]は，法律が「その性格を，固有のものであり，自ら目的設定し，その点で法によって作られた規範として」あった[33]，ということを，決まり文句としていた．近代の法律は，それがあたかも法律の権威という古い観念と一致しているようにして，正しさの考えが求める秩序や自由を，その時代を映すもの以上には変わらずに保障していないのである．近代の法律は，むしろ急激で変化の多い政治の現実の道具として表される．法律から逃避したり，持続的に法律を修正することで，合理性への信頼や法律がもつ不変の正しさを，国民による議会手続を根拠にして，むしろ，破壊してきたのである．では，何が重要だったのだろうか．多数決原理による政治的決定がもつ正統性への信頼は，破

---

30)　*R. Zippelius*, Allgemeine Staatslehre. 13. Aufl. 1999, § 16 I 3, § 23 II, 23 2, München: *ders.*, Rechtsphilosophie.3.Aufl. 1994, § 20 III, IV, § 21 I, München.

31)　*J. Habermas*, Wie ist Legitimität durch Legalität möglich?. KritJ, 1987, S. 1–16; *R. Hoffmann*, Verfahrensgerechtigkeit, 1992, S. 180 ff., Paderborn/München/Zürich.

32)　*B. Guggenberger* und *C. Offe* (Hrsg.), An den Grenzen der Mehrheitsdemokratie, 1984, Opladen: *R. Ebbinghausen* (Hrsg.), Bürgerlicher Staat und politische Legitimation, 1976, Frankfurt a. M; *B. Guggenberger*, Kriese der repräsentativen Demokratie?, in: *B. Guggenberger*, und *U. Kemph* (Hrsg.), Bürgerinitiativen und repräsentatives System. 2. Aufl. (1984), S. 23–56, Opladen; *U. Scheuner*, Das Mehrheitsprinzip in der Demokratie, 1973, Opladen.

33)　*E.-W. Böckenferde*, Gesetz und gesetzgebende Gewalt. 2. Aufl. 1981, S. 401, Berlin.

186　第Ⅲ部　自由な政治秩序の条件としての国家行為の受容

壊されたのである[34]．いわゆる「不可逆的な政治決定」(irreversible politische Entscheidung) が，民主的な多数決の決定を一般的に許容できるのかどうかは，争いのあるところである[35]．こうして，立法者にも誤りがあり，議会が制定した法律によっても，自由や財産への合法的な関与は出来ない場合がある，との考え方が広がって行くことになる．

　さらに，憲法法で定められた立法手続にある正統化保障作用に，国民の信頼が収縮するのは，政治的現実がもたらす一つの帰結である．重要な政治の決定が，本来の立法手続により行われない場合がしばしばある．連立による決定，主要な社会グループの影響，連邦が一致する手続等々によって，政治的決定はすでに立法手続以前になされている[36]．立法手続は，国民にとっては，むしろ，単に諸利益と政党の見解が対決する場所ということになる．議会での専門的な討議を妨げ，議会内での野党と与党の間を制度的に分かつような政治システムが，ここには生じていた．とくに，立法手続のまとめ上げに疑いがもたれるのは，残念なことである．ロビー活動に見られる政治モラルの明白な消滅は，法律に対するロビー活動の影響への普遍的な不信を強めている．

　これまで述べてきたことは，憲法の手続規定を維持することによって，法律が正しさをもつことの見取り図を示している．全体を見れば，法律が立憲的な立法手続を踏まえたものだから，国民に対して法律は「正しいもの」と認められている訳ではなく，承認に値するものとされている訳でもない．こうした展開から言えることは，国民は立法手続にではなく，むしろ法律の憲法裁判によ

---

34)　*B. Guggenberger* und *C. Offe* (Hrsg.), An den Grenzen der Mehrheitsdemokratie, 1984, Opladen; *R. Rhinow*, Grundprobleme der schweizerischen Demokratie, Zeitschrift für Schweizerisches Recht, NF Bd.103, Ⅱ, 1984, S. 111 ff., 184, 260 ff.; *C. Gusy*, Konsensprinzip oder Demokratie? Zeitschrift für Politik, 1985, S. 133–152.

35)　*G. Frankenberg*, Ziviler Ungehorsam und rechtsstaatliche Demokratie, Juristenzeitung, 1984, S. 273 ff.

36)　*M. Kloepfer*, Gesetzgebung im Rechtsstaat, Veröffentlichungen der Vereinigung der Deutschen Staatsrechtslehrer 40, 1982, S. 63 ff., 89 f.; *Th. Würtenberger*, Staatsrechtliche Probleme politischer Planung, 1979, S. 165 ff., Berlin (SV. 2); *H. Schneider*, Gesetzgebung. 2. Aufl. 1991, S. 59 ff., Heidelberg.

る審査によって，合理的政治判断および基本権保障がなされることを期待することになる．この点については，本節の7で扱うことにする．

4．合理性を理由とした受容

　合理性を理由として法が受容されるのは，法律規範が理性による事後審査において適合的であり，少なくとも支持しうると見做される場合である．法の正統化の基である「理性」(ratio) は，古くから認められてきたものである [37]．理性的な判断ができる各人の能力（Begabung）をもって，個々人は法律規定が合理的であるかどうかを判断することができる．したがって，法律の合理性を主観的に判断する基準として，法の教義が長きにわたって発展してきた．恣意の禁止，比例適合原則は，法律規範を合理的なものとする基本原則なのである．

　法律をその規定の合理性を理由として受容するのは，目的に適合する審査を前提としている．立法者により作られた政策目標は，法律に適合的な規定によって合目的的に達成しうるかどうかが問われている．ある法律に基づく政策目標が，合理性の基準として測られるべきである場合には，状況は別のものとして現れる．一つの法律がもつ，政策目標の判断や政治的妥協は，けっして合理性の基準をもって審査されるべきではない．そこでは，政策判断を行われ，政治が先行してなされる場所だからである．それでも認識に基づいて議論することができるかもしれない．しかし，さまざまな政治的立場は「理屈」(vernünftelnd) なしにでも論破できるからである．

　合理性を理由として受容する原理と対抗するのは，情緒を理由として受容する場合であろう．法律規定のもつ基本原理を情緒的に用いることは，個々の場合に，確かに，法や法教育を受容することに貢献できよう．しかし，憲法と法政策的な対抗を情感化するのは，とにかく悟性をもった法教育にとっては有害である．他の考え方に対して求められる寛容が失われてしまうからである．と

---

37)　*M. Tullius Cicero*, De Legibus 1, 18; *R. Grawert*, Artikel Gesetz, in: *O. Brunner, W. Conze* und *R. Koselleck* (Hrsg.), Geschichtliche Grundbegriffe.Band Ⅱ (1975), S. 873 f., Stuttgart.

188 第Ⅲ部 自由な政治秩序の条件としての国家行為の受容

りわけ，憲法および法政策上の対立の情感化は，現代民主国家が有する多元性
の概念にとって，妨害になっている．競合する社会におけるグループ間の事態
に沿った対立は，コンセンスある法政策的解決で取り組むべきなのである．

5．平等を理由とする受容

　平等な取扱いへの要求は，人間学に深く根付いており，人間の存在の基本構
造を構成している．法律の前の平等は，法適用での平等を保障し，法律の内容
は同時に法律の普遍的な価値によって受容されることになるかもしれない．法
適用の平等が自律した個人の発展に相応しい，等しい自由域を作りだす場合，
とくべつにこの受容が行われる．別の言い方をするならば，法律はそれが基本
法の諸自由を等しく社会的に拘束しているが故に，すでに受容されうるのであ
る．

　等しい取扱いの保障は，古くから正しい政治秩序を測る基準であった[38]．古
きリベラルな法律の前の平等は，社会国家では法律による平等により補正され
ている．社会に構築された，再配分し給付する今日の計画国家において，法律
が社会における平等の実現に配慮している場合には，その給付・計画を行う法
律は受容される．社会国家での法律は，解明できない社会における差異を平準
化し，等しい教育の機会を保障し，平均的な社会の安全を確保すること等々に
よって，正統化される．社会国家において，やがて平等を理由とした受容の限
界も見いだされる．余りにも強く平均化の傾向を示す法秩序は，社会の承諾を
えられないままになってしまうであろう．社会的な平等とは別にして，個人の
人格，自己形成の自律，個人の生活能力そして生活の蓄えを保護し，求めるこ
とも，法秩序の課題なのである[39]．

---

38)　*H. Nef*, Gleichheit und Gerechtigkeit, 1941, Zürig.; *H. Henkel*, Einführung in die
　　Rechtsphilosophie, 2. Aufl. 1977, S. 400 ff., München; *R. Zippelius*, Rechtsphilosophie,
　　3. Aufl. 1994, §16, München.

39)　*R. Zippelius*, Allgemeine Staatslehre, 13. Aufl. 1999, §34 Ⅲ, München; *H. Schoeck*,
　　Das Recht auf Ungleichheit, 1979, S. 9, München. その他多数.

6. 法の流動性による受容

多元的な社会において，法秩序は，普遍的なコンセンサスに該当する，価値および公共の福祉に限定して対応しうる．法に普遍的な価値づけが欠けているかぎりでは，法はそれが多元的な形成に寛容である場合にかぎって受容される．したがって，法の多元主義[40]は，法が受容される前提なのである．選択可能な生活様式や行動様式にとって，複数の法規定が用意されなければならないし，裁判官法によっても，その法規は作られなければならない．このことは，たとえば，婚姻によらない家族関係の場面で見られる[41]．多元主義的な社会では，家族法や婚姻法の領域での法秩序が，居住地ではなく，当該者個人の出身地を問題にするとするならば，法も流動化されなければならないとする問題が生ずる[42]．

こうして法を多元化することによってでも，まとまった法の最小限の基準が放棄できないものとして受け止められるであろう．公の安寧や秩序，あるいは法秩序の自由性が求めるものは，統一化された法により実行されなければならず，さらにグループの選り好みなしに，その法の執行がなされなければならない[43]．一方では，法の統一的な作用が，他方で，文化の多様性の可能性が，その当時では基本政策上の討議の課題であった．

7. 憲法の具体化を理由とする受容

ドイツ連法共和国において，時代に記された多くの変動があったが，基本法

---

40) *E. J. Lampe* (Hrsg.), Rechtsgleichheit und Rechtspluralismus (1995), Baden-Baden.

41) *O. Palandt-Diederichsen*, Bürgerliches Gesetzbuch, 58. Aufl. 1999, § 1297, Rn. 9 ff., München.

42) *G. Robbers*, Rechtspluralismus und staatliche Einheit in verfassungsrechtlicher Sicht, in: *E. J. Lampe* (Hrsg.), Rechtsgleichheit und Rechtspluralismus (1995), S. 119, Baden-Baden.

43) *M. Rehbinder*, Juristische Instrumente eines Staatsinterventionismus in pluralistischen Rechtsordnungen, in: *E. J. Lampe* (Hrsg.), Rechtgleichheit und Rechtspluralismus (1995), S. 316 ff., Baden-Baden.

190　第Ⅲ部　自由な政治秩序の条件としての国家行為の受容

と憲法を具体的し，継続的な展開を見せている連邦憲法裁判所の判断が，まとまりのある意識のなかで，驚くほど高い受容を見せている [44]．そこには多面的な理由がある．つまり，憲法は多元的な社会で受け入れられた倫理的最小のものとしてだけでなく，憲法は憲法実証主義の意味で精神的な故郷 [45]，と受け止められている．憲法裁判所の判断も，こうした理解のために寄与してきた．権力の中心から離れて，客観的になされる法律の憲法への合憲審査は，正しい法の守護者（Hort）として，国民の間に高い信頼を獲得してきた．

こうしたことは，長い歴史の展開のなかで実践されてきた．法が強く「民主的な正統性」に依拠している，他の西側諸国の立憲主義と異なって，ドイツにおいては「正しい法」は法の理念から導くことが可能であるとの考え方があったし，現在でもその考え方は続いている．たとえばフランスとは異にして，ドイツでは妥当している法原理の間に，比例性（Proportionalität）とか実践的調和（praktische Konkordanz）といった諸原理が発展し，立法者の民主的意向（Belieben）が憲法法的に制限されうることになっている．

連邦憲法裁判所の判断が，とりわけ受容されうるのは，政治の過程では処理することのできないような利益をも，憲法裁判所で解釈された憲法法をもって二次的要素として強制しうるからである．この場合に，鍵を握るのは基本権にある．連邦憲法裁判所が創りだした「比例原則，法治国家への信頼確保，平等原則」からなる制度（Institute）は，社会における少数者にも見いだしうるような，社会での比較に利するために，政治が機能する場を制限してきている．

連邦憲法裁判所が自由に働くのは非常に狭い程度においてである．政治の多数が作りだす空間，そして社会の少数者が反対する位置は，それぞれに見合ってもたらされなければならない．こうした比例がなされなかった場合は，憲法法はおなじく受容を妨げることができるのである．この点は，ごく最近の憲法

---

44)　*H. Rausch*, Politisches Bewußstsein und politische Einstellungen im Wandel, in: *W. Weidenfeld* (Hrsg.), Die Identität der Deutschen (1983), S. 110 ff., 130 ff., Bonn.

45)　*J. Isensee*, Die Verfassung als Vaterland, in: *A. Mohler* (Hrsg.), Wirklichkeit als Tabu. Schriften der von Siemens-Stiftung, Bd. 11 (1986), S. 11 ff., 14 ff., München.

裁の判決に見られる．たとえば，問題のあるキリスト磔刑像判決[46]や財産税判決での半分割原則[47]が例であり，その判決では，社会でも法学でも同意することのできないような立場を，裁判所が決定してしまっていた．

　ここで記憶に留めて置かなければならない点は，成功した憲法の展開は，通常，重要な歴史の局面にあったということにある．基本法において，過去にあって強力な社会での力によって正統な国家支配の条件が求められ，変化する結果をもって実現された，多くの規定を見ることができた．政治上の自由主義と社会国家が描く民主政の観念が結合することもある．国民主権，基本権，民主政・法治国家・権力分立の原理は，その歴史上の根拠に，つまり，啓蒙の国家哲学と政治的リベラリズムが生んだ嫡子の理論等々に根拠を置いている．社会的結束および社会国家という憲法プログラムは，社会・幸福主義の嫡子による理論であり，19世紀における社会運動の要請，あるいは社会国家での国家の役割論にまで引き戻して考えるべきである[48]．超国家ないし国際的統合のための基本法の開放は，初期のヨーロッパ統合の考え方と関連して考えるべきである．したがって，法の制定は，社会に伝来し，維持されてきた政治文化に帰属するような価値や指導原理と一体になることである．すなわち，諸法律とは，変化に満ちた歴史を実現し，体制への導入が歴史の継続の要素となるような，それぞれの政治的価値や指導原理を時代に沿うように具体化することを意味している．法律がもつ憲法国家の正統性とは，換言するならば，法共同体という政治文化にルーツをもつ歴史的正統性でもある．

　こうしたテーゼは，法を受容し，法を更に発展させていく（Rechtsfortbildung）

---

46)　*Th. Würtenberger*, Die Akzeptanz von Verwaltungsentscheidungen, 1996, Baden-Baden (SV. 4); *D. Heckmann*, Eingriff durch Symbole, 1996, S. 880–889, Juristenzeitung.

47)　批判的に，*J. Wieland*, Der Vermögenssteuerbeschluß-Wende in der Eigentumsrechtssprechung?, in: *B. Guggenberger* und *Th. Würtenberger* (Hrsg.), Hüter der Verfassung oder Lenker der Politik (1998), S. 173–188, Baden-Baden (SV. 19).

48)　*Th. Würtenberger*, Die Legitimität staatlicher Herrschaft, 1973, S. 92 ff., 101 ff., 148 ff., 155 ff., 192 ff., Berlin (SV. 1).

192　第Ⅲ部　自由な政治秩序の条件としての国家行為の受容

ための，一つの重要な結論である．つまり，法および法の発展は，それが憲法
を一つの社会の政治文化の規範化に表された，それぞれの基本的コンセンサス
によってもたらされたものであるとするならば，法および法の発展は，国民に
よって「正しく」，倫理的に義務づけられたものと見做されるものなのであ
る[49]．歴史的局面に力点が設定されるべき「憲法認識」(Verfassungsbewustsein)は，
法秩序の基本原則を受容し，さらに，立法者によるそれぞれの問題と時代に見
合った解釈を受容することで，本質的にもたらしうる．

8．国家の財源の範囲を超える法の受容

国家の財源の範囲を超えることが明らかとなる場合に，社会での受容の手順
に合わせるようにして作られた立法は，大いなる課題をもって現れる．社会に
よる慈善活動ないし減税（Steuerrechtsgeschenke）によって，法の受容を促すよ
うな政策は，劇的な財政状況に対して，公権（の行使）を不可能にするに違い
ない．しかし，むしろ，社会の安寧をグローバルな経済秩序の条件の下で，中・
長期にわたって維持して行くためには，現存する社会基準の撤回を命じる必要
があるかもしれない．

こうした社会国家の転換に相応する法が受容を見るのは，まず困難である．
受容は，（国家による）制限や後退によってではなく，国家による給付や優遇に
よって達せられるのが筋である．受容に向かう戦略としては，とくに，二つの
方法が考えられる．一つは，政治指導による積極的な公権行使（Öffentlichkeits-
arbeit）を命ずることである．経済の必然性が認識できるところでは，個人の
犠牲があっても全ての財政の繁栄をもたらすという措置が受け入れられること
になるであろう．他方で，国家による給付が取り消される場合は，法理念に深
く刻まれている平等思考が格別に強調されることになろう．経済的な負担が正し
く配分されることによって，個々人にさらに広範な犠牲がかけられることにな
る．近年では，とくに，社会国家の改革を伴って解決されなければならない，

---

[49]　*E. Benda*, Konsens, Meinungsforschung und Verfassung, Die öffentliche Verwal-
tung, 1982, S. 877 ff., 879 ff.; *H. Vorländer*, Verfassung und Konsens, 1981, Berlin.

税法上の重大な欠損が明瞭になり[50]，これに見合った新たな秩序が受容され，その実施は必然的である．

Ⅳ．国家の課題としての受容の確保

　法律の受容を語り，あるいはその法律をも問題としうる根拠の探求は，さらに広範に広げることができよう．例示するとすれば，成功した妥協に，——今日ではほんの少しであるが——立法機関の権威に，法の継続性による法律への信頼の確保において，である．こうした包括的な受容モデルを明らかにしないことには，法の受容が個別的で，心理的な現象であり，そこに各種の受容の基盤が相互に伏流していることを明確にすることができないであろう．ほんの僅かで，それぞれが特殊に示された受容の根拠があるのではなく，蓄積された，法律が広範な受容を見いだすような，多くの理由が存在している．

　これまでの論述からすると，どのような社会心理学的メカニズムを理由として法律の受容が期待できるのかの問題が，重要であった．こうした心理学的視点の反対側で，いかなる基準をもって，多元的な国家が法律の受容に向かうことができるかどうかという規範的な問題が示されている．多元的な国家が，基本法に定められた最上の法原理を保持し，伝えるために設けられている以上は，その国家は価値中立的な国家ではない．したがって，意図された受容の管理（Management）は，正当なだけでなく，憲法によって命ぜられうるものであり，さらに，現存する法を認識しうる力をも強化しうるのである．この点は，とくに，憲法における生命と尊厳の保障に関わる全ての領域で重要である．基本法上のコンセンサスの変遷が開始されるような場合でも，まさにこうした領域生命と尊厳の保障において，法規範が確立されなければならない．法で保障された生命を，社会のコンセンサスをもって浸食することがどれ程困難であるかは，連邦憲法裁判所の二つの妊娠中絶判決が明らかにしている．正当に連邦憲法裁

---

50)　*A. Klein*, Steuermoral und Steuerrecht, 1997, Frankfurt a.M..

194 第Ⅲ部 自由な政治秩序の条件としての国家行為の受容

判所が二つの妊娠中絶判決で判断したように，国家と法の倫理的基礎が受容されるために，世論形成ないし普通教育や専門教育で配慮すべきは，国家の課題にあるのである[51]．もちろん，多元的国家は，社会において否定的に評価される流れと離れて，影響を与え，価値づけを行使する課題も有している．こうした視点からして，法律の受容を安定させ，さらに，補充していくのも，国家の重要な課題なのである．

---

51) BVerfGE 88, 203, 261; *Th. Würtenberger*, Zu den Voraussetzungen des freiheit-lichen, säkularen Staates, in: *W. Brugger* und *S. Huster* (Hrsg.): Der Streit um das Kreuz in der Schule, 1998, S. 277-295, Baden-Baden (SV. 158).

第 7 章　法律の受容　195

解　題

　本稿は，「社会学及び社会心理学のためのケルン雑誌」(kzfss) の特別号である『社会統合』に収録されたものである (Soziale Integration. Sonderheft 39 der Kölner Zeitschrift für Soziologie und Sozialpsychologie, 1999, S. 380 ff. 397)．本誌は，ケルン大学・社会学部を母体とする研究所の雑誌であり，今日ではウエッブ上でも公開されている (kzfss.uni-koeln.de)．本号はいかにもスメント学派の流れを彷彿させるタイトルであり，執筆陣の大方は社会学を専攻する教授であり，第 4 部だけは，*J. Burmeister*（ケルン大学）と *H. Rottleuthner*（ベルリン自由大学）と *Th. Würtenberger* の 3 人が，「法・法律と統合」のテーマの下で，動態的な法の分析に挑んでいる．

　ヴュルテンベルガーの書いた論文のタイトルとその内容は，あまり日本では馴染みのないものであり，憲法社会学という研究分野の内容になろう．本稿は，憲法規範の存在と，その憲法から導かれる「憲法法」たる諸法律の社会的機能の緊張関係を問題にしている点で，立法学とも近い．憲法学と社会学の接点は，憲法の静態的な機能ではなく，動態的な活かされ方にあり，それを著者は，「受容」という法現象でじっくり観察することを試みている．

　本稿は，Ⅰ．受容の定義から始まり，Ⅱ．受容に関する民主制理論を明らかにし，Ⅲ．本論文の中心テーマである，受容に至る個人の受け止め方を「社会心理学」的観点から分析している．法律が成立しても，全ての法律に国民が賛同するものではない．しかし，一端成立した法律は，妥当性をもって社会のなかでは機能しなければならない．論者はこのジレンマを「コンセンサス」という作用で説明しようとする．1960 年代から登場した多元主義的理論に「コンセンサス」という共通項を求めるのは，スメント学派の特性と見るべきであり，「受容」という行為にもその特性が現れている（参照，栗城壽夫「憲法におけるコンセンサス」大阪市立大学法学雑誌 28 巻 1 号，2 頁）．また，受容に関係する事例として「連邦憲法裁判所」の判断が注目されるところであり，著者は，「2 度の中絶判決，磔刑像（十字架）判決，課税権と所有権判決」，を指摘し，とくに，

196 第Ⅲ部 自由な政治秩序の条件としての国家行為の受容

後ろの二つの判決には批判的な視点を示している．本論文は難解な内容であるが，読み込んで行くと一定の方向性が見えてこよう．

　日本国憲法下でも，これまで法律の制定時に大議論があった法案は沢山あった．国会での論争は，十分に民意の反映がなされなかった場合もあり，とくに，憲法9条関連の法案に関しては，本稿で問題となる憲法の具体化の「受容」が，危うい法律が多かったことになる．立法に対して国民投票という手段で民主的な解決を図るのか，あるいは司法判断に委ねるかの選択もあるが，日本ではいずれも基本的には不可能である．その点で，国会での多数決で決定された法律は，否が応でも受容されなければならなかった．本稿は，斬新なテーマなのにもかかわらず，日本ではポピュラーにならないのは，国民は受容を受けざるをえない立場にしかいなかったことが原因として考えられよう．ドイツでは，憲法裁判所での抽象的規範統制をも認めるかどうかも大きな問題であり，政治的な機能を司法がもつことには，政府は賛成しないであろう．法律の受容は，国民レベルでは一端は受容しなければならず，これへの批判は，次の選挙まで持ち越されるのが現実である．法律の受容は，政治的な解決に委ねられてきたのが現実であり，憲法学からも「討議理論」に期待する部分が多いのは民主的国家に共通課題であるといえよう．

第 8 章

裁判所の判決の受容

Die Akzeptanz von Gerichtsentscheidungen

訳・解題　山本悦夫

「裁判所の判決の受容」

小目次

序

Ⅰ．受容の概念

Ⅱ．手続を終結させる裁判所の判決の受容
　1．手続参加者の視点から
　2．社会において
　3．裁判官法を受容する理由

Ⅲ．裁判官法の受容──民主主義理論的に考察して

Ⅳ．裁判権の受容について

解　題

序

　裁判所の判決の受容の問題は，広範な学問研究の領域に及んでいる．効力論を考慮すると，法の，また同時に，裁判権を通じて創られた裁判官法の広範な受容が必要であり，そのことから，法は社会学的意味において妥当する[1]．手続論的側面の下で，裁判所手続における受容の可能性と受容の要件が追求されうる．さらに，判決の受容は，代表制原理に限定されない，民主主義論的な考察をもたらす．この手続的・民主主義論的考察の基点は，国家全体の社会心理学的な正統性に際しての判決制度の能力である．その際，判決によって，そのような正統化の付与が一般的にもたらされるのか，または，期待されるのかといった中心的問題は，解決されることなく依然として残っている．本稿では，この広範な研究領域のうちのわずかな部分に限定して詳細に論じる．

I．受容の概念

　受容概念[2]について議論は分かれている．むしろ客観的に言えば，受容とは，特定の法的規律または判決が合理的に同意または承諾快諾を得ることをあらわす．受容の特別な形態としてのこのような客観的な受容可能性は，どちらかと言えば，その後の法心理学的指向をもった検討の出発点にはならない．受容は法についての個別的な論争の領域にこそある．受容は，検討し，評価し，そし

---

1) *R. Zippelius*, Rechtsphilosophie, 3. Aufl., 1997, § 21 I 3. m. Nw.
2) 受容の概念について，*Th. Würtenberger*, Die Akzeptanz von Verwaltungsentscheidungen, 1996, S. 61 f.; *J. Limbach*, Die Akzeptanz verfassungsgerichtlicher Entscheidungen, 1997, S. 5 ff. (SV. 4); *Pichler/K. J. Giese*, Rechtsakzeptanz, 1993, S. 28 f.; *E. Benda*, Akzeptanz als Bedingung demokratischer Legitimist?, 1998; *R. Herzog*, Von der Akzeptanz des Rechts, in: *B. Rüthers/K. Stern* (Hrsg.), Freiheit und Verantwortung im Verfassungsstaat, 1984, S. 127 ff.; *D. Czybulka*, in: Die Verwaltung 26, 1993, S. 27, 28 ff.; *K. F. Röhl*, Rechtssoziologie, 1987, S. 177.

200 第Ⅲ部 自由な政治秩序の条件としての国家行為の受容

て価値付けるといった個人の心理学的過程に基づいている．心理学的に見れば，受容の問題は個々の目的観念，コミュニケーションへの用意，また，認識と寛容のための能力と密接に結びついている．何が受容されうるのかを，それぞれの個別的な法意識があらわしている．

　裁判所の判決を受容することを問題とすることは，市民の視点から裁判所の判決を考察することを意味する．受容とは，裁判所の判決について，正しいため，支持できるというものから，適切ではないものの，なお承認することができるというものまでを含む価値付けの幅をもっている．したがって，受容は，裁判所の判決に同意し，あるいは，それと一致するという領域や，同意しないという領域にも及んでいる．裁判所の判決が確かに「正しい」とはいえず，原則として，自らが他の判決に賛成しても，それが（なお）承認でき，また（なお）支持できる規律と見なしうるのであれば，そこには受容があることになる[3]．受容がないのは，判決が間違っており，全く受け入れられないと考える場合である．

　裁判所の判決の受容は，経験的な社会学的研究の方法によって測ることができる．アンケートの方法により，いかなる裁判所の判決あるいは，いかなる裁判官の法形成が同意と受容を受け，そして，なお承認を受ける限界がどこにあるかということを明らかにすることができる．

　そのような視点において，裁判所の判決の受容の問題は，まず，法的な「正しさ」あるいは「正統化可能性」の問題と区別されなければならない．受容の問題は，狭い意味における解釈学的な問題ではなく，司法の任務を「正しく」こなすことによる，裁判権の承認と正統性[4]の問題なのである．

---

3)　「最上級裁判所の判決の受容」について，vgl. die Beiträge in: *R. W. Pichler* (Hrsg.), Rechtsakzeptanz und Handlungsorientierung, 1998, S. 235 ff.

4)　受容問題の社会学的側面について，*D. Lucke*, Akzeptanz. Legitimation in der „Abstimmungsgesellschaft" 1995; *dies*, Grenzen der Legitimation. Zum Strukturwandel der Akzeptanz, in: Gesellschaften im Umbruch, 1996, S. 473 ff.

II. 手続を終結させる裁判所の判決の受容

　手続を終結させる裁判所の判決の受容は，2つの面で検討される．第1の面においては，具体的な裁判所の手続が論じられる．ここで検討されるのは，裁判所の手続に参加した者が裁判所の判決を受容することができるか，また，できるとすればどこまでかということである．一見すると，勝訴した当事者が裁判所の判決を受容し，他方で，敗訴した当事者はそれをやむを得ず受容せざるを得ないように思われる．実際は，たとえば，部分的にのみ勝訴した場合，あるいは，裁判所の手続が和解[5]で終結した場合のように，この「受容の道筋」が常に一義的に推移する訳ではない．敗訴した当事者にあって，裁判所の判決を受容する最小限度のものがいかに獲得できるかが，最初の段階において研究される．具体的な裁判所手続に基づいて，特にメディアにおいて，しかも，専門家の間で公開される裁判所の判決が，受容されるかどうかが問題となりうる．

1. 手続参加者の視点から

　法律または法適用が個人の法意識に反するが，市民がそれを正しいと考える場合には常に，長たらしい手続というコストを負担するエネルギーが発生する．ここでは，さまざまにひどく誤解されていることではあるが，裁判所の手続もまた公益[6]において行われる．このことは，とりわけ，法の解釈に争いがあり，なお最終的に解決されていない法的紛争や，立法者が何らかの理由でいつまでもその法形成任務を履行しないといった法的紛争にあてはまる．このような状況において，法は技術的，社会的または経済的変化に適合させられ，また，同時に裁判官法的に形成され続けなければならない．このような裁判官によって

---

5)　これにつき，*M. H. Eisenlohr*, Der Prozeßvergleich in der Praxis der Verwaltungs-gerichtsbarkeit, 1998, S. 156 ff.

6)　このことが，費用判決において考慮されるべきかどうかは，法的政治的に従来よりも集中的に議論されるべきである．

202 第Ⅲ部 自由な政治秩序の条件としての国家行為の受容

行われる法律の適用と法律の修正は，変化した社会にある法を時代にあったものとする[7]．

　法を拘束力ある方法で確認し，継続形成していくことを裁判権に任務として割り当て，しかも同時に，正しい法が規範から引き出されることができるだけでなく，多様に衡量[8]によってまた論証を通じて発展させられるということも自覚させる法理論的定義は，裁判権に重要な法創造的な機能を付与する．論証的な方法をよりどころにして，裁判官の法創造を法獲得の論証的なプロセスにおいて指摘するこの定義に際して，法の継続形成と裁判官法の受容可能性が正しい法の重要な一要素となりうる[9]．

　裁判手続の主要目的の1つとしての法的平穏の視点において，このことはより詳細に明確にされうる．法的効力ある判決は，争っている当事者間に法的平穏をもたらすという有名な定式は，部分的にしか適切でない．確かに，拘束力をもって法的紛争を仲裁することは平穏をもたらすように作用しうるということは正しい．しかし，その手続に委ねられた正統性はごくわずかしか与えられない．法的平穏という手続の目的は，裁判官による紛争の仲裁が争っている当事者にとって受容できる裁判所の判決となる場合に限り，包括的に果たされるにすぎない[10]．

---

7)　この発端につき，*W. Brohm,* in: DVB1. 1986, S. 321 ff.; *ders.* in: Die Verwaltung 24 (1981), S. 137, 143 ff.; *Th. Würtenberger*, Verwaltungsprozessrecht, 1998, Rn. 7 f. (SV. 9).

8)　衡量による法発見につき，*H. Hubmann*, Wertung und Abwägung im Recht, 1977; *W. Erbguth* u. a. (Hrsg.), Abwägung im Recht, 1996; *B. Schlink*, Abwägung im Verfassungsrecht, 1976; *W. Leisner*, Der Abwägungsstaat, 1977; *R. Rubel*, Planungsermessen, 1982; *R. Alexy*, Theorie der Grundrechte, 1985 S. 75, 146.

9)　これにつき，*Th. Würtenberger*, Rechtliche Optimierungsgebote oder Rahmensetzungen für das Verwaltungshandeln?, 1999 in: VVDStRL 58 (1999), S. 139, 154 ff., 167 ff. (SV. 171), m. Nw.

10)　*Th. Würtenberger*, Verwaltungsprozessrecht, 1998, Rn. 9 (SV. 9).

a）共同体の法意識への結びつきについて

　裁判手続の当事者において，また世論において，裁判所の判決の受容は，支配的な正義，価値，そして正しさの観念への「価値適合的な」懐古的結びつきを通じてもたらすことができる．事実上生じている一般的な正義，価値，そして正しさやそれらの変化したものとの結びつきは，多数の例示によって証明されうる[11]．多元社会においてはもちろん，支配的な正義，価値，そして正しさの観念が受け継がれうるのかどうか，受け継がれるとすれば，どの程度であるのかを確認することが必要である．この点で意見の相違がある限り，たとえば，連邦憲法裁判所のキリスト磔刑像決定[12]または損害としての子ども判決[13]が証明するように，このことは司法が正統化を付与することを困難にする．

b）手続による受容について

　共同体の法意識の方向に組み込まれることによる受容と並んで，裁判所の手続の形成による受容がある[14]．訴訟において，結果として，平穏をもたらし，受容を生じさせる判決といえるような，法解釈的対話，法的議論，また同様に，事実問題についての対話，すなわち事実についての議論が行われる場合，法的平穏は実現される．裁判所が手続の当事者の請求を認め，これにより，はじめて判断するために取り組んだということを通じて，法的な聴聞の規則に従うという旧来のスタイルの手続は，受容に十分とはいえない．裁判所は当事者に，判断するのに重要な事実を告知するだけでなく，事実と法問題について当事者間で議論することを促すべきである．行政裁判所規則104条1項の討議義務お

11）　*Th. Würtenberger*, Zeitgeist und Recht. 2. Aufl., 1991, S. 174 ff. (SV. 3); *G. Robbers*, Gerechtigkeit als Rechtsprinzip, 1980, S. 23 ff.; BVerfGE 8, 174, 183; 45, 187, 259.

12）　BverfGE 93, 1; *A. Hollerbach*, Der Staat ist kein Neutrum. in: Herder-Korrespondenz, 1995, 536, 537.

13）　BGHZ 124, 136; BVerfG NJW 1993, 1751; 1998, 519; *W. Stürner*, in: JZ 1998, S. 317; *A. Laufs*: in: NJW 1998, S. 796.

14）　同調者につき，*U. Neumann*, Zur Interpretation des forensischen Diskurses in der Rechtsphilosophie von Jürgen Habermas, in: Rechtstheorie 27 (1996), S. 415 ff.

204 第Ⅲ部 自由な政治秩序の条件としての国家行為の受容

および行政裁判所規則 108 条 2 項の特別聴聞規定が基本法 103 条 1 項で定める法的聴聞を効果的な方法で実現するものであるとすれば，詳細な事実についてのおよび法的な議論は，高貴な義務（nobile officium）であるだけでなく，法的に命じられるものでもある．

　これに対して，判決や注釈書は，裁判所が包括的な事実についての，また法的な議論を義務づけられていないということでほぼ一致している[15]．これによれば，訴訟法の支配的な原理は，手続的正義の最小限のものが保障される判決を保障すればそれで十分である．「別の側（の意見）も聞かれるべきである（audiatur et altera pars）」の原則，手続当事者の「武器の平等」，予期しない裁判の禁止，証拠開示請求権，または，裁判所の教示義務が定められているにすぎないとする．

　前述の法的に定められたことが裁判所手続においていかに実行されているかは，手続の実務と手続構造の問題である．これらの定めは，裁判所で争っている当事者に対する裁判所の抑圧を可能にするだけでなく，他方で，裁判所の専門的なそして活気を与える指揮の下では，当事者が自らの権利を争う論争的で議論しあう手続も可能となる．裁判所の手続において，そのような論争が行われるか否かは，ほとんど，裁判官の個性に左右される．

　受容に向けての手続の管理に対して多様に現れる抑圧の理由は，詳細な事実と法問題についての議論が，時間的集中的に，また，裁判所の限られた人的資源によって，ほとんど管理されることがないということにある．さらに，伝統的な手続の理解により，裁判所が「合法的であると認められる」ことがある．この独占的に行われ，協同的に行われることのない裁判の実施[16]は，法獲得過程への手続的参加の役割を最小のものに縮減してしまう．

　そのことと対照的に，手続参加者の議論により，受容だけでなく法的に正し

---

15)　*F. O. Kopp/W.-R. Schenke*, VwGO, 11. Aufl., 1998, § 104 VwGO Rn. 4, § 108 VwGO Rn. 21; BVerfGE 66, 116, 147.

16)　*U. Neumann*, Zur Interpretation des forensischen Diskurses in der Rechtsphilosophie von Jürgen Habermas. in: Rechtstheorie 27 (1996), S. 418.

い裁判も期待できる新しい手続構造が普及しつつある[17]．手続参加者の議論において，私的なそして公的な法的地位が定式化され，重要性が判断される場合，衡量的な法の継続形成が明確になり，かつ事後的に承認される．法の解釈と継続形成が衡量の過程に依拠するならば，このことは常に当然のことである．方法論の観点の下では，たとえば，法律の主観的または客観的意思に合致させることは，裁判の受容の基準からも生じうるかどうかという問題が提起されうる．判決の内容からいえば，正しい衡量，正確には，対立する法的立場または法原理の間の妥協と，納得できる判決理由は，受容の本質的な前提条件を見いだし，そして法的平穏をもたらす対立の調整なのである．この正しい妥協と判決の受容を求めることが，裁判官に開かれた解釈の幅の範囲においてのみ生じるということは，とくに強調する必要はない．

　計画と許可手続における対立の解消を行政法学的に分析して明らかになるのは，現行の手続法による聴聞主宰者は，当事者から離れて官僚国家という旧モデルに方向付けられる行政手続を，他方で，論証的で受容可能な対立の解消に方向付けられる行政手続をも形作ることができ，その結果，行政手続法ではなく，むしろその時々の手続を主宰する官吏が行政手続のスタイルを形成するということである[18]．問われるべきことは，このような認識が裁判手続に準用することができるかである．確かに，行政手続と裁判手続は異なった手続合理性にしたがっており，その結果，行政手続と裁判手続における受容の管理はかろうじて比較することができるにすぎない．それにもかかわらず，当事者の事実と法についての陳述が当事者間で，また，裁判所と共に，裁判所によって先行する判決を導く観点のもとで議論されるように，裁判所が事実と法の対話を管理するといった要請は当然のことである．この特別な手続原理がすべての手続

---

17)　すでに，*C. H. Ule*, Verwaltungsprozessrecht, 9. Aufl., 1987, §30．今や決定的に，*K.-M. Ortloff*, in: *F. Schoch/E. Schmidt-Asmann/R. Pietzner*, VwGO, §104 VwGO Rn. 19, 24.

18)　*Würtenberger* (Fn. 2), S. 17 ff., 統計的な手掛かりと多元的主義な手掛かりの間の相違について．

206 第Ⅲ部 自由な政治秩序の条件としての国家行為の受容

参加者に必要であるということは，特に重視される必要はない．このために必要な手続管理の能力を与えるために，アングロサクソンの領域におけるのと同様に，紛争解決と受容管理の観点における裁判官の教育に，より大きな価値付けが付されるべきことが要請されよう．

　この関係において問題とされなければならないのは，当事者と距離をとって決定する裁判官の個性，または，積極的に対立の解消を管理しようとし，実際に行っている裁判官の個性のどちらが，裁判所の手続のスタイルを形成しようとしているかである．あきらかな範囲では，広範囲にわたる裁判所手続の新しい方向づけのために，必要な経験的な調査と，規範的にみて必要とされる考慮が，そのような限りでは欠けている．

2．社会において

　判決がメディアによって社会に仲介される通りに，判決は受け入れられ，しかも，受容といった形式においてのみ受け入れられる．次のように誇張して表現される．メディアの現実世界が，「司法の本来の現実世界である」[19]．メディアを通して，個人は最上級裁判所の判決に賛成か反対かの理由を知る．個人の自己理解によれば，この場合，メディアは判決と住民の間の結合機関であるだけでなく，統制機関でもある．したがって，メディアによる最上級裁判所の判決の事実に即した仲介が重要な任務となる．もしメディアが裁判官の判決と対立するならば，このことは裁判官法の一定の効力だけでなく，法秩序全体の機能不全をもたらすことになろう．

　メディアが裁判官法の仲介，住民の間の法認識の発生，また受容の成立に際して本質的な役割を果たすならば，裁判所とメディアとの間の関係はさらなる考慮を必要とする．裁判権の立場では，メディア活動の強化が当然であると思われる．確かに，このことは裁判官の任務とはいえない．というのも，もし裁判官がメディアでわが身をさらし，そして解釈を行うならば，裁判官の独立が

---

19)　*K. Marxen*, Das Volk und sein Gerichtshof, 1994, S. 50.

脅かされることになるからである．このことは，むしろ，最上級裁判所裁判官の判決をメディアに受けるように評価し，その仲介に際してプレスに介助を与える特別なプレス報告書によって行われることがありうる．プレスの立場では，カールスルーエの連邦憲法裁判所では，カールスルーエにおける最高の裁判権とプレスの間の関係を制度化するために,司法プレス協議会 (Juristenpressekonferenz) が結成されている．このような制度化された双方の交流は，確かに最上級裁判所の判決を住民に適切に仲介することに寄与することが多々あり，また，判決の受容も判決の批判的な議論とともに促進しうるのである[20]．

この関係において，さらなる研究が意味をもつ．それによれば，いかなる領域において最上級裁判所の判決がメディアや住民に積極的または批判的な反響を及ぼすのか，どのようにメディアによって判決が住民に仲介されるのか，さらに，一定の時間の経過後に，先ず拒絶された判決に受容が生じるのか，また生じるとすればどの程度であるかということである．

3．裁判官法を受容する理由

共同体的な正義，正統性，価値についての観念，論証的な手続形成，メディアによる適切な仲介を引き合いに出すことだけでは，裁判所の判決の受容の理由づけにはならない．これらに加えて，判決の受容は，裁判官の中立性，裁判官の政治家との距離，政治ではなく法を基準とした態度，法の事実に即した具体化，また，法的な方法に合致し，正義を見つめることによる対立の解消に基づいて生じる．

一方で法の権威と裁判官のとる距離に支えられ,他方で共同体的な法意識と，また共鳴体としての社会との論証的な法創造と結びついた受容の方法は，明らかに対立しており，争いとなることもありうる．この受容の方法がいかに両者

---

20)　Vgl. *R. Lamprecht*, Kooperation und Konfrontation. Über das Verhaltnis der Medien zum Bundesverfassungsgericht, in: *B. Guggenberger/ Th. Würtenberger* (Hrsg.), Hüter der Verfassung oder Lenker der Politik? Das Bundesverfassungsgericht im Widerstreit (1998), S. 282 ff. (SV. 19).

208 第Ⅲ部 自由な政治秩序の条件としての国家行為の受容

の一致をもたらしうるのかという問題は，民主主義社会における裁判権の役割
についての問題である．

Ⅲ．裁判官法の受容──民主主義理論的に考察して

　裁判官法の定立につき，民主的法治国家において民主的に正統化されるべき
法定立に判決が本質的に関与する．ここでは，裁判官法が社会の受容や同意に
よって，特別な種類の民主的な正統性を獲得できるのかどうかといった問題が
発生する[21]．

　民主的法治国家においては，法は広範に同意され，自由意思で法に従われな
ければならない．民主的な同意と効果的な法形成は，広範に自らを義務付ける．
法の指導原理とその形成が原則として受容を与えられる場合に限り，法は市民
と国家との間の関係を効果的に規律する[22]．受容と正統化の危機にあっては，
ますます法を執行するための国家の強制が必要となり，法は少なくとも社会学
的意味において効力を失う．民主的法治国家は，社会と距離のある国家ではな
く，いわゆる「法律婚（Connubium）」の中に，また社会との共生の中に，法の
正統性や政治的能力を見い出す国家なのである．

　法秩序を発展させる裁判官法は，このテーゼにより，確実な受容[23]を受けな

21）　この問題につき，憲法裁判権の観点から，*Th. Würtenberger*, Zur Legitimitat des
　　 Verfassungsrichterrechts, in: *B. Guggenberger/Th. Würtenberger*, Hüter der Verfas-
　　 sung oder Lenker der Politik? Das Bundesverfassungsgericht im Widerstreit (1998),
　　 S. 57, 72 ff. (SV. 19).

22）　これにつき，*Th. Würtenberger*, Die Akzeptanz von Gesetzen, in: Kölner Zeitschrift
　　 für Soziologie und Sozialpsychologie (1999), (SV. 181).

23）　別の見解は，*W. Krawietz*, Anerkennung als Geltungsgrund des Rechts in den mo-
　　 dernen Rechtssystemen, in: FS für H. Klenner, 1992, S. 104. 法治国家において，市民
　　 は法に従順でなければならない．すなわち，重要なのは，人間の行動を外的に規
　　 律するものであって，法律や法が従うべき理由づけではない．ここでは，民主的
　　 法治国家の理念は，単なる法治国家的なものに一方的に狭められている．また，
　　 法の効力の問題は，承認によって十分にはテーマとはされていないようである．

ければならない．確かに，すべての原則的判決が社会において受容されるわけではない．さらに，多元的国家において，裁判官法や裁判権についての批判的な議論のあることは自明のことである．それにもかかわらず，同意と受容は法治国家的な法形成の重要な指針である．このことは，世論調査のアンケートが法治国家的な法形成の補助手段であるべきということを意味するわけではない．一般的に確認される限りで，社会におけるその時の支配的見解が法治国家的な法形成の基盤となるならば，心理学的な実証主義，または，無批判なポピュリズムとなってしまうであろう．法治国家的な法形成の重要な基本理念は，具体的な状況から法的に正しいことを展開することでは変わらない．また，裁判官法を通じて，世論において必要とされる法的な基準の破壊に反対することがありうる[24]．

裁判官法の指導理念は，判決が特に「大衆受けしない」場合にも，裁判官法が長期的な展望に立って受容と同意を求めることができるということでなければならない．このことは，意識を形成する「応答性」の原理の意味において，日々の政治的争いとは離れて，判決が長期的な展望から活動を指導管理し，促進することを必要とする．この意味において，個々の最上級裁判所の判決と裁判官法が，全体として支配的な正義，価値，そして正しさの観念に事実上影響を及ぼすか，実際にも影響を及ぼしたかどうか，また，及ぼしたとしてどの程度であるのかについて，詳細に調査することは意味があろう．ここでは，意識を形成し，また法意識を安定させる法の効力[25]についての古くからのテーマは，判決を考慮して変わらざるをえない．

法意識の枠付け条件を安定させ，あるいは，変化させる裁判官法の効力は，さらに明確化することが必要である．議論されている裁判官法的な法形成は，それが法実務の中で実証される場合，あるいは，長期にわたる歴史的伝統に根

24）　別の出発点から同様に述べるのが，*J. Limbach*, Die Akzeptanz verfassungsge-richtlicher Entscheidungen, S. 11 f.

25）　法律と法の法意識を形成する力について，*H.-H. Jescheck*, Lehrbuch des Straf-rechts AT, 4. Aufl., 1988, S. 4.

210 第Ⅲ部 自由な政治秩序の条件としての国家行為の受容

付いている場合，長期的な展望に立って受容される余地はありうる．その場合，歴史的な視点において，法の「正しさ」についての共同体的な観念はすべて変化するということ，また，多元的国家においては，法や憲法の世界観的なそして倫理上の基盤は全く異なって評価されるということを見誤ってはならない．確かに，ただ変化の過程に目を向けるのではなく，可能なかぎり，歴史的な経験または守るべき価値ある原理との衝突に際しても，社会の認識の変化を批判的に評価すべきである．

　全体としてみれば，裁判官法的な法形成に際して，立法者の立場と心構えに立ち，その際，自らがその代表として理解する機関によって選出されるべき視点を選択するという古来の要請に積極的に与することになろう．このことは，裁判権に対する「応答性」への特別な要請である[26]．

Ⅳ. 裁判権の受容について

　裁判所の判決や裁判官法の受容は，政治制度全体の受容と大きく関連する．裁判官法，また裁判所の判決も，裁判権という制度が共同体的意識において積極的に価値付けられる以上に，潜在意識的にはいっそう受容を認めているというテーゼがある．裁判官法が結局は同意されてしまうということを通じて，裁判権の積極的な価値付けは法的規律の範囲において再び確定されるということが明白である．

　たとえば，フランスと比較すれば，裁判権が特に強く受容されるということは，ドイツにおける政治的法的な発展の特殊性の1つである．このことは，過去における争いにもかかわらず，特に，憲法裁判権にも，また他の最上級の連邦裁判所にあてはまる[27]．裁判所によって行使された判決機能についてのこの

---

26) *H. Krüger*, Allgemeine Staatslehre, 2. Aufl., 1966, S. 709.「民主的国家における裁判官法」について，*J. Limbach*, „Im Namen des Volkes", 1966, S. 113, 120 ff.

27) Vgl. *Th. Würtenberger*, Zeitgeist und Recht. 2. Aufl., 1991, S. 145 (SV. 31); *E. Noelle-Neumann/R. Köcher* (Hrsg.), Allensbacher Jahrbuch der Demoskopie 1984–1992,

伝統的に強い受容は，その歴史的な由来などを，多くの従属的な手続の中で権利保障を行い，そして発達した世論の中に広範な同意を見いだした18世紀末までのライヒ大審院の判決や，民主的法治国家を司法に訴えることでも実現させることができた19世紀以来の行政裁判権の業績の中に見いだす[28].

　判決の強い受容は，数十年以上にわたり非常に成功した裁判官による法の具体化と法の発展に由来する．さらに，このことは，法的な解決を，依然として問題があると考えられてきた議会手続や，議論を通じて行うことよりも，「正しい」法を司法上の法の具体化に期待するという，ドイツにおける特別な傾向にも由来している[29]．たとえば，フランス，イギリス，そしてイタリアと比較すれば，裁判権とその判決の受容は，——その歴史的な次元においても——より明確な輪郭を得ることができる．ここでは，まさに司法的統制の下にある法治国家へのドイツ的な途は，裁判権とその判決の特別な受容においてのみたどることができる．もし，裁判権とその判決の受容がドイツの政治的文化において伝統的に高い価値付けを有する場合，これらの資源を保護することは研究と実践における最も重要な任務である．これらは，国家主義的な手続文化から論証的で多元的な手続文化[30]への変化が，裁判手続においても注目されるべきであり，裁判権とその判決の受容を保障し続けることになるかどうかの問題と関係しなければならない．また，過去や現在の裁判所の判決の受容を研究テーマとするために，このことは議論されるのである．

　　　1993, S. 652 ff.

28)　　裁判権の受容の歴史的由来については，*Th. Würtenberger*, Verfassungsentwicklung in Frankreich und Deutschland in der zweiten Hälfte des 18. Jahrhunderts, in: Aufklarung 9 (1996), Heft 1, S. 73, 83 ff. (SV. 148); *Würtenberger* (Fn. 9), S. 147 ff.

29)　　この点については，*Würtenberger* (Fn. 9), S. 149.

30)　　*Würtenberger* (Fn. 2), S. 24 ff.

212　第Ⅲ部　自由な政治秩序の条件としての国家行為の受容

解　題

　本稿，*Th. Würtenberger* の「裁判所の判決の受容」の書かれた時期は，連邦憲法裁判所の 1995 年の「キリスト教磔刑判決」など一連の判決に対する政界・学界や世論からの強い批判を通じて，連邦憲法裁判所制度自体に対する強い不信感や懐疑を生むことになった時期である．このような批判に直面して，連邦憲法裁判所の制度的な改革が提案される一方で，本稿のように積極的に判決が受容されるための方策が検討されることになった[31]．

　判決批判には 2 つの側面がある．第 1 の側面は，国民主権と表現の自由である．主権者としての国民は司法権の行使に対して批判し，意見を述べることが許される．裁判の公開は批判の自由を前提とし，また，国民は裁判官の罷免に関与することもできる．第 2 の側面は，司法権の独立である．裁判官がその職権を行使するにあたり，国民など裁判所の内外からの批判を受け入れてしまうことは，裁判官の職権の独立を侵すことになる．1920 年のプロイセン憲法において用いられ，1940 年代の終わりからドイツの裁判所の判決形式に用いられた「国民の名において」という言葉も，この 2 つの側面から考える必要がある．裁判批判に関して，この言葉は，一方で裁判所は国民の意見に耳を傾けるべきであり，世論調査を通じて判決の規範的な正しさが導かれることを意味する．しかし，判決が世論に従属することになれば，ポピュリズム裁判となろう．他方で，司法権の独立あるいは裁判官の職権の独立の観点から，「国民の名において」とは，裁判官が民主的国家共同体の奉仕者であることを想起させるものとされる．裁判所の判決は，自由で公的な批判に耐えることができるものでなければならない．

　確かに，裁判所はコンセンサスを通じて社会的統合をもたらすことができる．ときには，連邦憲法裁判所に対する鋭い批判は，「国家の統合能力の喪失」の兆候と見なされることもある．そこで，ドイツ連邦憲法裁判所の最初の女性長

---

31)　畑尻剛「批判にさらされるドイツの連邦憲法裁判所（上・下）」ジュリスト 1106 号 74 頁以下，1107 号 79 頁以下参照．

官となった *U. Limbach* は，統合能力の回復のために，判決の説得力を高める
こととして，判決の受容が必要だとする[32]．

---

32)　ユッタ・リンバッハ（青柳幸一／栗城壽夫訳）『国民の名において―裁判官の職
　　務倫理』（風行社，2001 年）89 頁以下参照．

第 IV 部

時代精神と法
Zeitgeist und Recht

第 9 章

時代精神と法——問題提起

Zeitgeist und Recht – Fragestellungen

訳・解題　玉蟲由樹

「時代精神と法―問題提起」

小目次

問題提起

解　題

問題提起

　法律が改正されたり，裁判所の判例によって法律と異なる見解が示されたり，あるいは解釈論的な構成が放棄されたりすると，法的な変化が生じる．その担い手はよく知られた者である．昔から法律家（die Juristen）が法秩序の時代および事情に即した継続的形成に際して主要な役割を果たしている[1]．法律家は法政策や，法の定立による法の継続的形成に本質的な影響を与えてきた．彼らは法の継続的形成を判例法[2]および解釈論の成果によって制御している．

　法の継続的形成のきっかけや誘因はさまざまである．解決を必要とする社会的あるいは経済的な問題，法意識に適合しない法的規律，実現されるべき政治コンセプト，法の継続的形成のプロセスに影響を与える団体による要求[3]などがそれにあたる．この関連における重要な視角は，法はたしかに社会の共同生活を秩序づけ，形成しようとするが，同時に社会的[4]，文化的あるいは経済的[5]な変化[6]を規律の次元に取り込むこともしなければならないということである．

---

[1]　たとえば，*R. Schnur* によって編まれた論集である『近代国家の成立における法律家の役割 (Die Rolle der Juristen bei der Entstehung des modernen Staates)』(1986年) を参照．

[2]　*J. Harenburg/A. Podlech/B. Schlink* (Hrsg.), Rechtlicher Wandel durch richterliche Entscheidung (1980).

[3]　*G. Kocher*, Verbandeinfluß auf die Gesetzgebung, 2. Aufl. (1972).

[4]　*W. Friedmann*, Recht und Sozialer Wandel (1969); *R. Zippelius*, Rechtsphilosophie, 2. Aufl. (1989), §10 I (「社会事実の法に対する影響」について); *J. Wege*, Positives Recht und sozialer Wandel im demokratischen und sozialen Rechtsstaat (1977); *F. Ruland*, Rechtstatsachenforschung und Rentenversicherung, in: Deutsche Rentenversicherung 1986, 422 ff.

[5]　*H. Coing*, Grundzüge der Rechtsphilosophie, 4.Aufl. (1985), S. 185 ff.; *B. Rüthers*, Die unbegrenzte Auslegung, 3. Aufl. (1988), S. 64 ff.

[6]　*F. W. Bürgi*, Das Recht in der veränderten Welt, in: Die Welt in neuer Sicht (1957), S. 88 ff.; *R. Breuer*, in: Die Verwaltung 19. Bd. (1986), 305.

220　第Ⅳ部　時代精神と法

　法学的な事実認識の発展，社会共同体の圧力あるいは社会経済領域での変化は，法の発展のプロセスにとって高い位置価値をもつ．「変化する法（changing law）」にとってのこれらの疑いなく重要な「現実的」要因は，以下の考察の中心を占めるものではない．むしろ重要なのは，精神的な要因が法秩序の継続的形成にどれだけの影響を及ぼしうるか――これは *Jhering* が「国民の精神および時代の精神は，法の精神でもある[7]」という断定によって表現した視角である――，そしていかなる条件が共同体の意識変化への法秩序の志向を正統化するか[8]という問題である．この問題提起は，ある時代の支配的な精神的思潮は個人と同様に集団的な意識をも特徴づけ，支配的な精神的思潮における変化は同時に個人および集団の意識の変化をも意味するものであって，変化した意識によって法秩序もまた変化する[9]という仮定によって支えられている．

　法的な変化の理念的要因を探るということは，根本において，法の継続的形成にとって決定的なある時代の精神的思潮について確信を得ることである．ある時代の大きな精神傾向は，時代精神（Zeitgeist）[10]という再び現代的なものと

---

7)　*R. von Jhering*, Geist des römischen Rechts, Teil 1, 6. Aufl. (1907, Neudr. 1968), S. 45.

8)　この問題領域に関する最初の包括的な記述は，*A. V. Dicey*, Lectures on the Relations between Law and Public Opinion in England during the nineteenth Century, 2. Aufl. (London 1914) にみられる．基本的文献としてさらに，*R. Zippelius*, Wertungsprobleme im System der Grundrechte (1962), S. 160 ff.; *ders.* (Fn. 4), §5 III.

9)　この点につき，*B. Liebrucks*, Sprach und Bewußtsein, Bd. 1 (1964), S. 109.

10)　「時代精神」は現在まさに流行概念である．それは，さまざまなスタイルの出版物で見出しとなっており（„Wiener. Deutschlands Zeitschrift für Zeitgeist"; *G. Hofmann*, in: Die Zeit vom 21. 11. 1986, S. 57），新聞広告に用いられ（時代精神という名での百科事典の広告），政治的立場の特徴づけ（時代精神に「抵抗」がなされるとき：*M. A. Höfer*, Zynismus heute. Streifzüge durch den Zeitgeist, in: Die politische Meinung, 32, Jahrg. (1987), S. 77 ff.），悲観的な基調ムードの表明（*K. Sontheimer*, Zeitwende? (1983), S. 10 f.），広報活動のコンセプトの展開（*A. Oeckl*, Dem Zeitgeist auf der Spur, in: FAZ vom 28. 9. 1985, S. 15），あるいはドイツ現代史の時代区分（*K. D. Bracher*, Politik und Zeitgeist. Tendenzen der siebziger Jahre, in: *K. D. Bracher/T. Eschenburg/J. C. Fest/E. Jäckel* (Hrsg.), Geschichte der Bundesrepublik Deutschland, Bd. 5 I: Republik im Wandel 1969–1974 (1986), S. 283 ff.）に用いら

なった概念によって言い換えられうる（原著第2章）．時代精神と法との間での相互依存[11]を追求することで，ある時代の多様な精神的思潮から，一方で，法とその継続的形成にとっての精神的基礎[12]および推進力である基本的なものの見方および展開が把握される．精神的思潮の多様性からは，他方で，とりわけ——変遷する——政治的で文化特殊的な諸理念，世界像，理想像，価値観念[13]，宗教的・世界観的立場，道徳的・倫理的信念，あるいは——変化する——行動様式が生じる．

時代精神と法との関係は，*Montesquieu* の「法の精神」（1748年）以来の国家哲学および法哲学のテーマである（原著第3章1）．それというのも，専制的な国家権力による法の継続的形成も，法秩序の精神的基礎への依拠によって正統化され，限界づけられるからである．むろん法秩序の精神的基礎がどこに見出されるべきかは，以前から論争的である．ある者によれば，——心理学的には——住民の法意識が，あるいは——歴史学的には——歴史のフォーラムにおいて実証され，国民意識から発展した法制度が，法秩序の精神的基礎である．こ

れている．「Zeitgeist」という言葉が19世紀半ば以来英語で借用語として用いられている（Nw. Im Supplement to the Oxford English Dictionary, vol. II/2 (1986), S. 1393）こともあり，アメリカでは「Phoebe Zeit-Geist」がSF漫画の主人公である（The Adventures of Phoebe Zeit-Geist, New York 1968）．政治的な日常語の概念として時代精神がほとんど明確化されえないことは明らかである．以下においては，法実務や法理論にとっての「時代精神」と結びついた思考パターン，主張およびもくろみを解明することが問題となる．

11) このアプローチについては，*F. Bühler*, Verfassungsrevision und Generationproblem (1949), S. XVI ff.; *H. Otto*, Der Niedergang der Rechtsidee im utiliaristischen Zeitgeist (1981); *R. Zippelius* (Fn. 4), §5 III．変化しつつある政治的価値観念がもつ法秩序の継続的形成への影響については，*B. Rüthers* (Fn. 5), S. 113 ff., 433 ff.

12) *Th. Würtenberger sen.*, Die geistige Situation der deutschen Strafrechtswissenschaft, 2. Aufl. (1959) を参照．

13) *R. Zippelius*, Die Bedeutung kulturspezifischer Leitideen für die Staats- ind Rechtsgestaltung (1987); *F. H. Tenbruck*, Die unbewältigten Sozialwissenschaften oder die Abschaffung des Menschen (1984), S. 53 ff.（世界像の変化について）．*K. Boulding*, Die neuen Leitbilder (1958); *M. Honecker*, Werte und Leitbilder, in: *K. Weigelt* (Hrsg.), Werte. Leitbilder. Tugenden (1985), S. 39 ff.（価値観念と理想像との違いについて）．

222　第Ⅳ部　時代精神と法

こで想起されるのは，わずかに歴史法学の国民精神理論（原著第3章3），ある
いは *Beseler* による，国民のなかに精神的に実存する「国民法（Volksrecht）」と
「法律家法（Juristenrecht）」との区別[14]だけである．別の者によれば，現代の精
神（原著第3章2），理性および自由へと向かっていく客観的な世界精神（原著第
3章4），あるいは――結果論的にいえば――歴史に影響力をもった時代の思潮
が，法の継続的形成にとって決定的な意味をもつ精神的基礎である（原著第3
章5）．後者の立場に与するのは，ヘーゲル学派の一部および19世紀初頭の自
由主義の理論家の一部である．

　法の継続的形成と変化する集団的な価値意識および正義意識とを関係づける
のであれば，これまでほとんど手を付けられてこなかった法心理学の領域に踏
み込むことになる．諸々の変化は，ある時代の精神的思潮の構成要素であり，
その変化に関与する，住民の法意識，すなわち集団的な価値観念，正義観念お
よび正しさの観念のなかに見て取ることができる．こうした変化は，たとえば
労働倫理，人間像，教育方法，行動様式などにおける諸変化のなかで明らかな
ものとなる．このような変化のプロセスは唐突に生じるものではなく，それぞ
れ固有の歴史をもつ．このプロセス的な変化を究明すれば，その推移が日々の
政治的議論や流行の喧騒のなかでほとんど認識されえないような，共同体発展
のより深い層に到達できるかもしれない[15]．

　法政策や法ドグマーティクにとって，法の定立，法の執行，規範解釈および
裁判官法が変化する時代精神に一定程度依存していることは，意味のあること
である．実定法を志向する法律家には，こうした依存性は常に意識されてはい
ない．法と法ドグマーティクの時代の精神的状況および集団的法意識への依存
は，理性の要求を志向する法学の視野からあっけなく外れてしまうのであ
る[16]．現実分析において法発展と――変化する――価値観念，正義観念および

---

14)　*G. Beseler*, Volksrecht und Juristenrecht (1843).

15)　*R. Wassermann*, Ist der Rechtsstaat noch zu retten? Zur Krise des Rechtsbewußt-
seins in unserer Zeit (1985), S. 5.

16)　彼らが生きる時代への個人（*M. Lansmann*, Das Zeitalter als Schicksal (1956), S. 5

正しさの観念との間での相互の依存性を示すことは，本質的に重要である（原著第5章）．

　法的変化の精神的要因を関心の中心に据える場合であっても，現実的要因もまた意識に重大な影響を与えるということを見誤るべきではない[17]．社会的・経済的関係に対してそうであると同時に，法秩序は精神的思潮にも影響しうるのである（原著第6章3a）．かたや法秩序の発展と，かたや価値観念，正義観念，正しさの観念の発展との間には，きわめて把握しづらい相互依存が存在している[18]．一方では，規範の変化は集団的な法意識に明らかに重要な影響をもつ．他方では，価値観念，正義観念および正しさの観念は，ときとして，変化した法秩序に依拠するというよりも，社会的，文化的または経済的な変化にもとづき，あるいは特定の時事問題をきっかけとして変化するものである．

　法秩序と時代の精神的状況との相互依存を研究の対象とするのは，単に理論的な関心によるのではない．法の継続的形成の時代精神への志向は，国家統治の正統性に関する理論および実践にとって中心的な意義を有する．法秩序の時代精神志向的な継続的形成は，現在および未来の秩序を規範によって確立する上での社会的了解を作り出すのである．この了解が作り出されるときに国家統治の民主的正統性が保障される（原著第6章1）．政治的理念，価値観念，正義観念などの変化を理由として法秩序の根本的原理に対する賛同が失われると，結果として社会の混乱や革命の危機が生じる[19]．法政策や立法が時代の大きな精神的思潮に反することは，長期的な観点で法への服従が弱まることから，ほとんど不可能である．

---

　　　f.; *H. G. Gadamer*, Wahrheit und Methode, 3. Aufl. (1972), S. 483）および法律家（「時代の精神」は立法者に法律を形成するための素材を提供するという示唆を含む *R. von Jhering* (Fn. 7), S. 45 ff.）の依存性は，以下の記述の中心的なモットーである．

17)　*Liebrucks* (Fn. 9), S. 109 ff.

18)　この点につき，*K. Hesse*, Die nomative Kraft der Verfassung (1959), S. 8 ff.; *W. Rother,* Recht und Bewußtsein (1979), S. 23;（法意識と法秩序との相互依存について）*H. Schelsky*, Die Soziologen und das Recht (1980), S. 78 f.

19)　「国家が破滅へと向かうのは，国家が時代の精神を認識せず理解しないときである．」（*A. von Feuerbach*, Kleine Schriften vermischten Inhalts (1833), S. 26)

224 第Ⅳ部　時代精神と法

　時代精神と法との関係は，時間と法という包括的なテーマ領域[20)]の一部をなす．時間という次元のなかで法を見ることは，それぞれの視角ごとに異なった特徴をもつ．過去や伝承に目を向ければ，法文化の伝統と根源が把握される．未来を適切に秩序づけ，形成するという法の機能に目を向ければ，法をその時代のレベルに合わせ，改革しながら継続的に発展させるという重大な任務が問題となる．正義と正しさがその時代の諸条件の下で実現可能であるときにこそ，社会的な秩序は「正しい（im Recht）」のである[21)]．

　時代精神と法というテーマに取り組むことは，一方であらゆる法秩序がもつ時代に拘束された相対性を示すことになるが，しかし他方で法的な秩序にとっての時代に依存しない，かつそれゆえに「不変の」原理もまた明らかなものとなる．国民精神論と時代精神論とが，19世紀初頭に，それぞれ異なった観点から法秩序の最終的な根拠となることを自ら主張したのは偶然ではない．

　時代精神と法との関係は，とりわけ重要な民主政理論の構成要素である．時代精神志向的な法の継続的形成は，直接的な民主主義的正統性，すなわち価値観念や道徳的・倫理的確信における多数を自らのうちに有している．代表民主制においては，時代精神への志向が政治的賢慮にふさわしいが（原著第6章2），同時に，時代精神の誤謬や混乱を防ぎ，心理学的な法実証主義に陥らないようにするためにも[22)]，歴史的に維持されてきた最上位の法原理が最大限の慎重さをもって継続的に発展されるべきである．

---

20)　*G. Husserl*, Recht und Zeit (1955); *R. Bäumlin*, Staat, Recht und Geschichte (1961); *P. Lerche*, in: Festgabe Th. Maunz (1971), S. 285 ff., 298 ff.; *W. Fiedler*, Sozialer Wandel, Verfassungswandel, Rechtsprechung (1972), S. 9 ff.; *P. Häberle*, Zeit und Verfassung, in: ZfP 1974, 111 ff.; *Ders.*, Zeit und Verfassungskultur, in: Die Zeit, hrsg. von *A. Peisl* und *A. Mohler* (1983), S. 289 ff.

21)　*H. Welzel*, Naturrecht und materiale Gerechtigkeit, 4. Aufl. (1962), S. 252.

22)　*H. Henkel*, Einführung in die Rechtsphilosophie, 2. Aufl. (1977), S. 492 f.

第 9 章　時代精神と法—問題提起　225

解　題

　本稿は，*Thomas Würtenberger*, Zeitgeist und Recht, 2, Aufl., 1991（以下，「原著」とする）の序章部分（9～17 頁）を訳出したものである．原著は，とりわけ連邦憲法裁判所の活動を契機とする基本権解釈方法や憲法解釈方法をめぐる大論争を意識しつつ，そこで十分に議論の対象となってこなかった，法の変遷や法解釈の変化にとって「時代精神」が有する意義を明らかにすることを目的としている．原著を書くにあたっての著者の問題意識が本稿に集約されているといってよいだろう．

　原著は，「第 1 章：問題提起」（本稿），「第 2 章：時代精神について」，「第 3 章：歴史的観点における時代精神と法」，「第 4 章：時代精神と住民の法意識」，「第 5 章：時代精神の影響の下での立法と法の継続的形成」，「第 6 章：時代精神志向的な法の継続的形成の民主主義的正当化について」の 6 章から成る．議論の中心は，もちろん第 5 章と第 6 章にあり，第 2 章から第 4 章まではそのための概念整理や学説史の整理に費やされている．

　著者によれば，「集団的な価値観念，正義観念および正しさの観念は，規範解釈や裁判官による法の継続的形成に重大な影響をもつ」のであり，「その都度の時代精神によって形作られ，意識的・無意識的に規範解釈に入り込む，解釈者の前理解や法感覚を通じて」，変化する時代精神が法の継続的形成のなかに表現される（原著 157 頁）．すなわち，著者にとって規範解釈とは「一方での規範テクスト，判例，および当該規範テクストの伝統的な解釈論的検討と，他方での解釈者の社会文化的経験範囲ならびに法意識，すなわち解釈者の主観的な——時代とともに変化しうる——前理解，価値観念，正義観念および正しさの観念」との間で生じるものである（原著 166 頁）．

　時代精神が規範解釈に影響を与えた例として，著者は，1960 年代半ば以降の計画的・事前配慮的な社会国家観にもとづく憲法理解への変化や，道徳規範の変化による秩序法・私法上の良俗概念の解釈変化，さらには平等条項（基本法 3 条 1 項）や婚姻および家族の保護（基本法 6 条 1 項），あるいは民法上の一般

226 第Ⅳ部 時代精神と法

条項の解釈における正義や正しさの観念変化などを挙げている．これらの例で取り上げられるのは，とりわけ立法者の評価から離れて「法を継続的に形成する裁判官法」である．かかる「創造的法発見」が認められるのは，「それが『普遍的な法的確信』あるいは『普遍的な基本コンセンサス』に支えられているときだけ」だとされる（原著189頁）．

　その上で，著者はより積極的に，政治的行為や法的判断の基礎となる「基本コンセンサス（Grundkonsens）」が維持されるためには，法政策，法適用および裁判官による法の継続的形成と，共同体の正義観念・価値観念との間に広範な一致がなければならない，と主張する（原著192頁）．時代精神志向的な立法および法の継続的形成には，「直接的な民主主義的正統性」が備わっているというのである．議論はここで，裁判官や法律家による規範解釈方法論，裁判官法による創造的法発見を経て，民主主義プロセスにおける法そのものの正しさのレベルに至る．主たる研究フィールドである憲法学，警察法・行政法学のみならず，民主主義原理論，法哲学，さらには私法学にも造詣の深い著者の面目躍如たる論理展開である．著者は，とりわけ立法および裁判が基本コンセンサスに依拠しうるための条件として，同時代的な集団意識との結びつきを強調する．「時代精神」は，基本コンセンサスと具体的な国家行為（立法・法の継続的形成）との間を架橋し，さらに後者を正当化するための概念として理解される．他稿でも言及される著者のコンセンサス論の基本理解がここに示されているといえるだろう．

第 10 章

国民の法意識における揺らぎと変化

Schwankungen und Wandlungen im Rechtsbewusstsein
der Bevölkerung

訳・解題　斎藤一久

「国民の法意識における揺らぎと変化」

小目次

序

Ⅰ．時代状況における法意識

Ⅱ．法意識という現象
　1．法意識の領域
　2．法意識の主体
　3．法意識の深さについて

Ⅲ．法意識における揺らぎと変化
　1．政治的・法的意識の領域において
　2．社会倫理的意識の領域において
　3．法感覚の領域において

Ⅳ．法意識の変化の理由
　1．親の教育における変化
　2．解放的教育による変化
　3．価値変化による法意識の変化
　4．歴史解釈による法意識の影響
　5．法関連概念の新補充による法意識の影響
　6．立法を通じた法意識の変化
　7．マスメディアによる影響

Ⅴ．展　望
　1．多数派への傾向
　2．憲法コンセンサスと政治制度における信頼
　3．急な価値変化の暫定的な終焉

解　題

序

　集団的法意識は，従来，十分に考察されていない．経験的社会調査では，国民の法意識における揺らぎと変化について明らかにされている．興味深いのは，基本的合意，社会倫理的観念または法服従の領域における変化の理由として考えられる事項である．個別領域において，集団的法意識の変化が裏付けられる場合があるとしても，法意識の核心領域においては不変性と連続性が支配している．

I．時代状況における法意識

　法と法律の理解については，時代によって固有のものが発展してきており，それは各時代のメルクマールとなる．18世紀まで（アカデミックな法律家の法が継受の結果として貫徹し得ない場合に限り）伝統は正しい法の源泉として見なされていた．進歩的な時代精神に依拠し，啓蒙された統治機関では立法任務が認識されていた．社会的・経済的関係に関する正しい規律は，もはや生成された法（gewordenes Recht）からではなく，立法化された法から生み出されると期待されていたのである．現代の立法国家は，法認識における深層の変化とともに形成されて来た．*Savigny* と *Thibaut* の間の有名な論争は，19世紀初頭に分裂した政治的・法的意識を背景にしていると見られる．一方では，社会的・経済的関係の計画と理性法上の形成という考え方があり，新しい市民社会の法的基礎が模索されていた．他方，法を作り出す民族精神の力，歴史のフォーラムで証明されたルールの正しさに対しての信頼が存在していた[1]．18世紀から19世紀までに目を転じてみよう．旧来の団体的・身分的自由に対して，平等志向の自由の意識が発展した．これによって，個人は自律的な生活と形成の領域を求め

---

1)　*F. Wieacker*, Privatrechtsgeschichte der Neuzeit, 2. Aufl. (1967), S. 322 ff., 390 ff.

ることができたのである．国民主権と代表制を採用した憲法の考え方に影響を受けた新しい民主主義的な意識が，旧来の領邦等族的な憲法に対抗した[2]．

現代における危機ないし覚醒の告発者たちによれば，私たちは再び時代の潮目の中にいるとされる[3]．兆候は随所で見られる．機械的世界像は全体的世界像[4]へ，産業社会は生態学思想志向の社会へと変わるはずである．そして色褪せた唯物論的価値序列はポスト唯物論的価値序列へと．財産の個人所有，消費強制，生活の技術化，そして旧来の進歩主義思想は拒否される．新たな人間の目標として，自律的な自己実現，人間と自然の調和，抑圧のないコミュニケーションおよび連帯が創出される[5]．新しい環境エートス[6]，徳に関する教義[7]が発展している．時代精神を把握する中で，法秩序の問題が再び目に留まる．新たな法秩序の基盤として奉仕する新しい政治的・法的意識は，とりわけ計画的な価値変化によって貫徹されているはずであると言われることが多い．もっとも法秩序に対して相当の影響力を有するであろう一般的な法意識の根本的な変革の兆候が明確に認識されることもある[8]．

提起されるべき主要な問題は，以下の通りである．すなわち抜本的な評価の

---

2) たとえばドイツ連邦規約 13 条（「すべての領邦には身分制議会の憲法が施行されるであろう」）の解釈における新旧の政治的・法的意識の争い（*E. R. Huber*, Deutsche Verfassungsgeschichte seit 1789, 1. Bd., 2. Aufl. (1967), S. 640 ff. m. Nachw.）．18 世紀から 19 世紀の転換をめぐる政治的・法的意識の変革への時代精神の影響に関して．*E. Brandes*, Betrachtungen über den Zeitgeist in Deutschland, 1808.

3) *E. Eppler*, Ende oder Wende, 1975; *H. A. Pestalozzi*, Nach uns die Zukunft. Von der positiven Subversion, 1979.

4) *F. Capra*, Wendezeit. Bausteine für ein neues Weltbild, 5. Aufl. (1983), S. 10 u. passim. *K-H. Hillmann*, Wertwandel, 1986, S. 47 ff., 105 ff.

5) *E. Fromm*, Haben oder Sein. Die seelischen Grundlagen einer neuen Gesellschaft, 1976.

6) *A. Auer*, Umweltethik,. Ein theologischer Beitrag zur ökologischen Diskussion, 1984.

7) *D. Mieth*, Die neuen Tugenden. Ein ethischer Entwurf, 1984.

8) Vgl. *R. Rhinow*, in: Zeitschrift für schweizerisches Recht, N 103. Bd. II (1984), 133 ff., 255 ff. m. Nachw.; *Hillmann* (Fn. 4), S. 157 ff., 191 ff.

変更により，法意識の断絶を我々は経験したのか．法意識の新たな領域は生じたのか．旧来の観念は，法の正しさにはぎ取られたのか．もしくは単に法意識の激変，法意識の単なる変化（連続性は維持されているが）を問題としているのだろうか．

これらの問題に答えることは容易ではない．まず第一に国民の法意識という現象は，従来，あまり議論されていない．ただし法哲学および社会哲学においては，個人の法感覚と法道徳に関心が向けられていたことはある[9]．これに対して集団的法意識は主要なテーマとしてはあまり言及されていない[10]．国民の法意識は現代合意理論によって探求されることが望ましいであろう．しかし合意理論を支持する学者たちは，合意形成のプロセス，仮定的合意，そして理性に適った共同体の合意は何であるべきかを中心に議論している[11]．このような状況下で，国民の法意識を探究することはあまり意味があることとは言えない．

さらに集団的現象としての法意識は，政治心理学においても研究対象とされていない[12]．政治心理学は意識構造をその研究対象としており，ここには共同体の法意識も含まれると考えられる以上，なぜ対象とならないのかまったく理解できない．

以上のように，分析・経験的領域において予備的研究は存在しない．しかし，時代によって変化する法意識の断絶について問うことはなお重要である．時代の大きな流れは，あらゆる経験に基づき，後の時代になって定義しうる．すなわち，証明されたのはいつか，歴史上，影響力があったのは何か，不穏な精神による興奮の坩堝の中にあったものは何か．できる限り検討範囲が重複しない

---

9)　とりわけ *E-J. Lampe* 編の論集 „Das sogenannte Rechtsgefühl", 1985.

10)　*Zippelius* だけが，集団的法意識の重要な部分領域を形成する「支配的正義観念」を議論している（*R. Zippelius*, Rechtsphilosophie, 1982, § 22）.

11)　*W. Naucke*, in: *H. Hattenhauer-W. Kaltefleiter* (Hrsg.), Merheitsprinzip, Konsens und Verfassung, 1986, S. 47 ff., 51 f.; *G. Jakobs*, ebda, S. 23 ff., 31; Habermas の合意理論への批判について *H. Sahner*, ebda, S. 93 ff., 95 f.

12)　たとえば *E. Lippert-R. Wakenhut* 編『政治心理学辞典（Handwörterbuch der Politischen Psychologie）』（1983）に法意識という語は掲載されていない．

232 第IV部 時代精神と法

ように，時期を分けて考えなければならない．確かにここ 20 年間の国民の法意識における揺らぎについては一定程度しか把握できていない．しかし時期を分けることには利点もある．時代精神が政治理論のテーマになった 18 世紀には，すでに以下が定式化されていた．「人間の考え方や選好を大きく動かし，すべてを熱狂の渦の中に巻き込んだり，動けなくさせたりする特殊な精神は，必ずしも 1 世紀のスパンではなく，10 年のスパンでも存在する」[13].

II．法意識という現象

1．法意識の領域

法意識とは，何が法であり，法であるべきか，法が行うべきことは何かという観点に立った，あらゆる考え方，行為の余地を含んでいる．社会的，倫理的または世界観的本質という観念に影響を受け，法意識は法と正義の問題に関する立場を明らかにしている．法意識の領域は，以下に示すように，相互に密に関連する 3 つの領域に分けることができる．

a）政治的・法的意識の中心には，政治的プロセスの基本的な諸原則の正しさに関する観念を掌握する基本合意ないし憲法同意が存在している．基本法上，ここに含まれるものとしては，とりわけ代表民主制原則や社会国家原則がある．ドイツ連邦共和国において特徴的な事項は，基本合意がまず第一に憲法に関係していることである．より広範囲に渡る基本合意の領域も十分に想定しうる．たとえば強調された環境意識が政治的・法的意識の中心になり得る．

b）社会的・倫理的意識には，法秩序や制度の道徳的基礎に関する，共同体において支配的な考え方が含まれる．当該意識において，生命，人間の尊厳，そして個人の自律については高い地位が与えられている．ここでは主として基

---

13) *J. H. Merck*, Werke, hrsg. von *A. Henkel*, 1968, S. 396.

第 10 章　国民の法意識における揺らぎと変化　233

本的な諸価値の承認が展開している．社会的・倫理的意識は，重要な法的問題についての態度決定に対して，かなりの影響力を有している．たとえば自律的な人格は，人間の尊厳を放棄できるのか．また自らを他人の取引の対象となし得るのか．または人間の尊厳は，それ自身のために保護すべき利益なのか．これらを判断するために，社会的・倫理的意識が用いられる[14]．

　c）法感覚[15]によって，法的問題と直面した際，直感的な判断が可能となる．いかなる法的解決が正義に適うか否か，正義の要請に接近しているのか，距離があるのかについて，個人が認識するのも法感覚を通じてである．法感覚により，法の自己形成や解釈に関する基本的な考え方が明らかになり，衝突状況の中での利益衡量のために価値が秩序付けられ，競合する利益状況が評価される．

2．法意識の主体

　法意識の主体は，自律的な人格である．それは道徳，法そして正義の問題において，辨識・決定する能力を有する．法律家，政治家，マスメディアや芸術領域において法や正義に関係するポジションに就いているすべての人たちは，法意識において社会的に重要な主体である．

　個人の法意識から，経験的に把握し得る集団的法意識が生じる．多数派集団の法意識は，ほぼ国民の多数派の法的確信と一致していると考えられる．これに対するアンチテーゼとして，少数派集団の法意識の発展も存在すると主張される．たとえばサブカルチャー（Subkultur）[16]，エリート層といった組織的少数派の法的確信がそれにあたる．

---

14)　　様々な態度決定が可能であることは，いわゆる「ピープショー」の許容性に関する判例をめぐる論争が示している．BVerwGE 64, 274 ff. = NJW 1982, 664; VGH München, NVwZ 1984, 254; SchwBGE 106 I a, 267, 269, 272; *H. v. Olshausen*, NJW 1982, S. 2224; *H. Hoerster*, JuS 1983, S. 93 ff.; 647.

15)　　この点については，*Lampe* (Fn. 9); *K. Obermayer*, JZ 1986, S. 1 ff. 参照．

16)　　この点については，*V. Gessner-W. Hassemer* (Hrsg.), Gegenkultur und Recht, 1985. に掲載されている諸論考を参照．

234　第Ⅳ部　時代精神と法

　個人的・集団的法意識は，互いに関係性を有する．すなわち集団的法意識は，一方では法共同体の構成員の法意識の多数派的な一致に基礎を置き，他方では個人の法意識をも形成し，刻印するのである．集団的法意識は，意味伝達を担う機関によって代表され，個々人に伝達される．また立法・司法機関，政治的な広報活動，マスメディア，影響力のある社会的機関によって，そして指導的な層に属する人々，有力なサブカルチャーの支持者といった個人の法意識よっても表明される．理想的な姿は，政治活動を行っている人々によって表明されるとともに，物言わぬ多数派によって受容された法意識が同じ方向に広く展開することである．このような法意識が，法共同体のコンセンサスにおける中心的な基盤である [17]．

　部分領域において，集団的法意識は分裂状況にあることが多い．各世代固有の法意識は多様な発展を遂げている．古い世代は伝統的な法的価値を志向しているのに対して，一部の若者世代はむしろ進歩的な時代思潮に影響を受けている．法意識における分裂が生じるのは，集団が社会的・生態学的に誤った方向へ進み，法のさらなる発展の必要性が唱えられた場合，またはサブカルチャーや社会運動によって発展した法意識が多数派のそれと対立している場合である．

3．法意識の深さについて

　個人の法意識も，集団の法意識も，必ずしもかなり深い部分にまで届くわけではない．法の具体的知識が，常に期待されるべきではない．実際，日常の意識において，法の出番はほとんどない．個々の領域では，むしろ感覚に沿った形で，法意識がその表層を覆っているような概念が存在し，世間の注目を集めることが多い．たとえば「自由と平等」の対立，「正義」，「環境保護」，「民主主義」 [18]，「法治主義」などの概念である．国民の法意識によってその表層が覆

---

17)　*K. Obermayer*, JZ 1986, S. 4. 個人と集団の思考の相互作用については，*H. Thome*, Legitimitätstheorien und die Dynamik kollektiver Einstellungen, 1981.

18)　一般に何が民主主義の下で観念されるかについて，*J. Reulecke* が以下で述べている．*A. Stiksrud* (Hrsg.), Jugend und Werte, 1984, S. 226 ff.

われている概念ももてはやされている．国民のさらなる危機意識を刻印する「ガラス張りの市民」，すなわちラスター捜査と情報保護の観念が，今日，挙げられる．実定法についての知識が十分でなく，注目を引くような法概念しか存在しない場合であっても，影響力の大きい事件などによって個人，そして集団の法意識は特徴付けられる．個人は，具体的な法的問題について直感的に反応しているに過ぎない．多くの領域において，国民の法意識は，価値や評価の直観的な一致の中で表明される．

Ⅲ．法意識における揺らぎと変化

国民の法意識における揺らぎ（Schwankung）と変化（Veränderung）は常に存在していた．短期間に変化として現れたことは，長いスパンから見ると，単に法意識における揺らぎと言えることが多い．法意識における変化は，法的に重要な問題についての市民のコンセンサスが変化した場合に生じる．政治に積極的な少数派，たとえばサブカルチャーによって新たな法的評価が主張されるとき，揺れ動いている最中か，今にも揺らごうとしている国民の法意識が語りうる．そして，かつて存在した共同的な法意識が壊れ，内部で崩壊するのである．

1．政治的・法的意識の領域において

a）政治的・法的意識の領域において，60年代半ばまでは，社会的法治国家の憲法プログラムから法治国家性のみが認められていた．奇蹟的な経済復興の時期に，リベラルな思想を志向する国家・憲法理論が貫徹された[19]．さらに政治的・法的意識は，ネオ・リベラルな経済政治的観念を志向しつつ，市民的法治国家の思想に縛られていた．それゆえ60年代初頭まで，たとえば国家計画の概念はネガティブなイメージしかなかった．60年代半ば以来，社会国家への転換が生じ，世論には好意的に迎えられた．さらに計画を策定し，再配分を

---

19)　たとえば *Th. Würtenberger*, Staatsrechtliche Probleme politischer Planung, 1979, S. 123 ff. (SV. 2).

236　第Ⅳ部　時代精神と法

実施し，社会的安全を確保する国家像が国民にも受容された．国家計画は今や流行語となっている．ますます厳しくなって行った経済的，社会政治的な条件下での危機管理の成功が計画には期待されていた．10 年ほどの社会国家と計画への陶酔の後，再び国家任務の縮減，法治国家の再評価へ立ち戻ったようである．過大な誘導的負担，個人のイニシアチブの喪失，自由の脅威となる規律密度が，計画を立て，再配分を行い，揺りかごから墓場まで社会安全を確保する給付国家の代償であることが，すべての領域で明らかとなった．

　計画を立て，再配分を行い，あらゆる領域で嚮導を行う給付国家に強く反対したとしても，社会安全の集団的システムは政治的・法的意識の中でも高い優先性を有する．本来，個人や非経済的な価値を重視する 15-30 歳代のうち，国家に対して「社会的ネットワーク」による安全を期待していた者は 90％ にも上った．83％ は「不安のない老後」が（非常に）重要であると答えている[20]．アメリカ合衆国とは異なり，ドイツの政治的・法的意識の中心的なトポスは，社会的な安全の確保が国家に期待されていることである．社会的な安全システムが危機に陥ったとしても，政治システムの正統性の危機が招来することがないのであれば，「社会的安全システムの改革」をタブーとすべきではない．そして，人口統計学に基づく発展の影響について，一般の人々に対して早急かつ包み隠すことなく知らせるべきである．

　b）深部に至る変化は，個人と国家の間の関係評価において生じる．70 年代半ばまで，政治的・法的意識は，より消極的な志向によって刻印されていた．消極的な志向を有する者は，代表民主主義的な政治的意思形成のメカニズムを通じて，社会・経済的問題の正しい解決が導かれると信じている．また国家および共同体に対する個人の義務，とりわけ法服従を重視している[21]．

---

20)　*Sinus*-Institut, Die verunsicherte Generation. Jugend und Wertewandel, 1983, S. 16, 32 ff.

21)　*H. Klages*, Wertorientierungen im Wandel, 1984, S. 52 ff.; *H. Klages-W. Herbert*, Staatssympathie, 1981, S. 18 ff., 46 ff.

第 10 章　国民の法意識における揺らぎと変化　237

60 年代半ば以降，より積極的な志向を有する者たちが増加した．彼らは全人口の 25-30％を占めており，影響力のある政治的なサブカルチャーを決定していた[22]．現代的な参加思想の担い手となったのである．いわゆる「参加革命」の立役者でもあった[23]．これは様々な草の根民主主義モデルの代表格である．積極的な志向を有する者たちは，国家に対して，さらに個人の権利を拡張しなければならないと強く主張した．そのモットーである「もっと多くの民主主義に挑もう」によれば，緊急時に意図的な法律違反によって実施可能性のある重大な国家の決定に対して，ノーを突きつける選択肢も存在するはずだとされた．

　積極的な志向を有する者たちが代表機関に期待していたのは，基本的な問題において，少数派の意見をその立法化の中に取り入れ，一般の人々の広範な抵抗に反してまで，政治目標を貫徹することがない政治であった．その他，国民の多くはすでに代表民主主義として「国民投票による民主化」に賛同しているように思われる．1978 年時点で，国民の 50％以上が法律の表決の際に，国民投票による多数によって決すべきという考えをもっていた．それゆえ，レファレンダムの制度に賛成する人は多い[24]．

　以上のような代表民主主義に関する理解の変化によって，政治的決定の正統性の基礎として，多数決原理のさらなる浸食が結果として生じた．70 年代の終わり以来，政治的多数派の決定は尊重されるべきであるという一般的なコンセンサスは消滅しつつある．政治上，とくに積極的な少数派には，民主的に正統化された決定はもはや賞賛されてはいない．この点，古くからある議会主義に対する懐疑は，エリートの政治意識と関係していた．原子力発電所の建設，

---

22)　連邦議会のアンケート調査委員会（*M. Wissmann-R. Hauck* (Hrsg.), Jugendprotest im demokratischen Staat, 1983, S. 45 ff.）．「産業上，政治上の共同決定民主主義」の精神的基礎について *Fromm* (Fn. 5), S. 178 ff.; *R. Löwenthal*, Gesellschaftswandel und Kulturkrise, 1979, S. 172 ff.; *Hillmann* (Fn. 4), S. 184 f.

23)　*M. Kaase*, in: *H. Klages-P. Kmieciak* (Hrsg.), Wertwandel und gesellschaftlicher Wandel, 1979, S. 328 ff., 337 ff.

24)　*E. Noelle=Neumann-E. Piel*, Allensbacher Jahrbuch der Demoskopie, Bd. VIII, 1983, S. 236; *E. Noelle=Neumann*, ebda, S. 351 ff.; *dies.*, FAZ v. 2. 12. 1982, S. 12.

238　第Ⅳ部　時代精神と法

ミサイル配備，新しい軍事技術，道路の拡張に反対する声がある．不可逆的で，将来世代の未来における機会を損ない，生命を危険にさらす可能性がある政治的決定は多数派による民主的決定になじまないという命題は，若い世代には支持されているようである[25].

2．社会倫理的意識の領域において

とりわけ人間の尊厳の保護，生命の保護，人格の自由な発展，平等，婚姻の保護，財産・職業の自由，労使自治は憲法の基本的価値決定に属する．これらの法秩序における基本価値は，国民の法意識の中に存在している．個々の基本価値が脅威にさらされているというだけで，個々人だけでなく大衆レベルでもかなり激しい反応が見られる．発達段階にある生命の保護，現代的遺伝子技術の危険，情報保護に関する論争から，社会倫理的意識が基本価値によって刻印されていることがわかる．法秩序の基本価値の領域における優先判断は，現下の誤った判断，また誤ったと考えられる判断から，かなりの影響を受けている．これは多くの例によって裏付けられる．「法と秩序」，安全と秩序が叫ばれることがあるが，これは安全に対する脅威が，犯罪の増加によって意識化され，また犯罪率は変わっていないにもかかわらず，マスメディアの報道で公的意識に高められてしまったことをきっかけに，広範な支持があるように思える．

社会・倫理意識の以下の3領域では，大きな揺らぎと変化が裏付けられる．

a) 性道徳の領域では，深部に至る社会観念の変化が過去数十年に生じた．許容範囲が広がったのである．目に見えるものとして，「公的秩序」という警察上の概念がかなり時代遅れのものとなり，性刑法がリベラル化した[26]. 青少年を危険にさらすと考えられてきた書籍の基準も変化した．「どこに許容限度

---

25)　*H. Dreier*, ZParl 1986, 94 ff., 112 ff. m. Nachw.; *K.-W. Brand*, Neue soziale Bewegungen 1982, S. 184 ff.

26)　たとえば *B. Drews-G. Wacke-K. Vogel-W. Martens*, Gefahrenabwehr, 9. Aufl. (1986), S. 253 ff.

の線引きをするかについては，変化を免れない」[27].

50 年代に禁止された書籍は，現在，青少年を危険にさらすとは見なされていない.

b) 社会・倫理的意識の領域において，さらに深部に至る変化と捉えられるのは，婚姻である．たとえば婚姻外の同棲に抵抗がないと考えるのは，1967 年には若い世代の約 3 分の 1 しかいなかったが，1973 年にはすでに彼らの約 90％に至っている[28].「愛人」の地位が新たに評価され，婚約者との宿泊契約が公序良俗に反するとするとの判断はもはや時代遅れであるとされたことは，このような方向性の下にある[29]．憲法上保護され，法律上も規律されている婚姻上の生活共同体は，一部の若い世代には強い拒否感がある．1963 年には 2 ％にしか過ぎなかったが，1978 年においては国民の 12％が婚姻制度を時代遅れのものと捉えていた[30]．女性の同権化が夫婦関係の形成に対する決定的な影響力を与えている．若い世代の 45％は，「職業，家事，育児の夫婦間の分担」に賛成しているのである[31].

c) とくに労働のエートスも，変化していると理解できるだろう[32]．伝統的な市民の労働と成果の倫理は，個人と職業との同一化に依拠し，そこでは労働が価値それ自体とみなされ，労働成果を提供する際に成果を求める意思と自己

---

27) BVerwGE 39, 197 ff. (206) = NJW 1972, S. 596.

28) *E. Noelle=Neumann*, Werden wir alle Proletarier?, 1978, S. 57 f.

29) Vgl. BGHZ 53, 369 (375) = NJW 1970, 1273 (「愛人」への遺言); AG *Emden*, NJW 1975, S. 1363; *Drews-Wacke-Vogel-Martens* (Fn. 26), S. 254; *W. F. Lindacher*, JR 1976, S. 61.

30) *Noelle=Neumann-Piel* (Fn. 24), S. 88.

31) *Sinus*-Institut (Fn. 20), S. 68 f.; 法発展を通じた婚姻と家族の意味変化への反応の難しさに関して *W. Zeidler*, in: *E. Benda-W. Maihofer-H. J. Vogel* (Hrsg.), Hdb. des VerfR, 1983, S. 555 ff. m. Nachw.; *ders.*, in: Festg. f. *H. J. Faller*, 1984, S. 145 ff.

32) *H. Ehmann*, in: Bitburger Gespräche, Jb. 1985, S. 19 ff., 22; *Hillmann* (Fn. 4), S. 179 ff. 参照.

240　第Ⅳ部　時代精神と法

規律が要求された．このような固有の労働との同一化に代わって，仕事に対する多様な捉え方が出現した．新たな労働エートスは，労働の中，そして労働を通じて，自己発展と自己実現を目指している．労働によって創造的な活動が可能となるだけでなく，労働のキャリアプロセスは出来る限り流動性が保障された形で形成されるべきとされている．これらに対応して，とりわけ労働の流動性と労働者の自律的な共同形成は，法的な規律によって保護されるべきであるといった方向へ法意識が変化した[33]．

3．法感覚の領域において

a) 法学が実践的な日常の意識に属する限り，法秩序と国民の法感覚との間での一致が存在していることが多い．たとえば刑法典における法益保護がその例である．もっとも法意識の中に付加刑法や秩序違反法の規定は含まれていない．法感覚の新たなるフィールドは，環境や自然の領域に開かれている．法的規律によって環境・自然保護を促進することは，ここ15年ほどの間，国民にとっては優先事項と見なされている[34]．

b) 民主的に正統化された法に対する服従は，民主的法治国家の政治文化に属する．国家はその市民から，市民はその国家から，そして市民はお互いにその相互の行為において合法性を期待し得る．国家と市民の合法性の遵守がもはや強制措置によってしか確保できないような事態に，万一陥ったとしたら，民主的法治国家は即座に終焉を迎えるだろう．民主的法治国家は，民主的に正統化された法に対して，原則として自発的に服従するという国民の行為によって生存しているのである．

70年代の半ばまで，法服従は，国民の意識に深く根付いていた．ここ20年の間，法服従の精神は低下したように思われる．80年代初頭，若い世代，そ

---

33)　*E. Zander*, BB 1985, S. 1545 ff.; *E. Noelle=Neumann*, in: Bitburger Gespräche, Jb. 1985, S. 75 ff., 84 ff.

34)　*Noelle=Neumann-Piel* (Fn. 24), S. 259, 261.

して若い法律家たちのうち約20%が原子力発電所建設に反対する市民的不服従が正当であると考えていたし，新しい高速道路の阻止にも約15%が同じように考えていた[35]．

　同様に真剣に論じなければならないのが，社会および国家領域における実定法の浮遊である．いわゆる地下経済において，過大な税や社会保障費の負担を回避するために，多くの法規範違反が出現した．「成人の」通行者が便宜上従っているに過ぎない道路交通法にも，これはあてはまる．規範の洪水のために，行政は行政手続において問題となったすべての規定を遵守することはもはやできない．これは，建築法，計画法，住民登録法，環境保護法，ヨーロッパ経済法でも多く指摘されている[36]．このような法領域すべてを概観することはできなくなっており，多様で細分化した規定のすべてをもはや知り得ることができない以上，法服従を求めることはできないのである．このような状況の下では，行為の法違反性の全般的受容は日常のものとなり得る．

　70年代に教育を受けた若い法律家たちの法服従は，一番安定していない．判断の際，重きを置いているのは，文言通りの法律解釈か，実践的な正義かという質問に対して，約45%の若い世代の裁判官は前者の方を支持している．しかし50%以上は，判断にあたって法感覚，法感情，実践的な正義の要請を志向していると回答している．若い世代の裁判官の12%は，判断において実践的正義の観点のみを志向していると回答しているが，彼らは「自由法論者」とされてしまうだろう[37]．これらが示しているのは，若い法律家たちは，好意を持って表現すれば，法に対する実践的な関係性を有しているということである．

　法服従の低下について注目すべきことは，財産犯の犯罪率の上昇が示すよう

35）　*A. Heldrich-G. Schmidtchen*, Gerechtigkeit als Beruf, 1982, S. 198 f.; *Uehlinger*, in: *Stiksrud* (Fn. 18), S. 113 ff., 129.

36）　*F. Wagener*, VVDStRL 37 (1979), 215 ff., 246 ff.

37）　*Heldrich-Schmidtchen* (Fn. 34), S. 36 ff. パーセンテージの上昇についてはさらに批判的な評価がなされている．

242 第Ⅳ部 時代精神と法

に [38]，財産保護の領域において生じていることである．使用者の財産がますます軽視されていることが顕著な一般的傾向として見られる．1959 年には，労働者が会社の材料を自らのために若干使用することについて，回答者の 73％が強い反対を示していたが，1978 年においては約 50％に下がった [39]．刑法学において「職場における窃盗の社会的相当性」が考察されていた時期に [40]，このような道筋で財産権尊重の瓦解が始まっていたのである．

確かに法服従の低下によって，無秩序状態となった訳ではない．しかし法とのプラグマティックな関係が深まってきたとは言える．法律は様々な理由から自らの権利を失った．承認に値すると考えられる法 [41]のみが，安定的に広範な服従を有している．一般的な法意識に反して作用する法についての服従の範囲は限られている．

Ⅳ．法意識の変化の理由

国民の法意識の揺らぎと変化によって，次のような問題が提起される．法意識の揺らぎと変化はどのような理由によって生じているのか．どのような条件の下で法意識における安定性と継続性があると言えるのか．このような問題に対する答えは，十分な慎重さなしに，答えることができない．法意識の形成と変化は，答えの出ないテーマとして推移するわけではない．したがって，以下では法意識の領域における考え方の変化の理由について，個別の事例に分けて問うていきたい．

---

38) Bundeskriminalamt, Polizeiliche Kriminalstatistik (1984), S. 95, 101, 111.

39) *Noelle=Neumann* (Fn. 28), S. 44 ff.

40) *G. Arzt*, JuS 1974, S. 694.

41) 承認する価値のある法秩序の基準について，*Th. Würtenberger*, Politik und Kultur, 12. Jg. (1985), S. 51 ff., 59 ff. (SV. 67).

1. 親の教育における変化

法意識は，あらゆる考え方がそうであるように，社会化によって獲得される．それは第一に社会的学習のプロセスの結果である．

親の教育の課題は，世界観，共同体の倫理的・法的スタンダードの伝達であり，未成年者が自律的な決定と評価能力を身に付けるまでの法意識の鋳造である．法秩序の基本価値において，子どもの教育をどのような教育目標に向けて行うかについては親の自由である．過去30年にわたって，教育目標の大きな変化が見られた．50年代半ばには，回答者の28％が子どもの教育目標について，自主や自由意思と答えており，同じく28％が服従や従属とし，43％が几帳面さ，勤勉さと答えていた．70年代，いわゆる反権威主義教育が流行したとき，教育目標としての自主や自由意思は51％を占めるようになった．几帳面さや勤勉さはあまり変わらず41％となっているが，服従や従属といった教育目標を唱え続けているのはごく少数となった[42]．

以上のような教育目標の変化によって，法意識の構成における重要な変化が生み出された．従来，服従を目標として教育が行われており，自己規律，自己制御，自己責任を目標とする自律的な人格を教育することは副次的に試みられたに過ぎない．このように教育目標によって鋳造された人格においては，国家や制度による他者制御が受容される傾向がある．ここでは国家権威の法服従や是認はむしろ支配的である．これに対して，自主や自由意思を第一に志向して教育された人格はまったく異なったものを意味している．これは，あらゆる権威，法に対しても批判的な態度をとる市民のことである．批判的に考えることのできる市民は，国家または社会の他者決定という非理性的な形式を拒否しようとする．法は，国家の権威によって支えられているという理由で受容されるのではなく，固有の理性基準における審査に従って，承認する価値があると考

---

42) たとえば *M. Greiffenhagen*, Ein schwieriges Vaterland, 1979, S. 379. それほどセンセーショナルなものではないが，未だ重要なデータとして，*Noelle=Neumann-Piel* (Fn. 24), S. 93.

244　第IV部　時代精神と法

えられるがゆえに受容されるのである．

2．解放的教育による変化

　国民の法意識への重要な影響は，学校の授業における教育内容や教育目標の
確定によって生じる．法意識の基礎を変化させる機会は，学校の授業に対する
影響の如何による．70年代以来，未成年者をあらゆる伝統，伝統的な社会秩
序からの解放を目指して教育する批判的・解放的教育（kritisch-emanzipatorische
Pädagogik）[43] が課題とされた．とりわけ個人の幸福と自己実現への権利，抵抗
の姿勢を有する批判能力が解放的教育の教育目標に取り上げられた．教育目標
としての成績主義は拒否された．社会化のプロセスは，伝統的な政治システム
を志向するのではなく，現行の生産関係の克服への貢献を支援するものでなけ
ればならない．現在の教科書の多くも，このような批判的・解放的教育の精神
によって刻印されている[44]．法・憲法秩序の基礎，そして根本原理も伝達され
ていない．授業の目標は，市民社会とその価値，激しい司法批判，否定的・批
判的に前提問題を探る訓練であった．社会現実は，マジックミラーの中に様々
な形で出現していた．法の現実の機能は，解放的・批判的法学研究の授業では
価値が認められていなかった．

　解放的・批判的教育が70年代初頭以降，若者の過激な抗議活動，一部の若
い世代の法と国家からの離反の原因の1つになったという命題が考えられる．
政治的目標の貫徹のために，違法かつ暴力を伴った活動を容認する風潮が蔓延
しているが，これは解放的教育の結果とも言えよう．

3．価値変化による法意識の変化

　政治的・法的社会化の概念の変化は，社会全体的な価値変化に深く根ざして

---

43)　*W. Brezinka*, Die Pädagogik der Neuen Linken, 1972, S. 21 ff. m. Nachw.

44)　たとえば *R. Willeke*, Recht und Justiz im Unterricht - Die Befreiung vom Rechts-
staat, 1980; *H. Günther-R. Willeke*, Was uns deutsche Schulbücher sagen, 1982; *dies.*,
Zwei Jahre danach. Bilanz einer Schulbuchaktion, 1985.

いる[45]．このような価値変化によって，伝統的な法意識の動揺，そして多数派と少数派との間の法意識の不一致が生じる．

　70年代の終わりから，いわゆる市民的価値の崩壊によって，ポスト唯物論的価値への転換が生じた．すなわち社会的な地位を求めることは，むしろ否定的な評価を受け，義務や順応といった概念も拒絶された．従来の進歩信仰は，深部まで動揺した．生存確保と幸福の促進は，従属的な役割となった．代替的なものとしてのポスト唯物論的な指導目標は自己実現，自律的な創造的活動，理想的生存形成が前提とされた[46]．いわゆる市民的価値の崩壊には，深刻な終末的ムード，すなわち核兵器そして（または）環境破壊による破局という不安が伴っていた．終末的ムードは，その前の時代には現実的な背景を欠いていたが，今日では現実的なものとなり，これにより極めて様々なカラーの政治的な抗議ポテンシャルが活性化した．新しい時代の政治運動の多くは，価値変化の担い手となった．市民イニシアチブ・環境・オルタナティブ・女性・平和運動は，サブカルチャーの生活・行為様式を刻印した．このような運動のポスト唯物論的な価値への転換には，政治への参加を主張する積極的な政治活動，権威に対する敵対性，伝統的な政治制度の正統性に対する批判，積極的な環境意識，また婚姻制度の回避が伴うことが通例であった．価値の高低の中で，「参加的」民主主義に対する代表民主主義が地盤を失い，法と法律の尊重の縮減が「より高い価値意識」により正統化された[47]．

---

45)　教育と価値変化の相互依存に関して *W. Herbert-W. Sommer*, in: *W. Sommer-A. Graf von Waldburg-Zeil* (Hrsg.), Neue Perspektiven der Bildungspolitik, 1984, S. 19 ff., 34 ff.

46)　ポスト唯物論主義の概念（議論がないわけではないが）について *R. Inglehart*, The silent Revolution, 1977; *ders.*, in: *H. Klages-P. Kmieciak* (Hrsg.), Wertewandel und gesellschaftlicher Wandel, 1979, S. 279 ff.; *F. Lehner*, ebda, S. 317 ff.; *M. Schneider*, in: *H-D. Klingemann-M. Kaase* (Hrsg.), Politische Psychologie, 1981, S. 153 ff.; *H. Klages*, in: Festschr. f. E. Noelle=Neumann, 1981, S. 359 ff., 370 ff.; *Klages-W. Herbert*, Wertorientierung und Staatsbezug, 1983.

47)　価値の高低の対立については *Hillmann* (Fn. 4), S. 177 ff.

4. 歴史解釈による法意識の影響

法意識は，常に歴史的な意識でもある．それは，政治文化の歴史，政治的・法的論争の歴史的解決，政治思想を代表する歴史家，政治的に誤った方向への発展からの学びなどによって刻印されている．

歴史解釈における変化によって，法意識も変わりうることは明白である．ドイツ政治の歴史解釈には困難さが伴っている．大きな断絶によって，一義的に刻印された歴史的意識[48]，そして政治的・法的意識における歴史的連続性の形成も妨げられている．

5. 法関連概念の新補充による法意識の影響

言語という媒体を通じて，法意識は多大な影響を受ける．人の思考というものは，概念に方向づけられる．概念として形成されただけで，理解でき，そして意識的に反省し得る．概念内容の変化，概念に対する否定的・肯定的な意味補充，新しい概念性の刻印によって，一般的な意識だけでなく，法意識も変わりうる[49]．

どのようにしたら全体的なプロパガンダが，政治的・社会的言語の利用に成功するかは，様々な説明がなしうる[50]．多元的民主主義国家においても，誤った意識を拡大しようとする政治的・法的言語の偽造が行われている．たとえば不法占拠という一般的に否定的に評価されている概念について，維持・保全のための占拠（Instandbesezung）という代替的な概念を用いると，肯定的な光で照らすことができる．全体主義や憲法違反への連想を呼び起こすために，過激派条項の代わりに職業禁止が用いられることがある．

---

48) ドイツの「歴史分裂と歴史意識」については *Löwenthal* (Fn. 22), S. 240 ff.

49) *H. Lübbe,* Bewußtsein in Geschichten, 1972, S. 150 ff.; *G-K. Kaltenbrunner* (Hrsg.), Sprache und Herrschaft, 1975; *W. Bergsdorf* (Hrsg.), Wörter als Waffen, 1979.

50) *Bergsdorf* (Fn. 49), S. 73 ff. m. Nachw.

第 10 章　国民の法意識における揺らぎと変化　247

6．立法を通じた法意識の変化

　法律と法によって，「法意識形成」力が発展する[51]．長い目で見ると，国民の法意識の変化の多くが立法によって影響を受けていることがわかる．法律の成立によってすでに，当該法律への同意を求めるあらゆる経験が強化される．そのような法意識の刻印は，立法者の権威に基づいている．国家という権威領域の放散としての法律は，それ自身に対する正統性の推定をまずは有している．

　さらに長く存在する法律は，生存世界の唯一考えられる規律としてみなされ，何の疑問もなく合法的なものと承認されると言える．長い間行われてきたことは，心理学的に見れば，新しい行為様式の受容よりも抵抗が少ないので，法意識は時間とともに法律上の規律に絡み合うことになる．

　法意識が立法者によって好きなように変えられ得るという想定は誤っているだろう．立法者がほとんど影響しえない深部に根を張る法確信が存在しているのは明らかである．たとえば，離婚法改革がそうである．有責主義から破綻主義へ変更することについて，国民の多数が拒絶の態度を示した[52]．これは道徳的ないし法的過失の責任は負わなければならないという一般的な責任主義が国民の意識に深く根付いていたからでもある[53]．

7．マスメディアによる影響

　とりわけ国民の法的意識は，マスメディアによって影響を受け得る．マスメディアでは，報道や放送の中で多くの法的問題に対する立場が明らかにされる．個人はマスメディアを通じて，どのような法的規律が批判に値し，またはどのような基本的思想に基づき，法秩序の個々の領域を改革すべきかを知るのであ

---

51)　*H-H. Jescheck*, Lehrb. des StrafR AT, 3. Aufl. (1978), S. 3 f.; *O. Triffterer*, Österreichisches StrafR AT, 1985, S. 15 m. Nachw.

52)　*E. Noelle=Neumann*, Die Schweigespirale, 1980, S. 189 f.; *Noelle=Neumann-Piel* (Fn. 24), S. 306.

53)　純粋な破綻主義の受容の欠如は，民法 1579 条 1 項 7 文の改正の根拠となった（BT-Dr 10/2888, S. 11 f., 19 f.）．

る. 個人はマスメディアによって加工された形で社会の現実を知ることになる.
結果として, 個人は, 法発展と法政策の基本的な考え方について, マスメディ
アが示したことを社会的コンセンサスが確実な主張であるとみなしている. 繰
り返しになるが, 付和雷同効果から, マスメディアを通じて (偽造されることも
あるが) 反映される国民の法意識に従う準備が整った状態がもたらされるので
ある.

V. 展 望

　一見矛盾したテーゼが, 国民の法意識における揺らぎと変化に関する説明に
は相対立している. 全体として見れば, 国民の法意識における原理的な変化に
ついては語り得ない. 少数派から代替的な法意識が発展し得ることは, 多元主
義国家の政治文化に属する. 加えて国民の法意識における揺らぎと変化のみに
目を向けることは, 非常に偏ったものとなる. 法意識の核心領域においては不
変性が絶対的に支配していることは無視しえない. これは以下の3つの理由か
らである.

1. 多数派への傾向

　法意識における揺らぎと亀裂の後, (おそらく入れ替わった) 多数派への傾向
が再び生じる. 孤立不安と結びついて, 志向の安定性を求める基本的な人間の
欲求がきっかけとなり, 個人は, 全般的に社会的なコンセンサスが確実なもの
と考えられる倫理的・法的秩序規範に自らの行為や思考を向けるのである[54].
このような付和雷同効果のために, 国民の法意識は不変の部分もある.

　多数派の法意識における揺らぎは, 長期的な展望でしか確定できない. 華々
しいアンケート結果は, 一時的な不安定のみを推論させるものが多い. 意見や
態度が体温曲線のように変化することは有名な現象である. 法意識の華々しい

---

54)　*R. Zippelius*, Allg. Staatslehre (Politikwissenschaft), 9. Aufl. (1985), § 28 I;
　Noelle=Neumann (Fn. 52), S. 59 ff.

変化の後，比較的時間を経ずに再び伝統的な観念に戻ることがある[55]．特定の時点で法意識における変化または断絶を示唆するものは，長期的に見れば，単なる一時的な現象に過ぎないこともある．

2．憲法コンセンサスと政治制度における信頼

憲法コンセンサスは，代表民主制や多数派原理の領域において，政治的中道の入れ替えが行われたにもかかわらず，かなりの安定性を示している．憲法コンセンサスが安定しているのは，憲法の根底にある基本的思想が，現在も歴史的な背景意識として一部存在する西欧の政治文化の歴史に根ざしているからである[56]．それにもかかわらず，個別の問題における，あらゆる意見の不一致の場合において，「憲法の内容を拘束的なものと承認し」，歴史的状況の所与に応じて憲法適合的秩序を現実化する用意は整えられている[57]．1968年には，基本法が維持されるという見解を有していたのは国民のうち48％しかいなかったが，1979年には68％がこのような意見に傾いた[58]．憲法コンセンサスは，国家と政治的制度に寄せられた信頼から間接的に推察しうる．1979年，「ここドイツ連邦共和国において，あなたはどのくらいの好感を国家に抱いているか」というアンケートで，「平均値としてかなり高いレベルの国家への好感」が確認されていた[59]．このような広範な憲法の受容は，開かれた社会における基本法の解釈によって，解釈者が唯物論的だけでなく，ポスト唯物論的価値態度を志向しているからである．政治形成の個別問題において，意見の不一致が広がり，憲法政策と同様に憲法解釈が議論されていることは，多元的民主主義が機能し

---

55) *Noelle=Neumann* (Fn. 26), S. 56; 体温曲線における態度変化の例は，若い世代の不法占拠の受容である．1981年に回答者の45％しか受け入れていなかったが，1年半後にはわずか14％になった（Sinus- Institut (Fn. 20), S. 60 f.）．

56) 共通する西ヨーロッパの政治的・法的意識の領域が存在するというテーゼについては，*Wiehn-Birner-Schuhmacher*, in: *Klages-Kmieciak* (Fn. 23), S. 367 ff. 参照．

57) *K. Hesse*, Grundz. d. VerfR der BRep. Dtschld., 14. Aufl. (1984), Rn. 692; *E. Benda*, in: *E. Benda- W. Maihofer- H-J. Vogel* (Hrsg.), Hdb. d. VerfR, 1983, S. 1331 ff., 1335 ff.

58) *Noelle=Neumann-Piel* (Fn. 24), S. 222.

59) *Klages-Herbert* (Fn. 21), S. 5.

ているというしるしである.

3. 急な価値変化の暫定的な終焉

多くの領域において，法意識の揺らぎと変化は国民の価値変化に原因を帰し得る．全くの思い違いという訳ではないだろうが，急な価値変化は60年代の終わりに始まったが，一時，停止した．70年代半ば，若い世代はポスト唯物論的価値に強く傾斜したが，古い世代が傾斜したのはむしろ唯物論的価値であった．したがって，価値観念には世代特有の鋏状の差がある．80年代当初から，世代の価値観念にかなりの近接が確認し得る．古い世代はポスト唯物論的価値を，若い世代は唯物的価値を大幅に受容している[60].

以上のような世代間での価値観念の近接によって，かつて正反対であった価値観念の融合がもたらされ得る．この点，多数派の法的意識に対する基礎が生じ得る．このような多数派の法的意識では，前進的な時代精神に対して心を閉ざすということはないが，伝統的な価値観念に固執する法秩序にこそ承認する価値があると考えているように思われる．したがって，歴史的に証明済みの西欧文化の基本価値を志向しているが，同時に環境保護のような新しい基本価値をも取り上げることのできる法秩序である．法秩序の重要な基本理念としての労働世界や社会における個人の自律の保護は，長きにわたり承認され，再び今日的なものとなった主張である．そこでは，個人に十分な社会的規律が課されるべきかについてどれだけ意識的であろうか．主張されている新しい形態の参加も，民主的法治国家や代表民主制の制限の中で，どの程度実現しうるかはまだよく分からない.

---

60) *Klages* (Fn. 21), S. 128 ff. mit Schaubild 9 (S. 130); *Böltken-Jagodzinski*, in: *Stiksrud* (Fn. 18), S. 60 ff.; *Sinus*-Institut (Fn. 20), S. 16, 27 ff.

解　題

　本稿は 1986 年に NJW（1986, S. 2281-2287）に掲載されたものである．主として法意識について考察しているが，本稿でも指摘されているように，この種のテーマに関する研究が少ない中，重要な研究成果と位置づけられる．

　法意識については，著者も直接的な定義をしていないが，政治的・法的意識，社会的・倫理的意識，法感覚の領域に分けられるとする．政治的・法的意識とは，主として憲法に対する同意であり，そこに規定されている代表民主制原理や社会国家原理に対する同意である．これに対して，社会的・倫理的意識とは法秩序や制度の道徳的基礎であるとされ，共同体における支配的な考え方も含まれるとする．さらに法感覚は，正義などに照らした直感的な感覚であるとされている．また法意識の主体についても，個人および集団の法意識がそれぞれ存在し，そして双方の関係性についても言及している．

　そして法意識が揺らぎ，変化する場合について，先の各領域ごとに言及され，政治的・法的意識では国家計画，代表民主主義が，社会的・倫理的意識では性道徳，婚姻，労働が，法感覚では法服従などが揺らぎ・変化の例として検討されている．加えて揺らぎ・変化の理由についても検証されているが，そこでは教育，社会における価値変化，立法，マスメディアなどの影響が挙げられている．とりわけ解放的教育については筆者の批判的な姿勢が垣間見られる．

　最後に展望として，法意識自体が多数派になびき易いがゆえに不変の部分もあると指摘するが，多数派の法意識はアンケートなどの短期的スパンの調査では確定し難いとしている．またよく指摘されることではあるが，ドイツでは憲法，とりわけ基本法へのコンセンサスが安定していることも指摘している．

　なお本稿は 1986 年の論考であることもあり，EU との関係性については言及されていない．その後の EU の進展を踏まえれば，EU 市民としての法意識の検討余地もある．しかしながら，2014 年の調査によれば，基本法や連邦憲法裁判所に対する信頼は高いが，欧州議会にはあまり高くないのが実態であり，EU をめぐる昨今の諸問題を鑑みれば，法意識が成立可能であったとしても，

かなりネガティブな内容とならざるを得ないであろう.

第 11 章

時代精神に定位した法の継続的形成の民主的正統性について

Zur demokratischen Legitimität zeitgeistorientierter Rechtsfortbildung

訳・解題　土屋　武

「時代精神に定位した法の継続的形成の民主的正統性について」

小目次

序

Ⅰ．時代精神に定位した法設定および法の継続的形成の直接的な民主的正統性

Ⅱ．代表民主制における価値・正義観念の変遷への定位について

Ⅲ．歴史的継続性，価値・正義観念の変遷と法の継続的形成の基調としての法の最高原理
　1．規範的なものの規範力による価値・正義観念の変遷の抑制
　2．価値・正義観念の変遷の想定の際の注意
　3．法意識と最上級法原理の間の不一致の裁判官による処理
　4．時代精神に反する法の継続的形成の正統性について

解　題

序

　最後に，時代精神に定位した法の継続的形成の民主的正統化を検討する．民主的正統化が要求すること，それは，「できる限り広範な合意（コンセンサス）」が政治的行為および法的決定の基礎を形成することである[1]．これを保障するため，重要な政治的決定は，基本法によって保障された自由な討論に基づいて，そして多数決を介して行われる．政治的意思形成のレベルの下では，社会の参加の手続によって公的生活の民主化に達しようとする．全体としてみれば，民主制原理は最大限の民主的自己決定の実現を目指す．民主主義国家においては，政治的・社会的発展が可能な限りの最大多数の意思にさかのぼることによって，自己決定の理念に接近しようとする．法の継続的形成が多数派の——変遷する——価値・正義・正当性の観念から（も）影響を受ける場合には，多数の自律的自己決定が尊重される．しかし周知のように，多数の決定が常に正当性を保障するものではなく，また社会道徳は横道にそれる可能性があるために，法の継続的形成の危険と限界を（いわゆる）変遷する法意識に依拠して素描することが重要である[2]．

I．時代精神に定位した法設定および法の継続的形成の直接的な民主的正統性

　基本合意がなお維持されるとすれば，一方の法政策，法適用および法の継続的形成と，他方の社会の正義観念や価値観念が大筋で一致することになる．時代の先端にあり続けようとする法秩序は，一定の範囲で時代精神や法意識の変

---

1)　*R. Zippelius*, Allgemeine Staatslehre, 10. Aufl. (1988), §17 Ⅲ 4.
2)　*R. Zippelius*, Rechtsphilosophie, 2. Aufl. (1989), §21 Ⅰ m. Nw.; 歴史的パースペクティブにおける裁判官による法の継続的形成の正統化問題については：*J. Schröder*, Justus Möser als Jurist (1986), S. 93 ff.

256　第Ⅳ部　時代精神と法

遷に開かれていなければならない．これを要求し，正統化するのが民主制原理
である．

　時代精神に定位した法設定と法の継続的形成には，観念の変遷が正しく認識
されることを前提とすれば，直接的な民主的正統性が認められる[3]．時代によ
り変遷する価値・正義・正当性の観念が法秩序の中に組み入れられるとき，法
は，維持に値し優先するに値する価値と考えるもの，社会的相当性があり正し
いとみなされるものに関する一般的合意に根差す[4]．時代精神に対応する法秩
序は，時代とともに変遷する市民の価値評価・行動の構成を考慮に入れる．法
秩序は全住民の法意識，したがって直接市民の意思に合致する．法秩序と集団
の法意識が一致することにより，法はもはや他律的な当為の秩序として現れず，
自律的秩序として，自己立法の対象として現れるのである．ルソーの理想的観
念では：市民の法意識の変化に法の継続的形成が定位する場合，「法律に服す
る人民は，同時にその作り手」なのである[5]．

　2種類の理由から，時代の中で精神的に支配的となりうるものが各時代に生
きる者にとって必然的に正しく，また正統である[6]：一方において，法的問題
解決と規律が是認に値する，あるいは否認に値するという意識は主観的であり，
時間とともに変容するものであるが，このような意識はその「前提を問う」こ

---

3)　*E. Benda*, in: DÖV 1983, 305 ff., 307 は，基本法 20 条 2 項および 3 項から，裁判
　　がその決定を社会における観念に合わせなければならないとする憲法上の義務を
　　導出する．

4)　「民主的法治国家の機能条件」としての「法秩序の価値と内容に関する基本合意」
　　については：*F. X. Kaufmann*, in: *E. -J. Lampe* (Hrsg.), Das sogennante Rechtsgefühl
　　(1985), S. 185 ff., 187; *R. Wassermann*, Ist der Rechtsstaat noch zu retten? Zur Krise
　　des Rechtsbewußtsein in unserer Zeit (1985), S. 19.

5)　*J. J. Rousseau*, Du contrat social, Ⅱ, 6〔J. J. ルソー（桑原武夫訳）『社会契約論』（岩
　　波文庫，1954 年）60 頁〕；「多数者は…少数者よりも国民と時代の精神の表現に明
　　らかに近づく．なぜなら，健全なる精神はまさに大衆の中に生きるからである」
　　というトポスについて：*H. B. Oppenheim*, Philosophie des Rechts und der Gesell-
　　schaft (1850), S. 131.

6)　*F. Bydlinski*, Rechtsgesinnung als Aufgabe, in: FS für K. Larenz (1983), S. 3; *C.
　　Gusy*, Legitimität im demokratischen Pluralismus (1987), S. 75 f.

第 11 章　時代精神に定位した法の継続的形成の民主的正統性について　257

とのできない認識源である[7]．というのも，各人がその価値および評価におい
て同時代の精神潮流の影響のもとにあり，それはたしかに各人が内在的に批判
できるとしても，逃れ切ることのできないものだからである．他方で，法秩序
は，社会生活を有効で合意が得られるような形で形成しようとするならば，時
代の要求の外で構築することはできない．

　法意識の変遷を法の継続的形成へと組み入れることにより，法状態の安定の
ための堅牢な下部構造が創出される[8]．法の継続的形成が倫理的観念の変遷に
目を瞑り，古い道徳・倫理的な規範に固執し，労働世界における力の配分に関
する観念の変容後も旧来の秩序モデルに固定し続ける，あるいは社会の意識や
社会的参加の新たなフィールドが顧慮されないとすれば，これは法的規範に対
する違反行為や抗議，騒乱となり——ひいては法的不安定にいたる[9]．法が社
会的実効性を失わず，法的平和と法的安定性という重要な利益が守られ続ける
べきとすれば，一方の社会の価値・正義観念の変遷と他方の法秩序の継続的発
展との間の相互依存性が顧慮されなければならない．民主的秩序は法秩序の合
意と受容を目指している．この法秩序の合意と受容は，高い貫徹可能性と広範
な遵守の最も確実な保証者なのである．民主主義理論の面では，たとえば環境

---

7)　*R. Zippelius*, Rechtsgefühl und Rechtsgewissen, in: *E. -J. Lampe* (Hrsg.), Das so-
　　gennante Rechtsgefühl (1985), S. 12 ff, 13; 同様にまた *H. Mitteis*, Vom Lebenswert
　　der Rechtsgeschichte (1947)〔H. ミッタイス（林毅訳）『法史学の存在価値』（創文社，
　　1980年）24頁〕:「歴史家も法律家も……現実を作り変えて，存在の代りに彼らの意
　　識を置くことはできない．しかし彼らの意識は，所与の存在を模倣すること，再
　　生産すること，自覚することはできるのであり，またそうすべきである」．

8)　*C. A. Emge*, Recht und Psychologie (1954), S. 15.

9)　*R. Zippelius*, Zur Rechtfertigung des Mehrheitsprinzips in der Demokratie. Ab-
　　handlungen der Akademie der Wissenschaften und Literatur (1987), S. 6 ff.; *H.
　　Kindermann*, Gesetzessprache und Akzeptanz der Norm, in: *Th. Öhlinger* (Hrsg.),
　　Recht und Sprache (1986), S. 53 ff., 65; *R. Herzog*, Von der Akzeptanz des Rechts, in:
　　B. Rüthers/K. Stern (Hrsg.), Freiheit und Verantwortung im Verfassungsstaat (1984),
　　S. 128; *V. Kubes*, Das Rechtsbewußtsein des Volkes, in: Festgabe für A. Troller (1987),
　　S. 130（集合的法意識と法秩序の間の不一致が耐え難い場合の革命的状況につい
　　て）．

258　第Ⅳ部　時代精神と法

保護に対する意識の伸長によってこのトポスを一層強力に法の継続的形成へと
組み込む，基本権解釈を強力な安全志向や参加指向にも合わせて行う，あるい
は抗議運動の関心を法的に整序された途へと導くといったことは，全くもって
正統であるように思われる[10]．

　憲法と法律の解釈，「裁判官憲法」と裁判官法は，価値・正義・正当性の観
念の変遷にさかのぼって拘束される場合に民主的正統性を獲得する．法の解釈
や裁判官法による法の継続的形成が集団的法意識に拘束されるということは，
連邦憲法裁判所の判例ではさまざまな響きを持つ：法問題が法律によって正し
く解決されない限りで，憲法の基礎にある価値観念に基づいて法は継続発展さ
れる；その際，「共同体の確たる一般的な正義観念」を考慮に入れられる[11]．何
が「共同体の確たる一般的な正義観念」に含まれるかは，主観的正義観念では
なく，「第一にそしてとりわけ基本権において具体化された価値決定と基本法
の根本的な秩序原理から」明らかにされることになる[12]．

　明らかな限りでは，連邦憲法裁判所は「共同体の一般的な正義観念」に依拠
することを，経験的な研究によって擁護しようとはしてこなかった．「共同体の
一般的な正義観念」をむしろ発端として「第一にそしてとりわけ」憲法から展
開した，つまり当為の秩序から展開したのであり，存在の秩序から展開したの
ではなかった[13]．これは原理的には正統であるように思われる．というのも，
一般的な政治的・法的意識においては，憲法は広範な合意を有しているからで
ある[14]．そして憲法に向けられたこのような基礎的合意を強化することは，実
定憲法の解釈による継続的発展の任務でもある．その際に市民の法意識の変遷

---

10)　*H. Schelsky*, Die Soziologen und das Recht (1980), S. 144.

11)　BVerfGE 34, 269 ff., 287; 裁判官法による法創出の要件については，*Th. Würtenberger*,
　　Recht und Zeitgeist, 2. Aufl. 1991, 5. Kap., 3b, dd (SV. 3) 参照.

12)　BVerfGE 42, 64 ff., 73; 詳細は，*G. Robbers*, Gerechtigkeit als Rechtsprinzip (1980),
　　S. 91 ff. m. Nw. および *E. Benda*, in: DÖV 1982, S. 877 ff., 881 f.

13)　BVerfGE 7, 198 ff., 215.

14)　これについては *Th. Würtenberger*, Recht und Zeitgeist, 2. Aufl. (1991), 4. Kap. Bei
　　Fn. 125 ff. (SV. 33); さらに，*H. J. Rinck*, in: JZ 1963, S. 521 ff., 525 参照.

も組み込まれることは，連邦憲法裁判所が慎重な表現のなかでまさに主題化している[15]：論証を支えるために，見解の変遷や社会の支配的見解に依拠することがある．そのように憲法裁判所の裁判が市民の価値・正義・正当性の観念に民主的な形で拘束されるというのは，繰り返し掲げられた要求に合致する．連邦憲法裁判所の広い法的な形成裁量を民主的秩序へと結びつけ，合意を維持・強化するために，「支配的見解」が憲法具体化のプロセスの中に持ち込まれるべきである[16]．アメリカ合衆国では，*R. G. McCloskey* が最高裁判所の判例に対し，公共体の善良な秩序に含まれるものについての裁判所の観念と国民の一般的な観念との一致を求めるように説いている[17]．

したがって，裁判所と解釈論の法の継続的形成活動が直接的な民主的正統化の可能性を持つのは，それが社会における観念の変遷，とりわけ時代精神の大筋に合致するときである．社会において観念の変遷が一定期間持続してなされるならば，これを永続的に法律学が無視することはできない．これは法規範の解釈にとって重要な帰結を有する：法規範は，その公布時に支配的であった価値・正義に関する確信に基づいて解釈されうるのではなく，解釈時に支配的な価値・正義に関する確信に基づいて解釈されうるのである[18]．法律上の概念の

---

15) BVerfGE 1, 264 ff., 277 f.（「今日一般に支配している社会の見解」）; 10, 354 ff., 368 f.（様々な関係や見解の変遷）; 11, 64 ff., 70（財産を形づくる「社会の見解」）; 13, 112 ff., 118（「死刑についての国民の統一的な見解」はない）; BVerfGE 34, 269 ff., 288 ff.; BVerfG DVBl. 1990, 690 f.（法律は「社会の政治的見解……という周辺的事情のもとにあり，そのような見解の変遷によって規範内容も変わりうる」）; これを支持するものとして，*R. Zippelius*, Die Bedeutung kulturspezifischer Leitideen für die Staats- und Rechtsgestaltung (1987), S. 28; 批判的なものとして，*Robbers* (Fn. 12), S. 101.

16) *I. Ebsen*, Das Bundesverfassungsgericht als Element gesellschaftlicher Selbstregulierung (1985), S. 192 ff., 205 の議論.

17) *R. G. McCloskey*, The American Supreme Court, 10. Aufl. (1971), S. 22. —法と正義に関する支配的見解が憲法解釈の中に組み入れられることは，アメリカ憲法学においては指導的な観点として強調されている：*G. C. Leedes*, The Meaning of the Constitution (1986), S. 113 ff. u. passim.

18) BVerfGE 34, 269 ff., 288 f.;「歴史的」解釈と「客観的」解釈の対立については，*F. Loos*, in: FS R. Wassermann (1985), S. 123 ff.; さらに参照，*Th. Würtenberger*, Recht

260　第Ⅳ部　時代精神と法

意味に幅が認められる限り，解釈により，古くなった価値・正当性に関する確信がフィルタリングされ，時代にかなった理念によって置き換えることができる．法規範の意味はそうして最新の時代精神に適合することができるのである．これは，法律の公布や歴史的立法者の規律意思との時間的な隔たりが大きくなればなるほど勧められる．歴史的な立法の意思をこのように排除する根拠は：「今日適用されるべき法の正統性の根拠は，過去ではなく現在にあるのである」[19]．法適用と法の継続的形成を委ねられている機関にとって，かつて立法者がどのような価値・正義観念に導かれていたかではなく，すべての権威の淵源である主権者としての国民において現在どのような価値・正義観念が支配的であるかが決定的たりうるのである．

　このように法の解釈を——変遷する——価値・正義観念へと民主的に拘束することに対して提起される批判論はよく知られている[20]：法の継続的形成の基礎には，いたって平均的な国民の多数が有する洞察能力よりも優れた洞察が基礎におかれるべきである．集団的法意識を法解釈論へと組み込むことに関し，すでに *Windscheid* は，概念的に明確に認識される法を国民の意識において不明確な形で感受される法に対して優先させていた[21]．憲法の領域について，*Forsthoff* は「憲法を一般的な価値」と価値観念の「整理棚」にしてしまう解釈方法に警鐘を鳴らしていた．その場合には，さまざまな価値や価値観念の間の衝突は憲法によって決定されるものではなく，解釈者によって決定されうるも

---

　　und Zeitgeist, 2. Aufl. (1991), 5. Kap. Fn. 44 ff. (SV. 3).

19)　　*R. Zippelius*, in: DÖV 1986, S. 805 ff., 807; *ders.*, Die Bedeutung kulturspezifischer Leitideen für die Staats- und Rechtsgestaltung (1987), S. 26 ff.; *G. Husserl*, Recht und Zeit (1955), S. 26; *K. Engisch*, Einführung in das juristische Denken, 8. Aufl. (1983), S. 90 ff., 245 ff.; *F. Bydlinski*, Juristische Methodenlehre und Rechtsbegriff (1982), S. 428 ff.（S. 434 では「時代精神」を援用する），579 f., 591; *H. Henkel*, Einführung in die Rechtsphilosophie, 2. Aufl. (1977), S. 210 ff.

20)　　たとえば，*H.-M. Pawlowski*, Methodenlehre für Juristen (1981), S. 78 ff.; *F.-J. Säcker*, in: ZRP 1971, 145 ff., 150; *H. Soell*, in: ZfA 1981, S. 509 ff., 511 ff. 参照．

21)　　*B. Windscheid*, Lehbuch des Pandektensrechts, 1. Bd., 7. Aufl. (1891), S. 44.

のになるであろう[22]．そして最終的には，民主的に正統化された国家指導機関
は，政治的指導任務を有するが，集団的な法政策的観念に依拠することができ
ないことになろう[23]．これらの批判論はたしかに，憲法解釈でも通常法の解釈
でも制定された規範の自立性が維持されるべきという点では適切である．そし
て規範設定は，単なる考え，正しいと思うこと，あるいはイデオロギー的観念
の渦に引き込まれてはならない．これをいかに回避し，法を正しいものの理念
に定位することがいかにして求められうるか，そしてそれにもかかわらず法が
いかにして国民の法意識に基礎と淵源を見出すか[24]，これが以下の考察のライ
トモチーフである．

II．代表民主制における価値・正義観念の変遷への
定位について

　代表民主制の憲法理論的構想は，国家指導機関の決定が公衆において法政策
的に要求されているものに定位する必要はないということから出発している．
同様に，価値・正義観念の変遷に定位することが必要となるものでもない．

　このように代表機関が現実に確認可能な国民の意思から乖離するということ
は，長らく周知となっている次のような考察に基づいている：全体としての国
民は，自らが政治的に意図することを専門知識に基づき十分具体的に述べるこ
とができない．全体としての国民には，理性的な政治的考慮の準備と能力が欠
けている．とりわけ大衆は操作可能であり，感情的に今日はこう，明日は別の

---

22)　*E. Forsthoff*, Zur Problemaik der Verfassungsauslegung (1961), S. 38.

23)　*H. Krüger*, Allgemeine Staatslehre (1964), S. 200, 249 ff.; *K. Carstens*, Politische
Führung im Dienste der Bundesregierung (1971); *H. Schambeck*, Ethik und Staat
(1986), S. 146 ff.

24)　このような問題設定の歴史的パースペクティブは，ここではこれ以上追究するこ
とができない（*P. Oertmann*, Volksrecht und Gesetzesrecht (1898); *G. Beseler*, Volks-
recht und Juristenrecht (1843); *B. Windscheid* (Fn. 21), S. 44; 要約的なものとして *F.
Wieacker*, Privatrechtsgeschichte der Neuzeit, 2 Aufl (1967), S. 408 ff. 参照）．

262　第Ⅳ部　時代精神と法

反応をし，示唆を与える人物に惑わされやすい[25]．これに対して，代表体制に
よって政治的決定の合理性が組織される．代表者の理性的議論，議会審議にお
ける高度の合理性の展開を信頼している[26]．代表者が持つ高度の専門知識のた
めに，代表者の政治的決定は，世論が好む決定に関する提案に比して「よりよ
く」また「より正しい」．代表者は，政策追求において世論の日常政治的な動
揺から解放されるとき，長期的な政策追求が可能となる．現代の計画国家・給
付国家においてこそ，政治の未来を適切に形成するためには長期的な政治的構
想の可能性が不可欠の条件なのである[27]．

　代表民主制において，たしかに代表機関の政治的決定は世論調査的にあるい
は諮問的レファレンダムによって把握可能な国民意思に拘束されるものではな
い；それにもかかわらず，民主的正統化の理念が見失われてはならない．代表民
主制において，代表者の政治的決定は市民のできる限り広範な合意を見出すべき
であり，少なくとも長期的に見て合意可能であるべきである[28]．市民は代表機関
の行為において「市民が共通して正しいと思い，なそうとしていることと同様に，
その異なる見解において，自己を再発見することができる」べきである[29]．

　代表の理念は——純形式的に——間接民主制の政治的意思形成メカニズムに
尽きるものではなく，内容的（実体的）代表として絶えず国民とのフィードバ
ックをする中で統合的な政治的意思を明瞭に述べることを目指す[30]．そのよう

---

25)　*R. Zippelius* (Fn. 1), §23 Ⅰ1, 2 m. Nw.

26)　*R. Zippelius* (Fn. 1), §23 Ⅰ3 m. Nw.; *ders.* (Fn. 9), S. 28 ff.（理性と正義に定位し
　　た決定の制度化について）．

27)　*Th. Würtenberger*, Staatsrechtliche Probleme politischer Planung (1979), S. 25 ff.
　　(SV. 2).

28)　*R. Zippelius* (Fn. 1), §17 Ⅲ4; *I. Fetscher*, Wieviel Konsens gehört zur Demokra-
　　tie?, in: *B. Guggenberger/C. Offe* (Hrsg.), Ziviler Ungehorsam im Rechtsstaat (1983),
　　S. 196 ff.

29)　*E.-W. Böckenförde*, Mittelbare/repräsentative Demokratie als eigentliche Form der
　　Demokratie, in: FS für K. Eichenberger (1982), S. 301 ff., 319; *ders.*, Demokratie und
　　Repräsentation (1983), S. 19; *H. Hofmann*, Parlamentarische Repräsentation in der
　　parteienstaatlichen Demokratie, in: Politik und Kultur, 12. Jahrg (1985), S. 37 ff., 49.

30)　*M. Imboden*, Politische Systeme. Staatsformen (1964), S. 108 f.; *K. Stern*, Das Staats-

第 11 章　時代精神に定位した法の継続的形成の民主的正統性について　263

な内容的代表は，国家の社会的，文化的，福祉国家的，自由可能化的作用，つまり国家の政治的作用と市民が同一化する可能性を持つ傾向がある．もちろん，内容的代表の原理は，どのようなものであれ国民意思が代表機関の政治的決定の基礎にされるべきということを要求するものではない．代表民主制の原理は，政治的決定形成のプロセスを（最近では世論調査によっても把握可能な）国民意思の体温曲線から引き離し，継続的な政策追求を可能にしようとする．代表民主制における政治的決定があるいは経験的に解明可能できわめて偶然的な日常的多数に向けられるものでないとしても，代表制の理念は，それにもかかわらず，より長期的には「大小はあっても国民の大多数が代表者への期待を……裏切られない」ことを要求する[31]．こうして，内容的代表は政治心理学の問題へと定式化される．

　治者の権力行使が被治者の同意に拘束されているといえるのは，理性的に論じ，政治文化の価値の影響を受けた市民が代表機関によって追求される政策の大筋を正しいものと承認することができる，あるいは少なくとも承認に値すると考えることができる場合である．代表機関が行うすべての政治的決定に対する同意は期待することができず，またその必要もない．代表制における民主的合意にとっては，市民が政治的決定を主張可能で承認に値すると考えることで十分であり，自身を代表機関の決定と同一化することを要しない．政治的決定が承認に値するというのは，代表機関が利害や意見の闘争において公共の福祉実現の保証者として現れることを前提とする．この目的のために，公共の福祉の実現は，合意を生み出すような公衆との対話のなかで行われなければならない．政治的多数は少数派の立場をその政策形成の中に組み込むことができ，政

---

recht der Bundesrepublik Deutschland, Bd. Ⅰ, 2. Aufl. (1984), S. 962 m. Nw.; *H. H. Klein*, in: *B. Rüthers/K. Stern* (Hrsg.), Freiheit und Verantwortung im Verfassungsrecht (1984), S. 177 ff., 192; *R. Zippelius*, Legitimation im demokratischen Verfassungsstaat, in: *N. Achterberg/W. Krawietz* (Hrsg.), Legitimation des modernen Staates (1981), S. 84 ff., 93; *ders.*, in: *E.-J. Lampe* (Hrsg.), Das sogennante Rechtsgefühl (1985), S. 15; *Ch. Gusy* (Fn. 6), S. 158 f.

31)　*R. A. Rhinow*, in: Zeitschrift für schweizerisches Recht, NF 103. Bd. Ⅱ (1984), 111 ff.

264　第Ⅳ部　時代精神と法

治的に広範にわたる決定の際には少数派を政治プロセスの中に組み入れ，妥協的決定の際には少数派の地位を顧慮する，あるいは少数派の要求を実質的な論拠をもって退けること，以上のことも同じく重要である．

　そのように見れば，代表原理は，政治の目標と政策実現措置に関する治者と被治者の広範にわたる合意を生み出すことを求める．そのような合意の創出は，確かに実定憲法による拘束力を持つものではない（したがって憲法裁判所により強制できるものではない）が，まさに本質的には，間接民主制における善き政治スタイルに含まれる．観念論的に過ぎる代表論[32]に生産性がないことが認識された後，西洋の政治理論ではプラグマティックな代表論が地歩を獲得した．G. Burdeau[33]は——もっともまさに批判的なところがあるが——「合意デモクラシー」つまり「受容民主主義」について論じており，その際，統治テクノクラシーと被治者の間の合意を生み出す対話が行われるべきであり，特に合意を可能にする社会的調整の創出にアクセントが置かれる．スカンジナビアの政治理論では，「合意デモクラシー」はとりわけ，「政治的決定が行われる前に，どの程度まで合意の最大化が求められるのか」[34]によって規定される．

　英米の政治学では，この脈絡で責任の概念[35]が展開されてきた．責任は代表

---

32)　たとえば C. Schmitt の「代表するというのは，不可視の存在を，公然と現存する存在によって，目に見えるようにし，眼前に彷彿とさせることである」（C. Schmitt, Verfassungslehre, 1928, S. 209〔カール・シュミット（尾吹善人訳）『憲法理論』（創文社，1972 年）260 頁〕，や，G. Leibholz の「代表されるものが再度代表するものによって現前させるという代表という事実」（in: Evangelische Staatslexikon, 2. Aufl. (1975), Sp. 2195）参照．

33)　G. Berdeau, Traité de Science Politique, Bd. 5, 3. Aufl. (Paris, 1985), S. 576 ff.

34)　N. Elder/A. H. Thomas/D. Arter, The consensual Democracies? (Oxford 1982), S. 10 f., 25.

35)　H. Eulau/P. Karps, The Puzzle of Representation, in: Legislative Studies Quarterly 1977, S. 233 ff.; B. I. Page/R. Y. Shapiro, Effects of Public Opinion on Policy, in: The American Political Science Review, Vol. 77 (1983), S. 175 ff. m. Nw.; A. H. Birch, Representative and Responsible Government, 5. Aufl. (London 1972); H. Mandt, Kritik der Formaldemokratie und Entförmlichung der politischen Auseinandersetzung, in: Zeitschrift für Politik, 32. Jahrg. (1985), S. 115 ff., 123; E.-W. Böckenförde, Demokratie und Repräsentation (Fn. 29), S. 24 ff.; H. Uppendahl, Repräsentation und Responsivi-

者に対し，代表される者の政治的選好と願望を受け入れる準備があり，またそれに敏感であることを要求する．責任とは，アクチュアルな政治問題や潜在的な政治問題を定式化し，概念化を可能にし，全体としてみれば長期的には公衆のフォーラムでの議論に耐えうるような解決を導くことを意味する．「責任代表」は，代表機関が喫緊の社会問題や潜在的な社会問題に立ち入ることから生まれ，合意を生み出す公衆との対話において政治的解決をつくり出しまたそこから離脱することによって生じ，その際不人気の法律であっても承認されるように準備すべく格闘する．そのような内容的代表，そのような責任は，長期的に見れば肯定的な国家意識，国家支配の正統性承認をも生み出す．

　以上，代表民主制ないし責任民主制の内容的目標をスケッチしてきたが，それは確かに民主主義理論および国家理論的反省の共有地である．しかし，この目標が実際にどのようにして実現されうるかはさらに明確にする必要がある．ひとつの重要な指導的観点が，代表機関の決定は「共同体において支配的な法倫理的・政治的見解に定位」しなければならないというものであるのは確かである[36]．代表機関は市民の法意識の変遷と価値・正義観念の変遷をその決定に組み込まなければならない．仔細な問題では，市民のそのつどの「日常的多数派」の意思に反する決定を行いうる．一定の期間に及びまた恒久的になるかぎりでの生活習慣の変更や，広い範囲で強力に表明された願望や要求，あるいは不可逆的となる社会倫理的意識の変遷については，具体的政策が正統性の欠如という不利益を被るべきでないとすれば，代表機関はそれらを直ちに無視することはできない．

Ⅲ．歴史的継続性，価値・正義観念の変遷と法の継続的形成の基調としての法の最高原理

　最後に，根本的な問題が再度提起される：法の継続的形成は価値・正義観念

---

tät, in: ZParl 1981, S. 123 ff.

36)　*Zippelius* (Fn. 1), §23 II 2 (S. 177 f.).

266 第Ⅳ部 時代精神と法

の変遷に，そして倫理的・人倫的な意識の変遷に合わせられるべきなのか，そしてそうすることが許されるのか？　これが肯定されるとすれば，それはどの程度か？　それとも法の継続的形成はまずは時代精神の変遷を顧慮せず，正しく公正と認められうるもの，倫理的・人倫的領域においてはあるいは客観的に妥当する価値秩序に合わせられなければならないのか？　ここで考えうる両極の立場の一方に依拠するとすれば，たしかに誤りであろう[37]．しかし一方の社会の価値・正義に関する確信と他方の正法の理念との間に一定の連結を得ようと努力することは，法の継続的形成の任務に含まれる．

1．規範的なものの規範力による価値・正義観念の変遷の抑制

これまで，――一面的に――時代精神の変遷が与える法設定および法の継続的形成への影響が示されてきた．基調となるのは，――変遷する――法意識が法秩序を幾度となく基準として規定してきた，というものであった．しかしその際，法設定によって法意識の変遷，すなわち価値・正義・正当性の観念の変遷ももたらされうることが同時に顧慮されなければならない．法秩序も判例[38]もまた，決定的な形で法意識を造形することができるのである[39]．

---

37)　（たとえば時代の傾向などの）「所与への賢明なる適応」や独立の政治的形成による「憲法の規範力」については：*K. Hesse*, Normative Kraft der Verfassung (1959), S. 11 ff.〔コンラート・ヘッセ（古野豊秋訳）「憲法の規範力」古野豊秋・三宅雄彦編『規範力の観念と条件』（信山社，2013 年）23 頁以下〕；また参照，*E. Benda*, in: DÖV 1983, S. 308 f.; *E.-W. Böckenförde*, in: Collegium Philosophicum Studien J. Ritter zum 60. Geburtstag (1965), S. 35 f.

38)　最上級裁判所の判例は，その自己理解によれば，一部は価値観念の変遷によって影響を受けるが，一部はまた価値観念に影響を与えるということから出発することが時としてある（参照，BGH NJW 1983, S. 2963）．他のファクターの法意識を形成する力を過小評価できないが，これについては：*E. E. Hirsch*, in: JZ 1982, S. 41 ff., 46 f.

39)　すでに *R. Smend* は（Verfassung und Verfassungsrecht, in: Staatsrechtliche Abhandlungen und andere Aufsätze, 2. Aufl. (1968), S. 119 ff., 143），「一般的な法的確信の存続」は「永続的な指導と指導されること」によって惹起されるとみている．法と法意識の相互的な指導と被指導が最後の考察の中心テーマである．

第11章　時代精神に定位した法の継続的形成の民主的正統性について　267

　時間という現象は，法の受容，すなわち法意識を法秩序に合わせることにと
って重要な位置価値を有している．伝統と歴史的継続性により，法秩序は市民
の目から見て承認に値するようにされうる．長期的に妥当するがゆえにその正
統性が推定されるとの理由から法律が適法とされることも幾度となく存する．
この意味で，古代以来，「慣習（consuetudo）」と「法（lex）」の関係が再三にわ
たり生み出されている[40]．長期間にわたり行われてきたことには，心理学的に
見れば新しい行動様式を受容することに比して直面する抵抗が少ないというこ
と，ここに以上のような時間の正統化力の基礎がある．長期にわたり存続する
法律は，現存在の世界の規律として唯一可能なものであるとみなされることが
多く，よく調べられなくとも正しいものとして承認される．法律による新たな
規律はまずよく理解され，自己の行為の標準的基準とされなければならな
い[41]．保守主義にとってのみならず，法に服する大多数の者にとっても，法は
法的伝統によって正統化される．時とともに，法意識が社会秩序と法的安定性
を保障する法律の規定に絡みつく．規範的伝統，そして法に定位した慣習は，
法意識を造形する強固な力を有する．

　法律と法が持つこのような規範力，つまり法意識を形成する力[42]はさらに，
いたるところで顧慮される法律に発する一定の継続圧力[43]，そして土台として
はまた民主的立法手続にも基づいている．法律成立によってすでに，あらゆる

---

40)　*S. Gagnér*, Studien zur Ideensgeschichte der Gesetzgebung (1960), S. 21, 27 m. Nw.

41)　*E. Huber*, Recht und Rechtsverwirklichung (1921), S. 250 ff.; *G. Jellinek*, Allgemei-
　　ne Staatslehre, 3. Aufl. (Neudr. 1966), S. 377 ff.〔ゲオルク・イェリネク（芦部信喜
　　監訳）『一般国家学』（学陽書房，1976 年）〕; *E. Ehrlich*, Grundlegung der Soziolo-
　　gie des Rechts, 3. Aufl. (1967), S. 327 ff.〔オイゲン・エールリッヒ（河上倫逸・M.
　　フーブリヒト訳）『法社会学の基礎理論』（みすず書房，1984 年）〕

42)　*Zippelius* (Fn. 2), §7 VII; *M. Killias*, Zur Bedeutung von Rechtsgefühl und Sanktio-
　　nen für die Konformität des Verhaltens gegenüber neuen Normen, in: *E.-J. Lampe*
　　(Hrsg.), Das sogenannte Rechtsgefühl (1985), S. 257 ff., 260, 270; *H. H. Jescheck*,
　　Lehrbuch des Strafrechts AT, 4. Aufl. (1988), S. 4; *O. Triffterer*, Österreichisches
　　Strafrecht AT (1985), S. 15 m. Nw.

43)　*E. Noelle-Neumann*, Die Schweigespirale (1980), S. 188 m. Nw.

268　第Ⅳ部　時代精神と法

経験によれば，当該法律への同意が強化される．そのような法意識の造形は，民主的に正統化された立法者の権威によってもたらされる．民主主義の諸原則に基づき組織された国家的権威の領域の発露としての法律は，まずそれ自体で正当性の推定を有する．

　したがって，長期的に見て価値・正義の観念は絶えず変遷するものであり，法秩序の変更が余儀なくされる，という想定は適切ではない．法律と法によって価値・正義観念の変遷に対する堡塁を築くことができる．法律と法は，長期的に見て市民の法意識に影響を与えうる点で「規範力」を展開するのである．

　法秩序の法設定と裁判官法による継続的形成により，価値・正義観念の変遷はせき止められうるが，促進もされうる．法意識の変遷が促進されるのは，マイノリティ・グループの法政策的要求が法の継続的形成を規定し，法律による固定に基づいて広範な法意識形成力を展開することができる場合である．

　現行法が世論の拒絶に直面する場合にそのときには，国家が法違反に対する制裁を決定することにより，長期的に見て集団的法意識が当初は拒絶した規範を受容することになりうる[44]．もっとも，法意識が立法者によってそして法違反の制裁を通じて随意に影響を受け，あるいは変更されうるとの想定は誤っていよう．たとえば1970年代に刑法218条の改革はたしかに受容できる妥協をもたらしたのであるが，道徳観念において広範な合意をもたらすことはできなかった．そのうえ，立法者がほとんど影響を与えることのできないような深い根を持つ法的確信が存在する．たとえば離婚法の改革である：有責主義から破綻主義への転換に対し，市民の多数は反対の立場をとった[45]．これはまた，一般的責任原理，道徳的ないし法的な誤りについての評価基準としなければならないこの原理が市民の意識の深くに根差しているがゆえでもあるのである[46]．

---

44)　*T. Geiger*, Vorstudien zu einer Soziologie des Rechts, 2. Aufl. (1970), S. 390 ff.

45)　*E. Noelle-Neumann*, Die Schweigespirale (1980), S. 189; *E. Noelle-Neumann/E. Piel*, Allensbacher Jahrbuch der Demoskopie 1978–1983, Bd. Ⅷ (1983), S. 306.

46)　本章注6，7参照．―*W. Müller-Freienfels*は，立法者が離婚法によってこの領域での行動様式や社会倫理的見解にほとんど影響を与えることができないこと，婚姻法は高度に人倫に依存することを指摘する（*W. Müller-Freienfels*, Ehe und Recht

市民の法意識の形成と定着にとって特に重要なのが刑法である．各個の犯罪構成要件と科せられる刑罰の重さは，刑罰によって威嚇される行為に関する立法者の無価値判断を表現しており，それを通じて市民の意識形成に本質的に寄与される[47]．たとえば謀殺に対して終身自由刑によって威嚇される場合，生命が特別の保護に値するとの市民の法意識が確認され，強固なものとされている；他者の生命の原理的不可侵が刑法上の保護を撤回することで放棄される場合には，反対の効果が得られる[48]．

これによって，時代精神に完全に服しなければならないというのが法の継続的形成の運命であるとするには及ばない[49]．法律と法が法意識を形成する規範的な力を有するゆえに，法の継続的形成は単なる「状況ゲーム」として社会の基調の執行者であることを指示されるものではない[50]．ドイツ連邦共和国の歴史において，法律や政治綱領——たとえば再軍備や西側統合志向——の中には，世論の持続的抵抗に反して実施され，一定の期間が経過したのちには集団的法意識によって受容されたものもあった[51]．より適切な洞察からすれば，法の継続的形成は当然に価値・正義観念の変遷から距離を置き続けることができるのである．

2．価値・正義観念の変遷の想定の際の注意

法の継続的形成を時代精神に合わせるというのは，マイノリティ・グループの主観的な正統性観念や要求を早計に時代の精神的潮流と同視する危険をはらんでいる．時代精神を把握したように思った者は，全く個人的にみて正しいと

(1962), S. 31）.

47）　BVerfGE 45, 187 ff., 256.

48）　参照，妊娠中絶と安楽死の改革論議の影響の説明として，*H. J. Hirsch*, Behandlungsabbruch und Sterbehilfe, in: FS für K. Lackner (1987), S. 613 ff.

49）　*P. Oertmann*, Rerchtsordnung und Verkehrssitte (1914), S. 3; *J. Ziegler*, Organverpflanzung (1977), S. 101.

50）　*R. Stürner*, in: FamRZ 1985, S 753.

51）　時代精神に反して実行に移された改革については，*U. Rommelfanger*, Das konsultative Referendum (1988), S. 282.

270 第IV部 時代精神と法

思うものあるいはマイノリティの「集団精神」を，一般的に支配する時代精神と同視したにすぎないことが多いのである．

　マイノリティ・グループが公共圏において政治的・道徳的観念に関する代替的主張を積極的に行えば行うほど，このようなグループを進歩的な時代精神の代弁者とみなす危険が増大する．マイノリティ・グループによって求められたばかりの合意の変遷があまりに早計に行われることもあるように思われる．連邦憲法裁判所自身，そのような誤った評価に対して抵抗力を有していない． *Benda* は，憲法解釈を社会における合意の変遷にも定位させるとの要求を強力に主張した――そして根本的には正統である――が[52]，この要求は連邦憲法裁判所の判例において強いプレビシット的傾向に帰着したこともある．集団的法意識の根本的変遷と結びついた決定や――逆に――それ自体は法意識の変遷によっては変更されえないような憲法上の規律の核心内容を彫琢するような決定（下記3．）とは対照的に，マイノリティ・グループの法政策的要求が1970年代半ばから憲法解釈に立ち入ってきた．1977年には――世論のあるトレンドに対応して[53]――謀殺に対して終身自由刑を宣告し，執行する場合には一定の憲法上の限界を顧慮しなければならないと決定した．1983年には，市民の参加が広範に及ぶと考えられたことへの反応として，いわゆる情報自己決定権が展開された[54]；「市民の一部……の……不安」が語られ，「一般的法意識が自動的なデータ処理の発展により」1962年以来重大な変容を受けたと論じられたが[55]，これは経験的に証明されず，おそらくはまた厳密には証明することができないであろう．連邦憲法裁判所はここで，決定の時点ではおそらくまだマイノリティの集団精神であったものを時代の一般的な精神的傾向と称し，これによって集団的法意識の強力な確立を促進したのであろうか？　ブロックドルフ

---

52)　*E. Benda*, in: DÖV 1982, S. 877 ff.

53)　*Th. Würtenberger*, Zeitgeist und Recht, 2. Aufl. (1991), 4. Kap. Fn. 78 ff. (SV. 3) 参照.

54)　BVerfGE 65, 1 ff.; 国勢調査判決のプレビシット的要素を歓迎するものとして，*U. Mückeberger*, in: Kritische Justiz 1984, S. 1 ff., 批判するものとして，*O. Kimminich*, in: ZfP N.F. 31 Jahrg. 1983, S. 365 ff., 370 ff.

55)　BVerfGE 65, 3 f.

決定において連邦憲法裁判所は，地震計のように，代表制に能動的に定位することの批判を行った．この決定も経験的研究によって裏付けることなく，市民につき「政治的無力の意識」を確認する[56]．集会の自由が妨げられることなく行使できることは，このような「政治的無力の意識と危機的な国家不信の傾向」に反対する効果は持つ．ここでは，単に市民の一定のグループが問題であり，市民そのものではない，そして「国家不信の傾向」がいくらか認められるとしても，全体の国家意識を代表するものではない，というのは完全に誤っている[57]．特に重要なのは，連邦憲法裁判所は集会の制度をこの脈絡で「始原的で無制御の直接民主主義の一端」と呼んだことである[58]．議会評議会では説得力ある理由から基本法におけるプレビシット的要素の導入に反対する決定を行ったのではあるが，そうしたのである．このような論証の連関に対しては，デモでは「反国家的態度」が表現されることが多く，抗議グループはデモを契機に，国民の真の利益を代表するだけであるとの主張を掲げるということは一考されうる．たしかに，どのような基本権・民主制理解がこの十年の大規模デモへの参加者を支配したかは経験的研究の価値があろう[59]．

---

56)　BVerfGE 69, 315 ff., 346. ―連邦政府の政治的決定に関して「無力」と感じる市民の割合は，連邦憲法裁判所の判決の数年前に公表された世論調査によれば50％を超える（vgl. Allensbacher Jahrbuch des Demoskopie 1976-77 (1977), S. 89）．しかしこれが市民の側では差し迫った政治的無能の意識が支配していると解釈されうるかどうかは，極めて疑わしい．代表民主制においてそのような世論調査に対してどのような回答が期待しうるのであろうか？　これに対して，市民自身の政治的影響可能性への市民の信頼を問えば，より適切な結論になる（政治的影響可能性への信頼増大については：*O. W. Gabriel*, Politische Kultur, Postmaterialismus und Materialismus in der Bundesrepublik Deutschland (1986), S. 208）．

57)　たとえばまた，*V. Götz*, in: DVBl. 1985, S. 1347 ff., 1348; 国家の受容については，*Th. Würtenberger*, Zeitgeist und Recht, 2. Aufl. (1991), 4. Kap. Fn. 125 ff. (SV. 3).

58)　BVerfGE 69, 347. この言い回しは *K. Hesse*, Grundzüge des Verfassungsrechts der Bundesrepublik Deutschland, 17. Aufl. (1990), Rn. 404〔コンラート・ヘッセ（初宿正典・赤坂幸一訳）『ドイツ憲法の基本的特質』（成文堂，2006年）260頁〕で取り上げている．

59)　*M. Hättich*, Zornige Bürger. Vom Sinn und Unsinn des Demonstrierens (1984), S. 60, 89 ff.; BVerfGE 69, 315 ff. への批判については，*V. Götz*, in: DVBl. 1985, S. 1352;

272　第Ⅳ部　時代精神と法

　専門裁判所の判例もまた，政治参加する少数派と不安定な時代精神によって望ましいものとして定式化されるものをポピュリズム的に法と定める危険から常に逃れられるわけではない[60]．刑法218a条1項2号のいわゆる医学的適応に基づく妊娠中絶が失敗した場合における母親の扶養にかかる負担に対する医師の責任が挙げられよう．これを認めたいくつかの判決[61]に対して，「綿密に釈明を行うことなく未出生の人間を処分可能な物と性格づける……社会の基調の執行者に」なる[62]と難じるのは，根拠のないものではない．さらに，（最終審）裁判官が時代精神と称されるものを参照して，あるいは個人の正義観念にさかのぼって，法律を顧慮しないことが幾度もあるが，非常に疑問がある．「電気料金ボイコット」に関するシュトゥットガルト区裁判所の判決が想起される．判決は，環境意識の波が高まり政治参加に至っていること，そして核エネルギーの反対者へのあからさまなシンパシーから，エネルギー供給企業のそれ自体としては理由のある支払い請求を退けた[63]．あるいは，ベルリン行政裁判所は法律の限定的な規定に反して「婚姻手当」を婚姻を伴わない共同生活の場合にも認めた[64]．その際，「婚姻を伴わない男女の共同生活に関する社会の見解の変遷に」依拠した．

　法解釈論も，明らかに時代の精神的潮流に早まって合わせてしまいやすいことを幾度となく示している．それは，たとえば社会運動がアノミーや法違反へ

　　S. Bross, in: Jura 1986, S. 189 ff.; *ders.*, in: RiA 1985, S. 228 ff.; *E. Eyermann*, in: UPR 1986, S. 1 ff.; *V. Lohse*, in: Der Städtetag 1986, S. 268 ff.; *H. Schneider*, in: DÖV 1985, S. 784 ff. 参照.

60)　すでに *H. Welzel* は裁判所を「たびたび『時代精神』の『執行機関』にすぎないもの」と称している（*H. Welzel*, An den Grenzen des Rechts. Die Frage nach der Rechtsgeltung, 1966, S. 18）.

61)　BGH NJW 1985, S. 671 ff., 2752 ff.

62)　*R. Stürner*, in: FamRZ 1985, S. 753; *ders.*, in: VersR 1984, S. 297 ff., 305; *H. Tröndle*, in: MedR 1986, S. 31 ff., 33.

63)　AG Stuttgart NJW 1979, 2047 mit krit. Anm. *Lüke*, S. 2049 f.; BVerfG EuGRZ 1980, S. 93; 参照，さらに „Dokumentation" von *W. Gross*, in: KJ 1981, S. 311 ff.

64)　参照，BVerwG DVBl. 1982, S. 1197; 民法569a条2項1文の非婚の生活パートナーへの類推適用については，BVerfG BayVbl. 1990, 466 ff. 参照.

第 11 章　時代精神に定位した法の継続的形成の民主的正統性について　273

の傾向を顕著に有することが憲法によって市民的不服従へと合法化される場合がそうである [65]．その場合，問題ある憲法解釈によって民主的法治国家の指導像を希釈化するのみならず，社会のマイノリティ・グループの願いをかなえることができない．このグループの市民的不服従が注目を集めるのは，それが違法であり続けるときである．市民的不服従が合法化されれば，暴力的で違法な行為の増大に向かうのみであろう．

　したがって，法の継続的形成にあたり価値・正義観念の変遷を考慮に入れようとするならば，法共同体において，きわめて多面的な多元主義的な流れのゆえに，時の流れの中で絶えず続き，法の継続的形成によって承認される根本的な変遷が現に確認されうるかどうかを，きわめて慎重に審査しなければならない．現代の多元主義社会において集団・多数派の価値・正義観念のストックがそれまでの時代とは反対に少なくなっているというのはたしかであろう．しかし，多元主義社会においても一定の価値・正義・正当性の観念が「多数派形成力」を持ちうるのであり，法の継続的形成の問題における意見の相違が多元主義社会の運命であるという必然性はないことは，〔『時代精神と法（Zeitgeist und Recht）』の〕第 4 章および第 5 章において様々な例によって証示してきた [66]．

　法の継続的形成の目的のために共同体において支配的な道徳的基準や正当・

---

65)　〔本書（Zeitgeist und Recht）〕第 4 章注 64 の文献 (SV. 3) 参照〔*J. Habermas/R. Dreier*, in: *P. Gltzz* (Hrsg.), Ziviler Ungehorsam im Rechtsstaat (1983), S. 29 ff., 54 ff.; *R. Dreier*, in: FS für U. Scupin (1983), S. 573 ff.; *J. Rawls*, Theorie der Gerechtigkeit (1975), S. 400 ff.〔J. ロールズ（川本隆史ほか訳）『正義論』（紀伊国屋書店，2010 年）478 頁以下〕; *G. Frankenberg*, JZ 1984, S. 266 ff.; *D. Mieth* (Fn. 6), S. 124 ff.; *T. Laker*, Ziviler Ungehorsam (1986); 批判的なものとして，*J. Isensee*, in: DÖV 1983, S. 565 ff.; *C. Starck*, in: FS für K. Carstens, Bd. II (1984), S. 867 f., 881 ff.; *M. Kriele* u. *H. Müller-Dietz*, in: *W. Böhme* (Hrsg.), Ziviler Ungehorsam? Vom Widerstandsrecht in der Demokratie (1984), S. 9 ff., 16 ff.; *U. Karpen*, in: JZ 1984, S. 249 ff.; *H. H. Klein*, in: Freiheit und Verantwortung im Verfassungsstaat, hg. von *B. Rüthers/K. Stern* (1984), S. 177; *R. Zippelius*, in: Erlanger Universitätsreden Nr. 12/1983, S. 5 ff.〕；また，BVerfGE 73, 206 ff., 250, 252 ff. 参照．

66)　しかし懐疑的なものとして，*F. Bydlinski*, Rechtsgesinnung als Aufgabe, in: FS für K. Larenz (1983), S. 3; *C. Meier*, Zur Diskussion über Rechtsgefühl (1986), S. 81 ff.

274 第Ⅳ部 時代精神と法

適切に考えるすべての者の礼儀心にさかのぼることに成功すれば，そのような
法心理学的な基礎にあって，高度に個人的な観念ができる限り排除される[67]．
また，一定の範囲の市民の観念に基づいて判断されてもならない．とりわけ一
定のテーマがマスメディアにおいて一方的に——たとえばフェミニズム的
に——設定される場合も適切ではない[68]．むしろ法共同体全体の合意を確認し，
または受容可能な決定によって合意を生み出そうとしなければならない．その
際，あるグループ——あるいは極端に少数派のグループ——の価値・正義・正
当性の観念が市民の多数派に押し付けられることは避けなければならない[69]．

　法共同体の合意を探究するにあたり，原理的には，根本的な価値・正義観念
がある程度恒常的であることから出発することができる．これは，憲法によっ
て保護される基本価値が確かに社会の広範な合意であることからしてそうであ
る．これにより，支配的な価値・正義観念をまずは基本法の価値秩序から導出
するという連邦憲法裁判所の「方法」が正統化される[70]．個別領域において変
遷を認めるには，慎重な確認が必要である．決定的なのは，意識を形づくる文
化的エリートが従来の価値・正義観念を堅持するのか，それとも変遷に合わせ
るのか，またどの程度そうなのか，である[71]．もっとも，現在そのような意識
を形づくるエリートが見分けられるのかどうかについて相当に疑問を持つ者も
見られる．法共同体の合意の確認にとって極めて重要なのは，政治的・社会的
権威を持った機関の表明である．たとえば連邦大統領の発言が広範かつ好意的
な反響を見出しうる場合[72]，あるいは連邦憲法裁判所の判決が世論で議論のあ

---

67)　この要求を満たすことの困難については，〔本書（Zeitgeist und Recht）〕第5章
　　注50以下（SV. 3）参照．

68)　*R. Stürner*, Die Unverfügbarkeit ungeborenen menschlichen Lebens und die
　　menschliche Selbstbestimmung, in: JZ 1990, S. 709, 716 f.

69)　BVerwGE 10, 164 ff., 167.

70)　前掲注13参照．

71)　文化的エリートの価値観念への影響については，*P. Steinbach*, in: *B. Hey/P.*
　　Steinbach, Zeitgeschichte und Politisches Bewußtsein (1986), S. 13 ff., 17 f.; *G.*
　　Turner, in: ZRP 1987, S. 73 ff.

72)　たとえば，*R. von Weizsäcker*, Der 8. Mai 1945-40 Jahre danach, in: *ders.*, Von

第 11 章　時代精神に定位した法の継続的形成の民主的正統性について　275

る法的問題をめぐる争いを裁定する場合には，法共同体の合意が定式化され，生み出される [73]．価値観念の変遷は，新たな法律が法意識の変遷と結びつき公的議論において同意を得る場合に限り，法設定からも引き出されうる [74]．さらに，市民にとってなお意識を形づくる力を持ちうる限りで，巨大な宗教共同体による倫理や法，政治に関する立場表明にさかのぼることができる [75]．役割の差異に応じてどのようにして適切にふるまわなければならないのかは，もちろん様々な形で――変遷する――「身分上の」エートスによって形づくられる．官吏，医師，法曹等の職業エートスは伝統的な指導像に合致するものであり，そして当該共同体の見解によって変遷する．

　　――変遷する可能性のある――価値・正義観念を確かめようとする場合，世論調査による発言は，信頼できる形で提示されようとも，無条件に基準とはならない．たとえばどの程度法と正義の問題に関する内的な責務と関連づけて立場をとるか，そして世論調査の結果が単なる無反省の意見なのか，それとも詳細な議論の結果を伝えるものなのかが明らかにされなければならないであろう [76]．とくに道徳と法の領域においては，たいていは意見を数量的に判断することができず，その重要性を測らなければならない．広範囲の市民の道徳的・

Deutschland aus (1985), S. 13 ff.

73)　政治的権威の法意識形成力については，*Th. Würtenberger*, Legitimität und Gesetz, in: *B. Rüthers/K. Stern* (Hrsg.), Freieit und Verantwortung im Verfassungsstaat (1984), S. 533 ff., 546 f. (SV. 63).

74)　連邦通常裁判所は，分割クレジット契約の一定の条件が良俗に反するかどうかという問題の判断にあたり法共同体の価値観念を当時成立した新たな消費者保護立法からも引き出したが（BGH NJW 1983, S. 2693），これは適切であった．これに対し，当局の実務が法共同体において支配的な確信の傍証として用いられる場合には，非常に問題がある（しかし BVerwG JZ 1990, S. 383).

75)　BVerfGE 6, 389 ff., 434 f.; *H. Otto*, Recht auf den eigenen Tod? Strafrecht im Spannungsverhältnis zwischen Lebenserhaltungspflicht und Selbstbestimmung, in: Verhandlungen des 56. DJT, Bd. 1 (1986), S. D 14 ff.; *R. Zippelius*, Wertungsprobleme im System der Grundrechte (1962), S. 147 参照.

76)　*W. Hennis*, Meinungsforschung und repräsentative Demokratie, in: *ders.*, Politik als praktische Wissenschaft (1968), S. 125 ff., 161 参照.

276 第Ⅳ部 時代精神と法

法的意識が変遷することになったとしても，文化的エリート，国家機関と社会の領域の重要な組織が従来の観念を堅持している，あるいはより深い洞察から限定的にしか変遷のプロセスに同意しない場合には，その変遷は貫徹されない．新たな考え方や見方が政治的または社会的権威を持つ組織によって「代表」される場合に初めて，法意識の変遷が長期性と安定性を獲得するのである[77]．

　価値・正義観念の変遷の手がかりをつかもうとすれば，別の理由からも世論調査は大方無視される．市民の法意識を問うことができるようにする問題設定の枠組は，これまで発展しておらず，また実践されていなかった．部分的に世論調査の結果にさかのぼるだけでは問題であるように思われる．大きな発展傾向が視野に入らないからである．くわえて，価値・正義観念の変遷に関する世論調査のデータを吟味せずに引き受けるのは問題なしとしない．というのも，周知のように，「古めかしい」共通意思を表明する民主的手続すら，民主的に定められた法律が，尊重されるべき倫理・道徳的規範と合致することを必ずしも保証しないからである．時代精神と社会の価値観念は無媒介にそして精査されずに法の継続的形成へと至ってはならない；むしろ新たな社会的な考え方は，法の領域において批判的に検討されなければならない．そして社会の価値・正義観念に先んじ，将来に初めて完全な合意が得られるような「正しい」決定を行うことも，まさしく法の継続的形成の任務でありうる[78]．長期的にみれば社会の合意が確実に得られ，世論での様々な短期的動揺に定位しない法の継続的形成が希求される[79]．時代精神が法秩序に規定的な影響を与えることが認めら

---

77)　*E.-W. Böckenförde*, Staat als sittlicher Staat (1978) は，「精神的で人倫にかなった生活のためには，照準点，つまり現に存する精神的で人倫にかなった一般的な態度が依拠する制度的な先行的形成と規範的支えが（必要である）」と強調しているが，これは適切である．

78)　個人の良心の法廷で正統化される「冒険的な」決定によって従来の正義観念と将来支配する正義観念の間の弁証法に共同作用する必然性については，*Zippelius* (Fn. 2), §22.

79)　*E. Benda*, in: DÖV 1983, S. 309 f. ——それゆえたとえば当初否定されたシートベルト着用義務が中期的には全面的に受容された．速度制限の規制について同様のことが予期される．

第 11 章　時代精神に定位した法の継続的形成の民主的正統性について　277

れるにもかかわらず，次のことが当てはまる：社会の領域において新たな価値・正義の要請に関する広範な合意が存在するとしても，これは必ずしも特定の法の継続的形成に完全な正統性をもたらすものではありえない．

３．法意識と最上級法原理の間の不一致の裁判官による処理

立法者とは反対に，独立の裁判権は世論や選挙日の政治的圧力には服しない[80]．政治の日常的論争から距離をとり政治的機会主義から離れて，裁判権威は正義の理念に定位した法の継続的形成が課せられており，またそれが可能である．裁判官による法の継続的形成は無条件に世論による承認を必要とするものではなく，本質的に「事件に近い権威」，合理的で追検証可能な根拠づけ，原則や法の体系への定位，ならびに不偏不党性によって正統化される[81]．我々の議論の脈絡において特に顧慮に値するのは，次の点である：法意識に対立する法の継続的形成は，裁判を自然法的な論証トポスや憲法の権威にさかのぼらせるようにすることが多い．

1945 年以後の最上級裁判官による法の継続的形成の第一フェーズでは，自然法的原理や客観的価値秩序が妥当するということを堅持しており，これは連邦通常裁判所刑事部の「売春仲介業」判決において例示的に示される[82]．倫理・人倫的領域における法の継続的形成は「客観的（一般的）に妥当し拘束力ある価値秩序」に定位しており，その秩序の当為命題は，「その遵守要求を向けられる者が実際に当該当為命題を遵守し，承認するかどうか」[83]にかかわらず妥当する．価値哲学に基づくそのような判例の問題性は，50 年代には完全に周

---

80)　*W. Zeidler*, Gedanken zur Rolle der dritten Gewalt im Verfassungssystem, in: Richterliche Rechtsfortbildung. FS der jur. Fakultät zur 600-Jahrfeier der Universität Heidelberg (1986), S. 645 ff., 647.

81)　*H. Sendler*, Überlegungen zu Richterrecht und richterlicher Rechtsfortbildung, in: DVBl. 1988, S. 828, 837.

82)　これについては，*A. Kaufmann*, in: *J. Gründel* (Hrsg.), Recht und Sittlichkeit (1982), S. 48 ff.

83)　BGHSt 6, 46 ff., 52; その他の例については，*W. Birke*, Richteriche Rechtsanwendung und gesellschaftliche Auffassungen (1968), S. 58.

278　第Ⅳ部　時代精神と法

知となっていた．集団的な価値・正義観念が長期的に見れば価値哲学に基礎づけられた指導理念に合わせられることを期待するかもしれない．もっとも，道徳的・倫理的意識の発展は別の道を進んだ．

　多元主義国家およびこれと結びついた価値相対主義の原理の影響の下で，立法者と裁判は60年代半ば以来，相当程度市民の法意識の動揺と変遷と結びつき，一般的に妥当し，義務を課すものとされる倫理的規範に定位することを一部放棄してきた[84]．にもかかわらず常に堅持されるのは，多元主義的社会においても共同体の存在の人倫的な最低条件に関する合意が確認可能で生産可能でなければならないことである．集団的な価値・正義観念が分裂した限りで，裁判は，十分な根拠による決定により妥協をもたらして法政策的論争において和解的な調整に寄与し，自らの法の継続的形成について長期的には社会の受容を見出すことを自らの任務とみなした．そのような妥協を探究するにあたり，憲法の価値決定，ひいては基本的合意と結びつけられる．特に生にとって重要な問題の決定に当たっては，経験的に確認された法意識の変遷が，最上級法原理に照らして批判的に吟味される．集団的な価値・正義観念に反する法の継続的形成は，基本法の価値秩序に関連づけることによって正統化される．

　このような意味で，基本法の価値秩序と社会の活動的なグループの価値観念の間の深刻な不一致が，刑法218条に関する連邦憲法裁判所の判決において処理された．広範囲にわたり世論が反対していることは重要である．基本法の解釈の助けにより，刑法による生命保護の高度の倫理的地位は堅持された：「これに関する市民の支配的な見解の一般的な変遷は――そもそも確認可能であるとしても――この点について何も変えることができないであろう」[85]．もっとも，未出生生命の刑法的保護は，時代精神の影響下での憲法，法設定そして法

84）　「売春仲介業」判決へのアンチテーゼは，15年後にヴィースバーデンの区裁判官により定式化された．「各人は，自らの性的・内密事項を自らよいと思う形で規律する無条件の権利を持つ」（AG Wiesbaden, Wohnraum und Miete (1972), S. 46 f. mit zust. Anm. von *G. Nies*）；さらに参照，OLG Stuttgart JZ 1985, S. 848 m. Anm. *H. G. Wegener*（代替的住居共同体における子の福祉について）．

85）　BVerfGE 39, 1 ff., 67; E. Benda, in: DÖV 1982, S. 877 ff., 880.

執行の関係においてとりわけ厄介な問題である．周知のように，刑法218a条3項3号の文言もその現在の執行の実務も，連邦憲法裁判所によって設定された未出生生命の保護に関する要求に合致しない．外国での中絶が不可罰であり，毎年少なくとも20万件の中絶が合法的に健康保険によって清算され，そして政治家によりBVerfGE 39, 1 ff.〔第一次堕胎判決〕を顧慮せずに刑法218条の改正が支持され展開された場合，——だれにとっても明らかに——218条に関する連邦憲法裁判所の判決がシリアスに受け止められていない[86]．

　実定憲法と社会的現実がなぜそのような顕著な相互不一致にあるのか，その理由を問えば，ありうる解答の一つは次のようなものかもしれない：集団的法意識においては，この数十年で明らかに未出生生命の保護が道徳的に義務を課す力を失った．市民の三分の一以上により期間設定による解決がより望ましいと考えられ，30代までの世代では54％が期間設定による解決を，37％が現在実施されている医学的適応による解決をそれぞれ倫理的に適切と考えている[87]．しかし市民が未出生生命の弱い法的保護を倫理的に主張可能と考え，特に裁判による未出生生命の保護を多少なりとも決定的に拒否するまさにその者がメディアにおいて繰り返し大声で発言し，大政党でも支持者が見られるのであれば，政治システムは未出生生命の憲法適合的な規律と実施を行うことができないのは明らかである．ここで連邦憲法裁判所によって行われる憲法解釈，そして国家と全市民にとって拘束的ないわゆる憲法裁判官法が時代精神の歩みに屈しなければならないのか？　そのような政治的に論争のある領域において集団的な道徳的・倫理的観念の変容が実定憲法的に見て（そして倫理の観点から）正しい法の効力を失わせることができるのか？　そのような問題は時代精神に定位した法の継続的形成と法実務の限界を再考する契機となる（下記4）．

---

86)　*Th. Würtenberger*, Gesetz, Rechtsbewußtsein und Schutz des ungebornen Lebens, in: Schriftenreihe der Juristenvereinigung Lebensrecht, Nr. 5 (1988), S. 31 ff., 36 m. Nw.(SV. 82); *H. Tröndle*, Thesen zur Rechtslage, in: *K. Weigelt* (Hrsg.), Freiheit – Recht – Moral (1988), S. 65 ff., 66.

87)　*E. Noelle-Neumann/E. Piehl*, Allensbacher Jahrbuch der Demoskopie 1978–1983, Bd. VIII (1983), S. 310; BT-Drs. 8/3630, S. 172.

280 第Ⅳ部 時代精神と法

憲法原理は他の領域においても合意の変遷可能性と対峙するが，これはそれ
ほどセンセーショナルなものではない．婚姻制度の「秩序づけの核心」，すな
わち単婚，配偶者の異性性，原理的な不解消は「一般的法感情および法意識に
とって不可侵である」[88]．したがって，このような婚姻の「秩序づけの核心」は
社会の価値意識のいかなる変遷によっても修正されない[89]．スコッターの法的
評価にあたり，特に上級審の裁判は一部の若年市民の前衛的な動向を許可し，
その際安全と財産の維持を前面に出す各下級裁判所の努力[90]が妨害された．第
一次「ピープショー」判決において，連邦行政裁判所[91]は営業法上の良俗概念
（営業法33a条2項）をただ憲法のみに導かれて解釈した：「ピープショー」は「登
場する女性に尊厳を貶めるような客観的役割」を割り当てており，それゆえ憲
法によって保護されるべき人間の尊厳（基本法1条1項）に違反しているかどう
かだけが審査された．そのような施設が「良俗概念にとって基準となる法共同
体の社会倫理的な無価値判断に服する」かどうかは，意識的に解答が与えられ
ないままとなった．

最後に挙げた判決に対する批判において，この判決では全体主義的な価値絶
対主義が表明されており，良俗にかなわない行動に関する裁判官の一定の観念
を当事者に押し付けるものであると指摘されたが，これはあながち不当なわけ

---

88) BVerfGE 10, 59 ff., 66; 53, 224 ff., 245; *K. H. Friauf*, in: NJW 1986, S. 2595 ff., 2601;
慎重なものとして，*F. Wieacker*, Zum heutigen Stand der Naturrechtsdiskussion (1965),
S. 32 f.

89) BVerfGE 28, 314 ff., 360 では，婚姻制度に関する「社会の一般的な人倫的価値観念」
それ自体を基本法6条1項に従って判断している：一定の前提条件の下で婚姻に
関する社会の指導像が基本法6条1項と一致しないこともありうる．

90) AG Bückeburg NStZ 1982, 71; AG Stuttgart StrVert 1982, 75; AG Münster StrVert
1982, 424; AG Bochum StrVert 1982, 604. 別見解．OLG Celle OLGSt § 123, S. 21;
OLG Hamm NJW 1982, 1824; 2676; OLG Köln NJW 1982, 2674; LG Bückeburg NStZ
1982, 202; さらに，*H. Ostendorf*, in: JuS 1981, S. 641 ff.; *C. Degenhart*, in: JuS 1982, S.
331 ff.; *F. Hagemann*, in: NStZ 1982, 71 ff. 参照．

91) BVerwGE 64, 274 ff., 276 ff. —第二次「ピープショー」判決において，連邦行政
裁判所（JZ 1990, 382）は，ピープショーは法共同体の支配的な確信によっても良
俗違反であると理由づけた．

ではない[92].「ピープショー」の許容性に関する決定にあたり,むしろ地方ない
し地域の支配的な社会的・道徳的観念に着目されえないのか,極めて疑問があ
るとされる[93].ここでは,規範解釈にあたり憲法テクストの具体化と観念の変
遷のいずれに定位するかの基本決定がいかに困難なものでありうるかが示され
ている.

4．時代精神に反する法の継続的形成の正統性について

法の継続的形成が時代精神の代表であるのはなぜか,そしてそれはどのよう
にしてなのかがこれまでの考察の重点であった.心理学的法実証主義の意味に
おいて,法の変遷は集団的法意識の変遷から（も）説明され,正統化された.
そのような心理学化した法理論が正法の理念に対しては機能しないところが広
範囲に及ぶことは繰り返し強調されてきた[94].規範的秩序としての法は存在秩
序からも,また集合的な方式からも直接的にまた一般的拘束力をもって導出す
ることが必ずしもできない.にもかかわらず,実効的で民主的な法秩序が強制
秩序として正統でないと感じられるべきでないとすれば,一定の範囲で多数派
の法意識に合わせられなければならない.その際,法秩序がその時代のそのつ
どの道徳的・倫理的意識に依存することは,なおも疑わしいものとされない.

ここから最後の問題に到達する：いかなる前提条件の下で法の継続的形成が
時代精神の敵対者となり,あるいは基本的な価値志向と法政策的な指導像の構
想によって時代の精神的状況に影響を与えようとすることができ,またそうで
なければならないのか.ここで,法の継続的形成による,また法の継続的形成
の際の多元主義国家における精神的指導の問題[95]が重要である.法の継続的形

---

92) *H. v. Oslhausen*, in: NJW 1982, S. 2221 ff., 2224; *N. Hoerster*, in: JuS 1983, S. 43 ff.,
　　95 f.; *B. Drews/G. Wacke/K. Vogel/W. Martens*, Gefahrensabwehr, 9. Aufl. (1986), S.
　　257 f.

93) また Schw. BGE 106 Ia, S. 267, 269, 272; これを拒否するものとして BVerwG JZ
　　1990, 383 f.

94) *H. Henkel*, Einführung in die Rechtsphilosophie, 2. Aufl. (1977), S. 493.

95) ここではこれ以上追及できないこの問題設定については,〔本書（Zeitgeist und

282 第Ⅳ部 時代精神と法

成は意味形成作用を果たし，国家を脅かす政治的見解および行動編成に対する
規範的な防波堤を守り，歴史的実証において正統性を見出し公共体の善き秩序
に関するより適切な洞察から不可欠であるような価値・正義の観念の解体を妨
げ，政治的秩序の基礎である基礎的合意，憲法合意の喪失に対抗しなければな
らない．法の継続的形成は「倫理的ポテンシャルの活性化」をしようとし，繰
り返し公言される方向づけの危機に対して反動的となることになろう[96]．

　法の継続的形成にあたり――変遷する――価値・正義・正当性の観念にさか
のぼるとすれば，法と正義に関するあらゆる理念の時代被拘束性と「状況被拘
束性」から目を離すことはできない[97]．そのような態度により，時代精神の単
なる動揺や流行に対し批判的な距離をとることが可能になる．しかしとりわけ，
「運動」と「対抗運動」が明らかになった――たとえば唯物論とポスト唯物
論――場合に，長期的に見て合意可能な法的な問題解決に至りうるのである．

　その際，「短期的なエートス，本来ならば時代の政治的・道徳的な見解を立
法によって承認することは，法の継続的形成の任務ではない．歴史主義を政治
的実践へと翻訳する試みは不条理である」[98]．単なる一時的な時代の精神的潮流
に定位する，あるいはさらに無反省な社会の基本的見解の執行者になるのは，
法設定と法の継続的形成の規範的機能に矛盾する．これはとりわけ，時代の周
辺的な見解が能動的な意見形成者の小集団によって目的的に「作られる」こと
が多く，その際に偽の情報と情動で活動するからでもある[99]．集合的な法意識
も操作され，扇動によってそそのかされうるのである．

　――変遷する――価値・正義観念と結びつく法の継続的形成は，可能な限り

Recht）〕第 2 章注 32 (SV. 3) 参照.

96)　*J. Burmeister*, Praktische Jurisprudenz und rechtethischer Konsens in der Gesell-
　　schaft, in: Gedächtnisschrift für W. K. Geck (1989), S. 97 ff., 120（自然法思想の再生
　　の要求を掲げる）; *Kindermann* (Fn. 9), S. 67.

97)　*R. Zippelius*, Die Bedeutung kulturspezifischer Leitideen für die Staats- und Rechts-
　　gestaltung (1987), S. 10 m. Nw.

98)　*H. Kuhn*, Der Streit um die Grundwerte, in: ZfP N. F. 24. Jahrg. 1977, 31.

99)　*Zeidler* (Fn. 80), S. 647.

第 11 章　時代精神に定位した法の継続的形成の民主的正統性について　283

事物的論拠と合理的論証によって「裏づけられる」べきであろう．集団的法意
識が「正しい」かどうかは慎重な確認が必要である．個別領域では，法の継続
的形成にあたりより適切な洞察から——変遷する——法意識と結びつくことを
断念しなければならない．専門的な考慮あるいは倫理的な確認に基づいてのみ
決定できるような法問題が存在する：ここで集団的な正義・正当性の観念は「権
限がなく」，顧慮されえない[100]．数多くの例から，つぎのような民主制理解お
よび社会の前提判断が取り出されるだろう：

　いわゆる活動的な者のみならず市民の多数によっても，プレビシット的要素
による代表民主制システムの補完に賛成票が投じられる[101]．この投票が賛否の
慎重な衡量に基づいて行われることはほとんど認められず，特に厳格な代表民
主制システムの維持を支える十分な根拠を語ることができない．たとえば，諮
問的レファレンダムはさまざまな形で賛成意見が提示されるが，これは国民が
分裂する危険のある問題において合意形成に寄与することができない[102]．

　法の継続的形成の正統な任務には，より適切な洞察から一定の社会的前提判
断の掘り起こしに寄与することも含まれる[103]．たとえば市民に広まる外国人敵
対性に対する反作用が，その法倫理的基礎において憲法の指導原理に定位した
法の継続的形成によって示されうる．この意味において，法の継続的形成は市
民のより善き良心に準じるものとして作用しなければならず，その際，憲法へ
の合意が強化されうる．社会的前提判断が憲法に導かれて解体することは，た
とえばアメリカ合衆国最高裁判所の人種裁判に見られる[104]．ここで裁判を社会

---

100)　多数決原理への疑義については，*Zippelius* (Fn. 9), S. 19 f. m. Nw.; *H. Müller-Dietz*,
　　　Rechtsempfinden und Strafvollzug, in: *W. Gräve*, (Hrsg.), Modernes Strafvollzugs-
　　　recht und das „allgemeine Rechtsempfinden", Loccumer Protokolle 4/88, S. 70 ff.（憲
　　　法およびそこに内在する基本合意に依拠する）．

101)　*E. Noelle-Neumann*, in: FAZ vom 2. 12. 1982, S. 12.

102)　これについては，*Rommelfanger* (Fn. 51), S. 269 ff., 290.

103)　法律により社会的前提判断を解体する可能性については：*R. Lautmann*, in: Zur
　　　Effektivität des Rechts, Jahrbuch für Rechtssoziologie und Rechtstheorie, Bd. 3
　　　(1972), S. 187 ff.

104)　*J. Stone*, Lehrbuch der Rechtssoziologie, Bd. II (1976), S. 178 ff. 参照．

284 第IV部 時代精神と法

の領域における誤った秩序観念に合わせるのは全く不条理であろう[105].人間の尊厳,平等や社会的配分参加といった原理を参照して,時代精神の加害的影響に反対することができるのである.

法の継続的形成にあたっては,システムを変更する破壊的な法理念に対して対抗的な制御が行われうる.もっとも,新たに要請される法理念のいずれが長期的に見てネガティブで破壊的であり,いずれがより善い政治的・法的秩序を導くことになるのかは,確実性をもって予言することができないことが多い.新たな政治的・法的秩序の理念は,のちの時点で公共体の善き秩序の核心として受容される場合ですら,常に最初は騒ぎを引き起こしてきた.このことは民主制原理や人権・市民権の歴史についても多くの例で証明されうる.将来善き政治的秩序の要素として承認され,従われるものに関するそのような不確実な状況において,責任に満ちた法の継続的形成は,社会的適合性にあたり新たな価値・正義の観念を批判的に参照しなければならない[106].それゆえ,たとえば婚姻制度から距離を置いていることが確認され,代替的な共同生活の形態が増大しているにもかかわらず,基本法6条1項の新たな解釈は提示されない.価値観念と行動様式の変遷はここでは規範力を展開することができない.なぜなら婚姻と家族は出発点,あらゆる人間共同体の自然的・人倫的基礎として他に選択肢がないからである[107].

支配的な価値・正義観念との結びつきは,単に平均的な価値評価が問題とな

---

105) *K. Sontheimer*, in: *D. Grimm* (Hrsg.), Rechtswissenschaft und Nachbarwissenschaften, Bd. 1 (1973), S. 84.

106) *E. Döhring*, Die gesellschaftlichen Grundlagen der juristischen Entscheidung (1977), S. 176 ff.

107) 詳細は,*A. Frhr. von Campenhausen*, Verfassungsgarantie und sozialer Wandel – das Beispiel von Ehe und Familie, in: VVDStRL H. 45 (1987), S. 7 ff., 18〔アクセル・フライヘール・フォン・カムペンハウゼン（手塚和男訳）「憲法保障と社会的変遷」三重大学教育学部研究紀要人文・社会科学40号（1989年）79頁〕.―*U. Karpen*, in: JuS 1987, S. 593 ff., 598 は,価値変遷の急速化により基本法6条の保障が時代遅れのものとされる危険を感知している.

第 11 章　時代精神に定位した法の継続的形成の民主的正統性について　285

る限りは，法の継続的形成にあたり顧慮されるべきでなかろう[108]．とりわけ違法で社会的に不相当な実践は，それが広範な合意を見いだすとしても，法の継続的形成の契機とはなりえない．「社会道徳の誤った道」[109]には強く警告され続ける．「誤った」価値・正義観念はいかなる場合であっても法の継続的形成の基礎に据えられてはならない．たとえば倫理規範に対する一般的な違反行為の場合，価値・正義観念が「誤った」ものとなり，さらに倫理的基準の瓦解がマスメディア[110]や社会のグループによって語られる場合には，道徳的シンパによって「誤った」ものとされる．違法な行動（たとえば不当労働の実践）は，それが一般化するとしても，──例外を除けば──規範を「取り下げる」契機とはならない[111]．たとえば「良俗」概念に関する判例は，教育上一時的な倫理の崩壊に反対する作用を持ち，倫理的道徳的観念の発展の大筋に合わせなければならない[112]．観念の変遷はまさに体温曲線のように推移しうる；センセーショナルな観念の変遷の後には，比較的急速に再び伝統的な観念へと揺り戻されうる[113]．

---

108)　*H. Henkel*, Einführung in die Rechtsphilosophie, 2. Aufl. (1977), S. 307; *Hennis* (Fn. 76), S. 135 ff. m. w. Nw.

109)　*Zippelius* (Fn. 2), § 22 V m. nW.

110)　*G. Turner*, in: ZRP 1987, S. 73 ff., 75 によれば，プレスは「その教育的責任をこれまで以上に肝に銘じる義務を負う」．

111)　*J. Wege*, Positives Recht und sozialer Wandel im demokratischen sozialen Rechtsstaat (1977), S. 74 f.

112)　*O. A. Germann*, Gesetzeslücken und ergänzende Rechtsfindung, in: Probleme und Methoden der Rechtsfindung (1965), S. 111 ff., 169; *M. Kriele*, Rechtsgefühl und Legitimität der Rechtsordnung, in: *E.-J. Lampe* (Hrsg.), Das sogenannte Rechtsgefühl (1985), S. 23 ff., 28 ff.

113)　本書（Zeitgeist und Recht）第 4 章注 124 (SV. 3) 参照〔*O. W. Gabriel*, Politische Kultur, Postmaterilismus und Materialismus in der Bundesrepublik Deutschland (1986), S. 131 f.; *H. Klages*, Wertorientierungen im Wandel (1984), S. 131 ff.; *K. Sontheimer*, Zeitenwende? (1983), S. 258 f. ─体温曲線における立場の変遷の例が若い世代のスコッターの受容である：1981 年にはスコッターは被調査者の 45％がなお受容していたが，15 年後には 14％しか受容していない（Sinus-Institut, Die verunsicherte Generation. Jugend und Wertewandel (1984), S. 60 f.）．〕

286　第IV部　時代精神と法

　自由な国家における法の継続的形成は，「法的な変容可能性を確保しておく」[114]よう義務づけられる．現在および将来の世代の自由で民主的な自己決定に反するような時代精神は，法の継続的形成にとって基準とはなりえない．時代精神の潮流に反しても，現世代と将来世代の政治的自律が引き続き確保されなければならない．

　日常政治の深刻な動揺と法秩序の一時的な倒錯にもかかわらず価値・正義観念の発展において一定の歴史的継続性が注目されうるという現象から，次のような考察が容易に想起される：歴史的経験が（いわゆる）時代精神に定位した法の継続的形成の試金石であり，限界である[115]．歴史的経験を処理し，継続性を維持する法の継続的形成の任務は，日々の事象と中立的な距離をとって，政治的，文化的，倫理的遺産を維持することである[116]．伝統の価値について確信していない者も，次のことを考えることになろう：「現代に」与えられる時代精神は，歴史的伝統と経験，とりわけまた法的伝統に根ざしている．伝統は，法の発展と時代精神の発展をまとめるかすがいである．日常政治の方向性に関する争いは，従来の価値・正義観念が従来の法と共通して深刻な耐性力[117]を展開することを隠ぺいすることが多い．したがって，時代精神へと義務づけられる法の継続的形成も法維持に対して重大な位置価値を認めなければならない．

---

114)　*G. Dürig*, in: *Maunz/Dürig* (Hrsg.), Grundgesetz, Art. 3 Abs. 1 GG, Rn. 196 ff.

115)　*B. Rüthers*, Rechtsordnung und Wertordnung (1986), S. 63 f.

116)　法の継続形成の際の「継続性を維持する分野」については：スイス民法1条3項；*P. Kirchhof*, in: NJW 1986, S. 2256 ff., 2276；憲法において規範化された伝統的な価値秩序を維持し発展させる第三権の役割については：*Zeidler* (Fn. 99), S. 652.

117)　〔本書（Zeitgeist und Recht）〕第2章注37 (SV. 3)〔*I. Tammelo*, Theorie der Gerechtigkeit (1977), S. 122; 波及効果を持つ歴史ファクターとしての前時代の精神については：*M. Landmann*, Das Zeitalter als Schicksal (1956), S. 70; *H. Ryfeel*, Grundprobleme der Rechts- und Staatsphilosophie (1969), S. 382 f.〕；長く有効な価値については：*W. Jaide*, Wertwandel? Grundfragen zur Diskussion (1983), S. 115 ff.；社会と政治の方向づけにおける安定性については，*R. Inglehart*, Kultureller Umbruch. Wertwandel in der westlichen Gesellschaft (1989), S. 138 ff.

第 11 章　時代精神に定位した法の継続的形成の民主的正統性について　287

このような法維持にあって，長い法伝統において展開され，西洋文化の核心領域を形成する「最高の法原則」[118]，たとえば多数決原理に対する自由の確保[119]，人間の尊厳，生命，平等あるいは財産，あるいは確証された法原理，たとえば私的自治や信頼保護などは，社会の観念における動揺に抗して擁護されうる．このような法原理の周辺領域においては，「現実化」，アクセントの移動あるいは新たな価値評価が行われうる．しかし原則的な価値評価の変更の要求には，大きな懐疑をもって接しうる．現在に身を委ねる時代精神も，歴史的に伝承された精神的共通財の起源から供給される．そのような従来の法文化に根差した共通精神，すなわち価値と評価，法・憲法問題の判断における歴史的に伝承された共通性は，法の継続的発展の際に流行の時代潮流を早計に引き受けることを禁止する[120]．

そのように見れば，たしかに法は長期的に見れば時代精神の時期ごとの潮流に屈することはできない．しかし，時代精神の動揺と個別的変遷に対し，法は批判的な距離を維持し，これに対抗する形で制御することができる．結局，時代精神あるいは法の伝統のいずれに定位するかを選択するにあたり，進歩と持続の間の古くからある調整が重要である：法の継続的形成にあたり従来の最高の法原理が維持される場合，同時に法意識の変遷に対しても開かれていることが示され，常にそしていたるところで課せられる現在と将来の責任ある形成が成功する．もっとも，法的伝統は時代精神のあまりに急速な更新と強力な動揺を阻止する杭打ち棒にすぎない．より適切な洞察から見ても，法は場合によっては時代精神の潮流に反して継続発展されうる．その際，法の継続的形成の作

---

118)　*H. Coing*, Die obersten Grundsätze des Rechts (1974), S. 28 ff., 54 ff. u. passim; *K. Larenz*, Methodenlehre der Rechtswissenschaft, 5. Aufl. (1983), S. 468〔カール・ラーレンツ（米山隆訳）『法学方法論』（勁草書房，1991 年）734 頁以下〕; *Kaufmann* (Fn. 82), S. 62 ff.

119)　*Zippelius* (Fn. 9), S. 21 ff. m. Nw.

120)　これはとりわけ，法が「規範的な秩序づけを与える力」として「継続性と歴史を形成する力」を保有しているからである（*E.-W. Böckenförde*, in: Collegium Philosophicum. Studien J. Ritter zum 60. Geburtstag (1965), S. 27 ff.）．

288　第IV部　時代精神と法

用が時代精神にフィードバックしないままではあり得ないことが期待されつづ
ける．そして新たな時代が新たな規範的原理を求める場合には，必要な限りで，
従来の時代精神のフォーラムの前で確証された法原理が放棄される．すでに
19世紀の初めに *E. Brandes* は次のように総括していた：「正義，道徳性，高次
の国家目的の原則に抗しない限りで，立法は熟慮により判断される段階におい
て時代の精神に従わなければならない」[121]．この見方は，今日でも時代精神と
法の関係にとって有効である．

121）　*E. Brandes*, Betrachtungen über den Zeitgeist in Deutschland (1808), S. 27.

解 題

　本論文は，*Th. Würtenberger* の著書『時代精神と法』(Zeitgeist und Recht, 2. Aufl. 1991) の最終章である第 6 章に収められた論稿である．タイトルにもある通り，時代精神に定位して行われる法の継続的形成について，その民主的正統性を明らかにするとともに，時代精神の探究にかかる留意点，時代精神に定位した法の継続的形成の条件と限界を規定しようとするものである．

　本論文では，民主的正統化の要求を，法的決定や政治的決定が「できる限り広範な合意」を基礎にすることと解し，民主的秩序は法秩序の安定化のためにも法秩序に対する合意と受容を目指しているとする．そして，時代精神に定位して法の定立や法の継続的形成を行うことは，その変遷が正しく認識される限りで直接的な民主的正統性が認められるとする．またここから，「法規範は，その公布時に支配的であった価値・正義に関する確信に基づいて解釈されうるのではなく，解釈時に支配的な価値・正義に関する確信に基づいて解釈されうる」という帰結を引き出す．もっとも，法の継続的形成の任務には，現在は合意が得られなくとも将来には得られるような「正しい」決定を行うことも含まれうるのであり，それこそが法の継続的形成の正統性を支えているところもある．また，価値観念や正義観念につき，一般市民には変遷がみられる一方，「文化的エリート」らは従来の観念を維持している場合がある．さらに多数派の観念の形で示されやすいそのような時代精神およびその変遷が常に正しいとは限らず，規範それ自体がそのような変遷に抗しても維持されなければならないこともありうる．また専門的考慮が必要な場合もある．したがって法の継続的形成が時代精神に反しても行われなければならないことも考えられる．その場合，社会の価値・正義観念に反する法の継続的形成は，基本法の価値秩序に関連づけることによって正統化される．そして，このような法の継続的形成が時代精神へとフィードバックされる可能性に本論文は期待をかけている．本論文の主題は，近年日本の最高裁判所が憲法判断において言及する「国民の意識の変化」などの議論にも大きな示唆を与えるものと思われる．

第 V 部

あらたな挑戦

Neue Herausforderungen

第 12 章

ドイツ基本法における
憲法改正と憲法変遷

Verfassungsänderungen und Verfassungswandel
des Grundgesetzes

訳・解題　太田航平

「ドイツ基本法における憲法改正と憲法変遷」

小目次

序

Ⅰ．出発点である 1949 年のドイツ基本法

Ⅱ．憲法改正
1．時代精神に条件づけられる憲法改正
2．連邦国家的秩序での実験的な試み
3．経済的なパラダイム転換に対応するものとしての憲法改正
4．憲法改正の国際法および EU 法上の諸要因

Ⅲ．国内に原因を持つ憲法変遷
1．憲法発展権力（verfassungsentwicklelnde Gewalt）の担い手である連邦憲法裁判所
2．社会政策の変化を理由とした憲法変遷
3．憲法現実の変化に関する補論

Ⅳ．超国家的法および国際法の改正に対応する憲法変遷
1．EU 法の規準を通じた基本法の変遷
2．基本法の国際法適合的解釈（völkerrechtskonforme Auslegung）
3．ヨーロッパ共通憲法（gemeineuropäisches Verfassungsrecht）を通じた憲法変遷？
4．発展の道筋

解　題

序

　憲法改正および憲法変遷は，憲法学の中心的な問いの１つである[1]．基本法における憲法改正と憲法変遷という我々のテーマにおいて問題となるのは，ここ数十年で，国内および超国家的，国際的な領域において，どのような推進力が憲法改正および憲法変遷を支配しており，さらに将来支配するであろうかということを，現実に即して分析することである．以下の論述については，２つの観点に沿って考察を進める．第１に問題となるのは，60年以上に及ぶ基本法の規範的変遷の中でも，国内に原因を持つ変遷である．少なくとも基本原理について，1949年の基本法と今日の基本法とで一致しているのは，このような規範的変遷のおかげである．第２に問題となるのは，基本法の規範的変遷の中でも，超国家的および国際的な統合への開放に原因がある変遷である．ここでは，国内の憲法の自律が，超国家的および国際的な実定憲法のせいで，どの程度抑圧されているかということに特別な関心が向けられるであろう．このようなことに特別な関心を向けることは，国内憲法秩序において，ますますその

---

1) *G. Jellinek*, Verfassungsänderung und Verfassungswandlung, Berlin 1906; *B.-O. Bryde*, Verfassungsentwicklung: Stabilität und Dynamik im Verfassungsrecht der BRD, Baden-Baden 1982; *K. Hesse*, Grenzen der Verfassungswandlung, in: *H. Ehmke* [u. a.] (Hrsg.), Festschrift für Ulrich Scheuner zum 70. Geburtstag, Berlin 1973, S. 123 ff.; *P. Lerche*, Stiller Verfassungswandel als aktuelles Politikum, in: *H. Spanner* [u. a.] (Hrsg.), Festgabe für Theodor Maunz zum 70. Geburtstag am 1. September 1971, München 1971, S. 285 ff.; *E.-W. Böckenförde*, Anmerkungen zum Begriff Verfassungswandel, in: *P. Badura / R. Scholz* (Hrsg.), Wege und Verfahren des Verfassungslebens: Festschrift für Peter Lerche zum 65. Geburtstag, München 1993, S. 3 ff.; *E. Forsthoff*, Rechtsstaat im Wandel, 2. Aufl. München 1976, S. 130 ff.; *J. Masing*, Zwischen Kontinuität und Diskontinuität: Die Verfassungsänderung, in: Der Staat 44 (2005), S. 1 ff.; *A. Voßkuhle*, Gibt es und wozu nutzt eine Lehre vom Verfassungswandel ?, in: Der Staat 43 (2004), S. 450 ff.; *M. Jestaedt*, Herr und Hüter der Verfassung als Akteure des Verfassungswandels. Betrachtungen aus Anlass von 60 Jahren Grundgesetz, in: *H. Neuhaus* (Hrsg.), 60 Jahren Bundesrepublik Deutschland. Atzelsberger Gespräche 2009, Erlangen 2010, S. 35 ff.

296　第Ⅴ部　あらたな挑戦

影響力を強めている多層的な実定憲法システムの中で，国内憲法の位置を決定することにつながる[2]．その際，基本法がその論述の出発点になるが，補足的にヨーロッパでの憲法発展にも触れる．

Ⅰ．出発点である 1949 年のドイツ基本法

まず初めに，あとに続く憲法改正および憲法変遷の出発点である 1949 年の基本法の公布について，できるだけ簡単に見ておこう．

(1) 戦後直後の憲法提案および憲法政策に関する議論は，基本法の政治的あるいは法的なモデルとは，異なるものであった．この基本法のモデルは，西洋的立憲国家という指導原理を目指しており，これらの諸原理とドイツ国内にある自由主義的法治国家の憲法伝統とを結びつけるものであった．その際，実質的な接続点になったのは，パウル教会憲法であった．基本法は，ワイマール憲法において失敗に終わった半大統領制的な民主主義とは異なるものであることを表明している．人間の尊厳保障，人権保護規定そして基本法 79 条 3 項の永久保障条項によって，基本法はあらゆる形式の全体主義に対抗する防波堤になろうとしていた．

(2) 1949 年には，ドイツの政治的あるいは法的な秩序がどこに向かうのか全くわからなかった．このことは，特に経済憲法（Wirtschaftsverfassung）にあて

---

2)　*U. Battis/I. Pernice,* [u. a.] (Hrsg.), Das Grundgesetz im Prozess europäischer und globaler Rechtsentwicklung, Baden-Baden 2000; *A. v. Bogdandy* (Hrsg.), Europäisches Verfassungsrecht, Berlin, Heidelberg, [u. a.] 2003; *T. Giegerich,* Europäische Verfassung und deutsche Verfassung im transnationalen Konstitutionalisierungsprozess, Berlin [u. a.] 2003; *K. F. Kreuzer,* [u. a.] (Hrsg.), Die Europäisierung der mitgliedstaatlichen Rechtsordnungen in der Europäischen Union, 1. Aufl. Baden-Baden 1997; *K.-E. Hain,* Zur Frage der Europäisierung des Grundgesetzes, in: DVBl. 2002, S. 148 ff.; *J. Kokott/Th. Vesting,* Die Staatsrechtslehre und die Veränderung ihres Gegenstandes, in: VVDStRL 63 (2004), S. 7 ff., 41 ff.; *P. Häberle,* Europäische Verfassungslehre, 4. Aufl. Baden-Baden 2006; *A. Peters,* Elemente einer Theorie der Verfassung Europas, Berlin 2001.

はまった．たとえば基本法が公布されてすぐに，*Hans Peter Ipsen* は，基本法14条の財産権保障と基本法15条の社会化および共同経済のどちらがモデルとなるのかを問題にした[3]．周知のように，基本法15条は，基本法の中で，その後も規範力を全く展開しなかった唯一の条項である．さらに，社会国家原理でさえ，20世紀の60年代半ばまでは，真正の規範的効力を持たないものにとどまっていた[4]．

(3) 基本法が規範的効力を持つのは，包括的な憲法裁判権を導入したおかげである．この憲法裁判権の任務は，基本法を保護するだけにとどまらず，さらに基本法を解釈によって具体化し，継続的に発展させることにある．たとえば，ドイツ共産党および社会主義ライヒ党を禁止した大きな2つの主要判決[5]の中で，自由で民主的な法治国家的秩序という基本法の支点（Eckpunkte）が確固たるものになった．その後，120巻を超える判例集の中で，連邦憲法裁判所はほとんどすべての基本法の条文を具体化し，継続的に発展させてきた．そう考えれば，基本法は，連邦憲法裁判所によって与えられてきた形で妥当しているのである．

このような憲法の具体化を憲法変遷という概念に分類できるかについては，争いがあろう．以下の記述の基礎になる憲法の具体化と憲法変遷の区別については，あとで立ち戻ることにしよう．

(4) 連邦議会と連邦参議院の3分の2の賛成で改正できるとする憲法改正の規定があったおかげで，当初から，基本法を，変化する時代状況および政治事情に適合させることが可能となった．また，ここでは，国民投票の要素が放棄されたが，これは，事理に適わない（sachwidrig）影響を与えるおそれがあり，また，今日ではまさに構造上，あまりにも保守的である国民投票の多数派に対

---

3)　*H. P. Ipsen*, Über das Grundgesetz, 2. Aufl. Tübingen 1988, S. 10 さらに，基本法14条と15条の矛盾については，*W. Apelt*, Betrachtungen zum Bonner Grundgesetz, in: NJW 1949, S. 481 (482) も参照．

4)　*Th. Würtenberger*, Staatsrechtliche Probleme politischer Planung, Berlin 1979, S. 389 (SV. 2).

5)　BVerfGE 2, 1; 5, 85.

298 第Ⅴ部 あらたな挑戦

抗できるよう，議会制民主主義を強化するためである．

（5）要約すると以下のようになる．1949 年の基本法は，初めのうちは 1 つの要請にすぎず，また，当時の国法学者にとって，将来の政治的あるいは法的な秩序のビジョンにすぎなかった[6]．基本法は連邦憲法裁判所によって憲法裁判制度を，また，憲法改正規定によって改正手続を用意し，それによって将来に開かれた基本法の継続的発展が可能となった．

Ⅱ. 憲法改正

このように基本法が新たな発展に対して開放的であることは，基本法が 1949 年以来，50 を超える改正法律[7]によって改正されてきたという点に示されている．このような改正法律は，基本法が対峙しなければならなかった新たな課題に応えるものであった．多くの場合，改正法律に先立って，パラダイムの変化が生じていた．基本法は時代精神の変化に対応し，連邦秩序の領域では連邦制という構想によって実験的に検証された．そして何よりも，基本法は国際的な情勢を考慮してきたのである．

1. 時代精神に条件づけられる憲法改正

共同体のもつ価値観念および正義観念の変化，つまり時代精神の変化[8]は，幾度となく基本法に影響を与えてきた．新たに国家目標を導入することで，基本法の価値一覧表（Wertetafel）は拡張してきた．特に環境保護という新しい国家目標は特記されるべきである．基本法 20a 条は，およそ 20 年続いた議論の

---

6) このことの意味については，*R. Laun*, Das Grundgesetz Westdeutschlands, Berlin 1949, S. 1.

7) この改正の概観については，*R. Zippelius/Th. Würtenberger*, Deutsches Staatsrecht, 32. Aufl., München 2008, §6 Ⅲ 3 (SV. 12)，および *Jestaedt* (Fn. 1), S. 56 ff., 86 ff.

8) このことについては，*Th. Würtenberger*, Zeitgeist und Recht, 2. Aufl. Tübingen 1991, S. 105 ff. (SV. 3).

末に基本法に受け入れられたが，それも，環境保護が共同体の意識の中において
ても特別な意義を獲得したことに対応するものであった．さらに，このことは，
いくらか留保はあるものの，動物保護という 20a 条を補うことになった新たな
国家目標にもあてはまる．また，新たな基本法 3 条 2 項 2 文は特に，とりわけ
重要である．この規定は，現実の男女同権の達成を促進するよう求めるもので
あり，それによって，共同体の意識の中で起こっていた，女性の新たな役割に
関する静かな革命 9)が，社会の中に受け入れられるようになった 10)．

2．連邦国家的秩序での実験的な試み

　基本法が憲法改正立法者の実験場になったのは，連邦国家的秩序の領域であ
る．これまで長い時間をかけて行われてきた憲法改正は，集権的かつ協働的な
連邦制というモデルを目指すものであった．一連の多くの憲法改正によって，
立法権限はラントに不利益な形で，連邦へと移っていった．その際，埋め合わ
せとして，連邦が立法権限を獲得することになった法律については，多くの場
面で連邦参議院の同意要請（Zustimmungsbedürftigkeit）が予定されていた．財
政憲法（Finanzverfassung）の領域では，1969 年に連邦とラントの協働義務が導
入されたが，それは，経済全体の安定の確保ならびに共同事務の計画および財
政と関わるものであった．

---

9)　*J. Isensee*, Vom Stil der Verfassung, Wiesbaden 1999, S. 34 は，「フェミニズム的な
　　時代精神」に対応したことが重要だとしている．さらに，*Isensee* は，新たに形成
　　された基本法 3 条 2 項 2 文および 20a 条を「象徴的な憲法の規定」と呼ぶが，そ
　　れは，政治的・法的な発展に対する，これらの規定が持つ意義を十分正当に評価
　　しているとはいえない．
10)　もっとも，基本法 3 条 2 項 2 文という新たな国家目標規定は，改正以前の基本
　　法 3 条 2 項についての連邦憲法裁判所の従来の見解を確認し，また強化するもの
　　でしかなかった．連邦憲法裁判所はすでに，同権化の要請を社会で現実化すると
　　ころまで拡張し（BVerfGE, 85, 191 (207)），法律上の不平等取扱いも，それがある
　　性的集団に特有の不利益を調整するためのものであれば，正当化されると説明し
　　ている（BVerfGE 74, 163 (179 ff.)）．このことは，憲法テクストの規範力の変化が，
　　憲法裁判官法によっても，また，憲法改正立法者によっても，同じような形で起
　　こりうることを示している．このことについては，後述することになろう．

300　第Ⅴ部　あらたな挑戦

　20世紀の90年代以降は，それまでの憲法改正が目指してきた集権的かつ協働的な連邦制というシステムが，政治システムを変える可能性をもつことが意識されてきた．この伝統的な連邦制モデルに対しては，パラダイムが転換するなかで，競争的連邦制（Wettbewerbsföderalismus）あるいは形成的連邦制（Gestaltungsföderalismus）といった連邦制モデルが対置されている．この後者のモデルは，ラントの権限および財政的な備えを，実質的に強化することを要求する[11]．1994年，競合的立法が，あふれんばかりに拡大していることに対して，基本法72条2項という新規定によって対処することになった．この規定は，連邦が競合的立法に対する権限を利用するための条件を制限している[12]．2006年の連邦制改革は，連邦とラントの協働領域を制限し，ラントに独自の立法領域を開放することを目指したものであり，また，特に問題があると思われていた基本法72条2項の新たな定式化とも関係するものであった[13]．2009年の連邦制改革では，連邦ラント間の財政関係の本質的な部分が新たな形で規律されることとなった．この改革は，安定化と成長についてのヨーロッパ規準を満たし（基本法109条2項），連邦とラントの財政上の負債を減らす（基本法109条3項）という目標設定に基づいて行われた．

3．経済的なパラダイム転換に対応するものとしての憲法改正

　多くの基本法改正は経済上のパラダイム転換に対応するものである．たとえ

---

11)　競争的連邦制については，以下の文献をみよ．*Zippelius/Würtenberger* (Fn. 7), § 14 Ⅱ 4 (SV. 12); *M. Nettesheim*, Wettbewerbsföderalismus und Grundgesetz, in: *M. Brenner* (Hrsg.), Der Staat des Grundgesetzes – Kontinuität und Wandel. Festschrift für Badura zum siebzigsten Geburtstag, Tübingen 2004, S. 363 ff.; *J. Würtenberger*, Regieren in der Wettwerbsgesellschaft – Perspektiven eines Wettbewerbsföderalismus, Paper 2004.

12)　この点については，*Th. D. Würtenberger*, Art. 72 Ⅱ GG – eine berechenbare Kompetenzausübungsregel?, Baden-Baden 2005.

13)　連邦制改革の帰結については，BT-Drucksache 16/813, S. 1 ff.; *I. Kesper*, Reform des Föderalismus in der Bundesrepublik Deutschland, in: NdsVBl. 2006, S. 145 ff.

第12章 ドイツ基本法における憲法改正と憲法変遷 301

ば，社会的市場経済のシステム[14]は環境市場経済によって補強されることになったが，それは，経済政策上の決定をする際に，環境保護という国家目標（基本法20a条）を立法者が遵守しなければならなくなったからである．さらに，1967年に新たに規定された基本法109条2項ないし4項は，グローバルな規模で統制される市場経済という，ケインズの経済理論上のアプローチに適合的なモデルを基礎にしている[15]．

　その後，さらに，そもそも基本法の経済憲法を話題にすることが問題とされるようになってきた．経済法を形成するための手段は，ますますEUへと受け継がれていき，そのため基本法は広範囲にわたって基準形成力（maßstabsbildende Kraft）を失ってしまった．基本法の経済憲法の中でも，EU法によってもたらされた新たな諸規定については，すぐに立ち戻ることになろう．

4．憲法改正の国際法およびEU法上の諸要因

　基本法改正の多くは，国際的な枠組の変化によって引き起こされた．このような改正に含まれるのが，まずは防衛憲法（Wehrverfassung）である．防衛憲法は，20世紀の50年代半ば以来，西ドイツを首尾よく西側へ統合させるための前提条件であった[16]．たとえば，ドイツ連邦共和国の主権回復により，連合国に留保された権限が消失した後，10年以上経って，対内的および対外的な緊急事態を規律する緊急事態憲法（Notstandsverfassung）が導入された．さらに，このような国際的な枠組の変化についていえば，特に，ソビエト崩壊による東西対立の解消が挙げられる．この対立の解消によって，ドイツ再統一が可能となり，基本法の根本的な変革がもたらされたのである．

　20世紀の90年代以降，憲法改正はEU法によって引き起こされることが多

---

14)　*H. C. Nipperdey*, Soziale Marktwirtschaft und Grundgesetz, 3. Aufl. Köln [u.a.] 1965; *M. Schmidt-Preuß*, Soziale Marktwirtschaft und Grundgesetz, in: DVBl. 1996, S. 236.

15)　これについては，*M. T. Luong*, Wirtschaftsverfassungsrecht im Wandel, Berlin [u.a.] 1999.

16)　憲法上争いのあった西側への統合一般については，*Giegereich* (Fn. 2), S. 1237 ff.

くなっている．たとえば，実に広い射程を持っていた基本法旧24条の統合条項は，新しい基本法23条の中のEU法に関わる統合条項によって補強されている．その23条の統合条項では，ドイツ側の憲法原理のどの部分がEUにおいても妥当していれば，ドイツの憲法とEUの憲法との間で，ある種の同質性が確保されるのかが明らかにされている[17]．同時に，EUの他の構成国同様，国内においてEUに関する憲法規定も作られ，国内の議会がEUレベルの決定にどう関わるかを規律している[18]．

　新しい基本法23条が，欧州統合という目的から基本法の自律性を守ることを試みている一方で，他の基本法の改正は，統合の推進力であるEU法が国内憲法に優位するために，生じたのである．このような基本法の改正には，欧州司法裁判所のタンヤ・クライル判決[19]を基礎にした基本法12a条4項2文の改正や，EU構成国の国籍を所持しているものに対する地方選挙権の拡張[20]，ユーロ導入の枠内におけるドイツ連邦銀行の権限の縮減[21]，あるいは財政規律によって，EC設立条約104条（＝EU運営条約126条）の安定化水準を維持するよう連邦とラントを共同で義務づけたこと[22]が含まれる．

　さらには，鉄道[23]および郵便，遠距離通信[24]の分野において競争を導入する

---

17)　1992年6月25日版の憲法（der Fassung des Verfassugsgesetzes vom 25. Juni 1992, Nr. 92-554）の88条によって，フランス憲法では，その後の欧州統合のための前提条件が規律されている．

18)　*C. Grabenwarter*, Staatliches Unionsverfassungsrecht, in: *von Bogdandy* (Fn. 2), S. 283 (297 ff.), 312 ff.; *Giegerich* (Fn. 2), S. 1209 ff.

19)　EuGH NJW 2000, 497 gemäß der Rl 76/ 207/ EWG vom 9. Februar 1976.

20)　基本法28条1項3文．

21)　新しい基本法88条2文にしたがって，連邦銀行の任務はヨーロッパ中央銀行に移譲された．これについては，*J. Geerlings*, Die neue Rolle der Bundesbank im Europäischen System der Zentralbanken, in: DÖV 2003, S. 322.; *Giegerich* (Fn. 2), S. 1234 f.（そこで *Giegerich* は「構成国の憲法構造に対する大きな介入となる」と述べている）．

22)　基本法109条2項および5項．

23)　基本法87e条．

24)　基本法87f条．

というEU政策によって，それと関係する基本法上の規定が改正されることになった．それまでは，国家自身がこの分野について，安価かつ安全で広い地域におよぶサービスの提供に責任を負っていたが，市場が自由化された後で，国家に残されているのは，インフラ整備の責任（Infrastrukturverantwortung）だけである[25]．このように市場を新たに秩序づけることは，提供者間の競争により競合を生じさせるために必要なことであり，その競合によって，インフラ整備の領域では，技術進歩のための最善の状態が保障されている[26]．最後に，グローバル化も，このような秩序変化の原因であった．というのも，グローバル市場での競争では，インフラが近代的であることが，まさに重要な役割を持つからである．

経済およびEU法によって誘発された形で，他のEU構成国でも，基礎的な部分で憲法改正が生じることになった．たとえば，昨年，フランスの憲法は根本的に変化した．たしかにフランスの憲法は，相変わらず，同一性を規定するメルクマールである共和国の不可分性という原則を固持している．つまり，フランスでは，連邦国家は憲法改正をしても導入できないであろう．にもかかわらず，ここ20年において，フランスの政治システムが連邦国家化しているという傾向が存在する．「地方のヨーロッパ（Europa der Regionen）」は，フランスにおいても1つの手本となっている．特に地方レベルにおいては，地方自治の原理に沿うような形で，地域の代表団体に法設定権限が付与された[27]．まずもって，これまでの中央集権国家的なシステムでは，すでに統治は不可能であるという見解が浸透していたようである．さらに，連邦国家制的な経済理論に関

---

25)　*P. Lerche*, Infrastrukturelle Verfassungsaufträge, in: *R. Wendt* (Hrsg.), Staat, Wirtschaft, Steuern: Festschrift für Friauf zum 65. Gebrutstag, Heidelberg 1996, S. 251 ff.; *S. Sommer*, Staatliche Gewährleistung im Verkehrs-, Post- und Telekommunikationsbereich, Berlin 2000.

26)　*F. Brosius-Gersdorf*, Wettbewerb auf der Schiene, in: DÖV 2002, S. 275 ff.

27)　2003年3月28日版の憲法（der Fassung vom 28. März 2003, Verfassungsgesetz Nr. 2003-276）の72条.

304 第Ⅴ部 あらたな挑戦

する近時の論稿が，経済競争の中にある連邦国家の方が，中央集権的国家よりも有能であることを，説得的に証明していたのである[28].

　何よりも，欧州評議会（Europarat）同様，EU も地方自治のための憲章を提案することで，強い自治権を伴う地方分権化を政策として標榜してきた．かつて中央集権的であった諸国家の連邦国家化のプロセスが，その国独自の展開をする可能性があることは，非対称な連邦国家化をしているスペイン，あるいは多様な連邦国家化の試みをしているポーランドの例をみれば，明らかである．

Ⅲ．国内に原因を持つ憲法変遷

1．憲法発展権力（verfassungsentwicklelnde Gewalt）の担い手である連邦憲法裁判所

　ここでは，基本法が経験した憲法変遷を決定づけた原因に目を向けてみよう．基本法の憲法条文が 1949 年のものとは，ほとんど異なるということが正しいとすれば，同じことは，個別の憲法規定の意義の変化について，よりいっそうあてはまる．基本法の憲法発展を現実に即してとらえると，基本法上の規範的な規準を歴史的かつ憲法制定時の状況から把握しようとすることは，実定憲法の現状と矛盾する[29]．そのように歴史的かつ制定時の状況から理解することは，まさに憲法裁判所における裁判の持つ本質的な機能が，歴史的な出発点を一面的に選択しないことで果たされてきたということをみえにくくする．

　連邦憲法裁判所の判例によって基本法が発展してきたことを，個別的に追うのは不可能である．120 巻を超えるこれまでの連邦憲法裁判所判例集の中で憲

---

28)　*V. Hoffmann-Martinot*, Zentralisierung und Dezentralisierung in Frankreich, in: *M. Christadler/ H. Uterwedde* (Hrsg.), Länderbericht Frankreich, Bonn 1999, S. 363 ff.; *A. Rosenbaum*, Die positiven Auswirkungen der Dezentralisation auf die wirtschaftlichen und politischen Rahmenbedingungen der Staatsführung, in: Verwaltungswissenschaftliche Informationen 28 (2000), S. 45 (47 ff.); *T. Apolte*, Die ökonomische Konstitution eines föderalen Systems, Tübingen 1999 を参照.

29)　たとえば，*M. Jestaedt*, Grundrechtsentfaltung im Gesetz, Tübingen 1999, S. 332 ff.

法裁判所裁判官が述べてきた法は，基本法の条文と混ざり合い，その条文を継続的に発展させてきた．そして，結果として，実定憲法はもはや基本法の中ではなく，むしろ連邦憲法裁判所の判決の中に存在しているのである[30]．そのため，連邦憲法裁判所が憲法発展権力の担い手なのである[31]．

2．社会政策の変化を理由とした憲法変遷

このような連邦憲法裁判所との関連でいえば，単なる憲法の具体化ではない憲法変遷が問題となるのは，憲法解釈の新しい理論上のアプローチが基礎に据えられた場合[32]，あるいは，具体化された憲法が連邦憲法裁判所によって放棄され，憲法が別の形で具体化された場合で，さらに，それがきわめて一般的な形で行われた場合である[33]．連邦憲法裁判所は，このような憲法変遷が生じる

---

30) *P. Häberle* は論文（*P. Häberle*, Verfassungsentwicklung und Verfassungsreform in Deutschland, in: *B. Wieser/ A. Stolz* (Hrsg.), Verfassungsrecht und Verfassungsgerichtsbarkeit an der Schwelle zum 21. Jahrhundert, 2000, S. 41 (47)) の中で，詳細に区別することなく，連邦憲法裁判所の多くの判決を「実体的な憲法改正あるいは，それどころか憲法制定」に分類している．

31) この用語については，*Peters* (Fn. 2)．もっとも *Peters* は，あまり説得的な方法ではないが，憲法制定権力と憲法改正権力の区別を放棄しようとしている．

32) たとえば基本権の解釈における変遷として示されるのは，基本権が客観的秩序の要素として理解され，もはや単なる防禦権として理解されなくなる場合，また，その基本権から保護義務が導き出され，その義務が「基準を下回る」形で果たされうるがゆえに立法者の内容形成が制約される場合である（BVerfGE 7, 198 (225); 39, 1 (41)）．*R. Wahl* は，論文（Die objektiv-rechtliche Dimension der Grundrechte in internationalem Vergleich, in: *D. Merten/ H.-J. Papier* (Hrsg.), Handbuch der Grundrechte, Bd. 1, Heidelberg 2004, §19, Rn. 1) の中で，このような変遷を，第2次世界大戦後のドイツ国法における最もセンセーショナルな発見と呼んでいる．

33) このことについては海外の視点から，また比較法的には以下の文献が言及している．*M. Fromont*, Les revirements de jurisprudence de la Cour constitutionnelle fédérale d'Allemagne, in: Les Cahiers du Conseil Constitutionnel, N 20 (2006), S. 110 ff.; *T. Di Manno*, Les revirements de jurisprudence du Conseil constitutionnel français, in: ebd., S. 135 ff.; *E. Zoller*, Les revirements de jurisprudence de la Cour supreme des Etats-Unis, in: ebd., S. 104 ff.

306　第Ⅴ部　あらたな挑戦

ための条件を，多数の判決の中で明らかにしている．社会あるいは経済の関係が変化するだけでなく，諸個人の行為態様および価値観念も変化する場合に，憲法解釈の変更が求められるようになる[34]．しかしながら，憲法裁判所による基本法の継続発展と連続性があると強調しながらも，実際のところ，内容の上では裁判所によって具体化された憲法を（継続発展ではなくて）変更しているような判決も存在する．

　解釈によって基本法の個々の規定にこれまでとは反対の意味が付与されてしまうような憲法変遷については，場合によって，憲法改正に分類されることもあった[35]．憲法裁判所裁判官には，憲法改正立法者として機能することが授権されているのである．つまり，以前に規範的なものとして命じられたものが，別の当為ルールによって置き換えられる．憲法が社会の持続的な変化に適応していく中で，憲法裁判所裁判官法は，パラダイムの転換が起きた場合および新たな方向転換が起きた場合に，「社会契約（pacte social）」を更新するのである[36]．

　このように社会契約を引き合いに出す以外にも，なぜ，憲法裁判権が広範に及ぶ憲法解釈および，その際に生じる憲法解釈の変化によって最終的に憲法改正立法者の機能を引き受けることが正統化されるのかについて，多くの者が考察してきた[37]．このことは，特にドイツにあてはまる．なぜなら，連邦憲法裁判所は，先例には拘束されないという自覚を持ち[38]，憲法解釈の継続発展に関

---

34)　BVerfGE 96, 260 (263); BVerfG – K DVBl. 2004, 1108 ff.

35)　*Di Manno*, Les revirements de jurisprudence du juge constitutionel, in: Les cahiers (Fn. 33), S. 101 f.1 このような見解に対して，*Jestaedt* は憲法裁判所の裁判は依然として，憲法のテクストには拘束されていることを指摘し，批判している（*Jestaedt* (Fn. 1), S. 46. 73 ff.）.

36)　*Di Manno* (Fn. 35), S. 102.

37)　*Th. Würtenberger*, Zur Legitimität des Verfassungsrichterrechts, in: *B. Guggenberger/ Th. Würtenberger* (Hrsg.), Hüter der Verfassung oder Lenker der Politik?, Baden-Baden 1998, S. 57 ff. (SV. 19) を参照.

38)　にもかかわらず，憲法解釈とは，常に連邦憲法裁判所によって処理された（先の）事件における判決の根拠を解釈することである．さらに加えて，憲法は継続性お

して，明確かつ一般的な限界の中に自らを位置付けていないからである．他の国々においては，明確な形で限界が設けられている．アメリカ合衆国の最高裁判所は，アングロサクソンの伝統に適合する形で，より強く先例に拘束されていることを自覚している．スペインあるいはベルギーにおいては，憲法裁判所の判例が変更されるべきだということになった場合，憲法裁判所における合同部決定（Plenarentscheidung）が必要となる．

　もう一度，以下のようなテーゼに戻ってみよう．それは，憲法変遷が憲法裁判所の判例を変更するということを基礎にすると，憲法の規範的規準の継続性が廃棄されることになるので，憲法変遷が実質的には憲法改正立法者の行為とほぼ等しいというテーゼである．すべての裁判官法と同様に，ここで正統化の源泉として機能しうるのは，憲法改正立法者自身の側で，憲法改正によって，憲法裁判所裁判官法および，それに伴う憲法変遷に対抗することができ，また，「社会契約」の継続形成についてイニシアティブを握ることができるということである．

　ドイツ連邦共和国の歴史において，このようなことは，何度も起こっていた[39]．たとえば，基本法72条2項において，連邦法を規律するための必要性条項を新たに規定したことは，このような憲法変遷と関連していた．1994年の新規定は，連邦憲法裁判所に，この必要性条項を遵守しているかどうかの審査をさせることを目的としていた[40]が，このような審査は，それまで，連邦憲法裁判所が拒否しているものであった．そして，連邦憲法裁判所が一連のセンセーショナルな判決の中で連邦の立法権限を削減するようになると[41]，2006年の

　　よび存続性を特に持つべきだという原則からは，憲法裁判所裁判官の憲法解釈が先例から離れるのは，例外的な場合のみであるということが要求される（*Jestaedt* (Fn. 1), S. 84 を参照）．

39)　さらに超国家的なレベルでは，欧州司法裁判所による制限的な条約解釈に対応した条約改正を観察することができる（欧州司法裁判所の1994年11月15日のGats意見（1-5399 ff.）に対応して，ニース条約においてEC条約133条の補足がなされたことを参照）．

40)　基本法93条1項2a号を参照.

41)　このことについての詳細は，*Würtenberger* (Fn. 12), S. 61 ff.; 74 ff.

308　第Ⅴ部　あらたな挑戦

連邦制改革によって，再び元のように基本法 72 条 2 項の適用領域が切り詰められた[42]．さらに基本法 16a 条の庇護権を新たに規定したこと，あるいは基本法 13 条 3 項ないし 6 項の盗聴工作を新たに規定したことも，連邦憲法裁判所の判例に応えるものであった[43]．

　このように憲法改正立法者が最終的な決定権限を持つという考え方を考慮すると，ここ数年の連邦憲法裁判所の判決が，その基本的な決定のよりどころを基本法 1 条 1 項の人間の尊厳に求め，それによって同時に，基本法 79 条 3 項の永久保障条項を理由に憲法改正立法者自身も連邦憲法裁判所の基本決定に逆らうことができないということを明示する傾向にあることは，危険なことのように思われる．たとえば，このことは，大規模な盗聴工作に関する判決[44]，あるいは航空安全法にしたがって予防的に飛行機を撃墜することに関する判決[45]などにあてはまる．これらの判決によって，基本法 1 条 1 項の保護領域は拡張され，そのため連邦憲法裁判所は，憲法改正立法者にだけ与えられている憲法を具体化する権限を簒奪している．たとえばテロリストによる攻撃のような極限状態においても生命と生命を，また尊厳と尊厳を衡量することはできないという原則[46]は，憲法改正立法者の形成の自由を著しく制約する憲法原則として定式化される．このような判決は，以下のような問題をはらんだ帰結となる．それは，再度，基本法の要請する人間の尊厳の保障を狭くとらえ，それによって保障の範囲をより狭いものに戻すことにより，新たな判例変更を行い，この領域を憲法改正者の形成自由に再び開放することができるのは，もはや憲法改正立法者ではなく，連邦憲法裁判所だけだという帰結である[47]．

---

42)　BT-Drucksache 16/ 813, S. 2.

43)　*Isensee* (Fn. 9), S. 75.

44)　BVerfG NJW 2004, S. 999.

45)　BVerfG DVBl. 2006 S. 433 ff. この判決に対する批判として，*C. Gramm*, Der wehr-lose Verfassungsstaat ?, in: DVBl. 2006, S. 653 ff.

46)　これについての正統な批判として，*Gramm*, ebd., S. 653 (657 f.).

47)　連邦憲法裁判所が，人間の尊厳の保障について，ある特定の解釈を決定しても，その解釈は基本法 79 条 3 項により，不可変のものとして保障される部分ではなく，その後で，同じように，正統な形で，その解釈が狭くなる，あるいは，広くなることは許

3. 憲法現実の変化に関する補論

憲法現実の変化が問題となるのは，全く別の領域である．ここでは，基本法の規範的な領域の変化ではなく，その憲法実践の変化が問題になる．基本法は，特定の文化および特定の生活様式の発展に対しては，その憲法実践に関し，広範な裁量を認めている．

憲法実践の変化が，特定の利益と衝突するのは，それが基本法の規範的な指導モデルから離れてしまう場合である．近時では，以下のような例が議会主義の領域において挙げられる．

(1) 連邦議会は公の議論および議決の場でなければならない．このことは，もはや事実とは異なる．本質的な決定は，連邦議会の委員会の中で行われる．連邦議会での現実の議論は，実質のないものにとどまり，空の議席の前で行われる．採決にかけられる法律の条文を，大半の議員は理解していない．たとえ，彼らが採決に出席していたとしても．

(2) 連邦議会における公の議論は，もはやほとんど行われていない．というのも，ますます多くの範囲において，演説の原稿（Redebeiträge）を記録のために提出することが可能だからである．そのように書面上の手続で議会が公開されても，それは議会システムのあらゆる要求と矛盾している[48]．

(3) さらなる脱議会化（Entparlamentarisierung）は，実際の政治的な意思形成が特定の委員会（たとえば Harz Ⅳ 委員会）で行われることによって生じている．連邦議会に残されているのは，議会の外の討議によって決められた妥協を後から認めることだけである[49]．

このような，性質上憲法裁判所の統制に服さない領域では，それぞれの時代の議会主義の現実が，議会主義についての立憲国家上および基本法上の理想像

されている（*Zippelius/ Würtenberger* (Fn. 7), §6 Ⅲ 2d (SV. 12)）.

48) *C. Kornmeier*, Rede zu Protokoll – der Bundestag formalisiert ein lange praktiziertes Verfahren, in: DÖV 2010, S. 676 ff.

49) それを示すものとして，*Zippelius/ Würtenberger* (Fn. 7), §11, Rn. 53 (SV. 12).

310 第Ⅴ部 あらたな挑戦

を考慮しつつも，実に様々な形で相異なるものになっている．

Ⅳ．超国家的法および国際法の改正に対応する憲法変遷

　以上のような憲法現実に関する補論のあとは，再び憲法変遷に話を戻そう．
憲法改正と同様に，憲法変遷もまた，EU 法上の規準および国際法上の規準[50]
によって引き起こされることが，ますます多くなっている．

1．EU 法の規準を通じた基本法の変遷

　条文の変更をせずとも，基本法の重要な規定は，EU 法の規定によって変化
する．たとえば，基本法上，ドイツ人に認められる基本権は，ドイツ人 (Deut-
schen) という文言であるにもかかわらず，ドイツにいる EU 市民にも同じよ
うに基本権上の自由を保障していると解釈されている．このような憲法破棄
(Verfassungsdurchbrechung) が，憲法ドグマーティク上，どのように基礎づけら
れるかについては，争いがないわけではないが，その帰結について疑いを持つ
者はいない[51]．同じことは，所在地がドイツ以外の EU 構成国である法人の基
本権上の保護についてもあてはまる．基本法 19 条 3 項の文言があるにもかか
わらず，これらの法人にも，ドイツ国内に所在地を持つ法人と同じように，基
本権上の自由が保障されている[52]．

　EU 法の要請にしたがって差別なく基本権保護を保障するため，このように
基本権の保護は拡張されたが，それが，最終的に重要な基本権の文言に反する
形で行われたことは注目に値する．このような拡張により，「憲法典の単一性

---

50)　ヨーロッパの外の領域におけるコスモポリタン的な憲法発展については，*D.
Thürer*, Kosmopolitisches Staatsrecht, Berlin 2006, S. 3 ff.

51)　*Zippelius/ Würtenberger* (Fn. 7), §18 Ⅱ 1b (SV. 12); *H. Bauer/ W. Kahl*, Europäi-
sche Unionsbürger als Träger von Deutschen-Grundrechten ?, in: JZ 1995, S. 1077
ff. を参照．

52)　*Zippelius/ Würtenberger* (Fn. 7), §18 Ⅱ 2b (SV. 12) が詳しい．

（Einzigkeit der Verfassungsurkunde）」[53]というテーゼ，すなわち，基本法は自身以外の規範に憲法としての性質を一切認めないというテーゼは疑わしいものになる．このテーゼは国内の領域においてのみ妥当するのであって，超国家的な法秩序を基礎にした憲法破棄には妥当しない．

２．基本法の国際法適合的解釈（völkerrechtskonforme Auslegung）

同じようなことは，基本法の国際法適合的解釈という枠内でも行われている．基本法は，ドイツが締結した重要な国際条約と矛盾しないように解釈され，継続的に発展している[54]．このような解釈および継続発展は，基本法が国際法と協調していること（Völkerrechtsfreundlichkeit）に根拠を置くことができる[55]．

このような基本法の国際法適合的解釈は，何よりもまず，ヨーロッパ人権条約と関係する[56]．たしかにドイツでは，この条約は単純法律として妥当するにとどまる．しかしながら，この条約は，国際法上の２次的憲法（Nebenverfassung）と呼ばれ，それには，もっともな理由があった[57]．全くもってプラグマティックな考慮に由来するが，ドイツがストラスブールのヨーロッパ人権裁判所にヨーロッパ人権条約に違反していると宣告されないようにするためには，基本法の解釈はヨーロッパ人権条約を志向していなければならないのである．

連邦憲法裁判所は，過去において基本権を解釈する際には常に，ヨーロッパ

---

53) *Isensee* (Fn. 9), S. 55.

54) *R. Bernhardt*, Völkerrechtskonforme Auslegung der Verfassung？Verfassungskonforme Auslegung völkerrechtlicher Verträge？, in: *H.-J. Cremer* (Hrsg.), Tradition und Weltoffenheit des Rechts: Festschrift für Helmut Steinberger, Berlin [u.a.] 2002, S. 391 ff.; *Zippelius/ Würtenberger* (Fn. 7), §7 Ⅰ 1 f. (SV. 12); BVerfGE 74, 358 (370); BVerfG-K DVBl. 2004, 1097 f.

55) BVerfGE 101, 307 (317 f.).

56) その他にも，難民条約にしたがって解釈されている基本法 16a 条の庇護権が挙げられる（詳しくは *Zippelius/ Würtenberger* [Fn. 7], §33 Ⅱ (SV. 12)）．

57) *C. Tomuschat*, Der Verfassungsstaat im Geflecht der internationalen Beziehungen, in: VVDStRL 36 (1978), S. 7 (51 f.); *R. Uerpmann*, Völkerrechtliche Nebenverfassungen, in: *von Bogdandy* (Fn. 2), S. 339 ff.

312 第Ⅴ部 あらたな挑戦

人権条約に違反しないよう配慮してきた．このことは，これまで専門裁判権に
も認められている．連邦憲法裁判所は，大胆な構成を用いながら，専門裁判所
がヨーロッパ人権条約およびヨーロッパ人権裁判所の判例を遵守していない場
合にも，憲法異議を適法としてきた[58]．このようにヨーロッパ人権条約および
ヨーロッパ人権裁判所の判例を遵守しているかどうかということが，連邦憲法
裁判所の判決の中で，問題となるのはまれではあるが，それでもカールスルー
エの判例とヨーロッパ人権裁判所の判例が一致していることは注目に値す
る[59]．

　もっとも，連邦憲法裁判所による憲法の具体化と，ヨーロッパ人権裁判所に
よって述べられ，その憲法の具体化とは異なるヨーロッパ人権条約の規準との
間に衝突が生じた場合，最終的には，ヨーロッパ人権裁判所の判例の流れにし
たがうべきである．このような衝突は，本質的に，相争う基本権を衡量し，事
案を判定する場合に，突然現れる．このように個別的衡量が問題となるがゆえ
に，現代史の相対的人物の人格権保護を連邦憲法裁判所よりも高く評価したヨ
ーロッパ人権裁判所のカロリーヌモナコ王女判決[60]の射程がどの程度のものか
を，後から理解することはほとんど不可能である．ただ，ドイツが，ヨーロッ
パ人権宣言に違反していると宣告されるべきでないとするならば，人権につい
ての判決の領域では，国内における内向的なものにすぎない憲法裁判官法によ

---

58)　BVerfG NJW 2004, S. 3407 (3411). 基本権と法治国家原理は密接な関係にあり，
　　法治国家原理に含まれる法律の優位がヨーロッパ人権条約の遵守を促進している．

59)　*C. Grabenwarter*, Europäische Menschenrechtskonvention, München 2003, S. 21 f.

60)　EGMR NJW 2004, S. 2654, mit zustimmender Besprechung von *R. Stürner*, in: JZ
　　2004, S. 1018 ff., gegen BVerfGE 101, 361. この点については，*A. Heldrich*, Persön-
　　lichkeitsschutz und Pressefreiheit nach der Europäischen Menchenrechtskonventi-
　　on, in: NJW 2004, S. 2634 ff.; *H.-J. Cremer*, Zur Bindungswirkung von EGMR-Urteilen,
　　in: EuGRZ 2004, S. 683; *C. Grabenwarter*, Schutz der Privatsphäre versus Pressfrei-
　　heit: Europäsche Korrektur eines deutschen Sonderweges ?, in: AfP 2004, S. 309; *J.
　　Meyer-Ladewig/ H. Petzold*, Die Bindung deutscher Gerichte an Urteile des EGMR,
　　in: NJW 2005, S. 15.

る憲法の具体化は，放棄されなければならない[61]．もっとも，このような放棄が，連邦憲法裁判所にとって困難だということは，明白であるが．

今後，基本権保護のために衡量を行う際，連邦憲法裁判所とヨーロッパ人権裁判所が衝突する場面が増えることは，ほぼ確実である．たとえば，追加的な保安拘禁を命じることについてのヨーロッパ人権裁判所の判決は，このことを示している．保安拘禁を遡及的に延長することは，ヨーロッパ人権裁判所では，ヨーロッパ人権条約に違反すると判断されたが[62]，一方で，連邦憲法裁判所は，このような処分を遡及的に延長することについて，憲法上の懸念はないとした[63]．ヨーロッパ人権裁判所の判決は，その数が増え，内容も豊かになることで，強化されているが，それにより，国際法上の基本権保護のシステムはますます分化している．そして，そのような分化は，基本法上の基本権保護の展開に参与し，また，衡量に関する新たな指導原則をもたらしており，基本法上の基本権保護を助けている[64]．

このような発展は，ヨーロッパ人権条約を批准しているが，ドイツを典型とするような憲法異議を持たない国々において，より明らかとなる．このような国々（たとえばフランス）では，基本権の保護および，それによる国内の基本権水準（Grundrechtsstandart）の維持が，ヨーロッパ人権裁判所での異議手続を通

---

61) このことを，連邦憲法裁判所も覚悟しているが，それは限定的なものにすぎない．連邦憲法裁判所によれば，ストラスブールの裁判所による裁判官法上の基本権の具体化は，基本法上の重要な原則が国際条約と対立する場合には，拒否される（NJW 2004, S. 3407 f.）．どのようなものが，その基本法上の重要な原則なのかについて，さらに詳細に説明すべきであっただろう．基本権同士の衡量を決定することが，基本法上の重要な原則と対立することになりえないのは明らかである．さらに，ヨーロッパ人権裁判所の基本権に関する判決が基本法の重要な原則と対立していることを基礎づけるのは困難であると思われる．というのも，両者の憲法秩序は，ヨーロッパ共通の基本権伝統（gemeineuropäischer Grundrechtstradition）という共通の源から生じたものだからである．

62) EGMR NJW 2010, S. 2495 ff.

63) BVerfGE 109, 190 (217).

64) *C. Walter*, Die EMRK als Konstitutionalisierungsprozess, in: ZaÖRV 59 (1999), S. 961 ff.

314　第V部　あらたな挑戦

じて保障される．ヨーロッパ人権裁判所が基本権保護を保障し，具体化（Aus-
differenzierung）する場合，このヨーロッパ人権裁判所は，ドイツにおける連邦
憲法裁判所に匹敵する地位を持つことになる．このような基本権の憲法化
（Konstitutionalisierung von Grundrechten）が，このような諸国家にとって，基本
権保護という問題における重大な憲法変遷を意味するということは，周知のこ
とである．

3．ヨーロッパ共通憲法（gemeineuropäisches Verfassungsrecht）を通じた憲法変遷？

　以上のような問題とは別に，以下のような問題が提起されている．それは，
EUおよびヨーロッパ評議会の構成国を範囲として，1つのヨーロッパ共通憲
法が成立し，それが構成国において，自国の憲法の解釈および継続発展に関与
するかどうかという問題である[65]．このようなヨーロッパ共通憲法は，ヨーロ
ッパ諸国の憲法伝統の中で発展し，広い範囲で一致したものになっている一般
的憲法原則によって展開されている．さらに，このヨーロッパ共通憲法は，国
際法上の条約，ヨーロッパ評議会の活動，また，すでに述べたように，ヨーロ
ッパ人権裁判所およびルクセンブルクにあるヨーロッパ司法裁判所の判決を通
じて憲法化（konstitutionalisiert）されている．

　ドイツでは，これまでヨーロッパ共通憲法上の原則は重要ではなかった．と
いうのも，基本法は，輸出品として高い地位を有していたからである．つまり，
基本法はヨーロッパ共通憲法という輸入品を必要としないからである．むしろ，
基本法は，ヨーロッパの憲法原理が発展するための標尺として作用している．
しかしながら，ヨーロッパ評議会の他の構成国では，事情は異なる．それにつ
いて，いくつか例を挙げたい．

　ドイツでは基本法28条2項で地方自治が保護されているが，ヨーロッパ評
議会の他の構成国においては，同じような憲法上の規定が欠けている，あるい

---

65)　*K. Stern*, 50 Jahre deutsches Grundgesetz und die europäische Verfassungsent-
　　wicklung, Speyer 1999, S. 25 f.

は，地方自治を実効的に保護するような形で憲法規定を解釈しないという場合がある．しかしながら，ヨーロッパ評議会のこのような構成国も，通常，ヨーロッパ地方自治憲章を批准している．この憲章の規準は，ゲマインデおよびクライスの自治権を実効的に形成するための，基本法上の規準と基本的に同じである．中央東ヨーロッパでは，過去において共産主義であったがゆえに地方自治を実践したことがない．そのため，ヨーロッパ評議会は，特にこのような国々において，地方自治が，法的に，さらには政治的な実践において，ヨーロッパ地方自治憲章の規準にしたがって形成されることを目指している．そこで，必要とされる憲法改正および憲法解釈の継続発展に，大きな衝撃が与えられることになる．それゆえ，地方自治の原理が，基本法で定着しているような形で，1つのヨーロッパ共通の憲法原理になったと結論づけることもできる[66]．

　同じように，ヨーロッパ評議会のヴェニス委員会の活動はヨーロッパの憲法を統一化することを目標としている[67]．この委員会はヨーロッパ評議会の個々の構成国の憲法および憲法実践がヨーロッパ共通の憲法水準と一致しているかを審査する．たとえば，ウクライナ憲法は，政権を担う多数会派から去る議員は議席を失い，その会派のその時点での候補者名簿に載っている者があとを継ぐという形に改正されようとしていた[68]．連立政府を安定的なものにするこの規定は，ウクライナの政治的関係のもとでは意味のあるものであったが，これをヴェニス委員会は強く批判した．そのような憲法改正は控えるよう求められ

---

66)　*Th. Würtenberger*, L'automielocale et régionale, principe directeur du droit consti-
tutionnel en Europe, in: Revue Belge de droit contitutionnel 2002, S. 499 (504 ff.) (SV.
216).

67)　ヴェニス委員会の任務は，憲法に関する助言を行うことである．委員会は個々の国家の申立てに基づいて活動するが，ヨーロッパ評議会の機関の申立てに基づいて活動することもある．ヴェニス委員会の意見の本質は助言を行うことである．ウクライナの例が示すように，この意見が憲法制定および憲法改正，そして憲法裁判所の判決に多大な影響を及ぼすこともあった（www.venice.col.int/site/main/
Coop-UKR-GER. Asp?）．

68)　ウクライナの憲法を改正するための法律案81条2項6号.

316　第Ⅴ部　あらたな挑戦

たのである[69]. たしかに，現在，ウクライナ憲法は，議員の自由委任（die Freiheit des Abgeordnetenmandats）を制限していない. さらに，議員の自由委任は，超国家的な領域および国際的な領域で規律される対象でもない. しかしながら，ヴェニス委員会は議員の自由委任が一般的に民主制原理に基礎を持つものとして考えた. そこでは，民主制原理から，さらなる下位原理を導き出すという方法がとられたが，その下位原理は，ヨーロッパ憲法という共通の観点のもとでは，立憲国家的秩序の放棄できない構成要素なのである[70]. このような委員会の異議は，たしかに拘束力はないが，東ヨーロッパに出来たばかりの民主国家においては，憲法改正について決定をする際，大きな影響力を持っている.

4．発展の道筋

　ここまでヨーロッパ化および国際化が進んでいるにもかかわらず，依然として，実定憲法は国家の同一性を表している. 憲法改正および憲法変遷は，今も，そして依然として，国内の憲法伝統と切っても切れない関係にある. 憲法改正および憲法変遷は，国内の政治的あるいは法的な秩序を形成するための原則的な決定と密接に関わる. もっとも，パラダイムが転換する中で，ますます憲法のヨーロッパ化および国際化が前面に出てきた. このような超国家的および国際法的な憲法化のプロセスは，国内憲法に対して影響を与えないわけにはいかない. 国内憲法も，同じように，超国家的および国際的な憲法のネットワークが大きくなり，また密になることによって，憲法化（konstitutionalisiert）される. 法秩序の憲法化というよく知られた現象[71]にならっていえば，ヨーロッパ法お

---

69)　Opinion on the Amendments to the Constitutions of Ukraine adopted on 8. 12. 2004 by the Venice-Commission, in: Centre for Political and Legal Reforms (ed.), Legal Reform in Ukraine, 2005, S. 51 (54). ここでは，議員が政党を代表しているのではなく，国民を代表しているのだと述べられている.

70)　これについては，*Th. Würtenberger/ P. Morgos/ R. Schenke*, Überlegungen zur Verfassungsreform in der Ukraine, Typoskript, S. 29. 議員への委任が撤回不能である（irrévocabilité）ことについては，*M. Prélot/ J. Boulouis*, Insititutions politiques et droit constitutionnel, 11. ed., Paris 1990, S. 776.

71)　*Zippelius/ Würtenberger* (Fn. 7), §5 Ⅱ 2 d; §17 Ⅱ 2 (SV. 12).

第 12 章　ドイツ基本法における憲法改正と憲法変遷　317

および国際法上の規準によって，国内憲法が憲法化しているということができる．

　ここで述べてきた憲法改正および憲法変遷を決定づけた要因は，国民国家を超えて，規範的な拘束力を持つ新たな憲法秩序の存在を暗に示している[72]．伝統的な国民国家が，超国家的および国際的なレベルにおいて，その主権の一部を失ったように，国民主権に基礎を置く憲法の自律性もまた，制限されている．ここで，憲法連携（Verfassungsverbund）あるいは連邦による憲法交差（Verfassungsverschränkung）[73]という言い方を用いても，あまり有効ではない．そのような言い回しは，国内憲法の自律性が相当程度の損害を被っているという事実を隠してしまう．何よりも，国内憲法の中で憲法制定者に規律される憲法改正権力[74]が棚上げにされているということが，ぼやけたままになってしまう．現実をみれば，国際条約および EU の機関による法行為，さらに超国家的および国際的な憲法裁判権が，憲法改正立法者の機能を受け継いでしまっている．

　国民の憲法制定権力という考え方は西洋における立憲国家のイデオロギーであり，そこから憲法改正権力および憲法具体化権力（verfassungskonkretisierende Gewalt）が導き出されてきたが，実定憲法上の中でも重要な部分においては，その考え方から距離を置くことが必要である．伝統的な立憲国家の理論は，明らかに，国民国家の憲法と関連するだけであった．だからこそ，立憲国家の理論は，憲法の国際化というものを考慮にいれて，継続発展する必要がある．国内の憲法は，これまで国民主権にその基礎を置いていたにすぎなかったが，いまや，国民国家を超えており，新たな手続形式，たとえば国内の憲法裁判所，超国家的な憲法裁判所，そして国際的な憲法裁判所同士の協働による相互作用

---

72)　同趣旨として，*Häberle* (Fn. 2), S. 221. そこで，*Häberle* は「国内憲法の部分憲法への相対化」というテーゼを用いている．

73)　*Giegerich* (Fn. 2), S. 1276; *R. Bieber*, Die Europäisierung des Verfassungsrechts, in: *Kreuzer* (Fn. 2), S. 71 (75 ff.).

74)　憲法を作る権力（pouvoir constituant）と憲法によって作られた権力（pouvoir constitué）の古典的な区別については，*Zippelius/ Würtenberger* (Fn. 7), §6 Ⅲ vor 1 (SV. 12).

318　第Ⅴ部　あらたな挑戦

の中で成立している[75].

　我々が，基点である国民の憲法制定権力を失うとすれば，我々は，ポスト立憲国家という時代が始まる途上にいる．しかし，このことは，国家および憲法の終焉ということを意味するわけではない．ここで概観してきた全ヨーロッパでの展開を把握し，また，それに批判的に対応するためには，新たな理論的アプローチを探求しなければならない．国内憲法の自律性を放棄することの必要性，正統性あるいはその限界について深く考察するためには，一般憲法学（Allgemeine Verfassungslehre）あるいは一般憲法（Allgemeines Verfassungsrecht）[76]が必要である．その場合には，さらに，国内の憲法制定とは異なった手続が展開されることになり，また，全ヨーロッパ憲法の一般原理が展開されなければならない．そのようなヨーロッパ諸国家の一般憲法というものは，これまで，せいぜいのところ，その端緒[77]がいくつか存在するにすぎない[78].

---

75)　もっとも，ヨーロッパ市民の憲法制定権力というものを設定しようとすること（たとえば *Häberle*, (Fn. 2), S. 213）は，我々の文脈においては，まさに思弁的なもののように思われる．

76)　あるいは，*Thürer* (Fn. 50) によれば，世界市民的国家法（kosmopolitisches Staatsrecht）が必要とされる．

77)　その最初の端緒は，*P. Häberle* である．*P. Häberle*, Gemeineuropäisches Verfassungsrecht, in: EuGRZ 1991, S. 261 ff.; *ders.*, Europäische Verfassungslehre, 4. Aufl. Baden-Baden 2006, S. 230 ff.

78)　その端緒は，比較憲法（*C. Grewe/ H. Ruiz-Fabri*, Droits contitutionnels européens, Paris 1995）の中に存在し，また，超国家レベルでの一般憲法についてもいくつか端緒が存在する．*von Bodgdandy*, Europäische Prinzipienlehre, in: *ders.* (Fn. 2), S. 149 ff.; *Kokott* (Fn. 2), S. 28 ff. 参照．ここでは，ポストナショナルデモクラシーが問題となっている．

第12章　ドイツ基本法における憲法改正と憲法変遷　319

解　題

　本稿は，Der Staat (Beiheft 20 „Verfassungsänderungen", 2012, S. 287-305) に寄稿された論文であり，憲法学の大きなテーマである憲法改正と憲法変遷を扱ったものである．本稿のテーマは，ここ数十年で生じた憲法改正および憲法変遷の原因および，その将来の可能性について，現実に即して分析することにある．

　まず，憲法改正は，まさに，その時代において価値あるものとして考えられたもの（時代精神）が反映された結果である．たとえば，連邦国家システムの変化については，連邦とラントの関係の変化に応じて，基本法が改正された．経済システムにおいても，国家が価値実現のために介入する必要性が高くなれば，市場経済への統制が憲法改正によって正統化されることになった．最後に，EU法あるいは国際法に起因する憲法改正も忘れてはいけない．近年の基本法改正の多くが，この国際法に原因がある．

　憲法変遷は，条文の改正ではなく，いわゆる基本法の規範的解釈の変更であり，それを担ってきたのは連邦憲法裁判所である．連邦憲法裁判所は，社会あるいは経済状況の変化，さらには諸個人の行為態様および価値観念の変化にともなって，基本法の解釈を変更してきた．憲法変遷についても，国内状況の変化と国際状況の変化という2つの原因が考えられる．国内状況の変化としては，先に憲法改正で挙げたような事情の変化が考えられ，場合によっては，裁判所の解釈変更に合わせて基本法改正がなされる場合もあった．さらに，憲法変遷も，憲法改正同様，国際法の影響を受ける．基本法の文言とは異なる帰結がEU法を根拠に導き出され，また，連邦憲法裁判所は，国際法適合的解釈によって，国際法に沿う形で基本法を解釈している．この意味で，基本法の解釈は，すでに基本法だけを参照すればよいのではなく，国際条約および欧州人権裁判所などの判例も考慮に入れながら行われている．

　このように，憲法の継続的発展に対しては，様々な社会状況が影響を与えているが，とりわけ国際法の影響力が非常に大きい．このことは，もはや国民国家的なモデル，すなわち，国内における憲法の自律性という伝統的なモデルが

揺らいでいることを示している．今後，このような憲法の自律性が制限される中で，その必要性，正統性を考察するためには，全ヨーロッパ規模の一般憲法あるいは一般憲法学が必要となる．

第13章

レジリエンス（復元力）
Resilienz

訳・解題　根森　健

「レジリエンス（復元力）」＊

小目次

序

Ⅰ．安全性確保のための仕組みの指導理念としてのレジリエンス（復元力）

Ⅱ．外国で展開されたレジリエンス構想
　　1．ヨーロッパ連合では
　　2．アメリカ合衆国では
　　3．連合王国では
　　4．スイスでは
　　5．要　約

Ⅲ．独自のレジリエンス構想を欠くドイツにおけるレジリエンスに方向づけられた政策的・法的形成
　　1．安全性研究の基礎としてのレジリエンス
　　2．憲法上の基礎
　　3．巨大災害保護法では
　　4．国家的活動分野と社会的活動分野のネットワークの形成
　　5．情報構造，コミュニケーション構造，協働構造の組織化

Ⅳ．結　び

解　題

＊本稿の草稿に批判的に目を通して頂いたことに対して，パトリキア・ヴィアター博士，トービアス・ツェプル博士，シュテファン・タンネベルガー博士にお礼申しあげる．

序

　ドイツ連邦共和国の安全性確保のための仕組み（Sicherheitsarchitektur）は，州や連邦の警察による国内の安全の確保，連邦軍による対外的安全の確保，並びに民間人保護官庁や巨大災害保護官庁による，防衛事態ないし巨大災害や大惨事[1]等に際しての住民の保護とに区別される．危険の防御と危険の予防とは，この安全性確保のための仕組みの古典的指導目標である[2]．このことは，とりわけ伝来的な警察法にあてはまる．伝来的な警察法は，まず危険の防御に注意を払ってきたのであり，1970年代以降広く危険の予防の領域[3]に大きく踏み込んだのである．危険の予防とリスクへの事前配慮は，重大なインフラストラクチャー（以下，インフラと略記）の領域においても必要である[4]．複雑なハイテク社会は，機能的な交通インフラ，〔ライフライン〕供給インフラ，コミュニケーション（情報通信）・インフラに依存している．これらのインフラ・サーヴィスは，テロによって，気候変動に基づく自然的な巨大災害によって，さらには人為的な大惨事によって危険に晒される．それゆえ，国内の安全の保護は，そのうち明らかにすることができるだろうが，二重の密接に相互に関連づけられた保護に取り組むべき方向を獲得する．すなわち，万人にとって生存に関わるインフラの保持と，万一その保持に失敗した場合には，その回復が問題となる．電気やガスの供給の停止ならびに通信網によって支えられたテレコミュニケーション領域における障害は，健康，生命ならびに普段の生活関係全体のみなら

---

1)　巨大災害と大惨事の境界については，*A. von Zimmermann/T. Czepull*, Zuständig-keiten und Kompetenzen im Katastropheneinsatz, DVBl. 2011, 270 f. および諸州の巨大災害保護立法における諸規定（たとえば，§1 Abs. 2 KatSchG B W; Art.1 Abs. 2 KJatSchG Bay; §37 Abs. 2 HilfeG Brem 参照.

2)　*W. -R. Schenke*, Polizei- und Ordnungsrecht, 6. Aufl. 2009, Rn. 9 f.; *Th. Würtenberger/D. Heckmann*, Polizeirecht in Baden-Württemberg, 6. Aufl. 2005, Rn. 22 ff. (SV. 8).

3)　格別の安全保障法上の授権の必要性については，*Schenke* (Fn. 2), Rn. 10 参照.

4)　これについては，2009年6月に連邦内閣によって議決された「重大なインフラストラクチュアの保護のための国家的戦略」.

324　第Ⅴ部　あらたな挑戦

ず，経済循環をも高度に危険に陥れうるものである[5]．

　最適の危険の予防とリスク配慮によってすら，様々な理由に基づく大惨事や
巨大災害の増大は阻止し得ないということが意識されるようになったという点
で，ある種の視点転換がこの10年間に起こっている．予見し得ないことや避
けがたいことが発生する場合には，その克服の戦略の展開，つまり大惨事や巨
大災害の結果の除去の効果的な管理が必要である[6]．

Ⅰ．安全性確保のための仕組みの　　　　　　指導理念としてのレジリエンス（復元力）

　政治学や国家理論上の視点から，予防国家や保障国家という新しい形態が論
じられている[7]．そのような予防の戦略にあっては，国内的ないし国際的なテ
ロリズム，気候変動に基づく自然巨大災害の増大，大惨事，あるいはインフラ
の差し迫った故障による国内的な安全の危殆化に対処する．この戦略にあって
は，現代的な様々な展開が描き出されているが，巨大災害や大惨事の克服を成
し遂げるであろうと思われるような将来を指し示す構想は何ら提示されてはい
ない．国家のあり方の変遷を巡るそのような論議を越えたところでは，長い間
影のような存在になってきた住民の保護とそれと同時に巨大災害保護法がルネ

---

5)　重大なインフラの停止の個々の場面設定については，*G. Reichenbach/H. Wolff/R. Göbel/S. Stokar von Neuforn*, Risiken und Herausforderungen für die öffentliche Sicherheit in Deutschland. Grünbuch des Zukunftsforums Öffentliche Sicherheit, 2008, S. 14 ff., 一般的に変更された危険状況やリスク場面については，Bundesverwaltungsamt (Hrsg.), Neue Strategie zum Schutz der Bevölkerung in Deutschland, 2003, S. 11 ff. 所収の *W. Geier* 論文.

6)　リスク管理と住民の保護の必要不可欠な新しい構想については，*Reichenbach/Wolff/Göbel/Stokar von Neuforn* (Fn. 5), S. 10 ff.

7)　*G. Schuppert* (Hrsg.), Der Gewährleistungsstaat - Ein Leitbild auf dem Prüfstand, 2005; *Th. Würtenberger*, Sicherheitsarchitektur im Wandel, in: *D. Kugelmann* (Hrsg.), Polizei unter dem Grundgesetz, 2010, S. 73, 88 ff. (SV. 272).

サンスを迎えている[8]．そこでは，巨大災害と大惨事を克服しうるために，新しい枠組設定や組織形態が展開されている．このダイナミックに展開している法領域のもとでは，この法領域が，1つの新しい指導理念という形で概念化[9]されるに至るような包括的な社会構想というものに従うのか否かという問題が提起されている．

外国や EU では，10 年以上にわたって，レジリエンスが，安全性確保のための仕組みの継続的展開のための指導理念やキー概念として検討され，そしてレジリエンスと共に，新しい国家論上の構想に関して議論が行われている．このレジリエンス構想は，工学[10]，環境保護[11]，経営学[12]および心理学[13]におけるアプローチを受け継ぐものである．これらのあらゆる分野で，次のような同じ

---

8) 単に以下の文献を指摘しておくに留めたい．*R. Stober/S. Eisenmenger*, Katatrophenverwaltungsrecht - Zur Renaissance eines vernachlässigten Rechtsgebiets, NVwZ 2005, 121 ff.; *H. Trute*, Katastrophenschutzrecht - Besichtigung eines verdrängsten Rechtsgebiets, Krit V 2005, S. 342 ff.; *C. Gusy*, Katastrophenschutzrecht - Zur Situation eines Rechtsgebiets im Wandel, DÖV 2011, S. 85 ff.; *K. Meyer-Teschendorf*, Fortentwicklung der Rechtsgrundlagen für den Bevölkerungsschutz, DVBl. 2009, S. 1221 ff.; *M. Kloepfer*, Einleitung, in: *ders.* (Hrsg.), Katastrophenrecht:Grundlagen und Perspektiven, 2008, S. 9 ff.

9) 現実の諸条件の変化に由来するものであり，新しい構想を指し示すものであるような「キー概念」の機能については，*A. Voßkuhle*, Neue Verwaltungsrechtswissenschaft, in: *W. Hofmann-Riem/E. Schmidt-Aßmann/A. Voßkuhle* (Hrsg.), Grundlagen der Verwaltungsrechts, Bd. I, 2006, §1 Rn.40 f.；法律的思考におけるキー概念の機能については，*R. Zippelius*, Rechtsphilosophie, 6. Aufl. 2011, §40 I 1.

10) 工学では，通例，故障の許容性（Fehlertoleranz）が問題となる．最近では，自動自己学習システムも問題となっている．

11) *F. Berkes/J. Colding/C. Folke*, Navigating Socio-System: Building Resilience for Complexity and Change, 2003; *E. Günther*, Klimawandel und Resilienz-Management, 2009.

12) *E. Günther/M. Kirchgeorg/M. Winn,* Resilience Management, in uwf 15 (2007), S. 175, 178 ff.

13) *F. Norris/S. Stevens* u.a., [Community Resilience as a Metaphor, Theory, Set of Capacities, and Strategy for Disaster Readiness,] American Journal of Community Psychology 41, S. 127-150 (2008), S. 127 ff. 参照.

326 第Ⅴ部 あらたな挑戦

ことが問題とされている．すなわち，どのようにしてそのときどきの技術シス
テム，経済活動事業，環境保護の枠組条件あるいはまた心理学的な精神状態が，
外的な衝撃の後，再びその通常状態に戻ることができるようになるかというこ
とである．ラテン語の「resilire」という言葉は，システムが侵害を被った後に
再び最初の状況に復帰することを表現している．このような試みは，社会シス
テムの組織化と方向づけのために良い結果を生ませることができる．社会的な
レジリエンスは，どのようにして社会・政治システムが障害（故障）や衝撃を
柔軟に，革新的に，そして必要とあれば自己学習によって，克服することがで
きるかについて問うものである．安全の分野におけるレジリエンスは，社会シ
ステムの格別な形態の強靱さ，即ち，衝撃を被った後にできるだけ速やかに再
び社会的，経済的，あるいは政治的な通常状態に立ち戻る能力を意味する[14]．

　このような視点にあっては，個別問題や個別分野における安全論議がレジリ
エンスと結びついているのではない．そうではなくて，〔レジリエンスは，〕技
術革新，国家的組織や社会的組織の新しい形態，国家官庁と社会との間での危
機コミュニケーションやリスクコミュニケーション，法制度，そして個人や集
団の意識や行動を特徴づけるものである．レジリエンスは，ネットワークの形
成された統合的な安全性確保のための仕組みの基礎である．この仕組みには，
国家的分野と社会的分野が包含されており，この仕組みは，大惨事の克服の際
には具体的な目標に対するイメージによって方向づけられるものである．

　以下の考察では，ドイツではこれまでほとんど論じられてこなかったこの構

---

14)　歴史的な視点にあっては，とりわけ第2次大戦中にイギリスやロシアやドイツ
　　では，都市やインフラの崩壊にレジリエンス構想によって対処したのかどうか，
　　また対処したとしたら，どのようなレジリエンス構想によってだったのか，に
　　ついて問うことができる．これについては，*J. Carafano*. Resiliency and Public-Priva-
　　te-Partnerships to Enhance Homeland Security, in Backgrounder No. 2150 vom 24.
　　Juni 2008, S. 2 f. 参照．同文献には，「国民（national）の意志がレジリエンス構想
　　にとって決定的であった」という指摘がある．

想について，安全性確保のための仕組みの新しい方向づけやさらなる展開のためにどれだけ能力があるのかにより深く光をあてて行うことにする．最初のアクセスでは，レジリエンス構想のうちの若干のものが取り上げられ，それらのレジリエンス構想がドイツの安全性確保のための仕組みの中で既に定着していたのか，定着していたとしたらどの程度であったのかとか，そのさらなる展開に弾みを与えることができるのか，できるとしたらどの程度なのか，について問い質される．

II．外国で展開されたレジリエンス構想

法比較的視点や文化比較的視点から見れば，統一的なレジリエンス構想は全く存在せず，EU や個々の国家におけるその時々の脅威の事態に応じて異なったレジリエンス構想が展開されている[15]．若干のこうした構想の指導理念について，以下で，復元力のある社会や国家の一般原則を定式化できるようにするために，相互に比較することにする．

1．ヨーロッパ連合では

ヨーロッパ連合は，「ヨーロッパの安全のリサーチと革新に関するフォーラ

---

15)　オーストラリアについては，*B. Maguire/P. Hagan*, Disasters and Communities: Understanding social resilience, in: The Australian Journal of Emergency Management 22/2 (2007), S. 16 ff.; *P. Buckle/G. Marsh/S. Smale*, New approaches to assessing vulnerability and resilience, in: The Australian Journal of Emergency Management, Winter 2000, S. 8 ff.

　イスラエルについては，*N. Friedland/A. Arian/A. Kirschenbaum/K. Amit/N. Fleischer*, The Concept of Social Resilience, Samuel Neumann Institute, 2005; *M. Elran*, Societal Resilience: A Key Response to Severe Terrorism, Typoskript des Vortrages im Rahmen der Eröffnung des Freiburger Centre for Security und Society, 7. Juli 2010.

　シンガポールについては，*N. Vasu*, Social Resilience in Singapore: Reflections from the London Bombings, 2007, および，短縮形のものとして，Grace in Times of Friction: The Complexity of Social Resilience, RSIS Commentaries (72/2007).

328　第Ⅴ部　あらたな挑戦

ム（European Security Research and Innovation Forum：ESRIF）」によって展開され
たレジリエンス構想に倣っている．この構想は，その2009年の最終報告の中で，
社会的レジリエンスをヨーロッパ連合の安全保障政策の中心ヴィジョンの1つ
であると宣言している．「人為的脅威や自然的脅威の予測不可能性を考慮に入
れると，安全のリサーチと革新は，社会的システムの結合力や強靱さとそれの
安全テクノロジーとの融合性とを高めることによって，ヨーロッパの本来的な
レジリエンス（復元力）と危機から効果的に回復する能力とを強化することに
焦点をあてるべきである[16]」．出発点は，予見し得ない大惨事や危機的状況に
よる社会の傷つきやすさである．一定のリスクや危機的状況は，計画的な先の
見通しによって回避され得ないので，復元力をもった社会は，社会の全領域で
危機的事態に遭遇しても，できるだけ速やかに再び秩序づけられた状況に戻る
ことによって，社会の傷つきやすさを限定する能力を展開しなければならない
のである．

　巨大災害や大惨事の阻止のためや克服のためにヨーロッパ連合によって必要
とされ，持ち込まれた新しいテクノロジー（科学技術）の発展は，結果として
ハイテクに合わせた新しい形態の危機克服をもたらしている．単に科学技術に
合わせた危機克服だけでは，もちろん十分ではないであろう．むしろそれを補
完するものが必要であり，その他に市民とあらゆる組織や機関の信頼に充ちた
協働が必要である．こうした協働が，いかにして重大なインフラ[17]の様々な分

---

16)　ESRIF Final Report, 2009, 2.2; ヨーロッパ連合のレジリエンス政策については，
　　Vgl. *S. Dimas*, The third Civil Protection Forum:developing Europa's Resilience to di-
　　sasters. Rede auf der Tagung des Ciuvil Protection Forum, Towards a more resilient
　　society, Brüssel, 25.-26.11.2009, Speech/09/556; 巨大災害保護の分野におけるヨー
　　ロッパ連合のプログラムと限定的な権限については，Vgl. Mitteilung der Kommis-
　　sion an das Europäische Parlament und den Rat „Stärkung der Katastrophenabwehr-
　　kapazitäten der EU", Kom (2008), S. 130, 最後に，*A. Walus*, Europäischer Katastro-
　　phenschutz, EuR 2010, S. 564 ff.
17)　重要な手がかりが，ヨーロッパの重大なインフラの探索（Ermittlung）と実証
　　（Ausweisung）並びに重大なインフラの保護を改善する必然性に関する，2008年

野で実現されうるかは，ESRIF のレポートの中で詳細に展開されている．その際には，それと一緒に，この分野では，いかなる研究課題がヨーロッパ連合の視点から設定されるかについても厳密に説明されている[18]．

2．アメリカ合衆国では

10 年以上前から，アメリカ合衆国では，「諸シンク・タンク」のもとでも，マスメディア界でもレジリエンス構想に関する非常に集中的な議論が存在している[19]．2007 年に，ホワイトハウスは，レジリエンス構想の構造上・オペレーション（運行）上の発展をその政治的アジェンダに掲げた[20]．「自国の安全保障研究と分析のための研究所（Homeland Security Studies and Analysis Institute）」から 2009 年に出版された「構想の展開：レジリエンスのためのオペレーション上のフレームワーク」は，特に注目に値する．レジリエンス政策の指導目標は，事前措置による抵抗力の強化，大惨事の結果の限定並びにインフラの諸機能の回復である[21]．この 3 つの全分野で，一方の側の国家諸機関やインフラ従事者と他方の側の市民との協働が必要とされる[22]．市民に期待されるのは，「心身の強靱さを進展させ，自立心を持ち，テロに直面した時に適切に対応する」

---

　12 月 8 日の EU 理事会の指針 2008/114/EG における重大なインフラの国境を越えた保護についても ABl. vom 23.12.2008, L345/75.7. Erwägungsgrund u. passim. を参照．

[18]　レジリエンス構想の展開の際の UNO（国連）の役割については，International Strategy for Disaster Reduction: Towards National Resilience, 2008（ドイツの国別報告付き：同書 20 頁以下）．

[19]　*S. Flynn*, The Edge of Disaster: Building a Resilient Nation, 2007; *T. Lansford* u.a., Fostering Community Resilience, 2010; *B. Colby/G. Frisvold*, Adaptation and Resilience, 2011.

[20]　The White House, Homeland Security Council, National Strategy for Homeland Security, October 2007, S. 35 f.

[21]　*J. Kahan/A. Allen/J. George/W. Thompson*, Concept Development: An Operational Framework for Resilience, 2009, S. I.

[22]　*Kahan/Allen/George/Thompson* (Fn. 21), 図表と本文で引用したような表現がなされている．

330 第Ⅴ部 あらたな挑戦

ことである．こうした目標は，もちろん空虚な決まり文句であり，美しく響き
はするが，相互に結び合わされたレジリエンス構想というものの真の問題を前
進させるものではない．

　通例は，大惨事は，予見され得ないにもかかわらず，「脅威と危険に制限を
(Threat and Hazard Limitation)」という標語のもとで，起こりうる被害の状況を
認識し，その克服を達成させるためにあらゆる手立てを講じることが求められ
る[23]．「強靱さ (robustness)」という言葉によって，建物，町，工場施設，イン
フラ等は，大惨事に対して抵抗力があるように，設計され建設されるべきだと
される．他方で，このことは，「リスク情報に基づく計画」と「リスク情報に
基づく投資 (investment)」を要求する．「配慮の行き届いたリスクアセスメン
ト（リスクの特定・分析・評価プロセス）」というものの中で，あらゆる計画決定
の際に，起こりうる大惨事を顧慮しなければならない．こうした全体的なアプ
ローチは，レジリエンスに方向づけられた形成というものが，あらゆる政策分
野で顧慮されなければならないということを要求する．とりわけ，どのように
安全と〔ライフラインの〕供給に関する必要な最低限の基準が保障されうるか
ということをもとに方針決定が行われる「レジリエンスという特性 (resilience
profile)」が，危機に陥ったシステムにおけるキーとなる諸機能にとって基準と
ならなければならない[24]．

　別の面からは，リスクコミュニケーションが最適化されるべきであるように
督促される[25]．すでに「通常状態」において，公衆には，起こりうる脅威や危
険に関して並びに大惨事の克服の可能性について情報が伝えられなければなら
ない．それによって，公衆の信頼が生み出されることになり，大惨事の結果が
克服されうるようになる．

---

23)　以下のことについて，*Kahan/Allen/George/Thompson* (Fn. 21), S. 14 ff.

24)　*Kahan/Allen/George/Thompson* (Fn. 21), S. 22 f.

25)　*Carafano* (Fn. 14), S. 4 f.

第13章　レジリエンス（復元力）　331

　アメリカ的な政策助言のこうした例では，安全の経済的問題が広範にフェードアウトされたままであることが注目を引く．同様に，大惨事の克服の際の市民の活動分野と国家の活動分野との結合の具体的な提案もほとんど視野に入ってこない[26]．どちらかといえば技術優先主義的なアプローチがアメリカ的な政策助言を支配しているのであり，そのようなアプローチでは，アメリカ的な安全の文化にも具体的なレジリエンス構想の受容にも目が向けられていない．

3．連合王国では

　進歩的な英国のシンクタンク「デモス」の指導的人物の一人であるエドワーズは，彼の著書「復元力ある国民（Resilient Nation）」の中で，レジリエンスというテーマにある種の市民的な転換を与えている．彼にとっては，レジリエンスに対する責任は，市民の場合よりは諸機関の場合の方がより少ない[27]．決定的に重要なのは，地方の活動分野における市民および市民と国家との関係である．大惨事の克服に必要な教育のプロセスと適応のプロセスは，公的機関によってだけでなく，社会的分野においても習得されなければならない．社会的分野におけるレジリエンスは，まず第一に教育の問題である．その際には，エドワーズは，以下のような国際的に繰り返し出される要求を取り上げている．すなわち，「巨大災害のリスクの縮減は学校に始まる」[28]．もっとも，どのようにしてこのようなことが学校教育において成し遂げられうるのかは，掘り下げられてはいないのであるが．

---

26)　単に私的セクターと国家の協働（kooperation）ということが督促されるだけである．リスクの縮減とレジリエンスの改善のための「公と私のパートナーシップ」について，*Carafano* (Fn. 14), S. 6.

27)　*C. Edwards*, Resilient Nation, 2009, S. 7, 10; *J. Coaffee/P. Rogers*, Rebordering the City for New Security Challenges: From Counter-terrorism to Community Resilience, in: Space and Polity 12 (2008), S. 101 ff.（2004 年の「民間緊急事態法」に基づく「地方レジリエンス・フォーラム」の導入について）を参照．

28)　*Edwards* (Fn. 27), S. 14.

332　第Ⅴ部　あらたな挑戦

別の問題分野は，周知の〔次々と影響を引き起こす〕カスケード効果を伴った重大なインフラの破損への個人や社会の対応に関連する．復元力ある社会においては，そのような緊急状態の克服への信頼，最も深刻な被害者の為に救助の際の優先権の設定，それと開かれた徹底的な対話が必要である．その基礎は，予期し得ない事態が起こっても，そうした事態は私人と公的機関の多くの関与によって克服できるという集団的な意識である[29]．したがって，リスクコミュニケーションは，復元力ある社会というものの本質的な要素となる[30]．

ボランティアの救援者たちの多様な組織は，復元力ある社会というものの核心的活動分野に属する．エドワーズは，この復元力ある社会を，「新しい保護国家」という観点のもとで展開し，イギリスの諸経験によって説明している[31]．その際には，大惨事の際に動員しうる外国のボランティア組織とのコンタクト（連携）は，国際的な連帯に基づくレジリエンスというものに至る．結局，大惨事の克服の際の共同責任を正当に評価しうるためには，こうした社会的活動分野と公的な活動分野とのネットワークの構築が重要である．

4．スイスでは

スイスでは，とくに，スイス連邦工科大学チューリヒ校（ETH Türich）のもとでの「安全研究センター」が，レジリエンスに方向づけられた政策の構想に取り組んでいる[32]．適応力と弾力性（柔軟性）[33]が，高度な復元力ある社会とい

---

29)　*Edwards* (Fn. 27), S. 32.

30)　*Edwards* (Fn. 27), S. 35 ff.

31)　*Edwards* (Fn. 27), S. 52 f.

32)　Center for Security Studies, Examining Resilience: A Concept to improve societal security and technical safety, 2009;「レジリエンス：危機克服と巨大災害克服のための構想」というテーマで，その要約が，Analysen zur Sicherheitspolitik, Nr. 60, September 2009 に所収．

33)　Center for Security Studies, Examining (Fn. 32), S. 6.

うものの核心的要素として挙げられる．社会は，負荷や大惨事に耐える能力を発達させなければならないし，重大なインフラの破損の際にそれにとって代わることのできる選択肢を用意しておかねばならないし，惨事に創造的かつ適切に反応しなければならないし，さらに大惨事の場合には速やかな再生力が必要である．国家と社会のこうした各能力を枠づける条件は，「事前の備えと計画，信頼と協力，既存の手段の確認と指導力」[34]である．重要なリスクコミュニケーションのために，自由に使用できるインフォメーション・テクノロジーやコミュニケーション・テクノロジーが投入されなければならない[35]．

　レジリエンスに方向づけられた政策は，スイス全体，州レベル，地域レベルの行動計画に載っている．督促されているのは，「公的な関係者も私的な関係者も含めた」「緊密なリスクコミュニケーションや危機コミュニケーション〔網〕」を作り上げることである[36]．その上で，求められているのは，レジリエンスに方向づけられた措置が革新的な技術に向かうだけでなく，そうした措置を「社会的次元」にも埋め込むことである．その際には，スイスでは，とくにイギリスで展開されたレジリエンス構想を模範にしている．

5．要　約

　以上の外国や国際的なレジリエンス構想の簡単な分析から，以下のようなテーゼを導き出すことができる．すなわち，

　(1) 重大なインフラの（部分的な）侵害や破損は，国家，社会，それに個人の生活関係に重大な影響を及ぼす．カスケード効果は，計り知れない経済的な損失に至りうる．

---

34)　Center for Security Studies, Examining (Fn. 32), S. 10 f. mit Schaubild.

35)　ハンディなものやインターネット等によるリスクコミュニケーションについて，Center for Security Studies, Examining (Fn. 32), S. 12.

36)　Center for Security Studies, Analysen (Fn. 32), S. 3.

334　第Ⅴ部　あらたな挑戦

　(2) この新しい形の脆弱性[37]は，巨大災害や大惨事の際の予見できないことを克服できるための準備というものを要求する．その際には，重大なインフラの破損や大惨事を克服するための新しい技術や組織形態を発展させるためには，そうした重大なインフラの破損や大惨事のありうるシナリオから出発するのが役に立つ．

　(3) 巨大災害や大惨事は，各国の重大なインフラへ国境を越えて影響を及ぼしうるから，レジリエンスに方向づけられた政策は，国家レベルや地域レベルの活動分野だけのことを考えて方針決定されるわけではない[38]．

　(4) レジリエンスのもとでは，リスクを回避することだけが問題なのではなく，どのような巨大災害や大惨事に対して，どのようなレジリエンス構想によって準備をしようとするのか[39]という問いに応じることが課題である．

　(5) レジリエンスは，集団的知識として，巨大災害や大惨事は避けられ得ないということを前提にする．このことは，リスクコミュニケーションの新たな重点設定を必要とするのであり，リスク予防と並んで，巨大災害や大惨事への事前準備にも同等に重点が設定されなければならない[40]．

　(6) レジリエンスは，予見し得ないことや避けられ得ないことの克服に組織や手続によって寄与するという（予防）国家にだけ向けられているのではない．

---

37)　「脆弱性」について詳しくは，*Buckle/Marsh/Smale* (Fn. 15), S. 10 ff.

38)　*Carafano* (Fn. 14), S. 4. 同書には，供給に役立つ重大なインフラの国際的な擁護への言及がある．ヨーロッパの重大なインフラの保護の連合法上の構想というものの展開については，EU 理事会の指針（Fn. 17）; 国境を越えた協力については，*Stober/Eisenmenger* (Fn. 8), NVwZ 2005, 121, 126 を参照．

39)　*A. Evans/D. Steven*, Risks and Resilience in the new global Era, in: Renewal 17 (2009), S. 44, 52.

40)　*Trute* (Fn. 8), KritV 2005, S. 342, 345.

生き生きとした連帯という理由から，自ら組織化を進める社会的活動分野は，国家と危機管理における責任を分かち持っている．

(7) レジリエンスは，柔軟かつ分権的に予見し得ないことを克服できるようにするための新しい形のコミュニケーションやネットワーク構築を必要とする．

(8) レジリエンスは，全計画手続において尊重されなければならないのであり，重大なインフラの分散や分割に至りうるものである．とりわけ，「復元力ある都市（計画）」は，極めて重要である[41]．

(9) レジリエンスは，多元的社会というものの強化を志向している．多元的社会は，民主的で自由主義的な秩序の諸価値に依存している[42]．その際には，基本権の防御機能がレジリエンスに方向づけられた措置に限界を画するということをそれほど強調する必要はない[43]．

(10) レジリエンスには，重要な経済的構成要素というものがある．どの範囲で新しい技術や組織形態が導入されるかは，社会と個人の支払額の準備に（も）依存する．どのようにレジリエンスに方向づけられた政策が形成されうるかは，この点では，安全の経済性に関する問題である．

---

41)　本稿ではこれ以上は追求されないこの視点について，*J. Coaffee/P. Rogers*, [Rebordering the city for new security challenges: From Counter Terrorism to Community Resilience,] Space and Polity 12 (2008), S. 101, 105 ff. （「UK における復元力のあるマネジメント・インフラ」について），112 f. （「レジリエンス計画の影の部分」については批判的）．

42)　このことは，とりわけフライブルクの「Center for Security and Society （安全と社会に関するセンター）」によって強調されている．

43)　従来の問題の立て方を超えて，基本権の基準構築が，たとえば，トリアージとそれとセットになった医者による手当のためや，第三者や他の生き埋め者を犠牲にした上での生き埋め者の救出のために解明されなければならない．

336　第Ⅴ部　あらたな挑戦

Ⅲ．独自のレジリエンス構想を欠くドイツにおける レジリエンスに方向づけられた政策的・法的形成

　ドイツではレジリエンス構想の議論がようやく始まったばかりだとしても，だが，多くの分野において，レジリエンスに方向づけられた研究や政策的・法的形成が存在する．今度は，これらの構成要素を取り上げて行くことにしたい．

1．安全性研究の基礎としてのレジリエンス

　連邦政府は，2007年の初めに，スケールの大きな安全性研究プログラムを公開した[44]．これは，安全に対するリスクにおける変化に応じたものである．テロリズム，組織犯罪，自然巨大災害，それに技術的な事故は，重大なインフラの分野で，大きな結果的損害を引き起こしうる．支援計画の目標は，コミュニケーション網や〔ライフラインの〕供給網の安全性を高めること，すなわち，それらのものが安全に機能することと「網（ネット）」の成果を必要とするすべての人たちの安全とである．このような重大なインフラの保護は，大惨事に対する事前の準備にも大惨事の克服にも役に立つような新しい情報テクノロジーや統制テクノロジーの発展を必要とする．こうした安全性研究プログラムの哲学には，革新的なテクノロジーや新しい組織形態の発展が求められるばかりでなく，この両者の発展が，それらに随伴する精神的，社会的，法的な研究[45]というものと結びつけられることも含まれる．この随伴する研究によって，早期に，将来のインフラの安全が社会全体での論議というものの中に取り込まれ，そして，ふたたび今度は，社会全体での論議が，学問によって随伴されるべき

---

44)　http://www.sicherheitsforschungsprogramm.de.

45)　このアプローチについて，テーマの分野をスケッチしている *Th. Würtenberger/ S. Tanneberger*, Sicherheitsarkitektur als interdiziplinäres Forschungsfeld, in: *G. Riescher* (Hrsg.), Sicherheit und Freiheit statt Terror und Angst 2010, S. 97 ff. (SV. 269).

第 13 章　レジリエンス（復元力）　337

である．

　そのような例としては，たとえば，場面設定（シナリオ）に方向づけられた
安全性の研究では，起こりうる危険な事態の場面設定に基づいて，利用者やユ
ーザーの需要が新たな安全テクノロジーの発展へ取り込まれ，そして災害克服
の措置の成り行きを最適な状態にすることが重要である．例をあげると，シス
テム革新の枠組みにあっては，交通インフラの保護の領域や製品連鎖の保護の
ために革新的な安全策が展開されなければならない．多数ある支援すべき重点
の１つは，道路交通，鉄道交通，航空交通における人間の保護という点にある．
研究支援の対象は，取り込まれたテクノロジー，行動戦略および組織形態によ
って包括的な安全構想を展開させるような統合プロジェクト（Verbundprojekt）
である．支援の基準となるのは，「社会的な目標や影響も考慮に入れた解決方
法の革新性，完全性，および普及の実効性，すべての重要な関係者の考慮，そ
して，安全を高めることに対する寄与の重要性」[46]である．

　その際には，自然科学や工学には，精神科学，社会科学，法学と共同して，
有効な安全の解決策を練り上げることが期待される．その出発点となるのは，
そのたびごとに，脅威の分析，費用対効果分析，ユーザーや顧客の利用しやす
さであるが，個人や集団の考え方や行動も出発点となる．研究テーマには，と
りわけ，大量の感知装置に支えられたデータ収集，統合されたバイオメトリク
ス・システムを伴った自動的な出入りのコントロール制御，安全上重大な行動
の自動的認識，危険に即した広報活動の構想等々が数え上げられる．研究プロ
ジェクトは，学際的なアプローチを追求し，安全性，経済性，〔社会的な〕受

---

46)　2007 年 3 月 26 日の BMBF（連邦教育研究省）の，連邦政府の安全保障計画の
　　枠内における「交通インフラの保護」というテーマ分野の助成に関する指針の告
　　示を参照．個々のプログラム指針や促進されたプロジェクトについて，Federal
　　Ministry of Education and Research (Hrsg.), Research for Civil Security. The Protec-
　　tion of Transport Infrastructures, 2008 それと Protection Systems for Security and
　　Emergency Services, 2009 と Rescue and People, 2009 も参照．

338 第Ｖ部 あらたな挑戦

容に関してこの研究過程で付加的に獲得された成果を〔随伴する諸科学に対して〕保障する.

　この安全性研究プログラムのもとでは，上述したような展開を見せ，研究プロジェクトの対象にすらされているようなレジリエンス構想については，言及されないままである[47].〔この安全性研究プログラムで〕「準備（preparedness）」という局面に相当するのは，包括的な脅威の場面設定（シナリオ）が新たに展開されたという点である．個々の脅威の場面設定に目をやると，国内の安全性確保のための仕組みや国際的安全性確保のための仕組みの将来を特徴づけうるような新しいテクノロジーが展開されているが，それと同時に，そうしたテクノロジーの社会的な協調性や受容が問われている．すでに，テクノロジーの発展には，法的な問題が，とりわけデータ保護の問題がそうだが，さらには生命，健康，人格の領分の保護の問題が，早い時期から提起されている．こうした問題提起は，まず第一に，乗り越え難い法的限界の設定の効果を早期に発揮させるために，次に，それと並行して，テクノロジーの発展に対する必要な法的改革を立法に取り込みうるために行われる．こうした問題提起と共に，個人の保護を最適な状態にしたり，カスケード効果を回避したりする為に，大惨事を効果的な方法で克服できるようにする国家や社会の能力が強化される．全体として見ると，連邦政府の安全性研究プログラムは，〔レジリエンス構想についての言及はないが，〕将来の安全性確保のための仕組みというものの指導理念としてのレジリエンスに方向づけられている．

　フラウンホーファー協会の〔フライブルクに拠点を置く〕イノヴェーションクラスター「未来の都市の安全」は，〔この連邦政府の安全性研究プログラムに〕匹敵しうるものと思われる．このイノヴェーションクラスター〔技術革新に取り組む研究ネットワーク・システム〕では，フラウンホーファー協会の諸研究

---

47)　BMBF, Systemvertrauen und Krisenmanagement: Ein interaktivees Expertenaustauschsystem zur Stärkung gesellschaftlicher Resilienz.

施設（インスティテュート）と諸大学，諸官庁および数多くの企業とが一緒に研究活動を行う[48]．このイノヴェーションクラスターでの「都市のレジリエンス」という研究重点は，「都市のインフラの抵抗力の保護と増進のためのテクノロジー」を〔研究〕目標とし，「安全な危機管理」という研究重点は，「復旧に投入できる諸活動主体と巨大災害救援者のためのテクノロジー」の研究に従事し，「危険要因の認識」という研究重点は，「危険要因の発見と無害化のためのテクノロジー」の研究に専念するものである．

2．憲法上の基礎

　レジリエンス構想は，個別事例での大惨事を予見したり，回避したりすることはできないということから出発する．このような認識は，基本権上の保護義務論を展開する基礎の1つである．基本権保護義務論では，国家は，個人をその生命，健康，財産等の侵害から保護しなければならないが，あらゆる人を社会的共同生活上のあらゆる危険から保護できるわけではない，という常套句が当てはまる．確かに，保護構想は展開されなければならないが，大惨事の際に巻き沿いにされるというような一定のリスクは甘受せざるを得ない．議論の余地が無いわけではない過少保護の禁止論によれば，保護構想は最適化を図るものである必要はなく，単に是認しうるものでなければならないだけである[49]．

　もちろん，その際に，基本権上の保護義務論が，第三者による生命，健康，財産等の侵害に対してのみ適用されうるに過ぎないのか，それとも自然巨大災害の場合にも適用されうるのかについては，議論の対立がある．おそらく後者についても，危険が誰によるものなのかとか，どのようにして脅威の事態を阻止するべきかに関わりなく，国家には原則的に包括的な保護義務があるのだか

48）　w.w.w.future-security.org.
49）　詳細については，*F. Ekardt*, Katastrophenvermeidung und Katastrophenvorsorge: Möglichkeiten, Grenzen, Vorgaben, in: *Kloepfer* (Fn. 8), S. 61, 64 ff.

340　第Ⅴ部　あらたな挑戦

ら，肯定的に答えることができるであろう[50]．したがって，基本権上の保護義務は，自然の猛威に対して予防措置を講じるよう要求もするのであり，つまり，機能的で信頼できる救急制度を準備するよう要求もする[51]．保護義務の観念は，テロや自然巨大災害によって引き起こされる大惨事をも視野に入れた「準備」を要求する．それだけでなくさらに，巨大災害に役立つ資源の投入の手続や基準が，少なくともその糸口につき法的に取り決められなければならないのである[52]．

インフラの分野では，国家には，保障責任や監視責任がある．交通インフラ，〔ライフラインの〕供給インフラ並びにコミュニケーション・インフラは，それが公的にあるいは私的に経営されるものであるにせよ，国家によって確保されなければならない．このような確保の任務は，再度，基本権から導き出されるが，社会国家原理からも導き出される．基本法87f条1項におけるような規定が，国家によって，広域にわたる，それ相応で十分なインフラが保障されなければならないという趣旨で一般化される．

インフラが広範に民営化された後では，〔うまく行かなかった民営化について事後的に法的に規制する手法であるいわゆる〕民営化結果法がこうしたインフラの安全を保障する．民営化後のインフラの安全に関しては，経営者の義務や安全基準の法律による規制が必要であるが，いつも目標設定によって指導するものである必要はない．というのも，どこに安全上の欠陥があ（りう）るのかについては，普通はインフラの経営者だけがそれを知っているにすぎないのだから．それゆえ，国家の監督官庁や統制官庁がインフラの経営者と安全問題

---

50)　これに関しては，要約として，*S. Schmitz,* Grundrechtliche Schutzpflichten und der Anspruch auf Straßenverkehrssicherung, 2010, S. 109 ff. さらには，*Trute* (Fn. 8), KritV 2005, S. 342, 358 を参照.

51)　*Schmitz* (Fn. 50), S. 111 ff.

52)　ワクチンの分配やトリアージの手続に関して，*Trute* (Fn. 8), KritV 2005, S. 342, 360 f.

第 13 章　レジリエンス（復元力）　341

に関して協力するようなネットワークの組織化が重要である．インフラの安全
が，競争上の利点でありうる限りでは，〔法律による規制によって〕安全規準〔達
成〕の認定手続を改善することも可能である．

3．巨大災害保護法では

巨大災害保護法[53]では，第一に巨大災害の阻止が，次いで巨大災害の結果の
管理[54]が問題になる．巨大災害の阻止は，以前からずっと，施設・設備の監視，
重大なインフラの安全，飲料水の供給，環境保護等の法の対象である．

これに対して，巨大災害結果管理の法は，最近，新たな輪郭を得るに至った．
「ドイツでの住民保護の新たな戦略」に関して，連邦と州は，民間人保護と巨
大災害保護の分野において共同責任の方向で合意に達した[55]．2009 年に，内務
省は，現代的な住民保護というもののために 1 つの戦略ペーパーを提示し
た[56]．2009 年に新たにまとめられた民間人保護法は，民間人保護のための連邦
の潜在力は，州の巨大災害保護のためにも提供される，と規定している[57]．
2004 年に，連邦住民保護・巨大災害救援庁（Bundesamt für Bevölkerungsschutz
und Katastrophenhilfe：BBK）〔が設立されたこと〕によって，管轄権上の境界に
ついてそれまでずっと議論の的になっていた，連邦，州，ゲマインデ間の巨大
災害結果管理の統合化に対する可能性が改善された．〔BBK の「危機管理」部
門に属する〕「連邦と州の共同報告・情勢収集センター（Gemeinsame Melde- und
Lagezentrum des Bundes und der Länder：GMLZ）」および〔BBK が展開している

---

53)　本稿ではこれ以上は追求し得ない民間人保護と巨大災害保護の分離については，
　　　C. Gusy, DÖV 2011, S. 85, 89 f.

54)　*Gusy* (Fn. 8), DÖV 2011, 85, 86 f.; *M. Kloepfer*, Katastrophenschutzrecht, VerwArch
　　　98 (2007), S. 163, 169; さらに，*ders.* (Hrsg.), Schutz Kritischer Infrastrukturen, 2010
　　　参照.

55)　*Meyer-Teschendorf* (Fn. 8), DVBl. 2009, S. 1221, 1222 f.

56)　Bundesministerium des Innern, Strategien für einen modernen Bevölkerungs-
　　　schutz, 2009.

57)　新しい装備構想について，*Meyer-Teschendorf* (Fn. 8), DVBl. 2009, S. 1221, 1224 f.

342 第Ⅴ部 あらたな挑戦

インターネットにベースをおいた情報のプラットフォームである〕ドイツ「緊急事態配慮情報システム（Notfallvorsorgeinformationssystem：deNis）」は，巨大災害の克服の際の情報管理に仕える．〔BBK の一部門として教育・研修に当たる〕「危機管理・緊急事態計画・民間人保護アカデミー（Akademie für Krisenmanagement, Notfallplanung und Zivilschutz：AKNZ）」は，研修や演習の組織化に専念している．

　実際に行動に携わる分野に関しては，巨大災害保護法に則った州の巨大災害保護計画の策定義務に言及しておかなければならない[58]．たとえば，交通や〔ライフラインの〕供給の分野で，複数の惨事が発生した際に，重大なインフラが，個別にのみ，しかも同時にではなく，巻き添えにされるという具合に想定されうる場合には，インフラ計画の分野でも，巨大災害保護は中心的な役割を演じる．

　「準備」の局面で，州法によって，巨大災害保護官庁が決められ，その遂行すべき作用が規律され，巨大災害の場合に種々の官庁の協同作業が規定されるというのでは，十分ではない．「準備」は，さらに，技術的救援手段が最新の状態で準備がなされ，可能な私的な支援者も含め，あらゆる巨大災害関係者の協同作業が訓練によって習得されている[59]ことを要求する．これと結びつけられた費用〔の不十分さ〕の故に，技術的な装備が最近に至るまで最適でなかったり，緊急に必要な大規模な演習が依然としてごくごくまれにしか行われていないという結果に至っている．

　だが，このことは，たとえば，町や村や山で生き埋めになった人たち〔を救

---

58)　§ 2 Abs. 1 Nr. 3 BW KatSchG を参照．ヨーロッパの重大なインフラ施設に関する安全計画を策定する EU 法上の義務について，Art. 5 Richtlinie des Rates (Fn. 17).

59)　2004 年以降，2 年周期で，州の包括的な危機管理演習（LÜKEX）が行われている．

第 13 章　レジリエンス（復元力）　343

出するため〕の新しくて高コストの技術や，巨大災害や大惨事の効果的な克服のための組織的なネットワークが展開され，自由に使用できるようになると，ますます問題をはらんでいるように思われる[60]．それに関して言及される巨大災害の結果管理の経済性という問題は，全く解明されていない[61]．実務では，費用上の理由からも市町村の消防隊や州の巨大災害保護当局のもとでは維持され得ないような，巨大災害や大惨事の際に投入するための道具や技術を，連邦の〔上級官庁である〕技術的救援機関（Technisches Hilfswerk：THW）が準備している．危険に陥っている特別な事態の防御や負傷者が大量な事例の克服のための技術の現代化が目下，連邦によって進められている[62]．連邦の諸施設によって巨大災害の救援が成し遂げられる場合には，市町村や州は相応の費用を支払わなければならない[63]．

　さらにまた，レジリエンスに方向づけられた費用システムは，たとえば，救急隊のような，国家と協働する社会的組織も，新しい救急技術や新しい組織形態に接合できるようにさせるような専門知識や技術的救済手段を自由に使用できることを保障しなければならない[64]．多数のボラティアの救援者は，包括的な教育や研修を必要とするような新しい技術，たとえば，生き埋めになっている人の救助のためやトリアージを行う〔＝大災害や大惨事の際に多数の負傷者の救急治療に最も効率よく当たるために重症度や緊急度に応じて負傷者を分類し，治療や搬送先等の優先順位付けランク付けを行う〕ための新しい技術を取り扱うことが出来なければならない．このような新しい技術について包括的に

---

60)　BMBF（連邦教育・研究省）によって促進されたプロジェクトの SOGRO と I-LOV を参照．これについては，*A. von Zimmermann*, Rechtmäßigkeit der Rettung Verschütteter im Wege der Ortung von Mobiltelefonen, 2011, S. 20 ff.

61)　民間人保護や住民保護の多面的なシステムにおける次善の財源の割り当ての危険については，*Gusy* (Fn. 8), DÖV 2011, S. 85, 94.

62)　Bundesministerium des Innern (Fn. 56), S. 15.

63)　法的な基礎については，*Gusy* (Fn. 8), DÖV 2011, S. 85, 94 mit Fn. 59.

64)　たとえば，救急隊のワゴンの中での PDA（携帯情報端末 Personal Data Assistance）のための調達費用を参照．

344 第V部 あらたな挑戦

教育や研修することには，目下着手されている[65]．こうした教育・研修やそこ
で提示されるべき新しい技術の開発にかかる資金の調達は，非常にコストのか
かるものである．復元力のある社会というものは，そのたくましさや抵抗力を
手に入れなければならないし，これに関して適切な規模を見つけ出さなければ
ならない．このような安全の経済性ないしレジリエンスの経済性という問題に
ついては，さらに解明が待たれるところである．

4．国家的活動分野と社会的活動分野のネットワークの形成

レジリエンスは，予防の際や大惨事の克服の際に国家的活動分野と社会的活
動分野のネットワークの形成（ネットワーキング）を要求する．そのようなネッ
トワーキングは，ドイツでは伝統がある．たとえば，私的メンバーと国家的メ
ンバーの協働作業による生き埋め者の救出が行われている[66]．その際には，私
人（Private）に自分の労働力やあるいは財産をも巨大災害の克服のために提供
するよう義務づけることも可能である[67]．さらには，救急隊は，大抵の場合私
的な組織によって引き受けられている．惨事が未だ巨大災害という次元に達し
ていない場合でも，私人に救助の遂行を義務づけることは可能である[68]．だが，

---

65)　Bundesministerium des Innern (Fn. 56), S. 34 ff.; だが，*U. Cronenberg*, Katastro-
　　phenschutz: Gesellschaftliche oder Staatliche Aufgabe, in: *Kloepfer* (Fn. 8), S. 21, 23
　　の批判的なコメントを参照．

66)　巨大災害保護における連邦と州の協働について，詳細は，*Meyer-Teschendorf* (Fn.
　　8), S. 1221 ff.

67)　たとえば，次のような各州の法律を見よ．Baden-Württemberg: § 25 Abs.1
　　LKatSG; Bayern: Art. 9 Abs. 1 BayKSG; Berlin: § 8 Abs.1 KatSG; Brandenburg: § 13
　　Abs.1 BbgBKG; Bremen: § 5 Abs.1 BremHilfeG; Hamburg: § 16 Abs.1 HmbKatSG;
　　Hessen: § 46 Abs.1 HBKG; Mecklenburg-Vorpommern: §§ 18, 19 LKatSG; Nieder-
　　sachsen: § 28 Abs.1 NKatSG; Nordrhein-Westfalen: § 27 Abs.1 FSHG; Rheinland-
　　Pfalz: §§ 27, 28 LBKG; Saarland: § 39 SBKG; Sachsen: § 54 SächsBRKG; Sachsen-An-
　　halt: § 21 Abs.1 KatSG-LSA; Schleswig-Holstein: §§ 24 ff. LKatSG; Thüringen: §§ 40
　　ff. ThürBKG.

68)　これは，部分的には，常にそうだとは限らないが，巨大災害の場合をも規律す
　　る同じ法律からもたらされる．Baden-Württemberg: § 32 Abs.2 FwG; Bayern:Art.
　　24 Abs. 1 BayFwG; Berlin: § 14 FwG; Brandenburg: § 13 Abs.1 BbgBKG; Bremen: § 5

そのような形式ばった義務づけなど全く必要がないのもしばしばである．というのも，そのような義務の遂行は住民の内部にあっては連帯性に還元されうるものだからである．

　実際に行動に携わる分野に関しては，とくに市町村レベルでの火災防護のために組織される約100万人の消防士を有するようなボランティアの消防隊を挙げることができる．特別な技術的な救援の提供が必要な場合には，〔連邦の〕技術的救援機関（THW）[69]が，地方レベルや地域レベルで，それ相応の技術的装備や専門知識を持ったボランティアの救援者の組織化に当たる．その際には，連邦によって包括的な組織形態が採られている．満遍なく行き渡った668カ所の地方団体と8万人以上のボランティア援助者を有するこの技術的救援機関は，ドイツにおける復元力のある社会の中心的要素の1つである[70]．この技術的救援機関において，そこに所属する人員の数値が平均のそれよりも下回っているような大きな移民集団の場合には，万人の福祉のためのこのような連帯的な動員が促進されるべきである[71]．さらに，このネットワークには，約60万人のボランティア救援者を擁する社会的活動分野からは，ドイツ赤十字[72]，ヨハ

Abs.1 BremHilfeG; Hessen: § 46 Abs.1 HBKG; Mecklenburg-Vorpommern: § 23 BrSchG; Niedersachsen: § 30 BrandSchG; Nordrhein-Westfalen: § 27 Abs.1 FSHG; Rheinland-Pfalz: §§ 27, 28 LBKG; Saarland: § 39 SBKG; Sachsen: § 54 SächsBRKG; Sachsen-Anhalt: § 26 BrSchG; Schleswig-Holstein: § 25 BrSchG; Thüringen: §§ 40 ff. ThürBKG.

69)　連邦検事の補助者としての技術的救援機関の法関係の取り決めに関する法律を参照．THW (Technisches Hilfwerk) の前身は，ヴァイマル時代の「技術的緊急救助組織（Technisches Nethilfe）」である．

70)　*C. Unger*, Ist Deutschland auf Katastrophen vorbereitet?, in: *Kloepfer* (Fn. 8), S. 89, 90 によれば，約1700万人の人が，巨大災害保護にあっては名誉職として働いていた．

71)　巨大災害保護での名誉職による救援について，一般的には，§ 20 ZSKG．平均よりも少ない人数の住民グループの救援については，Bundesministerium des Innern (Fn. 56), S. 6.

72)　*Cronenberg* (Fn. 65), S. 26 f.

ネ騎士団事故救援団，マルタ騎士修道会救援奉仕団が加わるが，とりわけ，工場消防団・企業消防団（Werks- und Betriebsfeuerwehren）の名が挙げられなければならない[73]．このように見てくると，巨大災害や大惨事の克服の中心的な活動分野は，自発性と名誉職的活動に基づいている．これらの救援集団を国家ともっとネットワーキングさせるために，*M. Kloepfer* によって，公－私のパートナーシップの現代的な形態が提案されている[74]．

〔連邦政府の〕「重大なインフラストラクチュアの保護に対する国家戦略（KRITIS-Strategie）」は，国家的活動分野，社会的活動分野，経済的活動分野のネットワークの形成に信頼を置いている．即ち，重大なインフラの保護は，「国家，社会並びに経済の共同行動の原則によって導かれる．国家は，分析を行い，保護構想を練り上げる際に，他の公的な関係者や私的関係者とパートナーを組んで協働する．国家は，まず第一に進行役として，必要な場合には規格化を図りながら，安全に関する措置およびシステム全体やシステムの進行に関する措置の舵取りを行う[75]」．ここで前提とされた信頼に満ちた共同作業を実現できるかどうかは将来明らかになるであろう．

助言・アドヴァイスに関わる分野では，大惨事への準備や大惨事の克服に関する構想を展開している多数の私法によって組織された団体やワーキング・グループなどが存在する．あまり知られていないそうした団体の1つに，たとえば，社団法人のドイツ巨大災害準備委員会（Deutsches Komitee Katastrophenvorsorge e.V.：DKKV）がある．この団体は，巨大災害への準備に関する国内の基盤であり，巨大災害準備の国際的組織への仲介者として登場し，巨大災害準備に関わるあらゆる問題に対して発言資格を有する中核たることを自任してい

---

73) *Geier* (Fn. 5), S. 26 によれば，ドイツでは，この「ボランティア」の直接機能する活動分野では，他の大きなヨーロッパの国々以上に配備されている．

74) *Kloepfer* (Fn. 54), VerwArch 98 (2007), S. 163, 184.

75) Natonale Strategie (Fn. 4), S. 3.

る[76].

5. 情報構造, コミュニケーション構造, 協働構造の組織化

レジリエンスは, 巨大災害の克服のために, 情報手段, コミュニケーション手段, 協働手段ができる限り高い技術的状態で準備され, 利用されることを前提とする. なぜなら, 情報の管理や協働の管理は, 巨大災害や大惨事の克服の際の核心だからである. コミュニケーション上のネットワークの形成という課題がさらにこれらに加わる. 即ち, 巨大災害保護の分野における多数の国家の関係者と私的な関係者は, コミュニケーションと協働の新たな形態を必要とする. ドイツでは, 連邦政府の安全性研究プログラムの枠組みの中で, コミュニケーションや協働の革新的な技術が展開されているが, その際には, とりわけ, 〔巨大災害の〕状況写真・図表の作成の際や, 極めて重要な救助の経過の最適化の際に使用される電気的なコミュニケーション手段が場面設定(シナリオ)に応じて発展させられている[77].

住民を相手とするリスクコミュニケーションの分野では, これまでのところ, それに較べてそれほど発展していない. 市民は, 大惨事が避けられ得ないことや, それが発生した時には市民に制限を求めることができることをはっきりと自覚しなければならない. その点では, 外国で観察された「ドイツ人の不安(German Angst)」[78]にどのような役割が与えられるべきなのか, つまり, 「ドイツ人の不安」に応じるべきなのか否か, あるいは, 応じねばならないとしてどのように応じるべきなのかは, ここではこれ以上追求され得ない. リスクコミュニケーションがうまく行われる場合には, 社会的な理解を生み出し, そのも

---

76)　http://www.dktv.org/de/about/default.asp.

77)　*R. Koch/M. Plass*, Risikofactor Informtionsmanagement?, in: *P. Zoche/S. Kaufmann/ R. Haverkamp* (Hrsg.), Zivile Sicherheit, 2010, S. 180 ff.

78)　*A. Schildt*, „German Angst": Überlegungen zur Mentalitätsgeschichte der Bundesrepublik, in: *D. Münkel/J. Schwarzkopf* (Hrsg.), Geschichte als Experiment, 2004, S. 87 ff.

348　第V部　あらたな挑戦

とで，政治，住民それと経済の間での対話が広く開かれた形でもたれ，大惨事
の克服の際の信頼に満ちた共同作業が目指される[79]．加えて，リスクコミュニ
ケーションは，市民が，不合理な行動を回避し，自分自身の保護のための諸能
力の改善を目指すような知識水準を保持することを狙いとする．このようなリ
スクコミュニケーションは，憲法によって命じられているものだが[80]，部分的
にしか，法律によって規定されていない[81]．情報管理のさらなる発展が繰り返
し促されているが[82]，これまでのところ，明確な構想に従って行われてはいな
い．いずれにせよ，〔連邦の住民保護および巨大災害救援庁によって展開された〕
「連邦の衛星に拠る警戒システム（Satellitengestütztes Warnsystem：SatWaS）」は，
マスメディアを通じて住民の速やかな警戒を可能にするものである[83]．

Ⅳ．結　び

　全体として見てみると，外国や国際社会で展開されているレジリエンス構想
が，ドイツでは包括的ではないが，重要な分野で，大災害の場合に対する公的
および私的な事前準備や克服のための政治的[84]・法的枠組を提供していること
に関して，多く点で論争がある．かなりの人にとって，このことは，レジリエ
ンス構想が，巨大災害の克服やインフラの確保のための理論と実務の分野では，

---

79)　リスクコミュニケーションの任務と形態についての詳細：*D. Lorenz*, Kritische In-
　　frastrukturen aus Sicht der Bevölkerung, 2010, S. 24 ff.

80)　BVerfGE 105, 252, 269, 271.

81)　*Stober/Eisenmenger* (Fn. 8), NVwZ 2005, S. 121, 124, 129 f.; *Trute* (Fn. 8), KritV 2005,
　　S. 342, 362 f. を参照.

82)　*Geiger* (Fn. 5), S. 29; Bundesministeroium des Innern (Fn. 56). これには，これま
　　でのところ実現されていない多数の提案が付いている.

83)　連邦，州および ARD（ドイツ連邦共和国公営放送連合）の中で提携されている
　　ラジオ放送局の間での取り決めについて，*Meyer-Teschendorf* (Fn. 8), DVBl. 2009, S.
　　1221, 1224.

84)　たとえば，「重大なインフラの保護に関する国家戦略」(Fn. 4) は，密接にレジ
　　リエンス構想を手本にしており，これに関して，外国で展開されている図表（S.
　　13）を利用しているが，その概念をレジリエンスと呼んではいない.

さらに大きな価値をもつものとは期待され得ないのだから，ドイツでレジリエンス構想の議論というものを断念する理由として十分なのかもしれない．それにもかかわらず，巨大災害の克服やインフラの確保の政策は，工学的アプローチ並びに精神科学的アプローチ，社会科学的アプローチおよび法学的アプローチのネットワークの形成[85]を必要とし，それによって，全体的な視点に従うものでなければならないことが，キー概念としてのレジリエンスによって，言葉で表現される．したがって，復元力ある社会の理論というものは，学問分野を超えたアプローチから展開されるべきである．国家論上の視点にあっては，レジリエンスは，社会的活動分野と国家的活動分野のネットワーク形成のためのより広範なアプローチである．

　レジリエンス構想は，巨大災害の克服やインフラの確保の分野で，国家と社会との間での任務分担に焦点を合わせており，この任務分担は，責任分担の原理に従っている．レジリエンスに方向づけられた政策は，個人が社会的な諸メンバーと同じくらい，レジリエンスに対する意志を持って，大惨事や巨大災害の予防と克服の措置に参加するのでなければ，わずかな成果しか挙げられないであろう．それゆえ，レジリエンスは，安全性確保のための仕組みの重要な柱であり，この柱は，国家的な危機の克服を自ら企画運営を進んで行っていく社会的分野というものと結びつけるものであり，そして，そのようにして，連帯に方向づけられた集団的な安全の文化の中に固定されているのである．レジリエンスは，連帯的で多元的な公共体というものの，現代のハイテク社会にあって不可欠の基準点である．

　とりわけ，レジリエンスという概念は，階層化された国家における住民保護やインフラ確保のための指導理念への注意を喚起する[86]．地方の一地域からヨーロッパ連合に至るまで，あらゆる政治的レベルで，レジリエンスは，相互協

---

85)　諸キー概念の結合化機能について，*Voßkuhle* (Fn. 9), §1 Rn. 40.

86)　この構想について，*R. Zippelius/Th. Würtenberger*, Deutsches Staatsrecht, 32. Aufl. 2008, §1 Rn. 54 ff. m. Nw. (SV. 12).

350　第Ⅴ部　あらたな挑戦

力のなかや補完性の尊重[87]のもとで実現されるべき，共通の保護構想というものを定式化するのである．

---

87) このことは，ドイツによって強調して求められている．Bundesministerium des Innern (Fn. 56), S. 66 ff.

解　題

　本論文「Resilienz」は，マンハイム大学で行政法等を担当していた *Wolf-Rüdiger Schenke* 教授の古稀記念論文集「国家，行政及び権利保護」（2011 年）に寄稿された，近年の各国及び国際社会における最重要課題の 1 つである，自然大災害（Naturkatastrophen）や人為的な大惨事（Großschadensereignisse）に対する安全性確保のための仕組みに関する論文である．大部の論文ではないが，行政法学者として長期にわたって権利保護（Rechtsschutz）のテーマに取り組み，『連邦安全保障法（Sicherheitsrecht）』のコンメンタールの編著者でもある *Schenke* 教授に捧げる論文として時宜に適ったものと言えよう．

　標題にもなっている Resilienz（英語では resilience：レジリエンス）という言葉は，ラテン語の「resilire」に由来し，Hazardla の HP によれば，一般的には「（困難に）負けない」という意味の用語であり，精神医学・心理学用語では「ストレスや逆境に直面したとき，それに対応し，克服していく能力」を言うものである．*Würtenberger* 論文にもあるように，工学，経営学，心理学，保険学，環境保護等々の科学分野でシステムが侵害を被った後に再び最初の状況に復帰することを表現するものとなっている．近年では，このレジリエンスという言葉が，防災を含めた安全性確保のための仕組みといった国家・社会のあり方に関して使用されるようになっている．*Würtenberger* 論文では言及がないが，2005 年の神戸開催の国連防災世界会議で採択された「兵庫行動枠組 2005-2015：災害に強い国・コミュニティの構築（Hyogo Framework for Action 2005-2015:Building the Resilience of Nations and Communities to Disasters)」では，防災のキーワードとして，この「Resilience」が用いられるようになった．このレジリエンスの日本語訳としては，「回復力，復元力，防災力等々」がある．日本政府は，東日本大震災をはじめ過去の教訓に学ぶとして，防災白書等で，このレジリエンスに強靱化という訳語を当てて，「国土強靱化」（強くてしなやかな（強靱な）国づくり）を謳っている．なお，本訳稿では，Resilienz については「レジリエンス（復元力）」と訳出し，resilient という形容詞は，「復元力（の）ある」と訳出して

352 第Ⅴ部 あらたな挑戦

いる.

　本稿で, *Würtenberger* 教授は, ①ドイツ連邦共和国の安全性確保のための仕組みが, 従来の, 危険からの防御と危険の予防を指導理念としてきたところから, この10年間で, テロ, 自然大災害, 重大なインフラに関わる技術的災害等の様々な理由に基づく大惨事や巨大災害の増大は阻止し得ないということが意識されるようになるにつれ, 予見し得ないことや避けがたいことが発生する場合には, その克服の戦略の展開, つまり大惨事や巨大災害の結果の除去の効果的な管理（Management）が必要であるという, ある種の視点の転換が安全性確保のための仕組みについて起こっている. ②しかし, 近年, 国家理論などで提唱されている, 予防国家論や保障国家論にしても, この大惨事や巨大災害の克服に関する構想を何ら提示し得ていない点でこのような必要に応えるものとなっていない. ③この点で, 上述のレジリエンスは, 安全の分野では, 社会システムの格別な形態の強靱さ, 即ち, 衝撃を被った後にできるだけ速やかに再び社会的, 経済的, あるいは政治的な通常状態に立ち戻る能力を意味するものとして, レジリエンスを指導理念としたレジリエンス構想が, ドイツにおける安全性確保のための仕組みの上でも重要な寄与をなしうるのではないか, と考えている.

　そこで, このような認識に立って, *Würtenberger* 教授は, 本稿で, ドイツではこれまで殆ど論じられることのなかったレジリエンス構想について, 今一度, (i) レジリエンス構想が論じられている若干の外国の例を概観することによって, レジリエンス構想とはどのような特徴を持つ構想なのかを確認し, 次いで, (ii) レジリエンス構想としては提示されていなくても, それに匹敵・対応するものがドイツで展開されている安全性確保のための仕組みに関する議論（研究）や実践に定着してはいないかどうか, 定着しているとしたらそれはどの程度か, を吟味する作業を行い, その上で, *Würtenberger* 教授は, (iii) ドイツにおいて, 改めて, 明示的にレジリエンス構想を指導理念にすることによって, 巨大災害や大惨事の克服やインフラの確保のうえで, 工学的アプローチ並びに精神科学的アプローチ, 社会科学的アプローチおよび法学的アプローチといった諸科学

第13章　レジリエンス（復元力）　353

からのアプローチのネットワークを形成することで，そのための全体的視野を獲得することができるし，（一人一人の個人としての市民も含めた）社会的活動分野と国家的活動分野のネットワーク形成に弾みを与えうるものとして，現代のハイテク社会では安全性確保のための仕組みの重要な柱（連帯的で多元的な公共体の基準点）となると結論づけている．

　私たちがメンバーとなっているドイツ憲法判例研究会では，*Würtenberger* 教授を中心とするフライブルク大学の研究サークルと日独共同研究を進めてきている．その中でも，現代社会での安全と秩序，安全と自由はテーマとなってきた．本稿で *Würtenberger* 教授が取り上げた安全性研究・安全性確保のための仕組みの指導理念としてのレジリエンスをキーワードとしたレジリエンス構想に関連するものは，すでに，阪神・淡路大震災と東日本大震災（福島原発壊滅事故）を経た日本でも，上述のような政府の「国土強靱化」構想やより広く「防災力強化」構想・運動として展開されている．今後の共同研究の中で，レジリエンス構想を深化させていくことが期待されるところである．

第14章

自由の表現
―欧米における政治文化の重要な基礎

Die Visualisierung der Freiheit:
ein zentraler Baustein westlicher politischer Kultur

訳・解題　武市周作

「自由の表現―欧米における政治文化の重要な基礎」

小目次

序

Ⅰ．自由の象徴的表現における転換点となる *Benjamin Franklin, Augustin Dupré* の「アメリカの自由（Libertas Americana)」メダル

Ⅱ．自由の象徴的表現の由来
　1．古代から
　2．オランダ
　3．イングランドにおける自由の象徴的表現の継受
　4．イギリスからアメリカへ受け継がれる自由の象徴的表現
　5．円環が閉じる

Ⅲ．自由の象徴的表現の行方
　1．アメリカ合衆国において
　2．フランス革命において
　3．共和国のための闘争
　4．ドイツはどこにいるだろうか

Ⅳ．自由と憲法の象徴的表現の歴史を認識することの価値

解　題

第 14 章　自由の表現—欧米における政治文化の重要な基礎　357

序

　古代から，自由のための闘争は欧米の政治文化につきものである．憲法理論，政治理念史，歴史叙述において，自由の問題性が文字通り図書館を満たしてきた．この自由の論争は，再び取り上げられるまでもない．むしろ，われわれは次のような問いに取り組もう．すなわち，2000 年以上前から，国家の表現や風刺，政治的カリカチュアにおいて，どのように，象徴という形式で人格的および政治的自由の理念が描かれてきたのか．本稿の主題は自由の象徴的表現であり，政治的コミュニケーションの要素としての自由理念の表現である．

I．自由の象徴的表現における転換点となる *Benjamin Franklin, Augustin Dupré* の「アメリカの自由（Libertas Americana）」メダル

　話を 18 世紀の 80 年代前半のパリに移そう．その頃のパリでは，たとえば *Madame Helvetius* のように，サロンで啓蒙理念が議論されており，人々は北アメリカの発展に対する干渉を望み，ルイ 16 世の下で国家の危機に陥っていた．このようなパリで，アメリカ合衆国建国の父の一人である *Benjamin Franklin* は 1776 年から植民地大使を務めていた．彼は，パリの中心で文化的・政治的生活を送っていた．彼の人格の中に，フランス人のために，北アメリカに生まれつつあった新世界と，政治的独立における個人の自由の秩序のためにするイギリス植民地の戦いが具現されていた[1]．

　パリ時代の前，すなわち 1748 年から，*Franklin* はアメリカで鋳造された人格的および政治的自由の象徴的表現を作ろうと試みたものの，あえなく失敗に

---

1)　*Benjamin Franklin* については，詳細な文献参照と共にある「ウィキペディア」の項を参照．

358　第V部　あらたな挑戦

画像1：*Benjamin Franklin*，エッチング，パリ　1780年

終わった[2]．しかし，彼がそれまで膨らませてきた芸術的造形のアイデアは次の人に託されていた．彼は，自身と交流のある数多くのパリの芸術家に対して，絵や図版の中に，自由を人格化することで，あるいは，自由の帽子（Freiheitshut）によって，アメリカを象徴化することを提案した．このようにして，フランス革命以降ジャコバン帽子として知られ，かの象徴に関するフランスの政治的肖像研究の中に，最初に，独立し自由主義的な北アメリカが表されている．*Franklin* 自身も，たとえば樽における Diogenes として，フランス人芸術家によって，間違いなく *Franklin* の意思に沿って，よく自由の帽子と共に描かれた．

　匿名の芸術家の版画（**画像1**）は，*Franklin* の肖像を木枠の中に描き，その木枠は Diogenes が住む樽を直接表している．自由の帽子が，その絵の上に，またランタンを持った Diogenes の隣に共に掲げられている．古代の Diogenes は，昼間からランタンを持ってコリントの市場で「真なる人間」を追求した者であり，18世紀に啓蒙の象徴的な姿となった[3]．彼が持つランタンは，それゆ

---

2)　*J. A. Leo Lemay*, The American Aesthetic of Franklin's Visual Creations, in: The Pennsylvania Magazine of History and Biography, Bd. 111 (1987), S. 465, 473 f.

3)　数多くの Diogenes の象徴的表現を伴った *K. Herding*, Im Zeichen der Aufklärung, 1989, S. 164 ff.

え政治的象徴を，また新たな政治的真実を目に見えるようにする啓蒙の光を広げていた．ここでは Franklin は Diogenes の版画の観察者として描かれており，啓蒙の政治理論を実践政治に移すことが可能で，アメリカを自由に導く「新たな，あるいは真なる人間」を具現しているのである．

画像2：Augustin Dupré，「アメリカの自由」のメダル，1783 年

Franklin のパリの芸術家仲間に，Augustin Dupré がいる．彼は，1789 年以降，フランス革命の政治的象徴的表現を決定づけた高名なメダル鋳造家であった[4]．Franklin も代表者として関わったフランス，大英帝国，アメリカ合衆国の間での自由条約を締結した 1783 年，Franklin は，若き Dupré に「アメリカの自由，1776 年 7 月 4 日」というタイトルでメダルを鋳造することを依頼した．このメダル（画像 2）によって，1776 年 7 月 4 日の独立宣言が思い出され，同時にイギリスとの対決においてフランスの助力のことが想起されるのである．

Dupré には芸術家としてあらゆる自由が与えられていたが，しかし Franklin は明確な条件を設定していた．Franklin は Dupré に対して，アメリカの自由（"Libertas Americana"）の頭を，古代の自由の帽子，われわれにはすぐに立ち戻る「つばなし帽子」の範型で形作ることを依頼していた．この自由の擬古典主義的な頭は，紀元前 4 世紀の終わり以降，ギリシャのデカドラクマから受け継がれており，棒の上の自由の帽子はローマの貨幣鋳造から用いられてきた．

そのなびいた髪は自由の急速な発展を象徴する．「アメリカの自由」と書か

---

[4] 彼の芸術的成果については，R. Trogan/P. Sorel, Augustin Dupré (1748–1833), 2000.

360 第V部 あらたな挑戦

れたこのメダルに *Franklin* はとても魅せられた．彼は，このメダルがかの *Ludwig XVI* を表しており，国王の好意によっているのだと伝えている [5]．*Franklin* は，このメダルの多くを北アメリカの政治家やその他の影響力のある人に送っている．

　Dupré のメダル「アメリカの自由」において初めて，自由の象徴的表現は，啓蒙原理に由来する政治的秩序を表している．この *Koselleck* [6] による，はざま期（Sattelzeit）仮説に対応して，18 世紀後半における伝統的な政治概念を内包するだけでなく，受け継がれてきた政治的な象徴も新たな内容とする．たとえば，民主主義（デモクラシー）のような，啓蒙の時代，平等を目指す市民社会の時代において，新たな意味を勝ち取った政治概念と同様に，自由の象徴的表現の旧来の形式も新たな政治的命題で満たされていた．このことはとりわけ1789 年以降全土で始まった革命による自由の象徴的表現にもあてはまる．

　Dupré によって新たな内容を伴った自由の象徴的表現は，天才的な芸術的着想に負っているのではなく，すでに長い前史を有している．さらに，激動の極みであったその後の歴史もある．以下の考察は，次の考えを根本に据えている．*Dupré* の「アメリカの自由」メダルは，前立憲国家から立憲国家への自由の象徴的表現への移行を示している．

Ⅱ．自由の象徴的表現の由来

　自由の象徴的表現は，古代ローマにまで遡る．

---

5)　　Brief Benjamin Franklins an Robert R. Livingston vom 15.4.1783, in: *J. Sparks* (Hrsg.), The Works of Benjamin Franklin, 1840, S. 173.

6)　　*R. Koselleck*, Einleitung, in: *O. Brunner/W. Conze/R. Koselleck* (Hrsg.), Geschichtliche Grundbegriffe, Bd. 1, 1972, S. XV.

1. 古代から

古代ローマにおいて,「自由 (Libertas)」(自由 (Freiheit) に関するラテン概念) について, 外へ向かってはローマの自由は敵国からの自由を意味し, 内へ向かっては共和主義的自由, すなわち君主的なあるいは専制的な支配からの自由を意味する. この「自由」は, フェルト帽子あるいは自由の帽子 (ラテン語で「Pileus」) を象徴しており, 自由な男性の身分を表している. 奴隷の解放は, さらに, ラテン語で「Vindicta」と呼ばれる杖に掛けられ, フェルト帽子あるいは自由の帽子を身に付けることによって象徴的に実現されたのである. Brutus の僭主殺しデナール銀貨がこの象徴的意味を持っている (画像3).

画像3: Marcus Junius Brutus のデナール銀貨

紀元前44年3月, Brutus 主導の下で, 共和制元老院議員たちは Cäsar を23回も刺して殺した. 彼らは, Cäsar とその支持者が独裁制を導入することを阻止しようと考えていた. 僭主殺しデナール銀貨の象徴としての力は大きなものである. 中世における自由の帽子は, 見る者に, まず「ローマの自由」の象徴と奴隷の解放を想起させる. いまやこの銀貨において自由の帽子は自由な国を象徴しており, 左右の2つの短剣は独裁を阻止するべく権力の正統性を示している.

ローマは, 確かに共和制を支持する考えから始まったこの行為に報いているわけではない. 反対に, Cäsar の支持者は,「ペディウス法 (Lex Pedia)」によって Cäsar 殺害者らの法的保護を剥奪させられた. Brutus はローマを去らざるをえず, 僭主殺しデナール銀貨を彼の軍隊と共に後退したマケドニアで鋳造させた. 銀で鋳造された僭主殺しデナール銀貨によって, 彼は共和政体制の軍

362　第V部　あらたな挑戦

隊に報酬を支払った．加えて，彼はローマの自由のために戦った兵士のみにそうしたのではない．デナール銀貨は，全ローマ領土において通用する貨幣であり，その結果，マケドニアでも意識に刻み込まれるように影響を与えることができたし，当然に与えることになった．

　自らを正統化する *Brutus* のこのような試みは，2つの歴史的な意義を持つ．1つは，ローマ共和制の終わりに，初めて政治意識の醸成のために流通貨幣が投入されたことである．今日まで，貨幣は政治的なコミュニケーションと統治の正統性の優れた手段となりうる．流通貨幣のこのような機能はいまだ研究されていない．歴史的，政治的コミュニケーション学は，人間が日々の生活において直面したあるいは直面しているこの問題に取り組むべきところである．もう1つは，伝統的な問題，*Brutus* の行動は正しかったのかについてである．これは古くから戯曲や学問において論争されてきた[7]．また，*Brutus* に由来する僭主殺しの象徴的表現は長い間存在してきた．19世紀になるまで，僭主殺しデナール銀貨は共和制国家体制のための闘いを象徴してきたのである．

　貨幣を，正統で自由主義的で勝利を収めた政治的秩序として示したローマ皇帝時代に話を移そう．ローマ皇帝時代の数百種類もの貨幣の中に，紀元1世紀の半ば以降，自由と権力の象徴を持った貨幣「自由（Libertas）」に出遭う．紀元68年の *Galba* の貨幣（画像4）には，なびく衣服を身にまとい，左手に杖を，右手には自由の帽子を持った「自由」が刻まれている．これは，「Libertas Publica」，すなわち国家の自由を表していた．

---

7)　*Dante* にとって彼の「神聖なる喜劇」において，*Brutus* は，劫罰として評価され，*Shakespeare* による悲劇「ユリウス・シーザー」において，あるいは，*Voltaire* による「カエサルの死」や，フランス革命期にしばしば上演された「ブルートゥス」において，非常に積極的に描かれている．*K. McKee*, Voltaire's Brutus During the French Revolution, in: Modern Language Notes, Bd. 56 (1941), S. 100 ff.; *D. A. Baxter*, Two Brutuses. Violence, Virtue and Politics in the Visual Culture of the French Revolution, in: Eighteenth Century Life, Bd. 30 (2006), S. 51 ff. 参照.

このようなローマ貨幣における自由の象徴は，プロパガンダ手段として政治的な大変革の中で用いられた．専制的に支配した皇帝が失脚したときは常に，貨幣の中にいる「自由の女神」は自由主義的秩序への復帰を意味していたのである[8]．

2．オランダ

画像4：ローマ皇帝 *Galba* のセステルツ銀貨．紀元68年

自由の象徴的表現を受け継ぐ更なる道は，ルネッサンス，すなわちギリシャ・ローマ文化の合流の時代，そしてオランダに繋がる．16世紀終わりのオランダ，すなわちスペインの支配に対するオランダでの自由のための闘争の時代に話を移そう．この自由のための闘争が始まってすぐ，古くからの自由の帽子の象徴は——まず，この時代のオランダの絵から垣間見られるように，とりわけゴイセン帽子の形で——自由を表している．この象徴的表現は，実際にオランダにおける自由のための闘争を象徴化するあらゆる版画やメダルに体現されている[9]．この象徴的表現を非常に早くから有していたメダル，いわゆる1577年の「永久勅令（Ewige Edikt）」を見ておこう（画像5）．

この「永久勅令」の中に，スペイン王によって新たに命じられた *Don Juan de Austria* が確認できる．彼は，*Kaiser Karls V* とレーゲンスブルクの *Barbara Blomberg* の婚外子であるが，1576年にラント平和のためにオランダの地方間

---

8) G. Weber/M. Zimmermann, Propaganda, Selbstdarstellung und Repräsentation, in: dies. (Hrsg.), Propaganda – Selbstdarstellung - Repräsentation im römischen Kaiserreich des 1. Jahrhunderts nach Chr., 2003, S. 11 ff., B. Levick, Propaganda and the Imperial Coinage, in: Antichthon 16 (1982), S. 102 ff.

9) 詳しくは C. L. Janson, The Birth of the Dutch Liberty, 1982.

364　第Ⅴ部　あらたな挑戦

画像5：*Jacques Jonghelinck*, 1577年の「永久勅令」メダル

で締結された「ヘントの和平」を承認した．メダルの表面は，軍隊の対立の終焉を期待していた[10]．裏面は，左手に大剣を持ち，右手にゴイセン帽子を持ったオランダが擬人化された「オランディア」が描かれている．このゴイセン帽子あるいは自由の帽子は，スペインに対する自由のための闘争を指揮する下級貴族とその市民の帽子である．自由の帽子の下には，すなわちこれに従属するものとして，王冠が置かれ，その下に融和のしるしとして握手した手と，地面にオランダのライオンが描かれている．

　まさにルネサンスにおける古代の継受ゆえに，広いツバのあるゴイセン帽子は，ローマのつばなし帽子を模範にして自由の帽子に，すなわち杖の先に置かれる帽子に変化した．1668年のアーヘンの和約メダルにそのように示されている（画像6）．そこには，右手に自由の帽子を載せた槍を持ち，左手をオランダのライオンが描かれた楯にあてがう，立った「オランディア」が描かれている．

---

10)　このメダルの詳細については，*C. L. Janson*, Dutch Liberty, S. 113 ff.

同時代的な観察者は，本の口絵の銅版画，版画，メダルに永久的に見ることができるこのゴイセン帽子あるいは自由の帽子を身に付けた「オランディア」を，何と結びつけて連想するのであろうか．まずスペインに対する，後に他の諸国に対する，オランダの自由のための闘争について，そして，特権の確保に関する諸身分（Stände）の研究について，同時に諸都市の自由あるいは諸身分の秩序における自由を想起する．加えて，自由の実現は，オランダの連邦秩序と結びつけることもできる．

画像6：1668年，アーヘンの和約メダル

3．イングランドにおける自由の象徴的表現の継受

自由の象徴的表現をさらに継受した国として，イギリスが挙げられる．その継受はまず，*Thomas Hobbes* の著作，すなわち1651年の「市民論（De Cive）」の英訳版の口絵として，図版を見ることができる（画像7）．頂点に「宗教（Religion）」が，またその下に「統治権（Dominion）」と広いつばの自由の帽子を伴った「自由（Liberty）」が，著作集の該当章に示されている．宗教が，統治権や自由の秩序に優先するのは，当時の国家哲学の定番であり，少なくとも銅版彫刻家 *Vaughan*

画像7：Vaughan, Thomas Hobbes『政府と社会に関する哲学的基礎』の口絵，1651年

366　第Ⅴ部　あらたな挑戦

画像8：*Wilhelm von Oranien* のトーベイ上陸とプロテスタントの保護を示したメダル

の視点からもそうであった．

　1688年以降，すなわち名誉革命の文脈の中で，英語で「Liberty Cap」と表記される自由の帽子は，象徴としてさらに広がった．オーストリアの総督となった *Wilhelm von Oranien* は，イギリスに上陸し，国王として戴冠された．その際に発行された印刷物とメダルは，ほとんどオランダを起源とするものだが[11]，そこではオランダにおける自由の象徴的表現は，*Wilhelm von Oranien* の支持者からみてイングランドにおいて自由が始まる時代を表すことに転用された．

　このように，*Wilhelm von Oranien* のトーベイ上陸（画像8）のメダルは，*Oranien* 公の家系を表したオレンジの木と，ここでは再びゴイセン帽子の広いつばを持った形をした自由の帽子を伴った「自由」を示している．裏面の文字

---

11)　1688年および1689年からのオランダを起源とする銀メダルについては，オランダのメダル制作者 *Jan Smeltzing* への指摘と共に，*E. Hawkins/A. W. Franks/H. A. Grueber,* Medallic Illustrations of the History of Great Britain and Ireland, Bd. 1, 1885, S. 644 f., 671, 672 f., 682 f., 701 f. und 703 f. を参照せよ．

は，カトリックの国王 *Jakob II* の誤解された専制政治の後に再構築されたプロテスタントの宗教の自由を表している．

1720 年以降，当時描かれたイギリスの風刺画において，「自由の帽子」を伴った「自由」は同時代的な象徴になった．それは，古くからのイギリスの憲法や，自由を脅かす国王の侵害，あるいは，専制的と考えられる政府の処分に対抗するものであった．古くからのイギリス人の自由の保障のための戦いであった．何百もの風刺画においてどのようにしてこれらすべてが描かれてきたかは，ここではさらに考察することはできない[12]．

4．イギリスからアメリカへ受け継がれる自由の象徴的表現

北アメリカにおける大英帝国の領域は，アメリカ独立までは，大英帝国の法および文化領域の一部であった．それゆえイギリスの図版は，とりわけイギリスおよびアメリカの自由に着目する限りで，北アメリカの植民地において広く拡張していた．独立戦争中，イギリスの自由の象徴的表現はまずはアメリカ合衆国によって受け継がれた．しかし，それは徐々に異なった意味を持つようになり，そこではもはや新たなアメリカの自由を具現していた[13]．一方で，最もポピュラーな表現法の1つは，イギリスの自由主義的な秩序が低迷し，アメリカは自由の新たなよりどころ（Hort）になっているようなものである．アメリカの新たな自由は，創設の神話の構成要素として，すなわちイギリスにおけるのと同じように，しかし新たな内容を持ったものとして，「自由の帽子」を伴った「自由」によって象徴化される．

---

12)　この点については，*D. George*, English Political Caricature. A Study of Opinion and Propaganda, 2 Bde, 1959; *D. Donald*, The Age of Caricature. Satirical Prints in the Reign of George III, 1996.

13)　以下については，*F. Zeiler*, Visuelle Rechtsverteidigung im Nordamerikakonflikt, in: Signa Iuris, Beiträge zur Rechtsikonographie, Rechtsarchäologie und rechtlichen Volkskunde, Bd. 13 (2014), S. 315 ff.

368 第Ⅴ部 あらたな挑戦

画像9：アメリカの勝利と苦痛を伴うブリタニア，1782年

　1782年に出された1つの絵においては，棒の上に自由の帽子を持った「勝利を収めるアメリカ」が，悲嘆に暮れた「ブリタニア」と対峙している（画像9）．背景にあるニューヨークの前に座る「アメリカ」は，下に書かれたテキストにもあるように，右手に平和の印としてのオリーブの枝を持っており，フランス，スペインおよびオランダの商船に挨拶をしている．ここでは，また他でもときおり見られるように，「自由」は，イギリスの積み荷についてアメリカの経済的発展に行き着く，貿易の自由あるいは航海の自由と結びつけられていた．この絵のメッセージは，明らかである．政治的自由および貿易の自由は，いまやアメリカ合衆国に根付き，そこで幸福の保証人となっている．それに対してイギリスは経済的には厳しい状況に置かれ，もはや最初に存在した自由の土地ではなかった．

第 14 章　自由の表現—欧米における政治文化の重要な基礎　369

画像 10： *Henry Gardiner*，イギリスの記念ハンカチーフ「アメリカ合衆国の統治者たち」，おそらく 1784 年

　この自由はいまや「アメリカ的」なものとなったことは，独立と広く訴えられたパリ条約を示した，おそらく 1784 年の大きなハンカチーフの草案に描かれている（画像 10）．その中央，シュロの葉の下に，新しいアメリカを象徴する羽根飾りを身に付けたインディアンの王女が悠然と座っている[14]．右には，

14）　18 世紀の 80 年代終わりから次第に，世界で，アメリカを体現するものとなっていた象徴である，「インディアンの王女」を放棄した．インディアンと仲違いしている新しい国民は，インディアン王女とかかわり合いになりたいとは思っておら

370 第Ⅴ部 あらたな挑戦

大将の制服を身に付けた *Washington* が，自由の帽子を伴った「自由」を表している．その左には，ローマ元老院の衣服を身に付けた *Benjamin Franklin* が描かれている．*Benjamin Franklin* の前には，悠然と座るインディアンの王女に諸国からの献上品を差し出す貿易の化身が座る．背景に上る太陽は，慣例通り新たな時代の始まりを表し，アメリカ国旗を付けた船は，活発な海外貿易を約束している．そしてこれは，かつての政治的な状況の，たしかにきわめて牧歌的なシーンである．

5．円環が閉じる

Franklin と *Dupré* に戻ろう．これで円環が閉じる．*Franklin* は，アメリカからフランスにもたらされた新たな共和主義的な自由の秩序を支える自由の象徴的表現のアイデアを持っている．そして，*Dupré* は，最初にヨーロッパ大陸で，「アメリカの自由」のメダルによって，自由の古い象徴の形式に新たな意味を与えた．アメリカの新たな自由は，フランス革命前のこの年に，自由の象徴的表現によって表現された．これはフランスでの政治的挿絵でも採用されたものである．このようにして，アメリカは，1789 年のフランス人権宣言においてだけでなく，重要な影響を与えたのである．象徴の伝播の歴史は，フランス革命の中心的な象徴の 1 つであるフランスの自由の帽子あるいはヤコブ帽子，また北アメリカの自由の象徴的表現が根源であることを示している [15]．

Ⅲ．自由の象徴的表現の行方

さて，「自由の帽子」あるいは「自由のフリジア帽子」，すなわちフランスに

ず，インディアンとの問題を自らの方法で解決した（*E. M. Fleming*, From Indian Princess to Greek Goddess. The American Image, in: Winterthur Portfolio, Bd. 3 (1967), S. 37 ff. 参照）．

15） *Y. Korshak*, The Liberty Cap as a Revolutionary Symbol in America and France, in: Smithonian Studies in American Art, Bd. 1, Nr. 2 (1987), S. 53.

第 14 章　自由の表現—欧米における政治文化の重要な基礎　371

画像 11：自由の帽子セント，1794 年　　画像 12：*Morgan* によるリバティ・ヘッドドル，1878 年

おける自由の帽子を伴った「自由の女神（Liberté）」の更なる道を追うことにしよう．

1．アメリカ合衆国において

アメリカ合衆国の国家表現および政治的挿絵において，「自由の帽子」を伴った「自由の女神（Liberty）」は，18 世紀の終わり以降，様々な形で現れた．まず貨幣に当てはまる．フィラデルフィアにおいて 1792 年に発行された国立の貨幣鋳造所を設立して以降，政府は貨幣の鋳造を決定した．しかし，どのようにしてこれを作るべきであろうか．新たな民主政体には，ぴったりの草案を提示することができる芸術家を欠いていた．そのため，*Jefferson* は，*Dupré* の「アメリカの自由」を 1794 年のセント硬貨に引き継がせた（画像 11）．

これに関して，いくつもの決定的な根拠があるだろう．*Franklin* は，すでに触れたように，*Jefferson* に対しても，*Dupré* によって作られた「アメリカの自由メダル」を送っていた．フランス革命期の卓越したメダル製作家で，当時貨幣彫刻工であった *Dupré* は，フランスの貨幣制度を牽引していた．そして，とりわけ，フランスにおいて公式の政治的な象徴的表現を確定したフランスの「碑文アカデミー（Academie des insciptions）」と，アメリカ合衆国との密接な関

第V部　あらたな挑戦

画像13：*Oudiné* によるケレス硬貨，1870 年　　画像14：*Dupré* によるセント硬貨，1797 年

係が成立していた．

　19 世紀全体を通じて，アメリカでは貨幣鋳造においてフランスの手本から離脱することはできなかった．それゆえ，たとえば 1878 年には，前もってイギリスからアメリカの貨幣鋳造所へ呼び出されていた *George Morgan* は，新しいリバティ・ヘッド（自由の女神の横顔）ドルをデザインした（画像12）．

　この新しく作られたリバティ・ヘッドドルは，明らかに，その頭がフランス共和国を体現する *Oudiné* による 5 フラン硬貨（画像13）を模したものであった．この横顔は，ほぼ同一である．*Oudiné* は，ケレス神の頭を硬貨にデザインし，農耕と豊作の女神のシンボルとして穂で装飾した．*Morgan* の「リバティ・ヘッド」においては，上の縁に 2 つの穂を見ることができるが，これは自由の女神の象徴的表現ではなく，剽窃デザインといってよい．さらに，*Dupré* は，*Oudiné* を経由して現存する形となった．すなわち，横顔の伝統的な表現は，明らかに 1797 年の *Dupré* によるセント硬貨によっているといえる（画像14）．

　昔から今に至るまで，アメリカのマスメディア論は国家の形成力が欠如していることを見落としてきた．「フィラデルフィア日曜共和国」においては，新

画像 15：*Dupré*，Ecu constitutionnel（憲法ターレル硬貨），1791 年

たな自由の女神ドルについて次のように書かれている．すなわち「自由の女神の頭は，合衆国においてこれまでで最も良いデザインでかつ最も美しいフィラデルフィアの女性をモデルにして作られており，彼女は私たちの公立学校の教師である[16]」．これは何ら躊躇なく，また疑いも持たれず今日まで広まっている．アメリカの流通貨幣は，20 世紀までたしかにフランスの芸術家によって作られたものではないが，フランス芸術および政治文化の影響の下にあるとは言及されていない．しかしその実，正反対である．すなわち，外国のペンをあしらったこの装飾に関する作り話があり，それは愛国心を強くかき立て，間違いなくこの目的を狙っているのである．

2．フランス革命において

フランスにそのままとどまり，フランス革命における自由，"Liberté" の象徴的表現およびそれと共に自由の帽子（「自由のボンネット帽」）に目を向けてみよう．両者とも，1789 年から 1799 年の間のフランス革命全期間で最も頻繁に用いられ，かつ，同時に至るところで見られる政治的象徴であった．ゆうに 1,000 を超えるこの肖像学的表現については多く語られてきた．ここではいく

---

16)　*C. Vermeule*, Numismatic Art in America, 1971, S. 75. から引用．

374　第V部　あらたな挑戦

画像16：第1次フランス共和制国璽，1792年

つかの例を取り上げれば足りるだろう．

　立憲君主制，すなわちフランス革命最初期の貨幣においては，自由の帽子は，憲法の自由主義的性格を表していた．この新たな貨幣制度のデザインは *Dupré* に由来する．

　憲法ターレル硬貨（Ecu constitutionnel, 画像15）の表面には，フランス人の国王，すなわち立憲君主たるルイ14世が描かれており，それ以前のようにフランス国家の国王としては描かれていない．その裏面は，「王の統治（règne de la loi）」，すなわちフランス革命の中心的な思想の一つである，民主的に制定された法律の統治について書かれている．このモットーの下で，時代精神あるいはフランス革命を象徴する守護神が，「理性の王笏[17]」を携えて板に憲法を書き込んでいる．ガリアの雄鶏はフランス国家を体現しており，ファスケスの上にある自由の帽子は新たな憲法の自由主義を表している．このデザインは，憲法の自由主義の硬貨について広くすべての国民に行き渡らせるために，フランス国民会議によって発注され，選択された．

　立憲君主制が失敗した後，「自由の女神」は自由の帽子を身に付け，共和主義的憲法を象徴した．その例が，1792年の第1次フランス共和制の国璽に見られる（画像16）．古代の衣装を身にまとい佇む「自由の女神」は，自由主義的秩序のための闘いが成功裏に終わることを予言している．同時に，自由は共和国においてのみ実現されうるのだということが示されている．

---

17)　この硬貨を採用した，1971年4月9日のフランス国民会議のデクレは，「理性の王笏」の象徴的表現によって，理性法の新たな形を通じて，歴史的あるいは神権主義的に正統化された政治的秩序の解消を目指していた．

第 14 章　自由の表現—欧米における政治文化の重要な基礎　375

　共和国の象徴は，ここで自由の象徴的表現と融合している．自由は共和国を意味し，反対に共和国は自由を意味した．

　フランス革命が過激化した時期には，ジャコバン派が赤い自由の帽子をその党の証として選んでいた．1793 年 9 月 21 日の憲法委員会によって，自由と市民精神の象徴として赤いジャコバン帽子の着用が決定された．ロベスピエールとジャコバン派の失脚の後，赤いジャコバン帽子は，テロとそれによる誤った政治的展開を象徴することとなる．いまなおジャコバン帽子を被るものは，日常的に攻撃されうる危険を冒すこととなった．

　フランス革命における自由の女神の象徴的表現は，同時に自由の特定のコンセプトとなったわけではなかった．それは単にアンシャン・レジームの専制的な秩序に対する区切りを表したものにすぎない．憲法と法秩序による自由がどのように具体的な形でより詳細に形成されるべきかは，自由の象徴的表現において主題にされることはなかった．これは政治的な象徴的表現の一般的な特徴の一つである．象徴的表現は常に政治的な根本決定や政治の大綱的方針を象徴するにすぎず，自由主義的秩序の具体的な内容形成までは表していない．このような方法によってのみ，政治的な象徴的表現は，様々な政治体制を超えて，意味を創成するように作用しうる．

3．共和国のための闘争

　共和国は，ブルジョワ・リベラルであるべきか，あるいは，草の根民主主義的に平等志向で社会主義的であるべきかという問いは，フランスでは，1848 年・1849 年革命に関する政治的大論争や，1870 年・1871 年の破滅的な戦争の後の時期に属する．共和主義のどちらの陣営も，それぞれの主張の正統性のために自由の象徴的表現を持ち出し，このことは数多くの風刺画で表現された．その主題はさらに政治権力の正統化でもあった．「赤い母の悪夢」と題された絵（画像 17）には，市民的かつ穏健な共和主義の支持者が，政治的な敵を暴力的に

376　第 V 部　あらたな挑戦

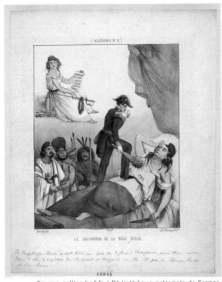

画像 17：*Patrioty*，赤い母の悪夢，1849 年

制圧することを正統化しようとしている．

　左上に，緑色の自由の帽子を被り，右手に月桂冠が掛かった剣を持ち，喜びに満ちたポーズをした市民的共和国を確認できる．左手には 1848 年の共和国碑と「自由，力，正義」の原理が書かれた銘板を持っている．これが，赤いジャコバン帽子を身に付け，赤い毛布によって下半身が包まれ，血の付いたナイフを握りしめ，ベッドに横たわった「赤い母」の悪夢である．彼女の上着には，ジャコバン派による殺害テロの年である「1793 年」と書かれている．彼女の上には，悪夢として，将軍であり政治家である *Eugène Cavaignac* が立っている．彼は，国民会議の使命を受け，1848 年 6 月の急進的共和主義者の蜂起で，血祭りに上げて何千もの死者を出した．釘付きの棍棒を握りしめ，社会主義的共和国が眠りから覚めないように憂慮している．絵の全体を見ると，左側は，野蛮人としておとしめられた社会主義的共和国支持者である，左派理論家の *Lagrange, Proudhon, Leroux* が確かめられる．このようにして見る者に対して，社会主義は野蛮人に導くということを示した．これは，かつて好まれた非難の方法であった[18]．

---

18)　絵画による政治的ジャーナリズムにおいて描かれた，当時繁栄した社会主義的共和国に対抗的な未来像については，*R. Rütten*, Republik im Exil. Frankreich 1848 bis 1851: M. Cécile Goldschmid im Kampf um eine „République universelle démocratique et sociale", 2012, S. 47 ff., 177 ff.; *R. Reichard*, „Les formes acerbes". Zum Bilder-

第14章　自由の表現―欧米における政治文化の重要な基礎　377

　独仏戦争の後，フランスにおいて，穏健市民的共和国が実現した．自由の女
神の象徴的表現は，いまやフランス共和国を表しており，女神像，すなわちフ
ランスとフランス国の自由主義を体現したマリアンヌの象徴的表現に行き着く
のである．フランスの共同の記憶のうちにある「自由」，共和国と「マリアンヌ」
の融合は，フランス国の創設神話の核心であり，その共和主義的アイデンティ
ティを表している [19]．

4．ドイツはどこにいるだろうか

　自由と共和国の象徴的表現に関する伝統の流れについて概観したところで，
次の疑問が生まれる．ドイツにおいても憲法および自由の象徴的表現の特別な
形式は存在したのだろうか．たしかに，バイエルン，ヴュルテンベルクその他
の国における憲法制定とその運用は，硬貨，メダルおよび記念碑の装飾におい
て，あるひとつのみごとな憲法の象徴的表現に見ることができる [20]．しかし，
真に独自の自由の象徴的表現が発展したわけではない．このことは，ドイツが，
カントの政治哲学の伝統の中で，法治国家による拘束と国家の司法による統制
よりも，そしてさらに二次的には民主主義的自由の実現よりも優先的に立憲国
家へと続く自らの道を探していたことからも分かる [21]．たしかに，ドイツでは，

---

　　kampf um republikanische Gewalt in Frankreich, in: *F. Becker* (Hrsg.), Politische Ge-
　　walt in der Moderne, 2003, S. 26 f. を参照.

19)　*M. Agulhon*, Marianne au combat, 1979, S. 27 ff.; *ders.*, Marianne au pouvoir, 1989,
　　S. 62 ff., 341 ff.; *ders.*, Von der Republik zum Vaterland, in: *M.-L. von Plessen* (Hrsg.),
　　Marianne und Germania 1789–1889, 1996, S. 17, 19.

20)　これについては，*Th. Würtenberger*, Die Verfassung als Gegenstand politischer
　　Symbolik im ausgehenden 18. und beginnenden 19. Jahrhundert, in: *J. Becker/R. M.
　　Hilty/J.-F. Stöckli/Th. Würtenberger* (Hrsg.), Recht im Wandel seines sozialen und
　　technologischen Umfeldes, Festschrift für Manfred Rehbinder, 2002, S. 617 ff. (SV.
　　209).

21)　*Th. Würtenberger*, Konvergenzen oder Dominanz nationale Rechtstraditionen in
　　Deutschland und Frankreich?, in: Frankreich-Jahrbuch 2001, S. 151 ff. (SV. 201)　参
　　照.

378　第Ⅴ部　あらたな挑戦

すでに古くからフランス革命における自由の象徴的表現や，フランスのその後の政治的論争におけるその役割について啓蒙する政治ジャーナリズムは存在した．しかし，まず 1848 年および 1849 年に，ドイツの革命挿絵は，ときおり，フランスの模範に倣った自由の帽子を伴った「自由の女神」を受け継いだのである [22]．

　無知なドイツ人 [23] (der deutschen Michel) という表現がよく好んで用いられた．これは，ドイツの国としての人格化であり，被っているナイトキャップは，ドイツ人を長い間，愚かで，時代遅れで，無教養で，臆病で偏狭固陋な者として，また，批判能力を持たない者として表現したものである．これは，ごく最近の「怒れる国民（Wutbürger）」にも当てはまる．「どうして無知なドイツ人が憤怒したか」という表現は，*Gustav Süß* の風刺画リトグラフが示している（**画像18**）．

　無知なドイツ人が，検閲の口輪から解放されており，いまやナイトキャップの代わりに自由の帽子を身に付けている．装備をした群衆の先頭で，無知なドイツ人は，要求する意思表示を見せて古い体制を駆逐している．不屈の王政復古政策支持者の *Fürst Metternich* は，すでにすぐにその場を離れている．ピッケルヘルメットを身に付け，シャンパンの瓶を持ったプロイセン王 *Friedrich Wilhelm IV* は，まだ立ち止まっている．軍隊の干渉とベルリンでの流血の市街戦をほのめかして，*Eichhorn* 首相を示すリス（Eichhörnchen）を，手綱を付けて砲身に座らせている．後ろには，バイエルン王の側室である *Lola Montez* は，王と親密な抱擁をしながら漂っており，全体として王権の退廃を示している．

---

22)　以下については，*Th. Würtenberger*, Die Verfassungssymbolik der Revolution von 1848/49 im deutsch-französischen Vergleich, in: Intellektuelle Redlichkeit, Festschrift für J. Jurt, 2005, S. 627 ff. (SV. 233).

23)　*B. Grote*, Der deutsche Michel, 1967, S. 38 ff.; *T. Szarota*, Der deutsche Michel, 1998, S. 73 ff.

第 14 章 自由の表現—欧米における政治文化の重要な基礎　379

画像 18：*Gustav Süß*，どのように無知なドイツ人が憤怒したか，1848 年

　ドイツにおける自由への運動は，確かに短い期間しか続かず，このことは世間知らずに関するカリカチュアの複数のバリエーションで示されていた．短期間での成功にもかかわらず，無知なドイツ人は，政治的な愚鈍さの古い道に固執している．「1848 年における無知な者と帽子」（画像 19）のモットーの下で，構造的に保守的な法的・政治的意識がドイツでも論じられている．

　描かれた男は，1848 年春には，憤慨した顔で，花形記章の付いた自由の帽子を身に付けており，1848 年夏には非常に穏便な自由の帽子のみになっている．さらに，1848 年冬には，さらにナイトキャップに変わってしまっている．

　ドイツの 1848・49 年の政治的挿絵には，革命的な事件を取り上げているが，それ自体は革命の要求に深入りすることはないということが注意を引く．さら

380　第Ⅴ部　あらたな挑戦

画像19：1848年における無知な者と帽子，1848年

にいえば，ドイツ特有の自由の象徴的表現が独自に発展したことはないのである．自由の象徴的表現の紆余曲折は，ドイツを通過しなかったし，ドイツへも通じていなかったのである．いくつかの例外は別として，自由の帽子を身に付けた「ゲルマニア」や他の自由の象徴的表現は存在せず，またありえなかったのである．

Ⅳ．自由と憲法の象徴的表現の歴史を認識することの価値

　個人の政治的自由は，幾千もの表現に該当する象徴的表現によって仲介されて[24]，西洋の政治的文化の西洋における構成要素の1つであった．政治的象徴による自由の表現に関する200年を駆け足で見てきたが，これによって古代からの，とりわけ政治的変革の時期における西洋世界の発展が，いかにして繰り

24）「大英博物館」，パリの「国立図書館」，アムステルダムの「国立美術館」の所蔵品および他の数多くの所蔵品についてはデジタル化されており，利用しやすくなっている．

第 14 章　自由の表現─欧米における政治文化の重要な基礎　381

返し自由の理念によって示されてきたかが分かる．ローマのつばのない帽子の象徴的表現に始まる伝統は，オランダのルネサンスの時代や，そこからイギリスへの 17 世紀終わり，さらにそこから 19 世紀にヨーロッパ大陸に自由の象徴的表現について型を作った 18 世紀半ばのアメリカとフランス革命に繋がっていく[25]．

　政治的理念や憲法に関する標準を指向する歴史とは明らかに異なって，自由と憲法の象徴的表現の歴史にとっては，政治と文化の日常世界の意識に刻印する力が重要である．市民の，すなわち下からの視点から，どのような自由の理念が政治的な象徴的表現について市民に認識されてきたか，そして市民に受け入れられあるいは批判されてきたかが評価されるのである．象徴の研究におけるこのような新しい社会心理的な歴史的萌芽は，理念史および憲法史的研究に資する．それによって，中心となる憲法原理あるいは政治的理念が国民に認識され，政治活動の基礎になりうるかどうか，そしてそれはどのような方向で，どのような範囲であるかということが裏付けられるのである．

　政治的な象徴の歴史は，さらに精神史にも寄与しうる．これまで看過されてきた理解の源泉は，発展する立憲国家の精神的諸条件の再構築に用いられる．このような諸条件が世紀を超えてメディアと公共空間に遍在することで，自由と憲法の象徴は，国家と市民あるいは市民同士の統一に向けた政治的コミュニケーションにおいて重要な要素となった．この象徴は，そこで現実の社会構築に貢献した．自由と憲法の象徴は（18 世紀終わりから立憲国家の）政治的理念，価値および法原理を直感的に把握できる形で作り出した．それは，だれも取り除くことができない共同意識あるいは時代精神を体現している[26]．

---

25)　さらに，19 世紀の初めに中南部アメリカ諸国における独立運動以来，自由と憲法の象徴的表現は用いられてきた．

26)　時代精神の憲法および法を形成する力については，*Th. Würtenberger*, Zeitgeist und Recht, 2. Aufl. 1991 (SV. 3).

18 世紀終わりから，自由と憲法の象徴は，新たに生まれていた市民の公共性にとって重要な要素のひとつになっていった．生成する立憲国家の構造について論拠を示しながら議論することは，少数精鋭にのみ許されていた．多くの大衆は，立憲国家の価値を，ただ象徴という形でのみ，すなわち直感と感情に訴える形でのみ理解することができたのである．19 世紀半ばまで国民の半数以上は，もちろん相当に地域の差を伴うが，読み書きができなかった．

自由と憲法の象徴を全体的に認知して用いることは，何が象徴の形として仲介されるかについて疑いなく正確となる．それは，国家と法について利用できない根拠を意識させ，それによって受容と正統性をもたらす．危機の時代には，なるほど古い政治的価値と，新たな支配の正統性に繋がる新しい政治的価値との間での闘争という事態が生じる．自由の象徴的表現についての古い形式と新しい形式の間の闘争には至らないということは見てきたとおりである．この時間軸ではむしろ，受け継がれてきた形式はそのままであるが，繰り返し新しい内容で満たされた象徴が問題となるのである．これは古代ローマから 20 世紀に至るまで，あらゆる受容過程にあてはまる．西洋世界において，この象徴的表現は，明らかに，政治システムの交代を超えて，何が自由であるか，また，何が自由であるべきかの観念と結び付いている文化的原型に属する．フランスの「アナール」派と共に，「思考枠組（cadres mentaux）」，すなわち人間の思考の枠組，あるいは，より詳細にいえば，「長期間の牢獄」，すなわち人間の観念世界の長期の囚われの身について語られているのである．

第 14 章　自由の表現―欧米における政治文化の重要な基礎　383

解　題

　本論文（未公刊）は，貨幣やメダル，政治的な挿絵やカリカチュアなどに刻まれたり描かれたりした自由や憲法の象徴的表現を分析するものである．それによって，そこにどのように自由の理念が描かれ，それがどのように西洋において継受されてきたかを考察する．

　「アメリカの自由」と題されたメダルがある．これは，アメリカの祖国の父の一人である *Benjamin Franklin* が，パリのメダル鋳造家であった *Augustin Dupré* に依頼したものである．そこに刻まれているのは，独立期におけるアメリカの自由を象徴する女神の横顔と自由の帽子である．自由の帽子は古代ローマの硬貨にまで遡って見られる象徴的表現である．*Brutus* らによる *Cäsar* 暗殺後に，政治意識を醸成するために鋳造された貨幣にも自由の帽子は刻まれていた．

　その後，ルネッサンス期オランダの「永久勅令」メダルにも，スペインの支配に対する自由のための闘争を象徴するものとして自由の帽子はみられる．イングランドにおける名誉革命を象徴する *Thomas Hobbes* 『市民論（De Cive）』の挿絵にも，また，アメリカの独立を経て，フランス革命においても用いられていることが明らかとなる．アメリカの独立とフランス革命においては，多くのメダルに自由の女神の横顔が――これもまた自由の帽子を伴って――受け継がれながら刻印されている．

　このような流れの中，ドイツは別の道を辿る．「無知なドイツ人」という象徴的表現は，ドイツ人の政治的意識が保守的であることを示している．ドイツでは自由の象徴的表現が独自に発展することはなかったのである．

　自由の象徴的表現は古代から，政治体制が変革する時期に繰り返し活用されてきた．これが国民・市民にどのように受け入れられてきたかを知ることは理念史に大きく役立つ．また，象徴の歴史を知ることで，精神史にも寄与し，象徴が共同意識や時代精神を体現していることが理解できる．いくつもの挿絵やメダルの写真を用いた本論文は，その絵やメダルの詳細な解説でもあり，博物

館・美術館に入ったかのような楽しさを提供する．それと同時に，政治システムがどのように移り変わろうとも，西洋における自由の観念と結び付いた文化的原型に属することを指摘する自由の理念史を説く重要な論文でもある．

編訳者あとがき

(1) トーマス・ヴュルテンベルガー (*Thomas Würtenberger*) は, 1943 年 1 月 27 日エアランゲンに生まれた. 父は同名の刑法学・犯罪学者 (1907-1989 年). フライブルク市内のベートーベン通りの住宅街にある小さな美術館のような彼の私邸は父の旧居である.

1962 年から 66 年まで彼はジュネーブ, ベルリン, フライブルクの各大学で法律学を学修し, 1966 年から 69 年に国家試験に合格, 1970/71 年にはパリ行政大学校の給費生 (Stipendiat an der École nationale d' administration) であった. 1971 年フライブルク大学において „Die Legitimität staatlicher Herrschaft" (1973 年に公刊) によって博士号を取得した. 1972 年から 78 年までエアランゲン大学において法哲学・一般国家学研究所 (R. Zippelius 研究室) の研究助手を務めた. 1977 年, 国家法, 行政法, 憲法史及び行政学の教授資格論文 „Staatsrechtliche Probleme politischer Planung" をフライブルク大学の *Konrad Hesse* に提出した. 1979 年アウグスブルク大学の公法担当の教授に採用され, 1981 年にはトリアー大学の公法, 行政学, 国家哲学及び憲法史担当の教授に転じた. 1988 年以来, 彼は *Hesse* の後任としてフライブルク大学法学部の国家法・行政法研究室を受継ぎ, 2010 年退官した. 同年よりフライブルク大学・大学法研究所の教授を務めている.

そのほか, パリ第一大学 (ソルボンヌ), ストラスブール, ローザンヌ, そしてイスタンブールの各大学において客員教授として教鞭をとっている.

そして, 2006 年から 9 年までは, ストラスブール大学ヨーロッパ博士教育機関 (Collège doctoral Européen de l' Université de Strasbourg) の学術顧問の長を務めた. 2009/2010 年にはフライブルク大学国際共同研究所 (Freiburg Institute for Advanced Studies) のシニアフェローであった. フライブルク大学の安全と社会センターの設立メンバーの一人. 1998 年から 2012 年までは, フライブルク大学学長の法律顧問を務め, 1994 年から 97 年まではフランスセンターの理

事の職にあった．2002年にはマインツの科学・文学アカデミーの通信会員に選ばれた[1]．

(2) 巻末の著作一覧でも明らかなように，彼の研究領域は，①国家法・行政法，とりわけ，手続法，訴訟法そして治安関連法，②比較憲法，③近代憲法史，④大学法，⑤自由と憲法の象徴学，そして⑥国家哲学，とりわけ，国家と法の正統化論と社会心理学的基礎等，広範かつ多岐にわたる．その中でも，博士請求論文にみられるように，⑥の分野が彼のライフワークであることは明らかである．

本書はその膨大な著作のうち，国家と憲法の正統性に関する14本の論文を著者自らが選択し，これを *Würtenberger* 先生ゆかりの研究者14名が翻訳し解題を付したものである．

(3) 2013年には，彼の70歳の誕生日を祝って大部（1300頁）の祝賀論文集[2]が編まれているが，この論文集の著者たち（70名）の顔ぶれは，彼の交流範囲の広さを表している．また，*Würtenberger* 先生は日本とも密接な関係を保っている．「著者まえがき」にも登場する，ドイツ憲法判例研究会（Forschungsgruppe für deutschen Verfassungsrecht - FdV）は，1992年に栗城壽夫上智大学名誉教授と戸波江二早稲田大学教授の二人を代表として，ドイツ公法の研究者によって設立され，それ以後今日まで，ほぼ1か月に1度の割合で研究会を開催し，主に最新の連邦憲法裁判所の判例の分析，検討を行っている[3]．現在の代表は，鈴木秀美慶應義塾大学教授が務めている．*Würtenberger* 先生とドイツ憲法判例研究会との交流は大変密であり，会とフライブルク大学教授団との数多くのシン

---

1) ヴュルテンベルガーの経歴については，550 Jahre Albert-Ludwigs-Universität Freiburg Bd. 5, Institute und Seminare, 2007, S. 81 ff., Vorwort, in: *D. Heckmann, R.P. Schenke, G. Sydow* (Hrsg.), Verfassungsstaatlichkeit im Wandel. Festschrift für Thomas Würtenberger zum 70. Geburtstag, Duncker & Humblot, Berlin 2013, V ff., フライブルク大学・大学法研究所の HP（http://www.jura.uni-freiburg.de/institute/hochschulrecht/personen/wuertenberger）参照．

2) *Heckmann,* vsw. (Fn. 1).

3) ドイツ憲法判例研究会の活動については，研究会の HP（http://fdv-japan.blogspot.jp/）参照．

ポジウムでは *R. Wahl* 教授とともに常にその中心で活動された.

(4) 本書は,「著者まえがき」にあるように編訳者が,2012 年 4 月から 1 年間,研究滞在したフライブルク大学において受け入れ教授となっていただいたことから, *Würtenberger* 先生の研究室に足繁く通いお話しを伺う中で私が提案したものである. 掲載論文は先生ご自身が選択された.

帰国後, この企画を, 今回翻訳を担当していただいた *Würtenberger* 先生ゆかりの諸先生にお話ししたところ, いずれも快諾を得た.

なお, 訳語であるが, 統一が必要であると思われるキーワードにあたる言葉については極力統一することにした. その他については全体の不統一と誤解を招かない範囲で各訳者の自主性を尊重した.

(5) この翻訳集の編集にあたっては, 中央大学大学院法学研究科博士課程前期課程の大西哲生さん, 浦谷史子さん, そして後期課程の松村好恵さん, 菅野仁紀さん, 斉藤拓実さん, 吉岡万季さんに大変お世話になった.

また, 翻訳担当者でもある青森中央学院大学経営法学部の太田航平講師と新潟大学法学部の土屋武准教授には, 編集の面でもご協力いただき全般にわたって貴重な助言をいただいた.

本書が日本比較法研究所翻訳叢書の一つとして出版されるにあたっては日本比較法研究所の伊藤壽英所長はじめ所員と職員の皆様には企画の段階から公刊に至るまで多大のご尽力をいただいた. また, 中央大学出版部の小松智恵子さんにはさまざまな難問を編集のプロとしての見識と矜持をもって処理していただいた.

著作一覧　389

著作一覧（Schriftenverzeichnis）

＊アンダーラインは本書において訳出されているもの
＊本書脚注で *Würtenberger* の著作を参照しているときは，文献番号を (SV. ●) と記した。

A. Selbständige Schriften（著書）
1. Monographien（単著）
1. Die Legitimität staatlicher Herrschaft. Eine staatsrechtlich-politische Begriffsgeschichte. Schriften zur Verfassungsgeschichte. Band 20. Duncker & Humblot, Berlin 1973, 329 S.
2. Staatsrechtliche Probleme politischer Planung. Schriften zum Öffentlichen Recht, Band 360. Duncker & Humblot, Berlin 1979, 445 S.
3. Zeitgeist und Recht. J. C. B. Mohr, Tübingen 1987, 232 S. – 2. Aufl. J.C.B. Mohr, Tübingen, 1991, 244 S.
4. Die Akzeptanz von Verwaltungsentscheidungen, Nomos, Baden-Baden, 1996, 182 S.

2. Lehrbücher（教科書）
5. Probleme der VwGO.Rengaw-Sammlung, Ergänzungsreihe zu den Juristischen Arbeitsblättern. J. Schweitzer-Verlag, Berlin 1971, 112 S. – Zweite erweiterte Auflage. J. Schweitzer-Verlag, Berlin 1976, 178 S.
6. Polizei- und Ordnungsrecht. Rengaw-Sammlung. Ergänzungsreihe zu den Juristischen Arbeitsblättern. J. Schweitzer-Verlag, Berlin 1974, 132 S.
7. Verwaltungsgerichtsbarkeit. Prüfe Dein Wissen, Bd. 24, Beck, München 1990, 379 S. – 2. Aufl. 1995, 391 S.
8. Würtenberger/Heckmann/Riggert, Polizeirecht in Baden-Württemberg, C. F. Müller, Karlsruhe 1993, 308 S. – 2. Aufl. 1994, 333 S. – 3. Aufl.1997, 343 S. – 4. Aufl. 1999, 360 S. – 5. Aufl. 2002, 433 S.
9. Verwaltungsprozessrecht, Beck, München 1998, 377 S. – 2. Aufl., Beck, München, 2006, 309 S. – 3. Aufl., Beck, München, 2011, 362 S.
10. Achterberg/Püttner/Würtenberger (Hg.), Besonderes Verwaltungsrecht, Bd. I, C.F. Müller, Heidelberg, 2. Aufl. 2000, 1323 S.
11. Achterberg/Püttner/Würtenberger (Hg.), Besonderes Verwaltungsrecht, Bd. II, C.F. Müller, Heidelberg, 2. Aufl. 2000, 1186 S.
12. Zippelius/Würtenberger, Deutsches Staatsrecht, Beck, München, 31. Aufl. 2005, 563 S. – 32. Aufl. 2008, 658 S.
13. Würtenberger/Heckmann, Polizeirecht in Baden-Württemberg, C.F. Müller, Heidelberg, 6. Aufl. 2005, 458 S.
14. Verwaltungsprozessrecht. Prüfe dein Wissen, Bd. 24, Beck, München, 3. Aufl. 2008, 406 S.

3. Herausgeber/Mitherausgeber（編集）

15. Würtenberger (Hg.), Risikosportarten. Reihe Recht und Sport, Bd. 14, C.F. Müller, Karlsruhe 1991, 45 S.

16. Würtenberger/Hatanaka (Hg.), The Rule-of-Law State (Rechtsstaat) - a comparative aspect, Koyo, Kyoto, 1994, 277 S. (in japanischer Sprache).

17. Würtenberger (Hg.), Abhandlungen zur Rechtssoziologie von Manfred Rehbinder, Duncker & Humblot, Berlin 1995, 268 S.

18. Würtenberger/Otto (Hg.), Karl Engisch, Einführung in das juristische Denken, Kohlhammer, Stuttgart u.a., 9. Auflage 1997, 279 S.; Chinesische Übersetzung, Peking 2004, 286 S. (Übersetzer Prof. Dr. Zheng). – 10. Aufl. 2005, 282 S. – 11. Aufl. 2010, 356 S.

19. Guggenberger/Würtenberger (Hg.), Hüter der Verfassung oder Lenker der Politik? Das Bundesverfassungsgericht im Widerstreit, Nomos, Baden-Baden, 1998, 320 S.

20. Jurt /Krumeich/ Würtenberger (Hg.), Der Wandel von Rechtsbewußtsein und Recht in Frankreich und Deutschland, Berlin Verlag, Berlin, 1999, 268 S.

21. Gose/Würtenberger (Hg.), Zur Ideen- und Rezeptionsgeschichte des Preußischen Allgemeinen Landrechts, Frommann-Holzboog, Stuttgart, 1999, 184 S.

22. Morgos/Würtenberger (Hg.), Special Issue of the Ukrainian-European International and Comparative Law Journal: Regionalisation and Dezentralisation, Vol. 2, Number 2, Winter 2001, 226 S. – Ergänzte Neuauflage in ukrainischer Sprache, März 2005.

23. Würtenberger/Tscheulin/Usunier/Jeannerod/Davoine (Hg.), Wahrnehmungs- und Betätigungsformen des Vertrauens im deutsch-französischen Vergleich, Berlin Verlag Arno Spitz, 2002, 328 S.

24. Becker/Hilty/Stöckli/Würtenberger (Hg.), Recht im Wandel seines sozialen und technologischen Umfelds, Festschrift für M. Rehbinder, Verlage Beck und Stämpfli, 2002, 872 S.

25. Würtenberger (Hg.), Rechtsreform in Deutschland und Korea im Vergleich, Duncker & Humblot, Berlin, 2006, 253 S.

26. Gander/Perron/Poscher/Riescher/Würtenberger (Hg.), Resilienz in der offenen Gesellschaft, Nomos, Baden-Baden, 2012, 347 S.

27. Würtenberger/Gusy/Lange (Hg.), Innere Sicherheit im europäischen Vergleich, Sicherheitsdenken, Sicherheitskonzepte und Sicherheitsarchitektur im Wandel, LIT Verlag, Berlin 2012, 346 S.

B. Aufsätze, Kommentierungen, Lexikonartikel（論文，評釈，辞典）

28. Der Beitrag der Topik zur Rechtsfindung, in: MDR 1969, S. 626–631.

29. Methodik der Fallbearbeitung/Lösung eines Strafrechtsfalles („Der bedrängte Gerichtsvollzieher") in Zusammenarbeit mit Th. Würtenberger, in: JuS 1969, S. 129–135.

30. (mit Manfred Löwisch) Vertragsstrafe und Betriebsstrafe im Arbeitsrecht, in: JuS

著作一覧　391

1970, S. 261–267.

31. Zur Interpretation von Art. 4, 9 und 140 GG i.V.m. Art. 137 WRV, in: ZevKR 1973, S. 67–79.

32. Methodik der Fallbearbeitung/Lösung eines Verwaltungsrechtsfalles („Die Giftmüllfässer"), in: JuS 1974, S. 320–325.

33. Planung und Realisierung von Grundrechten, Bern 1976 (als Manuskript gedruckt / 29 Seiten).

34. Artikel „Legitimität", in: Handwörterbuch zur Deutschen Rechtsgeschichte, hrsg. von A. Erler und E. Kaufmann, Sp. 1681–1686.

35. Bürokratie und politische Führung, in: Th. Leuenberger und K.-H. Ruffmann (Hg.), Bürokratie - Motor oder Bremse der Entwicklung? Bern u.a. 1977, S. 99–116.

36. Artikel „Hermann Kantorowicz", in: Neue Deutsche Biographie Bd. 11 (1977), S. 127–128.

37. Verwaltungsführung im demokratischen Staat, in: BayVBl. 1978, S. 565–571.

38. Der öffentliche Dienst im Staat der Gegenwart, in: VOP 1979, S. 48–49.

39. Kommentierung von Art. 45 c GG, in: Bonner Kommentar, 40. Lieferung　(Juni 1979), 73 S.

40. Neubearbeitung bzw. Überarbeitung der zehn kommunalrechtlichen Artikel für die 2. Aufl. von „Der moderne Staat", hrsg. von den Fachredaktionen des Bibliographischen Instituts, bearbeitet von R. Bartlsperger u.a., Meyers Lexikonverlag, 1979, S. 102–121.

41. Die Verbändeproblematik aus europarechtlicher und integrationstheoretischer Sicht, in: K. M. Meessen (Hg.), Verbände und europäische Integration (1980), S. 29–43.

42. Artikel „Gewaltenteilung", in: Evangelisches Soziallexikon, 7. Aufl. 1980, Sp. 523–525.

43. Artikel „Legitimation, Legitimität", in: Evangelisches Soziallexikon, 7. Aufl. 1980, Sp. 814–816.

44. Artikel „Widerstandsrecht, Widerstandspflicht" (I, II, IV), in: Evangelisches Soziallexikon, 7. Aufl. 1980, Sp. 1440, 1441, 1444 und 1446.

45. Urteilsanmerkung zu einem Normenkontrollbeschluß des BayVGH, BayVBl. 1980, S. 662–663.

46. Die Normenerlaßklage als funktionsgerechte Fortbildung verwaltungsprozessualen Rechtsschutzes, in: AöR 1980, S. 370–399.

47. Die staatsrechtlichen Probleme politischer Planung im Wandel der letzten zehn Jahre, in: Planen wie bisher? - Veröffentlichungen des Seminars für Planungswesen der TU Braunschweig, 1980, S. 1–18.

48. Methodik der Fallbearbeitung/Lösung eines Verwaltungsrechtsfalles („Der abgeschleppte Pkw") - unter Mitwirkung von H. Görs, in: JuS 1981, S. 596–603.

49. Zukunftsperspektiven öffentlicher Planung, in: Die Fortbildung 1981, S. 42–47.

50. Für den jungen Juristen: Juristische Zwischenprüfung 1979, Aufgabe 8, in: BayVBl. 1981, S. 285, 317–320, 347–349.

51. Artikel „Legitimität, Legalität", in: Geschichtliche Grundbegriffe, Bd. 3, hrsg. von O. Brunner u.a., 1982, S. 677–740.

52. Der Rechtsschutz von Gemeinden gegen Energiefreileitungen, in: BayVBl. 1982, S. 673–679.

53. „Hermann Kantorowicz", in: Badische Biographien, Neue Folge, Band I (1982), S. 184–195.

54. Zurückbehaltungsrechte und Schadensersatzansprüche beim Abschleppen verbotswidrig parkender Kraftfahrzeuge, in: Deutsches Autorecht 1983, S. 155–161.

55. Erstattung von Polizeikosten, in: NVwZ 1983, S. 192–199.

56. Artikel „Hausrecht", in: Ergänzbares Lexikon des Rechts, 9/920, 1983, 10 S.

57. Zurückbehaltungsrechte und Schadensersatzansprüche beim Abschleppen verbotswidrig parkender Kraftfahrzeuge, in: Deutsche Akademie für Verkehrswissenschaft (Hg.), 21. Deutscher Verkehrsgerichtstag 1983, S. 291–306.

58. Artikel „Verwaltungsvollstreckung", in: Ergänzbares Lexikon des Rechts, 9/2020, 1984, 5 S.

59. Artikel „Vollstreckungsbehörden", in: Ergänzbares Lexikon des Rechts, 9/2070, 1984, 3 S.

60. Artikel „Verwaltungszwangsverfahren (mit Zwangsmitteln)", in: Ergänzbares Lexikon des Rechts, 9/2050, 1984, 16 S.

61. Artikel „Beitreibungsverfahren", in: Ergänzbares Lexikon des Rechts, 9/420, 1984, 7 S.

62. Artikel „Verwaltungsstrafe (Ordnungsmaßnahmen)", in: Ergänzbares Lexikon des Rechts, 9/1980, 1984, 9 S.

63. Legitimität und Gesetz, in: Freiheit und Verantwortung im Verfassungsstaat. Festgabe zum 10-jährigen Jubiläum der Gesellschaft für Rechtspolitik, hrsg. von B. Rüthers und K. Stern, 1984, S. 533–550.

64. Artikel „Pluralismus", in: Ergänzbares Lexikon des Rechts, 5/550, 1985, 5 S.

65. Artikel „Staatszielbestimmungen, Verfassungsaufträge", in: Ergänzbares Lexikon des Rechts, 5/720, 1985, 8 S.

66. Energieversorgung und gemeindliche Entwicklungsplanung, in: Wirtschaft und Verwaltung, 1985, S. 188–210.

67. Recht und Legitimation im modernen Staat, in: Politik und Kultur, 1985, S. 51–67.

68. Die politischen Theorien, in: J. Ziechmann (Hg.), Panorama der fridericianischen Zeit, 1985, S. 39–52.

69. Die Planung im kameralistischen Staat, in: J. Ziechmann (Hg.), Panorama der fridericianischen Zeit, 1985, S. 455–459.

70. Die Medaillen, in: J. Ziechmann (Hg.), Panorama der fridericianischen Zeit, 1985, S. 317–318.

71. Artikel „Legitimation und Legitimität", in: Ergänzbares Lexikon des Rechts, 2/310,

1985, 5 S.

72. Artikel „Legalität und Moralität", in: Ergänzbares Lexikon des Rechts, 2/300, 1985, 3 S.

73. Die Zeitgebühr, in: Verwaltungsblätter für Baden-Württemberg, 1986, S. 41–45 (zusammen mit U. Rommelfanger).

74. Legitimationsmuster von Herrschaft im Laufe der Geschichte, in: JuS 1986, S. 344–349.

75. Religionsmündigkeit, in: Rechtsstaat. Kirche. Sinnverantwortung (Festschrift für Klaus Obermayer), 1986, S. 113–122.

76. Schwankungen und Wandlungen im Rechtsbewußtsein der Bevölkerung, in: NJW 1986, S. 2281–2287.

77. Legalität und Legitimität staatlicher Gewaltausübung, in: Polizei-Führungsakademie (Hg.), Polizei im demokratischen Verfassungsstaat – soziale Konflikte und Arbeitskampf, 1986, S. 47–64.

78. Akzeptanz von Recht und Rechtsfortbildung, in: Eisenmann/Rill (Hg.), Jurist und Staatsbewußtsein, 1987, S. 79–103.

79. Artikel „Legalität, Legitimität", in: Staatslexikon, hrsg. von der Görres-Gesellschaft, 7. Aufl., Bd. 3 (1987), Sp. 873–878.

80. Massenpetitionen als Ausdruck politischer Diskrepanzen zwischen Repräsentanten und Repräsentierten, in: Zeitschrift für Parlamentsfragen, 1987, S. 383–394.

81. Schwankungen und Wandlungen im Rechtsbewußtsein der Bevölkerung, in: R. Jakob/M. Rehbinder (Hg.), Beiträge zur Rechtspsychologie (1987), S. 197–214.

82. Gesetz, Rechtsbewußtsein und Schutz des ungeborenen Kindes, in: Schriftenreihe der Juristen-Vereinigung Lebensrecht, Nr. 5 (1988), S. 31–52.

83. Equality, in: U. Karpen (Hg.), The Constitution of the Federal Republic of Germany (1988), S. 67–90.

84. Artikel „Organ", in: Staatslexikon, hrsg. von der Görres-Gesellschaft, 7. Aufl., Bd. 4 (1988), Sp. 195–198.

85. Artikel „Autonomie", in: Ergänzbares Lexikon des Rechts, 2/40 (1988), S. 1–6.

86. An der Schwelle zum Verfassungsstaat, in: Aufklärung, Jahrgang 3, H. 2 (1988), S. 53–88.

87. Zur Legitimation der Staatsgewalt in der politischen Theorie des Johannes Althusius, in: Dahm/Krawietz/Wyduckel (Hg.), Politische Theorie des Johannes Althusius (1988), S. 557–576.

88. Konrad Hesse 70 Jahre alt, in: Freiburger Universitätsblätter H. 103 (März 1989), S. 12 f.

89. Wandlungen in den privaten und öffentlichen Verantwortungssphären, in: Jahrbuch für Rechtssoziologie und Rechtstheorie, Bd. 14 (1989), S. 308–323.

90. Zu den Wurzeln des Grundgesetzes: Verfassungsdiskussionen im ausgehenden 18.

Jahrhundert, in: Politische Studien, Sonderheft 1/1989, S. 7–21.

91. Zur Legitimation der Staatsgewalt in der politischen Theorie von Benjamin Constant, in: Annales Benjamin Constant, No 10, 1989, S. 65–74.

92. Vorwort, in: Würtenberger (Hg.), Risikosportarten (1991), S. V.

93. Risiken des Sports - polizei- und ordnungsrechtliche Fragen, in: Würtenberger (Hg.), Risikosportarten (1991), S. 31–43.

94. Akzeptanz durch Verwaltungsverfahren, in: NJW 1991, S. 257–263.

95. Zeitgeist und Recht - die Verantwortung der Parteien, in: Eisenmann/Rill (Hg.), Rechtsbewußtsein und Staatsverständnis der Parteien (1991), S. 12–34.

96. Rechtsbewußtsein und verfassungsrechtlicher Handlungsspielraum des Gesetzgebers in Deutschland, in: Konrad-Adenauer-Stiftung (Hg.), Schutz des ungeborenen Kindes (1991), S. 42–55.

97. Statement, in: Politische Studien, Sonderheft 1/1991, S. 60 f.

98. In Zusammenarbeit mit R. Riggert: Der lärmgeplagte Nachbar, in: JuS 1991, S. 838–842.

99. Das Rechtsstaatsprinzip in der Verfassungsordnung des Grundgesetzes, in: Ritsumeikan Law Review 1991, S. 47–60.

100. Artikel „Rechtssicherheit", in: Ergänzbares Lexikon des Rechts, 2/480, 1991, 4 S.

101. Art. 146 GG: Muß unser Grundgesetz einer Volksabstimmung unterworfen werden?, in: Politische Studien, Sonderheft 2/1991, S. 24–29.

102. Art. 146 GG n.F.: Kontinuität oder Diskontinuität im Verfassungsrecht?, in: K. Stern (Hg.), Deutsche Wiedervereinigung, Bd. I (1991), S. 95–109.

103. L'article 146 nouvelle version de la loi fondamentale: continuité ou discontinuité du droit constitutionnel?, in: Revue francaise de Droit constitutionnel 8 (1991), S. 597–613.

104. Polizei- und Ordnungsrecht, in: Achterberg/Püttner (Hg.), Besonderes Verwaltungsrecht, Bd. II 1992, S. 329–481.

105. Rechtsprechung und sich wandelndes Rechtsbewußtsein, in: Hoppe/Krawietz/Schulte (Hg.), Rechtsprechungslehre, 1992, S. 545–558.

106. Igualdad, in: Karpen (Hg.), La Constitución de la República Federal de Alemania, 1992, S. 67–91.

107. Parlamentarische Demokratie und sozialer Rechtsstaat: Die Vorgaben des Grundgesetzes für die politischen Institutionen, in: Alexander Fritsch (Hg.), Warum versagt unsere Politik?, 1992, S. 46–58.

108. Konfliktlösung durch Akzeptanz-Management, in: Zilleßen/Dienel/Strubelt (Hg.), Die Modernisierung der Demokratie, 1993, S. 72–86.

109. Innere Sicherheit muß das Ziel der Gesetzgebung sein, in: Zeitschrift zur politischen Bildung 1993, S. 10–14.

110. Beständigkeit im Wandel: Unser Rechtsstaat und der Zeitgeist, in: Politische Studien,

Sonderheft 5/1993, S. 13–21.

111. Wege zu einem Verwaltungsmanagement in Deutschland, in: M. Bullinger (Hg.), Von der bürokratischen Verwaltung zum Verwaltungsmanagement, 1993, S. 43–51.

112. Reinhold Zippelius zum 65. Geburtstag, in: AöR 118 (1993), S. 324–326.

113. Konfliktschlichtung im Erörterungstermin, in: K. Kroeschell (Hg.), Recht und Verfahren, 1993, S. 183–193 (japanische Übersetzung in dem gleichzeitig in Japan erschienenen Sammelband).

114. Entwurf einer Empfehlung zur Verbesserung der Akzeptanz von Verwaltungsentscheidungen, in: Verwaltungsreform in Baden-Württemberg, Anlagenband zum Ersten Bericht der Regierungskommission Verwaltungsreform, hrsg. vom Staatsministerium Baden-Württemberg, 1993, Anl. 8, S. 1–41.

115. Staatsverfassung an der Wende vom 18. zum 19. Jahrhundert, in: Beiheft 10 zu „Der Staat", 1993, S. 85–108.

116. Die deutschen Reparationen nach dem Zweiten Weltkrieg (jap. Übersetzung von Prof. Deguchi und Prof. Torii), in: Liberty and Justice, Bd. 44 (1993), S. 29–38.

117. Anmerkung zum Urteil des BGH vom 21. 1. 1993, Az. III ZR 189/91, in: JZ 1993, 1003–1005.

118. Wiedervereinigung und Verfassungskonsens, in: JZ 1993, 745–750.

119. Das Subsidiaritätsprinzip als Verfassungsprinzip, in: Staatswissenschaften und Staatspraxis 4 (1993), S. 621–645.

120. Einführung, in: Landeszentrale für politische Bildung Thüringen (Hg.), Verfassung des Freistaats Thüringen und Grundgesetz für die Bundesrepublik Deutschland (1994), S. 5–31.

121. Umweltbewußtsein und Umweltrecht in Industriestaaten (jap. Fassung), in: Ishibe/ Matsumoto/ Kodama (Hg.), Vom nationalen zum transnationalen Recht, Tokyo 1994, S. 342–358.

122. Weltanschauliche und ethische Erziehung aus verfassungsrechtlicher Sicht, in: Politische Studien H. 335 (1994), S. 13–28.

123. Ökonomische Grenzen der Rechtspflege im Rechtsstaat, in: Justizministerium Baden-Württemberg (Hg.), Ist unser Rechtsstaat noch bezahlbar? (1994), S. 33–64.

124. Das Rechtsstaatsprinzip in der Verfassungsordnung des Grundgesetzes, in: Würtenberger/Hatanaka (wie Nr. 16), S. 45–122 (in japanischer Sprache).

125. Zeitgeist und Rechtsbewußtsein, in: Pädagogische Arbeitsstelle für Erwachsenenbildung in Baden-Württemberg (Hg.), Arbeitshilfen für die Erwachsenenbildung, H. 29 (1994), S. 126–136.

126. The Principle of Subsidiarity as a Constitutional Principle, in: Jahrbuch zur Staats- und Verwaltungswissenschaft, Bd. 7 (1994), S. 65–90.

127. Innere Sicherheit im demokratischen Rechtsstaat, in: Arbeitsgemeinschaft Ländlicher Raum im Regierungsbezirk Tübingen, H. 22: Innere Sicherheit im ländlichen Raum

(1994), S. 4–15.

128. Verfassungsrechtliche Streitigkeiten in der zweiten Hälfte des 18. Jahrhunderts, in: Festschrift für Ernst Benda (1995), S. 443–456.

129. Vorwort, in: Abhandlungen zur Rechtssoziologie von Manfred Rehbinder, hrsg. von Thomas Würtenberger (1995), S. 7–9.

130. Einführung, in: Landeszentrale für politische Bildung Thüringen (Hg.), Verfassung des Freistaats Thüringen und Grundgesetz für die Bundesrepublik Deutschland, 2. Aufl. (1995), S. 5–31.

131. Die Sozialpflichtigkeit des Eigentums - Entwicklungen dargestellt am Beispiel des Natur- und Umweltschutzes, in: Hubertus Löffler (Hg.), Die Bedeutung des Eigentums in unserer Gesellschaft (1995), S. 169–200.

132. Die Verfassunggebung in den neuen Bundesländern (jap. Übersetzung von Prof. N. Kokubun), Zeitschrift für Staats- und Verwaltungsrecht, Tokyo 1995, S. 114–129.

133. Rechtspluralismus oder Rechtsetatismus?, in: Ernst-Joachim Lampe (Hg.), Rechtsgleichheit und Rechtspluralismus, 1995, S. 92–107.

134. Schlußwort, in: Ernst-Joachim Lampe (Hg.), Rechtsgleichheit und Rechtspluralismus, 1995, S. 324–327.

135. Der pluralistische Staat ist kein völlig wertneutraler Staat, in: Westfalen-Blatt vom 3. Juni 1995, Beilage Werte und Wandel, S. 7–10.

136. Die deutschen Reparationen nach dem Zweiten Weltkrieg, Ritsumeikan Law Review, März 1995, S. 91–103.

137. Die Verfassungsgebung in den neuen Bundesländern, in: Detlef Merten/Waldemar Schreckenberger (Hg.), Kodifikation gestern und heute, 1995, S. 115–130.

138. Aceptación a través del procedimiento administrativo, in: Documentación Administrativa 235 - 236 (1993), S. 313–333.

139. Die Wechselbeziehungen zwischen Rechtsbewußtsein im Umweltschutz und Umweltrecht in Industriestaaten, in: Kroeschell/Cordes (Hg.), Vom nationalen zum transnationalen Recht 1995, S. 239–250.

140. Die Verfassung der DDR zwischen Revolution und Beitritt, in: Isensee/Kirchhof (Hg.), Handbuch des Staatsrechts, Bd. VIII 1995, S. 101–130.

141. Die rechtliche Bewältigung von Altlasten, in: Umweltrecht und Ethik, Evangelische Akademie Bad Boll, 1995, S. 66–76.

142. Kommentierung von Art. 45 c GG, in: Bonner Kommentar zum Grundgesetz, 74. Lieferung vom Nov. 1995, 102 S.

143. Las reformas del Estado en Alemania desde 1989, in: Sobernes/Valadés/Concha (Hg.), La reforma del Estado.Estudios comparados, 1996, S. 431–463.

144. Zur Legitimität des Grundgesetzes in historischer Perspektive, in : Winfried Brugger (Hg.), Legitimation des Grundgesetzes aus Sicht von Rechtsphilosophie und Gesellschaftstheorie 1996, S. 21–46.

著作一覧　397

145. Egalité, in: Ulrich Karpen (Hg.), La Constitution de la République Fédérale d'Allemagne, 1996, S. 71–92.

146. Repräsentative und plebiszitäre Elemente in der deutschen Verfassungsgeschichte, in: Günther Rüther (Hg.), Repräsentative oder plebiszitäre Demokratie – eine Alternative?, 1996, S. 95–177.

147. „Unter dem Kreuz" lernen, in: Merten/Schmidt/Stettner (Hg.), Der Verwaltungsstaat im Wandel, FS für Franz Knöpfle, 1996, S. 397–411.

148. Verfassungsentwicklungen in Frankreich und Deutschland in der zweiten Hälfte des 18. Jahrhunderts, in: Aufklärung 9/1 (1996), S. 75–99.

149. (gemeinsam mit Andreas Beck), Grundzüge der Thüringer Verfassung, in: Karl Schmitt (Hg.), Thüringen. Eine politische Landeskunde, 1996, S. 85–106.

150. Ansätze und Zielsetzungen einer Verfassungsgeschichte des Grundgesetzes, in: Joachim Burmeister (Hg.), Verfassungsstaatlichkeit, FS für Klaus Stern, 1997, S. 127–139.

151. Weltanschauliche und ethische Erziehung aus verfassungsrechtlicher Sicht, in: Stefanie Rehm (Hg.), Staat und Weltanschauung, 1997, S. 219–239. - Weiterer Abdruck in: Erziehung und Bildung. Verspielen wir unsere Zukunftschancen?, hrsg. von Kroker/Dechamps, 1998, S. 13–33.

152. Zur Legitimation des Föderalismus, in: Konsens und Konsoziation in der politischen Theorie des frühen Föderalismus, Beiheft 16 zu Rechtstheorie, hrsg. von Duso/Krawietz/Wyduckel, 1997, S. 355–368.

153. Die Geschichte juristischer Bibliotheken als Teil einer Rechts- und Wissenschaftsgeschichte, in: Festschrift für Martin Kriele, hrsg. von Ziemske/Langheid/Wilms/Haverkate, 1997, S. 1103–1116.

154. L'histoire des bibliothèques des juristes comme élément d'une histoire du droit et du savoir, in: Sources, Travaux historiques No 41–42, Usages des bibliothèques, 1995, S. 89–101.

155. (gemeinsam mit Ursula Seelhorst), Zum Wohnsitz als Voraussetzung des aktiven und passiven Wahlrechts, in: Thüringer Verwaltungsblätter, 1998, 49–52.

156. (gemeinsam mit Gernot Sydow und Susanne Graf), Gutachtliche Stellungnahme für die Enquete-Kommission „Rechtliche und materielle Sicherstellung der Ausübung des Landtagsabgeordnetenmandats"; Landtag von Sachsen-Anhalt, Drs. 2/4631 vom 18.2.1998, S. 16–23 sowie Anlage 1 (27 S.).

157. Der Konstitutionalismus des Vormärz als Verfassungsbewegung, in: Der Staat 37 (1998), 165–188.

158. Zu den Voraussetzungen des freiheitlichen, säkularen Staates, in: Brugger/Huster (Hg.), Der Streit um das Kreuz in der Schule, 1998, S. 277–295.

159. Allemagne, in: Pantélis/Koutsoubinas (Hg.), Les régimes électoraux des pays de l'union européene, 1998, S. 21–49.

160. Zur Legitimität des Verfassungsrichterrechts, in: Guggenberger/Würtenberger (Hg.), Hüter der Verfassung oder Lenker der Politik? Das Bundesverfassungsgericht im Widerstreit, 1998, S. 57–80.

161. Artikel „Recht", in: Lexikon der Bioethik, 1998, S. 153–161.

162. Rechts- und Verfassungsbewußtsein in Frankreich und in Deutschland, in: Le Forum franco-allemand, numero special mais/juin 1998, S. 147–150.

163. Akzeptanz als Leitlinie des Verwaltungsermessens, in: Pichler (Hg.), Rechtsakzeptanz und Handlungsorientierung, 1998, S. 287–291.

164. Gemeinschaftsrecht als Akzeptanz-Neuland, in: Pichler (Hg.), Rechtsakzeptanz und Handlungsorientierung, 1998, S. 307–312.

165. (gemeinsam mit Anna-Miria Mühlke), Paulskirche und Grundgesetz, in: Rill (Hg.), 1848. Epochenjahr für Demokratie und Rechtsstaat in Deutschland, 1998, S. 291–310.

166. Zeitgeist-Metaphorik und Recht in Frankreich und in Deutschland im ausgehenden 18. und beginnenden 19. Jahrhundert, in: Jurt/Krumeich/Würtenberger (Hg.), Wandel von Recht und Rechtsbewußtsein in Frankreich und Deutschland, 1999, S. 91–106.

167. Der Schutz von Eigentum und Freiheit im ausgehenden 18. Jahrhundert, in: Gose/Würtenberger (Hg.), Zur Ideen- und Rezeptionsgeschichte des Preußischen Allgemeinen Landrechts, 1999, S. 55–73.

168. (gemeinsam mit Walter Gose) Vorwort, in: Gose/Würtenberger (Hg.), Zur Ideen- und Rezeptionsgeschichte des Preußischen Allgemeinen Landrechts, 1999, S. 7–8.

169. Zehn Thesen zur Reform von Ausbildung, Bildung und Forschung, in: Ritsumeikan Law Review, März 1999, 79–87.

170. (gemeinsam mit Ralf P. Schenke) Der Schutz von Amts- und Berufsgeheimnissen im Recht der polizeilichen Informationserhebung, JZ 1999, 548–554.

171. Rechtliche Optimierungsgebote oder Rahmensetzungen für das Verwaltungshandeln?, in: VVDStRL 58 (1999), S. 139–176.

172. Umweltschutz und Grundrechtsdogmatik (jap. Fassung), in: Matsumoto (Hg.), Umweltschutz und Recht, 1999, S. 3–28.

173. 50 Jahre Grundgesetz, in: Anstösse! Zeitschrift der Jungen Union Südbaden 10 (1999), Nr. 2, S. 4–15.

174. (gemeinsam mit Ralf P. Schenke) Das parlamentarische Petitionswesen im demokratischen Rechtsstaat, in: Bockhofer (Hg.), Mit Petitionen Politik verändern, 1999, S. 97–107.

175. Massenpetitionen zielen auf politische Kontrolle, in: Bockhofer (Hg.), Mit Petitionen Politik verändern, 1999, S. 169–177.

176. (gemeinsam mit Gernot Sydow) Die Universität Freiburg nach 1945: Bildungsideal und Grundordnung, in: Freiburger Universitätsblätter, Heft 145, September 1999, S. 45–56.

177. Der kommunale Finanzausgleich – politisch entschieden oder verfassungsrechtlich

著作一覧 399

determiniert?, in: Isensee/Lecheler (Hg.), Freiheit und Eigentum, FS für Walter Leisner, 1999, S. 973–987.

178. La voie des nouveaux Länder vers des constitutions démocratiques, in: Arsac/ Chabot/Pollard (Hg.), État de Droit, droits fondamentaux et diversité culturelle, Paris/Montréal, 1999, S. 47–61.

179. Einführung, in: Landeszentrale für politische Bildung Thüringen (Hg.), Verfassung des Freistaats Thüringen und Grundgesetz für die Bundesrepublik Deutschland (3. Aufl. 1999), S. 5–35.

180. Zu den Wurzeln des Rechtsstaates in Deutschland, in: Rill (Hg.), Fünfzig Jahre freiheitlich-demokratischer Rechtsstaat, 1999, S. 15–35.

181. Die Akzeptanz von Gesetzen, in: Soziale Integration, Sonderheft 39 der Kölner Zeitschrift für Soziologie und Sozialpsychologie, 1999, S. 380–397.

182. (gemeinsam mit Michael Fehling) Zur Verfassungswidrigkeit des Curricularnormwertes für das Fach Rechtswissenschaft, JZ 2000, S. 173–179.

183. Umweltschutz und Grundrechtsdogmatik, in: Leipold (Hg.), Umweltschutz und Recht in Deutschland und Japan, Freiburger Rechts- und Staatswissenschaftliche Abhandlungen Bd. 65, 2000, S. 3–18.

184. Grußwort, in: Konrad Hesse. Akademische Feier zum 80. Geburtstag, dokumentiert von Peter Häberle und Alexander Hollerbach, C.F. Müller, 2000, S. 21–23.

185. Zivilcourage gegen Zeitgeist, in: Meiche/Geiger (Hg.), Anstiftung zur Zivilcourage, 2000, S. 54–66.

186. Polizei- und Ordnungsrecht, in: Achterberg/Püttner/Würtenberger (Hg.), Besonderes Verwaltungsrecht Bd. II, 2000, S. 381–534.

187. Von der Verantwortung des Juristen für das Recht, in: Politik und Verantwortung, Festgabe für W. Jäger, 2000, S. 446–452.

188. Auslegung von Verfassungsrecht – realistisch betrachtet, in: Verfassung – Philosophie – Kirche, Festschrift für Alexander Hollerbach zum 70. Geburtstag, 2001, S. 223–241.

189. (gemeinsam mit Gernot Sydow) Versailles und das Völkerrecht, in: Gerd Krumeich (Hg.), Versailles 1919: Ziele – Wirkung – Wahrnehmung, 2001, S. 35–52.

190. Auf dem Weg zu lokaler und regionaler Autonomie in Europa, in: Festschrift für Hartmut Maurer, 2001, S. 1053–1066.

191. Freiheit und Sicherheit – Die Grenzen der Persönlichkeitsentfaltung, in: Bernd Rill (Hg.), Grundrechte – Grundpflichten: Eine untrennbare Verbindung, 2001, S. 15–26.

192. Preußens Bedeutung für die Entwicklung des Rechtsstaates in Deutschland, in: Politische Studien, Heft 377, 2001, S. 39–50.

193. Entwicklungstendenzen des Parlamentarismus in Europa (ukrainisch), in: Verkovna Rada (Hg.), Parlamentarismus in der Ukraine: Theorie und Praxis, Kiew 2001, S. 45–55.

194. L'État de droit avant l'„État de droit", in: O. Jouanjan (Hg.), Figures de l'État de droit, Strasbourg 2001, S. 79–100.

195. Einführung, in: Landeszentrale für politische Bildung Thüringen (Hg.), Verfassung des Freistaates Thüringen und Grundgesetz für die Bundesrepublik Deutschland (5. Aufl. 2001), S. 5–36.

196. Die Akzeptanz von Gerichtsentscheidungen, in: Hof/Schulte (Hg.), Wirkungsforschung zum Recht III, 2001, S. 201–210.

197. Historische Grundlagen und Entwicklungstendenzen der Organisationsprinzipien des europäischen parlamentarischen Systems, in: Kasimatis (Hg.), 150 Jahre Griechisches Parlament, 2000, S. 63–83.

198. Artikel „Legalität, Legitimität", in: Evangelisches Soziallexikon, 2001, Sp. 945–947.

199. Artikel „Gewaltenteilung", in: Evangelisches Soziallexikon, 2001, Sp. 607–609.

200. (gemeinsam mit Gernot Sydow) Die nachträgliche Anordnung der Sicherungsverwahrung, in NVwZ 2001, 1201–1208.

201. Konvergenzen oder Dominanz nationaler Rechtstraditionen in Deutschland und Frankreich?, in: Frankreich-Jahrbuch 2001, S. 151–170.

202. History and Legitimation of the Decentralised State, in: Morgos/Würtenberger (Hg.), Ukrainian – European International and Comparative Law Journal, Vol 2, Nr. 2, Winter 2001, S. 9–15; 2. Aufl. 2005, S. 13–20 (in ukrainisch), wieder abgedruckt in: M. Puchtinsky (Hg.), Probleme der Umwandlung der territorialen Staatsorganisation, Kiew 2005, S. 488–498 (in ukrainisch).

203. Regional Policy in the European Union, in: Morgos/Würtenberger (Hg.), Ukrainian – European International and Comparative Law Journal, Vol 2, Nr. 2, Winter 2001, S. 89–90; erweiterte Fassung in urkainisch in der 2. Aufl. 2005, S. 91–94, wieder abgedruckt in: M. Puchtinsky (Hg.), Probleme der Umwandlung der territorialen Staatsorganisation, Kiew 2005, S. 498–503 (in ukrainisch).

204. Staat und Glück: Die politische Dimension des Wohlfahrtsstaates, in: M. Rehbinder/ M. Usteri (Hg.), Glück als Ziel der Rechtspolitik, 2002, S. 233–243.

205. Artikel „Gleichheit", in: Lexikon der Christlichen Demokratie in Deutschland, 2002, S. 555–556.

206. Artikel „Rechtspolitik", in: Lexikon der Christlichen Demokratie in Deutschland, 2002, S. 627–629.

207. Die rechtsprechende Gewalt – ökonomisch betrachtet, in: Eberle/Ibler/Lorenz (Hg.), Der Wandel des Staates vor den Herausforderungen der Gegenwart. Festschrift für Winfried Brohm, 2002, S. 631–644.

208. (gemeinsam mit Dominique Jeannerod) Vertrauen in den Gesetzgeber in Frankreich und in Deutschland, in: Würtenberger/Tscheulin/Usunier/Jeannerod/Davoine (Hg), Wahrnehmungs- und Betätigungsformen des Vertrauens im deutsch-französischen Vergleich, 2002, S. 153–170.

著作一覧　401

209. Die Verfassung als Gegenstand politischer Symbolik im ausgehenden 18. und beginnenden 19. Jahrhundert, in: Becker/Hilty/Stöckli/Würtenberger (Hg.), Recht im Wandel seines sozialen und technologischen Umfeldes, Festschrift für Manfred Rehbinder, 2002, S. 617–632.

210. Subsidiarität als verfassungsrechtliches Auslegungsprinzip, in: Blickle/Hüglin/Wyduckel (Hg.), Subsidiarität als rechtliches und politisches Ordnungsprinzip, 2002, S. 199–212.

211. L'autonomie locale et régionale, principe directeur du droit constitutionnel en Europe, in: Amato/Braibant/Venizelos (Hg.), The Constitutional Revision in today's Europe, 2002, S. 157–171; wieder abgedruckt in: Anuario iberico-americano de Justicia Constitucional, 9 (2005), S. 607–619.

212. Wandel des Rechts in der Informationsgesellschaft, in : Leipold (Hg.), Rechtsfragen des Internet und der Informationsgesellschaft, 2002, S. 3–19.

213. (gemeinsam mit Ralf P. Schenke) Der Schutz von Vertrauensverhältnissen im Polizeirecht der Länder, in: J. Wolter / W.-R. Schenke (Hg.), Zeugnisverweigerungsrechte bei (verdeckten) Ermittlungsmaßnahmen, 2002, S. 303–323.

214. Interpretación del derecho constitucional (desde una perspectiva realista), in: Anuario iberoamericano de justicia constitucional, 2002, S. 601–620 sowie in: Eduardo Ferrer Mac-Gregor (Hg.), Interpretación constitucional, Mexico 2005, Bd. II, S. 1369–1390.

215. Wandel des Rechts in der Informationsgesellschaft (jap.), in: H. Matsumoto/Satoshi Nishitani /Kenichi Moriya (Hg.), Internet und Informationsgesellschaft und Recht (jap.), Tokyo 2002, S. 3–28.

216. L'autonomie locale et régionale, principe directeur du droit constitutionnel en Europe, Revue belge de droit constitutionnel, 2002, S. 499–511.

217. (gemeinsam mit Gernot Sydow) Administration électronique et protection de la vie privée en Allemagne, in: L'administration électronique au service des citoyens, Actes du colloque organisé à Paris les 21 et 22 janvier 2002 par le Conseil d'Etat et l'Université Paris I / Panthéon Sorbonne, 2003, S. 361–372 (englische Fassung e Government and the protection of privacy in Germany, in: e Government for the benefit of citizens, ed. by Chatillon and de Marais, 2004, S. 345–356).

218. Reinhold Zippelius zum 75. Geburtstag, NJW 2003, 1503.

219. Forschung nur noch in der „Freizeit"?, Forschung & Lehre 2003, S. 478–480.

220. Übermittlung und Verwendung strafprozessual erhobener Daten für präventivpolizeiliche Zwecke, in: Wolter u.a. (Hg.), Datenübermittlung und Vorermittlungen, 2003, S. 263–274.

221. Auf dem Weg zu einem europäischen parlamentarischen System, in: Francisco Fernández Segado (Hg.), The Spanish Constitution in the European Constitutional Context, 2003, S. 237–256.

222. Von der Aufklärung zum Vormärz, in: Detlef Merten/Hans-Jürgen Papier (Hg.),

Handbuch der Grundrechte, Bd. I, 2003, S. 49–96.

223. Akzeptanzmanagement von Verwaltungsentscheidungen mittels Mediation, in: Sascha Ferz/Johannes W. Pichler (Hg.), Mediation im öffentlichen Bereich, 2003, S. 31–49.

224 Einführung, in: Landeszentrale für politische Bildung Thüringen (Hg.), Verfassung des Freistaates Thüringen und Grundgesetz für die Bundesrepublik Deutschland, 6. Aufl. 2004, S. 5–39.

225. Die Idee der paktierten Verfassung in der Neuzeit bis zum 19. Jahrhundert, in: Okko Behrends und Christian Starck (Hg.), Gesetz und Vertrag I, 2004, S. 107–123.

226. El Bundesrat, un modelo de participación autonómica, in: Homenaje a la Constitución – Lecciones magistrales en el Parlamento de Andalucía, Serie Actas, Número 1, 2004, S. 263–282.

227. Das Verhältnis zwischen Verwaltungsprozeßrecht und Verwaltungsverfahrensrecht, in: Seoul Law Journal XLV, No. 1, 2004, S. 363–384.

228. Grundgesetz und Verfassungstradition, in: Essays in Honour of Georgios I. Kassimatis, 2004, S. 323

229. The Role of Legal Methodology in a Law-Based Democracy, in: Ukrainian Law Review, Issue 6 (11), 2004, S. 5–11 (moldavische Übersetzung in: Revista nationale de drebt, Nr. 5, 2005, S. 33–41).

230. (gemeinsam mit R. Schenke) Current Trends in German Legal Methodology, in: Ukrainian Law Review, Issue 7 (12), 2004, S. 3–11.

231. Artikel „Pluralismus", Ergänzbares Lexikon des Rechts, 5/550, Febr. 2005, 5 S.

232. Artikel „Staatszielbestimmungen, Verfassungsaufträge", Ergänzbares Lexikon des Rechts, 5/720, Febr. 2005, 9 S.

233. Die Verfassungssymbolik der Revolution von 1848/49 im deutsch-französischen Vergleich, in: Intellektuelle Redlichkeit – Intégrité intellectuelle, FS für Joseph Jurt, 2005, S. 627–638.

234. Manfred Rehbinder 70 Jahre alt, Freiburger Universitätsblätter, Heft. 167 (2005), S. 100.

235. In memoriam Konrad Hesse, Freiburger Universitätsblätter, Heft 169, September 2005, S. 90–91.

236. Theorie und Praxis des pluralistischen Staates, in: Venizelos/Pantélis (Hg.), Civilisations and Public Law, London 2005, S. 49–66; japanische Übersetzung in: Verbände, Organisationen und Recht. Japanisch-deutsches Symposium. Osaka 2005, Tokio 2006, S. 3–25.

237. New Development of Legal Methodology, in: Archives for legal Philosophy and Sociology of Law, Peking, 2005, S. 16–33 (in chinesisch).

238. Grundrechtsentwicklung und Konstitutionalismus, in: Jörg Wolff (Hg.), Kultur- und rechtshistorische Wurzeln Europas, Bd. 1, 2005, S. 355–372.

著作一覧　403

239. Statement zur Regionalisierung, in: Puchtinsky (Hg.), Probleme der Dezentralisie-
rung, Kiew 2006, S. 102–105 (in ukrainisch).

240. Die Organisation der regionalen Ebene in Deutschland, in: Puchtinsky (Hg.), Proble-
me der Dezentralisierung, Kiew 2006, S. 264–269 (in ukrainisch).

241. Die Akzeptanz von Verwaltungsentscheidungen als verfahrensrechtliches Prinzip in
der Europäischen Union, in: Planung-Steuerung-Kontrolle. Festschrift für Richard
Bartlsperger, 2006, S. 233–245.

242. Die verwaltungsgerichtlichen Klagearten in Deutschland, in: W.-R. Schenke/J. H.
Seok (Hg.), Rechtsschutz gegen staatliche Hoheitsakte in Deutschland und Korea,
2006, S. 67–80.

243. Die Idee der Freiheit und ihre Sicherung bei Montesquieu, in: E. Klein (Hg.), Gewal-
tenteilung und Menschenrechte, 2006, S. 15–36; 2. Aufl. 2010, S. 17–39.

244. Vorwort, in: Th. Würtenberger (Hg.), Rechtsreform in Deutschland und Korea im
Vergleich, 2006, S. 5.

245. Schwierigkeiten bei der Transformation einer Rechtsordnung, in: Th. Würtenberger
(Hg.), Rechtsreform in Deutschland und Korea im Vergleich, 2006, S. 185–195.

246. Gewissen und Recht, in: Maximilian Wallerath (Hg.), Fiat iustitia – Recht als Aufgabe
der Vernunft, FS für Peter Krause zum 70. Geburtstag, 2006, S. 427–441.

247. Theorie und Praxis des pluralistischen Staates, in: D. Leipold (Hg.), Verbände und
Organisationen im japanischen und deutschen Recht, 2006, S. 3–23.

248. Verfassungsrecht im Wettbewerb, in: Wirtschaft im offenen Verfassungsstaat, FS für
Reiner Schmidt zum 70. Geburtstag, 2006, S. 645–658.

249. (gemeinsam mit P. Morgos und R.P. Schenke) Überlegungen zur Verfassungsreform
in der Ukraine (Typoskript und Paper für die Internationale Konferenz in Kiew vom
28.-29.6.2006 zu Fragen der Verfassungsreform und Regionalisierung), 19 Seiten.

250. Zeit und Wissenschaftsfreiheit, in: Festschrift für Manfred Löwisch zum 70. Geburts-
tag, München 2007, S. 449–459.

251. Der Wandel des Hochschulrechts, in: Bernd Martin (Hg.), Festschrift 550 Jahre Al-
bert-Ludwigs-Universität Freiburg, Bd. 3, 2007, S. 783–798.

252. „Humankapital Hochschullehrer", in: Forschung und Lehre 2007, S. 398–400.

253. Terörün Zorlamasi Karşisinda Yeniden Şekillenen Polis hukuku ve Güvenlik Hukuku,
in: F. Yenisey (Hg.), Polis Vazife Ve Salahiyet Kanunu, Istanbul 2007, S. 49–91.

254. Droit provincial général prussien de 1794 (Preußisches allgemeines Landrecht), in:
Dictionnaire du monde germanique, Paris 2007, S. 271–272.

255. (gemeinsam mit St. Neidhardt), Distance et rapprochement entre le droit administra-
tif allemand et le droit administratif français, in : www.chairemadp.sciences-po.fr/fr/
evenements/indere.htm.

256. Modernisierung des Polizeirechts als Paradigma für die Entwicklung des Rechtsstaa-
tes, in: Gedenkschrift für Ferdinand O. Kopp, 2007, S. 427–441.

257. Verfassungsänderung und Verfassungswandel: Von der nationalen zu einer globalen Perspektive, in: Festschrift für Detlef Merten, 2007, S. 77–90. – Wieder abgedruckt in: R. Wahl (Hg.), Verfassungsänderung, Verfassungswandel, Verfassungsinterpretation, 2008, S. 49–63.

258. Zur Geschichte des allgemeinen Wahlrechts in vergleichender Perspektive, in: Festschrift für Hans-Peter Schneider, 2007, S. 537–550.

259. Statement: Verfassungsvergleichung und –angleichung in Europa, in: J. Schwarze (Hg.), Rechtseinheit und Rechtsvielfalt in Europa, 2007, S. 151–164.

260. Einführung, in: Verfassung des Freistaates Thüringen und Grundgesetz für die Bundesrepublik Deutschland, 8. Aufl. 2008, S. 7–44.

261. (gemeinsam mit Stephan Neidhardt) Distanz und Annäherung zwischen deutschem und französischem Verwaltungsrecht im Zeichen europäischer Integration, in : Jürgen Schwarze (Hg.), Bestand und Perspektiven des Europäischen Verwaltungsrechts, 2008, S. 255–276 sowie wieder abgedruckt in dem Band L'état actuel et les perspectives du droit administratif européen, 2010, S. 279–294.

262. Das Polizei- und Sicherheitsrecht vor den Herausforderungen des Terrorismus, in: J. Masing/O. Jouanjan (Hg.), Terrorismusbekämpfung, Menschenrechtsschutz und Föderation, 2008, S. 27–48.

263. Reinhold Zippelius zum 80. Geburtstag, JZ 2008, S. 509–510.

264. Neugliederung, in: Isensee/Kirchhof (Hg.), Handbuch des Staatsrechts der Bundesrepublik Deutschland, Bd. VI, 3. Aufl. 2008, § 132 (S. 413–454).

265. Zu den Determinanten des Wandels von Ehe und Familie, in: R. Wahl (Hg.), Verfassungsänderung, Verfassungswandel, Verfassungsinterpretation, 2008, S. 449–453.

266. Entwicklungslinien eines transnationalen informationellen Polizeirechts, in: Nach geltendem Verfassungsrecht, FS für Udo Steiner, 2009, S. 948–965.

267. Anforderungen des Rechtsstaatsprinzips an die Rechtsordnung, in: Kanzlei des Großen Staatskhurals, Nationales Rechtsinstitut der Mongolei u.a. (Hg.), Konstitutionalismus und das nationale Rechtssystem, 2009, S. 90–95.

268. (gemeinsam mit Steffen Tanneberger) Gesellschaftliche Voraussetzungen und Folgen der Technisierung von Sicherheit, in: P. Wintzer u. a. (Hg.), Sicherheitsforschung – Chancen und Perspektiven, 2010, S. 221–240.

269. (gemeinsam mit Steffen Tanneberger) Sicherheitsarchitektur als interdisziplinäres Forschungsfeld, in: Riescher (Hg.), Sicherheit und Freiheit statt Terror und Angst, 2010, S. 97–125.

270. Grundlagenforschung und Dogmatik aus deutscher Sicht, in: R. Stürner (Hg.), Die Bedeutung der Rechtsdogmatik für die Rechtsentwicklung, 2010, S. 3–21.

271. (gemeinsam mit Stefanie Mutschler) Der Vertrag von Prüm, in: Breitenmoser/Gless/Lagodny (Hg.), Schengen und Dublin in der Praxis, Weiterentwicklung der Rechtsgrundlagen, 2010. S. 137–154.

著作一覧　405

272. Sicherheitsarchitektur im Wandel, in: Kugelmann (Hg.), Polizei unter dem Grundgesetz, 2010, S. 73–90.

273. Herder, Johann Gottfried (1744–1803), in: Handwörterbuch zur deutschen Rechtsgeschichte, 2. Aufl., 12. Lieferung, 2010, Sp. 955–959.

274. (gemeinsam mit Reinhold Zippelius) Historical Foundation and Current Challenges of German Constitutional Order, in: Archives for Legal Philosophy and Sociology of Law, Peking 2010, S. 199–215 (chinesische Übersetzung von Zippelius/Würtenberger, Deutsches Staatsrecht, 32. Aufl. 2008, § 1).

275. Einführung, in: Verfassung des Freistaats Thüringen und Grundgesetz für die Bundesrepublik Deutschland, 9. Aufl. 2010, S. 7–44.

276. Zur Vereinheitlichung des Sicherheitsrechts in Europa, in: Zoche/Kaufmann/Haverkamp (Hg.), Zivile Sicherheit, 2011, S. 247–266.

277. Sicherheitsrecht im deutsch-französischen Vergleich, in: Fehling/Grewlich (Hg.), Struktur und Wandel des Verwaltungsrechts, 2011, S. 133–145.

278. (gemeinsam mit Patricia Wiater) Grundzüge der Thüringer Verfassung, in: Karl Schmitt (Hg.), Thüringen. Eine politische Landeskunde, 2. Aufl. 2011, S. 49–77.

279. Die Planungsidee in der verfassungsstaatlichen Entwicklung, in: Festschrift für Rainer Wahl, 2011, S. 261–279.

280. Resilienz, in: Festschrift für Wolf-Rüdiger Schenke, 2011, S. 563–578.

281. Verfassungsänderungen und Verfassungswandel des Grundgesetzes, in: Der Staat, Beiheft 20 „Verfassungsänderungen", 2012, S. 287–305.

282. (gemeinsam mit Christoph Gusy/Hans-Jürgen Lange) Vorwort, in: Würtenberger/Gusy/Lange (Hg.), Innere Sicherheit im europäischen Vergleich, 2012, S. 1–3.

283. Konvergenzen und Divergenzen im Sicherheitsrecht Frankreichs und Deutschlands, in: Würtenberger/Gusy/Lange (Hg.), Innere Sicherheit im europäischen Vergleich, 2012, S. 231–243.

284. Entwicklungslinien des Sicherheitsverfassungsrechts, in: Dynamik und Nachhaltigkeit des Öffentlichen Rechts, Festschrift für Meinhard Schröder, 2012, S. 285–304.

285. Rechtswissenschaftliche Begleitforschung zur intelligenten Videoüberwachung, im Internet: www.bmbf.de/pubRD/B1-I_Wuerttemberger_Redemanuskript.pdf

286. (gemeinsam mit Steffen Tanneberger) Privatisierung der inneren Sicherheit?, in: Martin Hochhuth (Hg.), Rückzug des Staates und Freiheit des Einzelnen, 2012, S. 47–63.

287. Europäisches Sicherheitsrecht, in: Ehlers/Fehling/Pünder (Hg.), Besonderes Verwaltungsrecht, Band 3, 3. Aufl. 2013, S. 370–397.

288. Polizei- und Ordnungsrecht, in: Ehlers/Fehling/Pünder (Hg.), Besonderes Verwaltungsrecht, Band 3, 3. Aufl. 2013, S. 398–556.

289. Rahmenbedingungen von normativer Kraft und optimaler Realisierung der Verfassung, in: Festschrift für Michael Kloepfer zum 70. Geburtstag, 2013, S. 277–293.

290. Die Werte des Art. 2 EUV: normativ verbindlich oder politisches Programm?, in: Festschrift für Rolf Stürner zum 70. Geburtstag, 2013, S. 1975–1987.

291. Die Privatisierung des Maßregelvollzugs, in: Festschrift für Wolfgang Frisch zum 70. Geburtstag, 2013, S. 1093–1106.

292. Videoüberwachung in rechtsvergleichender Perspektive, in: Festschrift für Jürgen Schwarze zum 70. Geburtstag, 2014, S. 453–474.

293. Der Beitrag der Freiheits- und Verfassungssymbolik zur Popularisierung aufgeklärter politischer Theorie im ausgehenden 18. und beginnenden 19. Jahrhundert, in: Festschrift für Diethelm Klippel zum 70. Geburtstag, 2013, S. 463–484.

294. Die Wissenschaft des Öffentlichen Rechts angesichts des Wandels der Rolle des Staates, in: Stürner/Bruns (Hg.), Globalisierung und Sozialstaatsprinzip, 2014, S. 3–19.

295. Artikel „Legitimität", in: Cordes/Haferkamp/Lück/Werkmüller/ Schmidt-Wiegand, Handwörterbuch zur deutschen Rechtsgeschichte, 2. Aufl. 2014, 19. Lfg., Spalten 709–712.

296. Überlegungen zu den verfassungsrechtlichen Grenzen eines weiteren Voranschreitens der europäischen Integration aus Anlass des Abschlussberichts der Gruppe zur Zukunft Europas, in: Pichler/Balthasar (Hg.), The Report on the Future of Europe – Striking the Balance between „Unity" and „Diversity"?, 2014, S. 165–176.

297. (gemeinsam mit Steffen Tanneberger) Biosicherheit und Forschungsfreiheit - Zu den Schranken des Art. 5 Abs. 3 S. 1 GG, in: Ordnung der Wissenschaft 2014, S. 1–10, http://www.ordnungderwissenschaft.de.

298. (gemeinsam mit Manfred Löwisch) Betreuungsvereinbarungen im Promotionsverfahren, in: Ordnung der Wissenschaft 2014, S. 103–112, http://www.ordnungderwissenschaft.de.

299. Rechtswerte - eine Frage von Zeitgeist und Akzeptanz?, in: Pichler (Hg.), Rechtswertestiftung und Rechtswertebewahrung in Europa, 2015, S. 179–189.

300. Zur Geschichte der Kunstfreiheit, in: Festschrift für Friedhelm Hufen zum 70. Geburtstag, 2015, S. 137–147.

301. Zur Verfassungsmäßigkeit von Einschränkungen der Berufsfreiheit durch Marktregulierungen auf der „Dritten Ebene" des Bundesstaates, in: Festschrift für Rudolf Wendt zum 70. Geburtstag, 2015, S. 505–522.

302. Zur Verfassungsmäßigkeit der Regelungen der Hochschulleitung im Landeshochschulgesetz von Baden-Württemberg, in: Ordnung der Wissenschaft 2016, S. 1–18, http://www.ordnungderwissenschaft.de.

索　引

事 項 索 引

あ 行

安全性確保のための仕組み	323-27, 338, 349, 351-53
安全性研究	336, 338, 347, 353
安全の経済性	335, 344
一般憲法	318, 320
一般憲法学	318, 320
イノヴェーションクラスター	338, 339
応答性	106, 109, 110, 152, 209, 210
応答的民主主義	152, 157

か 行

科学技術（テクノロジー）	161, 162, 328, 333, 336-39
学者の共通意見	111, 112
過少保護の禁止	339
価値実現	22, 319
価値判断	71, 75-78, 85, 269, 280
鑑定	126, 136, 161-63
議会主義	127, 128, 185, 237, 309
危険の防御	15, 323
危険の予防	323, 324, 352
（連邦）技術的救援機関	343, 345
基本権保護義務論	339
基本権理論	93
基本コンセンサス	44, 226
基本法	5, 27-30, 35-38, 41-46, 49, 52-54, 56, 57, 64, 66, 69, 72-74, 76, 77, 80, 83, 89, 90, 93-95, 98, 100, 102-05, 106, 109, 111, 114, 118-20, 124-33, 135-38, 151, 152, 172, 188, 189, 191, 193, 204, 225, 232, 249, 251, 255, 256, 258, 271, 274, 278, 280, 284, 289, 293-315, 319, 340
基本法の継続的発展	133, 298
協働構造の組織化	347
共和国	41, 47, 48, 55, 57, 69, 70, 72, 96, 136, 189, 232, 249, 269, 301, 303, 307, 323, 348, 352, 372, 374-77
共和政	361
巨大災害	323-25, 328, 331, 332, 334, 336, 339-44, 345, 346, 347, 348, 349, 352
巨大災害保護法	324, 341, 342
キリスト教宗派混合学校	99, 101
議論	5, 6, 16, 17, 24, 29, 30, 32, 35, 37-42, 46, 49, 56, 57, 67, 73, 77-81, 83, 84, 89, 91, 92, 96, 98, 100, 104, 106, 108, 113, 119, 130, 133, 148, 151, 153, 155, 157, 158, 162, 166, 171, 177, 183, 184, 187, 196, 199, 201, 203-05, 207, 209, 211, 222, 225, 226, 231, 245, 250, 259, 262, 265, 274, 275, 277, 289, 296, 298, 309, 325, 329, 336, 339, 341, 342, 349, 352, 357, 382
計画	12-15, 112, 148, 149, 152, 153, 155, 156, 158, 159-64, 166, 183, 188, 205, 225, 229, 230, 236, 241, 251, 262, 299, 328, 330, 333, 335-37, 342
継続性	17, 20, 24, 29, 79, 112, 182, 193, 242, 265, 266, 286, 287, 306, 307
継続的発展	82-84, 128, 130, 132, 133, 137, 257, 258, 287, 298, 319
啓蒙主義	30, 31, 36, 38, 41, 45, 56, 57
現実の憲法	122
憲法解釈の方法	64, 65, 70, 131
憲法改正	42, 63, 89-91, 94, 104, 106, 110,

129, 136, 137, 140, 293–301, 303, 305–08, 310, 315–17, 319

憲法改正立法者　89, 90, 106, 129, 136, 137, 140, 299, 306–08, 317

憲法機関　104

憲法現実　119, 125–27, 309, 310

憲法裁判（権）　42, 53, 63–65, 67, 68, 74, 77–83, 85, 87–115, 116, 120, 124, 126–29, 131–41, 184, 186, 190, 193, 195, 203, 207, 208, 210, 212, 225, 258, 259, 264, 270, 271, 274, 278, 279, 297–99, 304, 305, 306–09, 311–13, 314, 317, 319

憲法裁判官法　53, 63, 64, 82, 83, 85, 87–91, 94, 95, 100–110, 112–116, 129, 133, 136, 279, 299, 312

憲法実現　133

憲法上の準則　66, 102, 119, 132, 138

憲法の開放性　72

憲法の規範力　119, 121–25, 127, 128, 132, 135, 137, 138, 140, 141, 266

憲法の継続的発展　83, 132, 319

憲法の最適な現実化　120, 128

憲法への意思　123, 124, 138

憲法変遷　130, 134–36, 138, 293–97, 304–06, 307, 310, 314, 316, 317, 319

権力分立　15, 30, 34, 36, 42, 44, 46, 57, 103, 191

公開性　20, 127, 128

公共／公共性／公共圏　7, 15, 44, 270, 381, 382

公共善　147, 151, 153

公共体　259, 282, 284, 349, 353

公共の福祉　8, 9, 12, 15, 21, 22, 24, 25, 36, 39, 77, 189, 263

公衆参加　149, 155, 158–60

公的討議　110

合法性　5, 18, 24, 31, 36, 41, 240

衡量　64, 65, 71, 73–79, 83–85, 130, 149, 156,

157, 164, 165, 202, 205, 233, 283, 308, 312, 313

国際法適合的解釈　311, 319

コンセンサス（合意）　5–7, 10–12, 15, 18–20, 24, 29, 39, 41, 43, 44, 52, 67, 79, 82, 83, 85, 100, 102–04, 106–08, 111, 112, 140, 141, 153–56, 160, 162, 163, 165, 166, 174, 179, 183, 184, 189, 192, 193, 195, 212, 226, 229, 231, 232, 234, 235, 237, 248, 249, 251, 255, 256–59, 268, 270, 274–78, 280, 282, 283, 285, 289

さ　行

最適化命令　119

裁判　30, 45, 50, 51, 53, 80, 89–92, 94, 97–100, 102–105, 107, 108, 110–113, 140, 149, 161, 162, 177, 202–205, 211, 212, 226, 256, 259, 277–280, 283, 304

裁判官国家　52, 66

裁判官法　1, 89, 90, 92, 100, 104, 105, 107, 108, 111, 112, 116, 133, 136, 189, 199, 201, 202, 206–10, 222, 226, 258, 268, 307, 313

裁判権　50–52, 64, 80, 107, 198–200, 202, 206–11, 277

時間　17, 55, 121, 123, 133, 158–160, 180, 204, 207, 224, 247, 249, 256, 260, 267, 299

時間と法　224

指揮する憲法　132, 133, 137

事実的なるものの規範力　120, 121, 132

時代精神　7, 29, 30, 32, 33, 56, 57, 99–101, 102, 116, 125, 129, 220–26, 229, 230, 232, 250, 255, 256, 259, 260, 266, 269, 270, 272, 273, 276, 278, 279, 281, 282, 284, 286–88, 289, 298, 299, 319, 374, 381, 383

実践的調和　74, 76, 95, 138, 190

市民参加　　　　　149, 152, 155–60, 164, 166

社会契約（論）　　11, 134–37, 256, 306, 307

社会国家　13, 22, 30, 36, 45, 46, 49, 50, 53, 56,
　　　　177, 188, 191, 192, 225, 232, 235, 236,
　　　　　　　　　　　　　　　251, 297, 340

社会主義的　　　　44, 54, 55, 375, 376

社会心理（学）　19, 29, 31, 33, 37, 41, 43, 50,
　　　　　　51, 180, 193, 195, 199, 381

社会倫理的意識　　　　　　　　238, 265

十字架像決定（判決）　96, 97, 99, 101, 114

重大なインフラストラクチャー　323, 324,
　　328, 329, 332–36, 341, 342, 346, 348, 352

集団観念　　　　　　　　　　　　29, 31

集団的法意識　102, 222, 229, 231, 233, 234,
　　258, 260, 268, 270, 279, 281, 283

自由（と憲法）の象徴的表現　　357, 360,
　　363, 365–67, 370, 375, 377, 378, 380–83

自由の帽子　358, 359, 361–68, 370, 371,
　　　　　　　　　　　　373–80, 383

シュトゥットガルト21　148, 158, 163, 166

受容　20, 30, 34, 35, 37, 43, 44, 51, 52, 54, 82,
　　83, 85, 91, 92, 95, 96, 99–101, 106–10,
　　121, 125, 128, 129, 135, 138, 141,
　　147–53, 156–61, 163–66, 169–85,
　　187–13, 234, 236, 241, 243, 244, 247,
　　249, 250, 257, 264, 267–69, 271, 274,
　　276, 278, 284, 285, 289, 331, 338, 382

受容マネジメント　145–50, 153, 156–58,
　　　　　　　　　　　　163, 164, 166

消極国家　　　　　　　　　　　　12, 24

少数意見　　　　　　　　　　　　　97

象徴　129, 299, 357–63, 365–67, 369–75, 377,
　　　　　　　　　　　　　　　380–83

象徴的表現　357, 358, 360, 362, 363, 365–67,
　　　　　　　370–72, 374, 375, 377–83

正義観念　32, 53, 83, 132, 222, 223, 225, 226,
　　231, 255, 257, 258, 260, 261, 265, 266,
　　268, 269, 272–76, 278, 282, 284–86, 289,

298

政治支配　　　　　　　　6, 17, 19–23

政治的継続性　　　　　　　　17, 20, 24

政治的権威　　6, 11, 20, 21, 24, 274, 275

政治的・法的意識　30, 32, 42, 44, 46, 49, 50,
　　52, 54, 55, 228–30, 232, 235, 236, 246,
　　　　　　　　　　　249, 251, 258

正当化　　24, 29, 32, 38–40, 225, 226, 299

正統化　5–7, 9–17, 19–25, 29–43, 47, 50, 52,
　　56, 68, 74, 75, 84, 91, 92, 94, 95, 98,
　　100–03, 105–11, 113, 114, 120, 121, 124,
　　133, 136, 137, 148, 150–52, 171–75, 180,
　　182, 186–88, 199, 200, 203, 208, 220,
　　221, 237, 240, 245, 255, 256, 259, 261,
　　262, 267, 268, 274, 276–78, 281, 289,
　　306, 307, 319, 362, 374–76

正統性　5–9, 12, 14–25, 26, 29–46, 49, 50, 52,
　　56, 57, 63, 82, 87–90, 95, 102, 104, 105,
　　106, 110, 170–74, 179, 185, 190, 191,
　　199, 200, 202, 207, 208, 223, 224, 226,
　　236, 237, 245, 247, 253–56, 258, 260,
　　265, 267, 269, 277, 281, 282, 289, 318,
　　320, 361, 362, 375, 382

正当性　255, 256, 258–60, 266, 268, 273, 274,
　　　　　　　　　　　　282, 283

正法（正しい法）　110, 183, 185, 190, 202,
　　　　　　229, 266, 279, 281, 298

世代理論　　　　　　　　　　　　104

積極国家　　　　　　　　　　12, 14, 24

絶対主義　8–10, 13, 14, 16, 20, 22, 24, 31, 34,
　　　　　　38, 39, 46, 49, 176, 280

専門裁判権　　　　　　84, 102, 103, 312

専門裁判所　80, 90, 91, 103, 110, 272, 312

先例　　64, 79, 85, 112, 113, 114, 306, 307

先例拘束性（stare decisis）　　　　　114

事項索引　411

た　行

大学憲法　94

大惨事　323–26, 328–34, 336, 338–40, 343, 344, 346–49, 351, 352

代表制民主主義／代表民主制　7, 151, 152, 164, 166, 172, 224, 232, 249–51, 261–63, 265, 271, 283

対立　8, 18, 24, 31, 39, 40, 73, 74, 76, 79, 90, 96, 98, 99, 100, 107, 109, 110, 111, 116, 121, 125, 153–62, 165, 188, 205–07, 234, 245, 248, 259, 277, 301, 313, 339, 364

多元主義　19, 40, 42, 43, 189, 195, 248, 273, 278, 281

多元的民主政　173

妥当性　57, 120, 147, 174, 175, 195

秩序　5–11, 14, 16–18, 20–22, 25, 29–33, 35, 38, 39, 43, 46–48, 54, 63, 64, 66, 68, 69, 72, 79, 82, 85, 90, 92–94, 102–05, 107, 109, 114, 120–22, 128, 131–34, 137, 140, 148, 152, 154, 157, 165, 172, 174–77, 179–83, 185, 188, 189, 192, 193, 206, 208, 219–21, 223–25, 230, 232, 233, 238, 240, 242–44, 247–51, 255–59, 266–68, 274, 276–78, 280, 281, 283, 284, 286, 287, 289, 295–99, 303, 305, 311, 313, 316, 317, 328, 335, 353, 357, 360, 362, 363, 365, 367, 370, 374, 375

仲介手続　148

調停手続　145–48, 153, 154, 155, 156, 160, 164

手続当事者　204

伝統　7, 16–18, 20, 24, 29, 33, 35, 39, 40, 44, 46, 49, 50, 54–57, 65, 66–71, 78, 79, 85, 101, 103, 109, 116, 121, 132, 147, 176, 177, 180, 182, 183, 204, 209, 211, 224, 225, 229, 234, 239, 244, 245, 249, 250,

267, 275, 285, 286, 287, 296, 300, 307, 313, 314, 316, 317, 319, 344, 360, 362, 372, 377, 381

ドイツ人の不安　347

ドグマーティク／解釈学　65, 70, 78, 84, 111, 112, 132, 134, 200, 222, 310

な　行

人間像　101, 222

ネットワークの形成　326, 344, 346, 347, 349

は　行

判決　53, 77, 79, 81–83, 91, 94–102, 104–06, 108, 110–12, 114, 116, 120, 132–38, 141, 184, 191, 193–96, 199–213, 270–72, 274, 277–80, 297, 302, 305–08, 312–15

開かれた憲法　53, 68, 71, 85, 125, 131

比較憲法　68–71, 77, 85, 318

比例性　13, 81, 93, 96, 190

復元力ある社会　332, 349

フランス革命　48, 51, 358, 359, 362, 370, 371, 373–75, 378, 381, 383

平和　8, 21, 22, 25, 48, 156, 245, 257, 363, 368

法意識　100, 102, 111, 125, 200, 201, 203, 207, 209, 219, 221–23, 225, 229–35, 238, 240, 242–251, 255–58, 260, 261, 265–71, 275–83, 287

防衛憲法　301

法感覚　181, 225, 231, 233, 240, 241, 251

法治国家　9, 12, 13, 16–18, 36, 63, 66, 85, 91, 92, 94, 103, 104, 106, 107, 112, 131, 148–50, 163–65, 173–75, 177, 190, 191, 208, 209, 211, 235, 236, 240, 250, 256, 273, 296, 297, 312, 377

法秩序の憲法化　133, 137, 316

法的な憲法　　　　　69, 122, 123, 316
法的平穏　　　　　　202, 203, 205
法の継続的形成　　136, 219–26, 255–60, 265,
　　　266, 268, 269, 273, 276–79, 281–87, 289
補完性　　　　　　　47, 350
保障国家　　　　　　324, 352

ま　行

身分制国家　　　　8, 10–12, 24, 39, 47
民営化結果法　　　　340
民間化　　　　　　　147, 153
民間人保護　　　　　323, 341–43
民主主義／民主制／民主政　　　7, 12, 15, 20,
　　　30, 32, 36, 42, 43, 48, 49, 52, 57, 63, 66,
　　　68, 77, 79, 82, 84, 85, 106, 109, 131, 132,
　　　137, 147, 149, 150–53, 157, 164–66, 172,
　　　173, 175, 176, 184, 185, 191, 195, 199,
　　　208, 224–26, 230, 232, 234, 236, 237,
　　　245, 246, 249–51, 255–57, 261–65, 268,
　　　271, 283, 284, 296, 298, 316, 360, 371,
　　　375, 377
民主制原理　　　15, 36, 48, 184, 251, 255, 256,
　　　284, 316
民主的正統化　　151, 152, 255, 259, 262, 289
無知なドイツ人　　　378, 379, 383
メディア　　　44, 77, 84, 94, 100, 108, 110, 127,
　　　130, 135, 201, 206, 207, 234, 238, 247,
　　　248, 251, 274, 279, 285, 329, 348, 372,
　　　381
メディア憲法　　　　94

や　行

ヨーロッパ共通憲法　　　314
ヨーロッパ（欧州）（司法）裁判所　　80,
　　　84, 105, 136, 302, 307, 314
ヨーロッパ（欧州）人権裁判所　　70, 138,

311–14, 319
予防国家（論）　　　324, 352
世論　　20, 32, 83, 84, 92, 96, 99, 102, 107, 108,
　　　116, 182, 183, 194, 203, 209, 211, 212,
　　　235, 262, 268–70, 274, 276–78
世論調査　　43, 108, 135, 180, 209, 212, 262,
　　　263, 271, 275, 276

ら　行

ライヒ帝室裁判所　　　104
リスクコミュニケーション　326, 330, 332,
　　　333, 334, 347, 348
リスク評価　　　　　159, 161, 162
リスクへの事前配慮　　　323
理性　　7, 16–18, 21, 24, 31, 35, 39, 40, 95, 111,
　　　114, 183, 187, 222, 229, 231, 243,
　　　261–63, 374
立憲国家　　19–21, 30, 36, 41, 42, 45, 46, 54, 65,
　　　66, 68, 69, 89, 103, 106, 128, 176, 296,
　　　309, 316, 317, 360, 377, 381, 382
立法学　　　　　　37, 175, 178, 195
理念史　　　　　29, 65, 357, 381, 383, 384
歴史的解釈　　　　65, 67, 68
歴史的視角　　　　29, 38, 52
歴史的正統性　　　44–46, 191
レジリエンス　　324–326, 328–336, 338, 339,
　　　343, 344, 347–49, 351–53
レジリエンス構想　　325–31, 333, 334, 336,
　　　338, 339, 348, 349, 352, 353
連帯　　9, 22, 175, 230, 332, 335, 345, 349, 353
連邦憲法裁判所　　42, 53, 64, 68, 74, 77–81,
　　　89–94, 96, 98–108, 110–14, 116, 120,
　　　126, 129, 131–38, 190, 193, 195, 203,
　　　207, 212, 225, 251, 258, 259, 270, 271,
　　　274, 278, 279, 297–99, 304–08, 311–13,
　　　319
連邦住民保護・巨大災害救援庁　　　341

事項索引　413

連邦制　　35, 42, 44, 46–48, 136, 298, 299, 300,
　　　　　　　　　　　　　　　　308
論証責任　　　114

人名索引

A

Althusius, Johannes (1563–1638)　10, 11, 12, 34, 46, 47

B

Behr, Wilhelm Joseph (1775–1851)　48
Benda, Ernst (1925–2009)　92, 96, 270
Benjamin, Constant (1767–1830)　32
Beseler, Georg (1807–1888)　222
Blomberg, Barbara (1527–1597)　363
Böckenförde, Ernst-Wolfgang (1930–)　43, 123, 124
Bodin, Jean (1530–1596)　8, 9, 10, 22, 40, 46, 47
Brandes, Ernst (1758–1810)　288
Brutus (BC 85–42)　361, 362
Burdeau, Georges (1905–1988)　264

C

Condorce, Marie Jean Antoine Nicolas de Caritat (1734–1794)　104

D

Diogenes (BC 412–323)　358, 359
Don Juan de Austria (1545–1578)　363
Dupré, Augustin (1748–1833)　357, 359, 360, 370–74, 383

E

Edwards, Charlie (1720–1788)　331, 332
Eichhorn, Emil Gottfried Hermann von (1848–1918)　378

F

Feuerbach, Paul Johann Anselm von (1775–1833)　33
Forsthoff, Ernst (1902–1974)　260
Franklin, Benjamin (1706–1790)　357–60, 370, 371, 383
Friedrich, Wilhelm IV.(1795–1861)　13, 18, 378
Fromont, Michel (1933–)　109

H

Häberle, Peter (1934–)　79
Habermas, Jürgen (1929–)　40, 185
Hegel, Georg Wilhelm Friedrich (1770–1831)　33
Hennis, Wilhelm (1923–2012)　125, 126
Hesse, Konrad (1919–2005)　64, 71, 74, 95, 119, 121–25, 127
Hobbes, Thomas (1588–1679)　22, 365, 383
Höffe, Otfried (1943–)　103
Hollerbach, Alexsander (1931–)　64, 85, 96
Hugo, Ludolph (1630–1704)　47

人名索引 415

I

Ipsen, Hans Peter (1907–1998) 297
Isensee, Josef (1937–) 97

J

Jefferson, Thomas (1743–1826) 104, 371
Jellinek, Georg (1851–1911) 120, 121
Jhering, Rudolf. von (1818–1892) 220

K

Kant, Immanuel (1724–1804) 14
Karl V. (1500–1558) 363
Karl von Rotteck (1775–1840) 17
Kloepfer, Michael (1943–) 119, 140, 346
Klüber, Johann Ludwig (1762–1837) 48
Krüger, Herbert (1905–1989) 110

L

Leibniz, Gottfried Wilhelm (von)
(1646–1716) 47
Lerche, Peter (1928–2016) 74
Limbach, Jutta (1934–2016) 213

M

McCloskey, Robert G. (1919–1969) 259
Montesquieu, Charles-Louis de (1689–1755)
103, 221
Morgan, Geroge (1845–1925) 371, 372

P

Pichler, Johannes Werner (1947–) 184

Pufendorf, Samuel (1632–1694) 47

S

Savigny, Friedrich Carl von (1779–1861)
64, 70, 94, 229
Schmitt, Carl (1888–1985) 63
Schroeder, Friedrich-Christian (1936–) 96
Stein, Lorenz von (1815–1890) 49

T

Talleyrand-Périgord, Charles-Maurice de
(1754–1838) 32

W

Werner, Fritz (1898–1977) 133
Windscheid, Bernhard (1817–1892) 260
Wolff, Christian (1679–1754) 34

編訳者・訳者略歴

編訳者

畑尻　剛（Tsuyoshi Hatajiri）

中央大学法学部教授（憲法学専攻）．1950年生まれ．中央大学大学院法学研究科博士後期課程単位取得退学．1992年，中央大学より博士（法学）号取得．城西大学経済学部教授，中央大学法科大学院法務研究科教授を経て，2005年より現職．主著：『憲法裁判研究序説』（尚学社，1988年）など．

訳者

石村　修（Osamu Ishimura）

専修大学大学院法務研究科教授（憲法学専攻）．1946年生まれ．専修大学大学院法学研究科博士課程単位取得退学，1988年，専修大学より博士（法学）号取得．専修大学法学部教授を経て，2004年より現職．主著：『憲法国家の実現』（尚学社，2006年）など．

太田航平（Kohei Ota）

青森中央学院大学経営法学部専任講師（憲法学専攻）．1985年生まれ．中央大学大学院法学研究科博士課程後期課程単位取得退学．2014年より現職．主著：「憲法改正規定改正限界論序説」法学新報第120巻第11・12号（2014）など．

工藤達朗（Tatsuro Kudo）

中央大学法科大学院教授（憲法学専攻）．1956年生まれ．中央大学大学院法学研究科博士前期課程修了．中央大学法学部助手，同助教授および同教授を経て，2004年より現職．主著：『憲法学研究』（尚学社，2009年）など．

斎藤一久（Kazuhisa Saito）

東京学芸大学教育学部准教授（憲法学専攻）．1972年生まれ．早稲田大学大学院法学研究科博士後期課程満期退学．早稲田大学助手，日本学術振興会特別研究員，東京学芸大学教育学部専任講師を経て，2008年より現職．主著：「ドイツにおける多文化社会と憲法」全国憲法研究会編『憲法問題23　人権の現代的課題』（三省堂，2012年）など．

柴田憲司（Kenji Shibata）

中央大学法学部助教（専任講師）（憲法学専攻）．1976年生まれ．中央大学大学院法学研究科博士課程後期課程修了．2012年，中央大学より博士（法学）号取得．2013年より現職．主著：「憲法上の比例原則について（1）（2・完）」法学新報第116巻第9・10号，11・12号（2010年），「比例原則と目的審査」同120巻第1・2号（2013年）など．

嶋崎健太郎（Kentaro Shimazaki）

青山学院大学大学院法務研究科教授（憲法学専攻）．1956年生まれ．中央大学大学院法学研究科博士後期課程単位取得退学，法学修士．埼玉大学経済学部教授，新潟大学大学院実務法学研究科教授を経て，2014年より現職．主著：『ドイツの憲法判例Ⅲ』（編著）（信山社，2008年），『憲法の規範力と行政』（編著）（信山社，近刊）など．

高橋雅人 (Masato Takahashi)

拓殖大学政経学部准教授（公法学専攻）．1980年生まれ．早稲田大学大学院法学研究科博士後期課程修了．2013年博士（法学）号取得（早稲田大学）．早稲田大学法学部助手を経て2015年より現職．主著：「ドイツにおける行政の民主的正当化論の一断面」早稲田法学会誌59巻1号（2008年）など．

武市周作 (Shusaku Takechi)

東洋大学法学部准教授（憲法学専攻）．1976年生まれ．中央大学大学院法学研究科博士課程後期課程単位取得退学．修士（法学）．沖縄大学法経学部専任講師，中央学院大学法学部専任講師・准教授を経て，2012年より現職．共著：『ドイツの憲法裁判〔第二版〕』（中央大学出版部，2013年）など．

玉蟲由樹 (Yuki Tamamushi)

日本大学法学部教授（憲法学・ドイツ公法学専攻）．1970年生まれ．上智大学大学院法学研究科博士後期課程単位取得退学．福岡大学法学部教授を経て，2015年より現職．主著：『人間の尊厳保障の法理—人間の尊厳条項の規範的意義と動態—』（尚学社，2013年）など．

土屋　武 (Takeshi Tsuchiya)

新潟大学法学部准教授（憲法学専攻）．1982年生まれ．中央大学大学院法学研究科博士課程後期課程単位取得退学．2013年より現職．共著：『ドイツの憲法裁判〔第二版〕』（中央大学出版部，2013年）など．

根森　健 (Ken Nemori)

神奈川大学法科大学院特任教授（憲法学専攻）．1949年生まれ．早稲田大学大学院法学研究科博士後期課程単位取得退学．埼玉大学教養部・経済学部教授，東洋大学法科大学院教授，新潟大学法科大学院教授を経て，2016年4月より現職．主著：『資料集 人権保障の理論と課題』（尚学社，2002年）など．

古野豊秋 (Toyoaki Furuno)

元桐蔭横浜大学法科大学院教授（憲法学専攻）．1943年生まれ．中央大学大学院法学研究科修士課程修了．1993年，中央大学より博士（法学）号取得．主著：『違憲の憲法解釈』（尚学社，1990年），『憲法における家族』（尚学社，2010年），『違憲の憲法理論と解釈』（尚学社，2016年）など．

山本悦夫 (Etsuo Yamamoto)

名古屋学院大学法学部教授（憲法学専攻）．1953年生まれ．中央大学大学院法学研究科博士後期課程満期退学．1998年，中央大学より博士（法学）号取得．熊本大学法学部教授，熊本大学大学院法曹養成研究科教授を経て，2013年より現職．主著：『国民代表論—国民・政党・国民代表の関係において』（尚学社，1998年）など．

トーマス・ヴュルテンベルガー論文集
国家と憲法の正統化について
日本比較法研究所翻訳叢書 (75)

2016年12月30日　初版第1刷発行

編訳者　畑　尻　　剛

発行者　神　﨑　茂　治

発行所　中　央　大　学　出　版　部

〒 192-0393
東 京 都 八 王 子 市 東 中 野 742-1
電話 042 (674) 2351・FAX 042 (674) 2354
http://www2.chuo-u.ac.jp/up/

© 2016　畑尻剛　　ISBN 978-4-8057-0376-2　　藤原印刷株式会社

本書の無断複写は、著作権法上での例外を除き、禁じられています。
複写される場合は、その都度、当発行所の許諾を得てください。

日本比較法研究所翻訳叢書

0	杉山直治郎訳	仏　蘭　西　法　諺	B6判 (品切)
1	F・H・ローソン 小堀憲助他訳	イギリス法の合理性	A5判 1200円
2	B・N・カドーゾ 守屋善輝訳	法　　の　　成　　長	B5判 (品切)
3	B・N・カドーゾ 守屋善輝訳	司法過程の性質	B6判 (品切)
4	B・N・カドーゾ 守屋善輝訳	法律学上の矛盾対立	B6判 700円
5	P・ヴィノグラドフ 矢田一男他訳	中世ヨーロッパにおけるローマ法	A5判 (品切)
6	R・E・メガリ 金子文六他訳	イギリスの弁護士・裁判官	A5判 1200円
7	K・ラーレンツ 神田博司他訳	行為基礎と契約の履行	A5判 (品切)
8	F・H・ローソン 小堀憲助他訳	英米法とヨーロッパ大陸法	A5判 (品切)
9	I・ジュニングス 柳沢義男他訳	イギリス地方行政法原理	A5判 (品切)
10	守屋善輝編	英　米　法　諺	B6判 3000円
11	G・ボーリー他 新井正男他訳	〔新版〕消　費　者　保　護	A5判 2800円
12	A・Z・ヤマニー 真田芳憲訳	イスラーム法と現代の諸問題	B6判 900円
13	ワインスタイン 小島武司編訳	裁判所規則制定過程の改革	A5判 1500円
14	カペレッティ編 小島武司編訳	裁判・紛争処理の比較研究(上)	A5判 2200円
15	カペレッティ 小島武司他訳	手続保障の比較法的研究	A5判 1600円
16	J・M・ホールデン 高窪利一監訳	英国流通証券法史論	A5判 4500円
17	ゴールドシュテイン 渥美東洋監訳	控　え　め　な　裁　判　所	A5判 1200円

日本比較法研究所翻訳叢書

18	カペレッティ編 小島武司編訳	裁判・紛争処理の比較研究（下）	A 5 判 2600 円
19	ドゥローブニク 他編 真田芳憲他訳	法　社　会　学　と　比　較　法	A 5 判 3000 円
20	カペレッティ編 小島・谷口編訳	正義へのアクセスと福祉国家	A 5 判 4500 円
21	P・アーレンス編 小島武司編訳	西　独　民　事　訴　訟　法　の　現　在	A 5 判 2900 円
22	D・ヘーンリッヒ編 桑田３郎編訳	西ドイツ比較法学の諸問題	A 5 判 4800 円
23	P・ギレス編 小島武司編訳	西　独　訴　訟　制　度　の　課　題	A 5 判 4200 円
24	M・アサド 真田芳憲訳	イスラームの国家と統治の原則	A 5 判 1942 円
25	A・M・プラット 藤本・河合訳	児　　童　　救　　済　　運　　動	A 5 判 2427 円
26	M・ローゼンバーグ 小島・大村編訳	民　事　司　法　の　展　望	A 5 判 2233 円
27	B・グロスフェルト 山内惟介訳	国　際　企　業　法　の　諸　相	A 5 判 4000 円
28	H・U・エーリヒゼン 中西又３編訳	西ドイツにおける自治団体	A 5 判 （品切）
29	P・シュロッサー 小島武司編訳	国　際　民　事　訴　訟　の　法　理	A 5 判 （品切）
30	P・シュロッサー他 小島武司編訳	各国仲裁の法とプラクティス	A 5 判 1500 円
31	P・シュロッサー 小島武司編訳	国　際　仲　裁　の　法　理	A 5 判 1400 円
32	張　晋　藩 真田芳憲監修	中　国　法　制　史　（上）	A 5 判 （品切）
33	W・M・フライエンフェルス 田村五郎編訳	ド　イ　ツ　現　代　家　族　法	A 5 判 （品切）
34	K・F・クロイツァー 山内惟介監修	国　際　私　法・比　較　法　論　集	A 5 判 3500 円
35	張　晋　藩 真田芳憲監修	中　国　法　制　史　（下）	A 5 判 3900 円

日本比較法研究所翻訳叢書

36	G・レジエ他 山野目章夫他訳	フランス私法講演集	A5判 1500円
37	G・C・ハザード他 小島武司編訳	民事司法の国際動向	A5判 1800円
38	オトー・ザンドロック 丸山秀平編訳	国際契約法の諸問題	A5判 1400円
39	E・シャーマン 大村雅彦編訳	ＡＤＲと民事訴訟	A5判 1300円
40	ルイ・ファボルー他 植野妙実子編訳	フランス公法講演集	A5判 3000円
41	S・ウォーカー 藤本哲也監訳	民衆司法—アメリカ刑事司法の歴史	A5判 4000円
42	ウルリッヒ・フーバー他 吉田豊・勢子訳	ドイツ不法行為法論文集	A5判 7300円
43	スティーヴン・L・ペパー 住吉博編訳	道徳を超えたところにある法律家の役割	A5判 4000円
44	W・マイケル・リースマン他 宮野洋一他訳	国家の非公然活動と国際法	A5判 3600円
45	ハインツ・D・アスマン 丸山秀平編訳	ドイツ資本市場法の諸問題	A5判 1900円
46	デイヴィド・ルーバン 住吉博編訳	法律家倫理と良き判断力	A5判 6000円
47	D・H・ショイイング 石川敏行監訳	ヨーロッパ法への道	A5判 3000円
48	ヴェルナー・F・エプケ 山内惟介編訳	経済統合・国際企業法・法の調整	A5判 2700円
49	トビアス・ヘルムス 野沢・遠藤訳	生物学的出自と親子法	A5判 3700円
50	ハインリッヒ・デルナー 野沢・山内編訳	ドイツ民法・国際私法論集	A5判 2300円
51	フリッツ・シュルツ 眞田芳憲・森光訳	ローマ法の原理	A5判 （品切）
52	シュテファン・カーデルバッハ 山内惟介編訳	国際法・ヨーロッパ公法の現状と課題	A5判 1900円
53	ペーター・ギレス 小島武司編	民事司法システムの将来	A5判 2600円

日本比較法研究所翻訳叢書

54	インゴ・ゼンガー 古積・山内 編訳	ドイツ・ヨーロッパ民事法の今日的諸問題	A5判 2400円
55	ディルク・エーラース 山内・石川・工藤 編訳	ヨーロッパ・ドイツ行政法の諸問題	A5判 2500円
56	コルデュラ・シュトゥンプ 楢崎・山内 編訳	変革期ドイツ私法の基盤的枠組み	A5判 3200円
57	ルードフ・V・イエーリング 眞田・矢澤 訳	法学における冗談と真面目	A5判 5400円
58	ハロルド・J・バーマン 宮島直機訳	法 と 革 命 Ⅱ	A5判 7500円
59	ロバート・J・ケリー 藤本哲也 監訳	アメリカ合衆国における組織犯罪百科事典	A5判 7400円
60	ハロルド・J・バーマン 宮島直機訳	法 と 革 命 Ⅰ	A5判 8800円
61	ハンヅ・D・ヤラス 松原光宏編	現代ドイツ・ヨーロッパ基本権論	A5判 2500円
62	ヘルムート・ハインリッヒス他 森 勇 訳	ユダヤ出自のドイツ法律家	A5判 13000円
63	ヴィンフリート・ハッセマー 堀内捷3 監訳	刑罰はなぜ必要か 最終弁論	A5判 3400円
64	ウィリアム・M・サリバン他 柏木 昇 他訳	アメリカの法曹教育	A5判 3600円
65	インゴ・ゼンガー 山内・鈴木 編訳	ドイツ・ヨーロッパ・国際経済法論集	A5判 2400円
66	マジード・ハッドゥーリー 眞田芳憲 訳	イスラーム国際法 シャイバーニーのスィヤル	A5判 5900円
67	ルドルフ・シュトラインツ 新井 誠訳	ドイツ法秩序の欧州化	A5判 4400円
68	ソーニャ・ロートエルメル 只木 誠監訳	承 諾、 拒 否 権、 共 同 決 定	A5判 4800円
69	ペーター・ヘーベルレ 畑尻・土屋 編訳	多元主義における憲法裁判	A5判 5200円
70	マルティン・シャウアー 奥田安弘訳	中東欧地域における私法の根源と近年の変革	A5判 2400円
71	ペーター・ゴットバルト 2羽和彦 編訳	ドイツ・ヨーロッパ民事手続法の現在	A5判 2500円

日本比較法研究所翻訳叢書

72	ケネス・R・ファインバーグ 伊藤壽英訳	大惨事後の経済的困窮と公正な補償	Ａ5判 2600円
73	ルイ・ファヴォルー 植野妙実子監訳	法にとらわれる政治	Ａ5判 2300円
74	ペートラ・ポールマン 山内惟介編訳	ドイツ・ヨーロッパ保険法・競争法の新展開	Ａ5判 2100円

＊価格は本体価格です。別途消費税が必要です。